Harald Schrefler

Der Papst und die Freimaurer

Harald Schrefler

Der Papst und die Freimaurer

Ein wissenschaftlicher Diskurs

Edition zum rauhen Stein

Editorische Notiz

Die Edition zum rauhen Stein hat es sich zur Aufgabe gemacht, historisch wertvolle Bücher zum Thema Freimaurerei wieder zu veröffentlichen, aber auch brisante Themen, wie den Diskurs zwischen Freimaurerei und katholischer Kirche in Druckform zu behandeln.
Der hier vorliegende Band über die fast zweihundert Jahre dauernde Auseinandersetzung zwischen der Bruderschaft der Freimauer und der katholischen Kirche ist eine wertvolle Ergänzung zu den bisher in der Edition erschienenen Bänden.

Michael Kernstock
Herausgeber

E-Mail: order@studienverlag.at
Internet: www.studienverlag.at

Satz: Studienverlag/Roland Kubanda
Umschlag: Studienverlag/Günther Reinalter

Gedruckt auf umweltfreundlichem, chlor- und säurefrei gebleichtem Papier.

Bibliografische Information Der Deutschen Bibliothek
Die Deutsche Bibliothek verzeichnet diese Publikation in der Deutschen Nationalbibliografie; detaillierte bibliografische Daten sind im Internet über <http://dnb.ddb.de> abrufbar.

ISBN 978-3-7065-4991-2

Inhalt

„Das Verhältnis katholische Kirche und Freimaurerei war durch die Jahrhunderte hindurch von Misstrauen, Verfolgung seitens der Kirche geprägt. … Eine Befassung mit diesem Verhältnis ist eine nicht leichte, aber sehr spannende und reizvolle Aufgabe. Mag. Dr. Schrefler hat sich dieser mit Elan unterzogen und keine Mühen gescheut hinter möglichst viele Kulissen zu blicken. … Schrefler gelingt es aber auch eine scheinbar trockene Materie spannend aufzubereiten und viele Leserinnen und Leser, die ihm zu wünschen sind, werden dabei so manche Wissenslücke aufgefüllt bekommen."

Hon.-Prof. Dr. Lorenz MIKOLETZKY
Institut für Geschichte, Universität Wien
Generaldirektor Österreichisches Staatsarchiv

„Die vorliegende Arbeit gehört in den Bereich der europäischen Religionsgeschichte der Moderne und wendet sich einem kulturell und religiös sehr kontroversen Thema zu, das mit vielen Konflikten zwischen Freimaurerei und katholischer Kirche verbunden war. Es ist ein besonders aufschlussreiches Kapitel für die Entstehung alternativer Weltanschauungsformen einerseits und für die lange Zeit problematische Umgangsweise des katholischen Christentums mit humanistisch motivierten Gemeinschaften. … Doch schließlich kam es in den Entwicklungen der letzten Jahre in Österreich, …, zu Gesprächen und Annäherungen, die zurecht als eine ‚Versöhnung nach 269 harten Jahren' bezeichnet werden können. … eine solide, gut fundierte und (religions) historisch kompetent durchgeführte Studie …"

Univ.-Prof. DDr. Johann FIGL
Vorstand des Instituts für Religionswissenschaft, Universität Wien

Vorwort

Mein besonderer Dank gilt zuallererst Herrn Honorarprofessor Hofrat Mag. Dr. Lorenz MIKOLETZKY, Generaldirektor des Österreichischen Staatsarchivs, der mir die Möglichkeit bot das vorliegende Thema zu bearbeiten und der mich während der Abfassung und Entwicklung meiner Dissertation stets mit viel Geduld, Aufmerksamkeit und Humor betreut hat. Die Gespräche mit ihm waren immer sehr aufschlussreich, insbesondere die Entwicklung der zu behandelnden Gedankenkette.

Ebenso gilt mein Dank Herrn Universitätsprofessor DDr. Johann FIGL, Vorstand des Institutes für Religionswissenschaft an der Katholischen Fakultät der Universität Wien, mit dem ich die ersten Gedanken und mögliche Unterlagen aus dem kirchlichen Bereich besprechen konnte.

Mein Interesse an der Thematik ist in den letzten Jahren bei Gesprächen mit vielen Freunden entstanden. Vor allem aber waren ganz konkret die Gespräche zwischen Abt Gregor Henckel-Donnersmarck und Dr. Michael Kraus, Großmeister der Großloge von Österreich, auslösendes und zu dokumentierendes Ereignis.

„... und sehe daher meine Dialogsarbeit mit der Kath. Kirche als vollendet und beendet an ...“[1], mit diesen Worten skizziert Prof. Dr. Kurt Baresch, Klinischer Psychologe und Psychotherapeut, Deputierter Großmeister und nunmehr Ehrengroßmeister der Großloge von Österreich, sein – wie ich es nennen möchte – Lebenswerk in einem Brief (vom 10.12.2006) an den Großmeister der Großloge von Österreich.

Ihm danke ich für seine historische Dokumentation und vor allem für die freundschaftlichen Gespräche, die ich mit ihm zu seinen Werken und zu seinem Freund Franz Kardinal König führen durfte.

In diesem Zusammenhang bedanke ich mich ganz besonders bei allen Gesprächspartnern aus der Großloge von Österreich, die mir mit Hinweisen, Unterlagen und Quellen, mit Gesprächen und Reflexionen geholfen haben. Besonderen Dank verdienen Dr. H. W., Dr. W. H. und Dr. H. K. aus Archiv, Bibliothek und Forschungsloge sowie viele andere Ansprechpartner der Großloge.[2]

Besonders herzlicher Dank gebührt Dr. Michael Kraus in seiner Eigenschaft als Großmeister der Großloge von Österreich, der sich auch selbst mit dem Thema sehr auseinandergesetzt hat.

Mein „mahnendes Gewissen“ und lieber Freund, Herr Professor Dr. Peter Stiegnitz, hat mich beharrlich zum Thema hingeführt.

Herr Dr. Manfred Teiner hat Korrektur gelesen und mich inhaltlich sowie formal ‚gequält‘. Für diesen Freundschaftsdienst ein besonderes Dankeschön.

Last but not least ein riesiges Dankeschön meiner Frau. Ihre liebevolle und moralische Unterstützung sowie ihre tatkräftige Schreibhilfe – erfreulicherweise erahnte sie zumeist, was ich an persönlichen Hieroglyphen schrieb – hat mir das Leben sehr erleichtert.

In der Fülle von Literatur ist mir auch ein kleiner Gedichtband von Heinrich Leopold in die Hände gefallen. Sein Gedicht („Anrufung“) an den Baumeister aller Welten scheint mir für den Beginn dieser Arbeit besonders passend.

„Großer Baumeister aller Welten!
Spanne den Bogen
über die Zerrissenheit meines Herzens, daß ich nie beklage
die Stätten früherer Geborgenheiten,
vom Engel des Erkennens längst vertrieben.

Laß mich nie verzweifelnd zurückbleiben
hinter dem unaufhörlichen Wandel, dem alles–
auch das Geliebteste–
unterworfen ist,

Enge mich nicht ein in Angst,
die den neuen Schritt lähmt,
sondern öffne mir die Freiheit,
zu jeder Zeit aufzubrechen, wohin ich will.

Bestärke mich in der Gewissheit,
daß ich meinen Weg allein gehen kann.
Einmalig ist jedes Schicksal
Und trügerisch der Vergleich mit fremdem Glück.

Großer Baumeister aller Welten!
Entlasse mich nun zu mir selbst,
daß ich mein eigener Meister werde."[3]

Laut den Mythen erschuf der Klang der Schwingung OM (das Mantra, das die göttliche Kraft repräsentiert) das Universum. Indem der Gläubige OM rezitiert, nimmt er an der Kraft der Schöpfung teil.

In der Enzyklika Nostra aetate des Zweiten Vatikanischen Konzils wurde eine neue Seite im Dialog mit anderen Religionen aufgeschlagen, vielleicht bewegt OM auch die Diskussion zwischen zwei großen Systemen und Gedanken.

Da OM alle meine universitären Arbeiten und Unterlagen sowie meine Homepage *www.schrefler4you.at* statt eines Namens ziert, sei zu Beginn der Arbeit daher Ganesha – die hinduistische Gottheit der Schriftsteller und des Beginns jeder Arbeit – angerufen:

OM Sri Ganeshaya Namah!

1 Einleitung und Forschungsfrage

1.1 Forschungsfrage

Wesentlichstes Ziel (und damit Forschungsfrage) ist die Darstellung des Verhältnisses zwischen katholischer Kirche und Freimaurerei in den letzten Jahrzehnten des 20. und vor allem im 21. Jahrhundert.

Das der Öffentlichkeit nicht zugängliche Ritual der Freimaurer, ihr „Geheimnis" und ihr Nimbus als Geheimgesellschaft brachte bereits knapp nach ihrer Gründung die Verurteilung durch die absolutistischen europäischen Herrscher und vor allem durch die katholische Kirche. Waren die Rituale bzw. deren Inhalte damals wirklich geheim, sind nunmehr heute viele Informationen vorhanden. Deren Wahrheitsgehalt, Richtigkeit und vor allem die symbolische Bedeutung etwa des Großen Baumeisters aller Welten oder der Alten Pflichten kann aber nur mit großer Nähe zu den Brüdern (so nennen sich die Freimaurer) beurteilt und beschrieben werden.

Ebenso sind der Religionsbegriff und die Philosophie der Freimaurer, die Gedanken zu Glaubensfreiheit, Humanität und Toleranz für das Verständnis der Verurteilung zu beschreiben.

Natürlich sind auch die päpstlichen Bullen des 17., 18. und 19. Jahrhunderts zu skizzieren. Die Enzykliken „In eminenti" und „Humanum genus" sind wesentliche Grundlagen der Verurteilung und gelten im Prinzip auch heute noch. Selbst wenn sie ihrer damals aktuellen Bezüge entkleidet werden, legen sie die weitgehend unveränderte Gedankenwelt der katholischen Kirche fest.

Wesentlichen Umfang dieser Arbeit soll dann der Dialog im 20. Jahrhundert einnehmen. Vor allem das 2. Vatikanische Konzil löste eine neue Diskussionskultur aus. Einzelne Konzilsdokumente (wie „Gaudium et spes" und „Dignitatis humanae") werden diesbezüglich zu behandeln sein.

Der Dialog zwischen Kardinal DDDr. Franz König und Großmeister Dr. Kurt Baresch sollte aus heutiger Sicht betrachtet werden. Mein Interview mit Dr. Baresch im Jänner 2008 zeigte einige Hintergründe auf. Ebenso war es interessant das Archiv der Großloge von Österreich nach Unterlagen zu diesen Jahrzehnten der Diskussion zu durchforschen.

Trotz dankenswerter Unterstützung durch Prof. DDr. Figl gelang es nicht, in das Privatarchiv Franz Kardinal Königs Einsicht zu nehmen. Der Nachlass wird – laut Auskunft des Erzbischöflichen Ordinariats – erst in 50 Jahren, Teile davon vielleicht in fünf Jahren zugänglich sein. Vorher aber müssen die „Kisten und Kartons des Nachlasses erst katalogisiert" werden.

Der Schriftverkehr zwischen Kardinal König und Dr. Baresch liegt mir aber in Faksimile vor (von dieser Publikation gibt es nur ganz wenige Privatdrucke, einen hat meines Wissens Papst Benedikt XVI., einen Landeshauptmann Dr. Josef Pühringer und einen das Archiv der Großloge von Österreich). Die meines Erachtens wesentlichsten Briefe werde ich in dieser Dissertation abbilden.

Da der Dialog in Deutschland sich letztendlich ganz anders als in Österreich entwickelte, muss auch kurz darauf eingegangen werden. Die Erklärung der Deutschen Bischofskonferenz aus 1980 enthält – nach jahrelanger kommissioneller Arbeit – alle Begründungen für die Haltung der katholischen Kirche, auch aus heutiger, aktueller Sicht.

Ein wesentlicher Schritt als Ergebnis all dieser Dialoge ist die Änderung des Codex Iuris Canonici, nämlich keine Erwähnung der Freimaurerei mehr. Kardinal Ratzinger – nunmehr Papst Benedikt XVI. – erklärte aber unverändert den katholischen Freimaurer als im Stand der schweren Sünde. Diese Canones des CIC 1983 werden zu reflektieren sein.

Viele Jahre war dann wenig Bewegung in der Diskussion zu bemerken. Erst das Buch „Die Freimaurer" (2007) von Großmeister Dr. Michael Kraus brachte neue Akzente. TV-Sendungen und Diskussionen mit Abt Gregor Henckel-Donnersmarck zeigten der Öffentlichkeit ein neues Bild.

Das Archiv der Großloge von Österreich ist seit Kurzem für akademische Arbeiten geöffnet und war mir zugänglich. Der genannte Dialog im 21. Jahrhundert liegt mir ebenfalls bereits im gesprochenen Wort und als Mitschrift vor.

Natürlich wird die vorhandene Literatur – pro und kontra – zu bearbeiten und zu zitieren sein. Über die üblichen Bibliotheken des Österreichischen Bibliotheksverbundes hinaus, war die Bibliothek der Großloge von Österreich natürlich masonisch gut bestückt und deren Betreuer sehr hilfreich.

Die ursprüngliche Vermutung im Allgemeinen Verwaltungsarchiv (z. B. unter Kultus) oder im Archiv der Republik (z. B. bei den Bundesministerien für Unterricht oder Inneres) Akten zur Freimaurerei zu finden, erfüllten sich trotz langer Suche in den Sach- und Personenindizes vieler Jahre nicht.

Die persönlichen Kontakte mit Brüdern der Großloge von Österreich waren dagegen äußerst wertvoll und brachten mir neue Aspekte. Die Gedanken und Kommentare zur aktuellen Entwicklung waren sehr inspirierend.

Daher entstand im Laufe der Arbeit der Gedanke, eine kleine Umfrage unter einigen Brüdern hinsichtlich des Dialogs mit der katholischen Kirche zu machen. Meines Erachtens bisher einmalig, ist das Ergebnis und die Kommentare von über 60 Brüdern (die z. B. 15 Prozent der Mitglieder eines Hochgrad-Systems und 70 Prozent einer Loge abdecken) äußerst interessant.

Eingeschränkt muss noch werden, dass die vorliegende Arbeit sich im Detail nur mit der angelsächsischen („blauen", von der Großloge von England anerkannten) Richtung der Freimaurerei (der Johannisfreimaurerei) und deren Grundlagen auseinandersetzt.

Die Hochgrad-Systeme werden skizziert, die Entwicklung zum und im Grand Orient de France oder des Droit Humain werden nicht behandelt.

1.2 „Universitäten und Königliche Kunst" – universitäre Arbeiten zur Freimaurerei

Mit dem Untertitel „Habilitationen, Dissertationen und Diplomarbeiten zum Thema Freimaurerei", nannte Bernhard Göller einen Vortrag am 9.5.2007 in Wien.[4]

17 Diplomarbeiten, 52 Dissertationen und 4 Habilitationen recherchierte er im deutschsprachigen Raum.

Interessanterweise ist der Anteil der Autorinnen (19) in Österreich größer als der der männlichen Verfasser, wobei das wesentlich kleinere Österreich mit 34 Arbeiten versus 35 Arbeiten in Deutschland vertreten ist.

Die sehr unterschiedliche Entwicklung des Freimaurerbundes in Österreich (eher prosperierend und diskret) und Deutschland (eher anzahlmäßig zurückgehend und sehr öffentlich) könnte eine Ursache sein.

Historische Arbeiten sind die größte Gruppe, allein das 18. Jahrhundert wurde in 23 Arbeiten behandelt. Das Thema Freimaurerei und Nationalsozialismus wurde bis jetzt nur in Deutschland bearbeitet.

Das vorliegende Thema mit Bezug auf die katholische Kirche wurde noch in keiner Dissertation behandelt. Lediglich zwei Diplomarbeiten aus dem Jahr 1995 nehmen auf die Entwicklung nach dem Zweiten Vatikanischen Konzil Bezug.

Göller meint aus seiner Kenntnis der Arbeiten: „Ein viel zu kleiner Teil der Verfasser hatte Kontakt mit Freimaurern und nur ein Bruchteil der Arbeiten wurde in Österreich maurerisch betreut.“[5]

Das vorliegende Thema mit der aktuellen Entwicklung im 21. Jahrhundert (die meines Wissens noch nie öffentlich dokumentiert wurde) und der Diskussion des Gottesbegriffes erweitert die Literatur des Themas Freimaurerei.

Durch die persönlichen Interviews und die Hilfe der Gesprächspartner aus der Großloge von Österreich sollten auch kaum „freimaurerische“ Fehler enthalten sein.

2 Rituelles in der Freimaurerei

2.1 „Weil wir als freie Männer bauen am Tempel der allgemeinen Menschenliebe“

2.1.1 Der Versuch einer kurzen Definition

Auch wenn es bereits Tausende von Büchern über die Freimaurerei gibt, muss auch hier am Anfang eine kurze Definition stehen.

In der Verfassung der Großloge von England und auch der Großloge von Österreich werden dafür die „Alten Pflichten“ angeführt. In Deutschland wird in den „Leitgedanken der Freimaurerei“ definiert: „Das Wesen des Freimaurerbundes besteht in der Einheit von leitender Idee, tragender brüderlicher Gemeinschaft und vertiefendem symbolischem Erlebnis. Als Glieder eines ethischen Bundes treten die Freimaurer für Menschlichkeit, Brüderlichkeit, Toleranz, Friedensliebe und soziale Gerechtigkeit ein. Als Gemeinschaft brüderlich verbundener Menschen ist die Loge Übungsstätte dieser Werte. Als Symbolbund dient die Freimaurerei der Verinnerlichung von Idee und Gemeinschaft.“[6]

Und Friedrich Ludwig Schröder[7] definiert: „Die Freimaurerei soll das Band der Eintracht und des gegenseitigen Wohlwollens zwischen Menschen werden, welche sonst durch Religionsbegriffe, Erziehungsvorurteile oder Nationalverhältnisse in einer ewigen Entfernung leben würden.“[8]

Letztlich geht es darum, dass „freie Männer bauen am Tempel der allgemeinen Menschenliebe.“ In einem deutschen/österreichischen Lehrlingsritual heißt es:

deutsches	österreichisches
• „Bruder Erster Aufseher, warum nennen wir uns Freimaurer? • Weil wir als freie Männer an dem großen Bau arbeiten. • An welchem Bau, mein Bruder? • Wir bauen den Tempel der Humanität. • Bruder Zweiter Aufseher, welche Bausteine brauchen wir dazu? • Die Steine, deren wir bedürfen, sind die Menschen. • Was ist notwendig, um sie fest miteinander zu verbinden? • Menschliebe, Toleranz und Brüderlichkeit sind der Mörtel des Tempelbaus.“[9]	• „Bruder Zweiter Aufseher, warum nennen wir uns Freimaurer? • Weil wir als freie Männer bauen am Tempel der allgemeinen Menschenliebe. • Mit welchen Steinen bauen wir diesen Tempel? • Unsere Bausteine sind die Menschen. • Bruder Erster Aufseher, was bindet diese Steine zu einem Ganzen? • Die Brüderlichkeit.“[10]

In dieser deutschen Ritualkunde heißt es weiter: „Der Freimaurer erkennt im Weltenbau, in allem Lebendigen und im sittlichen Bewusstsein des Menschen das Wirken eines göttlichen Schöpfergeistes und verehrt ihn als den Großen Baumeister der Welten. … Er (der Tempel der Humanität) ist das Symbol einer idealen Welt, der Religion geweiht, in der alle Menschen übereinstimmen, um die Menschen einem besseren und glücklicheren Leben näher zu bringen. Die Freimaurerei greift grundsätzlich nicht in die Angelegenheiten der Kirche und Religionsgemeinschaften ein, …“[11]

Damit ist auch bereits das wesentlichste Problem mit der katholischen Kirche skizziert, die sich als Offenbarungsreligion im alleinigen Besitz der Wahrheit eines – ihres – einzigen Gottes sieht.

Rainer Hubert schreibt im Katalog des österreichischen Freimaurer Museums Rosenau: „…daß es sich bei der Maurerei um eine Sache handelt, über die man schwer objektiv berichten und diskutieren kann, weil ihr eigentlicher Inhalt das Erleben jedes einzelnen Freimaurers ist.“[12] Und damit skizziert er auch bereits das so genannte Geheimnis der Freimaurerei. Wobei das „Geschehen im Tempel keine religiöse Zeremonie, kein Kult, sondern eine Art von geistig-spiritueller Übung ist, von der die Beteiligten glauben, dass sie ihnen bei ihrer Persönlichkeitsentfaltung hilft.“[13] Der Maurer soll in der Tradition des Rationalismus und der Aufklärung sein, Ritual und Symbol sollen ihn zusätzlich vom Denkenden zum Fühlenden machen. „Es bedarf einer Vernunft, die Verstand und Gefühl, Analyse und Intuition in einer fruchtbaren Spannung integriert.“[14]

Im Zeitalter des Internets soll aber nicht nur auf pragmatische Gedanken von österreichischen Freimaurern im Katalog ihres Museums eingegangen werden, sondern auch kurze themenspezifische Definitionen auf Homepages skizziert werden.

2.1.2 Keine Religion, aber eine Lebenshaltung

Die Basler Logen schreiben:

> „Das Denken der Freimaurer beruht auf drei Säulen:
> 1. Toleranz,
> 2. Kosmopolitismus und
> 3. Humanität.
>
> … In der Loge sprechen wir deshalb nicht von „Gott“, sondern vom „Baumeister aller Welten“. Was der Einzelne sich darunter vorstellt, bleibt ihm überlassen …
>
> … Freimaurerei ist keine Religion und auch kein Religionsersatz. Sie ist Lebensschule, eine Lebenshaltung und eine Philosophie ohne philosophisches System. Da die Freimaurer aber jegliches Dogma und jegliche Ideologie ablehnen, hat ihnen dies die Gegnerschaft kirchlicher Kreise zugezogen. Insbesondere … die katholische Kirche …verbietet ihren Mitgliedern einen Beitritt zu einer Loge.
>
> … ihr Tempel ist kein religiöser Versammlungsort, sondern ein permanenter symbolischer Bauplatz.“[15]

Die Freimaurerei ist weder eine Ersatzreligion noch eine philosophische Schule. Denn eine Religion hat bestimmt Glaubenssätze und Dogmen, die geglaubt werden müssen. Es gibt Gebete, Sünden, Opfer und Heiliges. Das alles gibt es in der Freimaurerei nicht, ebenso wie es kein geschlossenes, ausgeformtes philosophisches System gibt. [16]

Ausführlicher ist die Gedankenwelt der Freimaurerei in den Grundsätzen der Schweizerischen Großloge Alpina zu lesen:

I. Der Freimaurerbund ist eine Verbindung freier Männer, die ihr Brauchtum von den Baubrüderschaften des Mittelalters herleitet. Die Vorschriften, wie sie für jene Brüderschaften gültig waren und in verschiedenen Urkunden, namentlich in den sogenannten „Alten Pflichten der Freimaurer von 1723", und in den Ritualen enthalten sind, dienen dem Freimaurerbund auch heute noch als Richtlinien zur Belehrung.

II. Die Freimaurer betrachten sich als Brüder, ihren Bund als einen Bruderbund. Sie wissen, dass alle Menschen, so verschieden ihre Gaben und ihre Verhältnisse auch sein mögen, als gleichberechtigte Wesen geboren sind. Sie wissen aber auch, dass diese Wahrheit im Leben der Menschen häufig verkannt wird und erachten es deshalb als ihre Pflicht, brüderliche Gesinnung unter sich und gegenüber ihren Mitmenschen zu erwecken und zu betätigen.

III. Der Zweck des Freimaurerbundes ist die Erziehung seiner Mitglieder zum wahren Menschentum. Die Mittel zu diesem Zweck sind: die Übung der von den Baubrüderschaften übernommenen symbolischen Gebräuche; gegenseitige Belehrung über die wichtigsten Angelegenheiten der Menschheit; Pflege des Idealen und Anregung zu wahrer Freundschaft und Bruderliebe; Erfüllung der sozialen Pflichten und Pflege der Wohltätigkeit. Im weiteren setzt sich der Freimaurerbund zum Ziel, seine Grundsätze außerhalb der Loge zu verbreiten, die Bildung und Aufklärung nach Kräften zu fördern, gemeinnützige Anstalten zu unterstützen und nötigenfalls solche zu gründen und der Intoleranz entgegenzutreten.

IV. Der Freimaurerbund arbeitet zu Ehren des allmächtigen Baumeisters aller Welten*). Er huldigt dem Grundsatz der Gewissens-, Glaubens- und Geistesfreiheit und verwirft jeden Zwang, der diese Freiheit bedroht. Er achtet jedes aufrichtige Bekenntnis und jede ehrliche Überzeugung und verwirft jede Verfolgung Andersdenkender. Den alten Überlieferungen gemäss, liegen bei allen rituellen Arbeiten das *Buch der Heiligen Gesetze, Winkelmass und Zirkel*, die *Drei Grossen Lichter der Freimaurerei*, als Symbole auf dem Altar. *) *vergleichbar mit dem in den christlichen Religionen verwendeten Ausdruck „Gott".*

V. Der schweizerische Freimaurer macht es sich zur Pflicht, die Freiheit und Unabhängigkeit des Vaterlandes zu verteidigen und zur Erhaltung des inneren Friedens in Wort, Schrift und Tat nach

Kräften beizutragen. Er tritt getreu der Tradition des Bundes für die Beachtung der Menschenrechte ein. Die einzelnen Mitglieder sollen sich in Betätigung der maurerischen Grundsätze an den öffentlichen Angelegenheiten beteiligen und dabei so handeln, wie es nach ihrer innersten Überzeugung für das Wohl und das Gedeihen des Vaterlandes am besten ist.

VI. Die Loge ist ein friedlicher und neutraler Tempel, dessen Schwelle die Gegensätze und Leidenschaften des Aussenlebens nicht überschreiten sollten. Die Loge mischt sich nicht in parteipolitische oder konfessionelle Streitfragen. Zur Belehrung über derartige Fragen ist jedoch ein gegenseitiger Meinungsaustausch gestattet, der indessen weder zu Abstimmungen noch überhaupt zu Beschlüssen führen darf, welche die individuelle Freiheit der Mitglieder beeinträchtigen könnten.

VII. Der Bund nimmt ohne Unterschied des Glaubens, der Rasse, der Nationalität, der politischen Partei oder des bürgerlichen Standes freie Männer von gutem Rufe auf, die sich in dem Streben nach Veredelung brüderlich vereinigen wollen. Er verwirft das förmliche Anwerben von Mitgliedern. Damit ist nicht ausgeschlossen, dass Logenmitglieder solchen Männern, die sie für den Bund als geeignet erachten, in diskreter Weise aufklärende Mitteilungen über das Wesen und den Zweck des Bundes machen.

VIII. Die Freimaurer haben die Verpflichtung, die Gesetze der Grossloge und der Loge treu zu befolgen, deren Ehre und Interessen nach Kräften zu wahren und zu fördern. Sofern ihre Überzeugung oder ihre Verhältnisse es erfordern, steht ihnen der Austritt aus dem Bund frei.“ [17]

Auf die „Alten Pflichten“ werde ich noch in den nächsten Kapiteln eingehen.

Das hehre Ziel „…die Erziehung seiner Mitglieder zum wahren Menschentum“ wird detailliert im Punkt III. beschrieben. Diese Ziele sind sicherlich von jedem Menschen guten Willens anzuerkennen.

Heikler wird es bei der Anmerkung (Punkt IV.) zum „Allmächtigen Baumeister aller Welten“ mit „vergleichbar mit dem in den christlichen Religionen verwendeten Ausdruck „Gott““. Mit dem Begriff „Ausdruck Gott“ kann die katholische Kirche natürlich schwer oder gar nicht leben.

Die weiteren Punkte sollen in dieser Arbeit nicht näher behandelt werden – wenngleich sie sicherlich alle anerkennenswert sind.

2.1.3 Freie Männer von gutem Ruf

> „Der Bund der Freimaurer ist eine Verbindung freier Männer von gutem Ruf im Streben nach geistiger und sittlicher Veredelung …“[18] beginnt das erste Kapitel der Allgemeinen freimaurerischen Grundsätze der Großloge von Österreich. Diese, bereits modernisierte Version, beruht auf den Alten Pflichten (eines Freimaurers), wo im Kapitel III verlangt wird: „…müssen gute und redliche Männer sein, frei geboren, von reifem und verständigem Alter, keine Leibeigenen, keine Frauen, keine unmoralischen oder anstößigen Männer, sondern von gutem Ruf.“[19]

Generationen von Freimaurern haben sich bemüht, diese Begriffe vor allem für die heutige Zeit zu definieren. Rechte und Freiheiten des österreichischen Staatsbürgers sind in Verfassung und Gesetzen festgelegt. Darin ist auch ein Bekenntnis zu den Menschenrechten enthalten. Frei sein, heißt also heute eher frei von Vorurteilen und inneren Zwängen, sich aber seiner Verantwortung, seiner moralischen und humanitären Ziele bewusst sein. Oder wie Appel abschließend meint: „… was den Freimaurer auszeichnet: eine moralische Haltung, stabil genug zur Bewältigung der inneren und äußeren Probleme des Lebens … Glaubens-, Gewissens- und Denkfreiheit sind den Freimaurern höchstes Gut.“[20]

2.2 Organisation, Richtungen

Hier soll keine detaillierte Geschichte und Entwicklung der Freimaurerei dargestellt, sonder nur der aktuelle Status skizziert werden.

2.2.1 Großlogen

Und damit soll auch eine Abgrenzung zwischen Johannismaurerei, den Hochgraden und „nichtregulären“ Großlogen erfolgen.

1. Großlogen (Obödienzen) die von der United Grand Lodge of England anerkannt werden, d. h. „regulär“ sind.

   Sie erkennen die acht Thesen der Basic Principles (aus 1989) an und bearbeiten die drei Grade der Johannis-Freimaurerei (Lehrling-Geselle-Meister).

   Weitere Bedingungen der Regularität:
   - Anerkennung des Großen Baumeisters aller Welten;
   - Verwendung der Drei Großen Lichter (Buch des heiligen Gesetzes, Winkelmaß und Zirkel);
   - Einhaltung der Alten Pflichten;
   - Aufnahme nur von Männern.
2. Bei der regulären Johannismaurerei gibt es über die drei Grade hinaus sogenannte Hochgrad-Systeme mit weiterführenden, vertiefenden Graden bzw. Erkenntnisstufen.

   In Österreich ist dies der „Alte und Angenommene Schottische Ritus“ (4.–33.Grad) und die „Maurer vom Königlichen Bogen“ (Royal Arch und Konzil mit den Graden 4. bis 9. im Großkapitel von Österreich der Maurer vom Königlichen Bogen, in Deutschland noch die Komturei 10. bis 12.Grad).

   The Steps of Freemasonry (Johannismaurerei, Schottischer Ritus, York Ritus) nach einem anonymen Farbdruck:

3. Vor allem in den skandinavischen Ländern und in Deutschland existiert noch ein weiteres reguläres, christlich orientiertes System „Freimaurerorden“ mit Johannislogen (1.–3. Grad), Andreaslogen (4.–6. Grad), Ordenskapiteln (7.–10. Grad).

4. Irreguläre (nicht anerkannte) Großlogen, wie z. B. der Grand Oriente de France (erkennt den Großen Baumeister und die Bibel nicht an), Le Droit Humain (nimmt auch Frauen und Atheisten auf).

Struktur der Freimaurerei[21]:

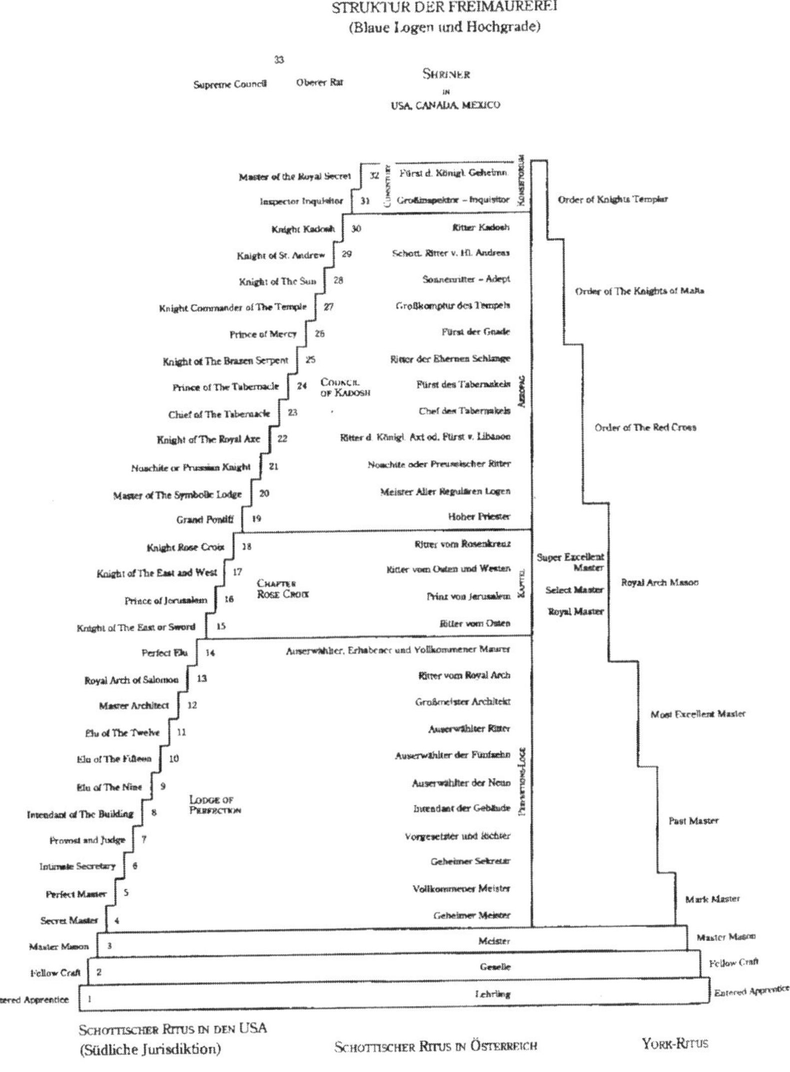

2.2.2 Basic Principles

Im Originaltext lauten die Basic Principles (standards) der United Grand Lodge of England:

> **To be recognised as regular by the United Grand Lodge of England, a Grand Lodge must meet the following standards.**
>
> - It must have been lawfully established by a regular Grand Lodge or by three or more private Lodges, each warranted by a regular Grand Lodge.
> - It must be truly independent and self-governing, with undisputed authority over Craft – or basic – Freemasonry (i.e. the symbolic degrees of Entered Apprentice, Fellow Craft and Master Mason) within its jurisdiction and not subject in any other way to or sharing power with any other Masonic body.
> - Freemasons under its jurisdiction must be men, and it and its Lodges must have no Masonic contact with Lodges which admit women to membership.
> - Freemasons under its jurisdiction must believe in a Supreme Being.
> - All Freemasons under its jurisdiction must take their Obligations on or in full view of the Volume of the Sacred Law (i.e. the Bible) or the book held sacred by the man concerned.
> - The three 'Great Lights' of Freemasonry, (i.e. the Volume of the Sacred Law, the square and the Compasses) must be on display when the Grand Lodge or its subordinate Lodges are open.
> - The discussion of religion and politics within its Lodges must be prohibited.
> - It must adhere to the established principles and tenets (the "Ancient Landmarks") and customs of the Craft, and insist on their being observed within its Lodges.[22]

Wie erwähnt und ersichtlich, sind „Supreme Being“ und „Sacred Law (i. e. the Bible)“ wesentliche Bedingungen.

2.2.3 Landmarks

Die im letzten Punkt erwähnten Landmarks („Grenzsteine“) wurden seit der Konstitution von Anderson (1723 und 1738) laufend geändert.
Die von Albert G. Mackey 1858 aufgestellten Landmarks werden vor allem von amerikanischen Großlogen angewandt. Sie beinhalten die Erkennungszeichen, die drei Grade, Stellung und Leitung der männlichen Brüder, die Existenz Gottes als Großer Baumeister aller Welten, Symbole und Tempelbau, Bibel und ewiges Leben.[23]

Appel zitiert alle 25 Landmarks Mackeys. Die bezüglich des Großen Baumeister aller Welten lauten:

„19. Der Anwärter für die Aufnahme muss sich zum Glauben an den Urquell der Schöpfung bekennen, vom Bund mit A.B.a.W. (Allmächtiger Baumeister aller Welten) bezeichnet.
20. Im Verein mit jenem Glauben wird der Glaube an ein künftiges Leben gefordert.
21. Auf dem Altar muss das Buch des Gesetzes liegen.“[24]

Insgesamt werden in Österreich die Landmarks durch die Alten Pflichten und deren Gebote abgedeckt.

2.2.4 Keine internationale „Zentrale“

Jede Großloge ist selbstständig und hat ihre eigene Jurisdiktion; eine internationale, leitende Zentrale gibt es nicht.

Waren es 1965 noch 108 Großlogen, so sind jetzt dem Internet über 200 „reguläre“ Großlogen zu entnehmen.

Als Nächstes sollen die Grundsatzdokumente der Großloge von Österreich aber auch die Alten Pflichten – in Bezug auf das Thema – dargestellt werden.

2.3 Satzung und Konstitution der Grossloge von Österreich

Freimaurerische Grundsätze oder ähnliche Aussagen zu Inhalten, Ritualen und Gedanken durch die Großloge von Österreich wird man im Internet nicht finden, es gibt nicht einmal eine Homepage. Die Öffentlichkeitsarbeit der Großloge von Österreich ist, im Gegensatz zur deutschen oder gar den amerikanischen Großlogen, eine eher zurückhaltende.

2.3.1 Satzungen

Die „Großloge von Österreich der alten, freien und angenommenen Maurer" wurde am 14.11.1918 von der „Symbolischen Großloge von Wien" gegründet. 1945 wurde sie als „Großloge von Wien für Österreich" (nach der nationalsozialistischen „Einschläferung") aktiviert und trägt ihren gegenwärtigen Namen seit 1955.

Seitens der Großloge von England wurde sie 1930 und neuerlich 1952 als regulär anerkannt.

Juristisch ist sie ein nach den Normen des österreichischen Vereinsrechts gebildeter Verein. Ihre Satzungen wurden mit Bescheid des Bundesministeriums für Inneres vom 21.7.1981 genehmigt.

Die inneren Angelegenheiten, und somit den unmittelbaren Normenbereich der österreichischen Freimaurerei, regelt die Konstitution, die Geschäftsordnung im Sinne des profanen Rechts.

Wobei an der Spitze der Normen die – später behandelten – „Alten Pflichten" stehen. Sie sind das älteste aufgezeichnete und für die Freimaurer in aller Welt geltende freimaurerische Gesetz.

Darüber hinaus bildet die „Allgemeine Erklärung der Menschenrechte der Vereinten Nationen" (vom 10.12.1948) einen wesentlichen Bestandteil der allgemeinen freimaurerischen Grundsätze.

Das Vorwort der „aktuelle(n) Sammlung aller für die österreichische Kette maßgebenden maurerischen Normen" schließt: „Das Großrednerkollegium ist sich wohl bewusst, dass es nicht rechtsförmige Normen sind, die das Wesen der Freimaurerei ansprechen. Wenn man aber Normen … versteht als Orientierungshilfen für Verhalten und Vorgangsweisen, …, dass Harmonie und Brüderlichkeit gewahrt und gefördert … werden."[25]

Für das Thema der vorliegenden Arbeit ist der § 2 – Zweck des Vereins wichtig:

> „§2 (1) Der Verein ist ein gemeinnütziger und nichtpolitischer Verein. Er hat den Zweck, die Aufgaben der Freimaurerei zu fördern. Demgemäß obliegt ihm unter Ausschluss jeder Parteinahme in politischen und religiösen Fragen die Verbreitung fortschrittlicher Ideen, allgemeiner Moral, Kultur und Nächstenliebe sowie die Ausübung der Wohltätigkeit.
>
> (2) Der Verein macht es den Mitgliedern zur Pflicht, die Landesgesetze zu beobachten.“[26]

2.3.2 Konstitution und „Allgemeine freimaurerische Grundsätze“

Dieser „Geschäftsordnung“ vorangestellt sind „Allgemeine freimaurerische Grundsätze“. In ihnen wird – ähnlich der Schweizerischen Großloge – von „geistiger und sittlicher Veredelung“, von „Humanität“, „Gewissens-, Glaubens- und Geistesfreiheit“ und Bekämpfung der Intoleranz gesprochen. Es wird „kein bestimmtes Glaubensbekenntnis“ verlangt. „Er (der Bund des Freimaurer) achtet jede ehrliche Überzeugung und verwirft die Verfolgung Andersdenkender“.[27] Von Gott oder dem Allmächtigen Baumeister aller Welten ist hier keine Rede. Wobei dieser Bezug durch die „Alten Pflichten“ geben ist.

Auf über 100 Seiten werden dann Abläufe und das Miteinander der Großloge, der Logen und der einzelnen Freimaurer im inneren Leben geregelt.

„Allgemeine freimaurerische Grundsätze

I

> „Der Bund der Freimaurer ist eine Verbindung freier Männer von gutem Ruf im Streben nach geistiger und sittlicher Veredelung ohne Rücksicht auf Rasse, Nationalität, Glauben, gesellschaftliche Stellung oder Parteizugehörigkeit. Er bezweckt die Erziehung seiner Mitglieder zur Humanität, verpflichtet sie zur Gewissens-,

Glaubens- und Geistesfreiheit unter sich und gegen jedermann innerhalb und außerhalb der Loge. Diesen Grundsätzen Rechnung tragend steht die österreichische Freimaurerei, deren Logen in der Großloge von Österreich vereinigt sind, auf dem Standpunkt der Pflichten eines Freimaurers der Englischen Konstitutionen der Freimaurer („Alte Pflichten") aus dem Jahre 1723.

Die Freimaurerei setzt sich zur Aufgabe, Bildung und Aufklärung, besonders die Jugenderziehung, zu fördern, die Intoleranz zu bekämpfen, für die Menschenrechte einzutreten sowie gemeinnützige Anstalten zu gründen und zu unterstützen. Brüderlichkeit, vorurteilsfreie tätige Menschenliebe, Wahrhaftigkeit und die Arbeit an sich selbst sind das Fundament der Freimaurerei.

II

Der Bund der Freimaurer verlangt von seinen Mitgliedern kein bestimmtes Glaubensbekenntnis. Er achtet jede ehrliche Überzeugung und verwirft die Verfolgung Andersdenkender. Er kann jedoch in seinen Reihen keine Männer aufnehmen, deren Gesinnung und Lebensführung erkennen lässt, dass sie Grundsätze der Allgemeinen Erklärung der Menschenrechte der Vereinten Nationen vom 10. Dezember 1948 missachten, weil dies einer Tolerierung der Intoleranz gleichkäme.

III

Der Freimaurer ist zur Beachtung der Gesetze seines Vaterlandes verpflichtet.

Er hat zur Erhaltung des inneren Friedens in Wort, Schrift und Tat nach Kräften beizutragen.

Die Freimaurerei schließt jede Parteinahme des Bundes in politischen und religiösen Fragen aus. Es sind daher alle Abstimmungen oder Beschlüsse, die die individuelle Freiheit der Mitglieder in diesen Fragen beeinträchtigen könnten, untersagt.

IV

Geschichte, Grundsätze und Zweck der Freimaurerei sind kein Geheimnis. Dem Freimaurer ist es aber verboten, Rituale, ferner Zeichen und Gebräuche, die zur wechselseitigen Erkennung dienen, die Zugehörigkeit oder die Bewerbung eines anderen sowie überhaupt innere Angelegenheiten der Logen oder der Großloge Nichtfreimaurern bekannt zu geben."[28]

2.4 „Alte Pflichten"

Auf diese wesentlichste Grundlage muss ebenso eingegangen werden. Aber nur wenig hinsichtlich Entstehung und der einzelnen Kapitel, vor allem aber wegen des ersten Kapitels „Von Gott und der Religion".

Im Auftrag des Großmeisters Herzog von Montagu legte Reverend James Anderson 1723 die erste Ausgabe des Constitutionsbuches vor, das von der Großloge von England genehmigt wurde. Nach einer Geschichte der Freimaurerei (beginnend bei Adam, über den Tempelbau Salomons, Babylon, Griechenland, Rom bis England und den Steinmetzen)[29] kommen dann „The Charges of a Free-Mason" mit folgendem Inhalt:

„Die Pflichten eines Frei-Maurers
entnommen alten Aufzeichnungen der Logen in Übersee, in England, Schottland und Irland zum Gebrauch der Logen in London:

Die Allgemeinen Kapitel, nämlich:

I. Von Gott und der Religion.
II. Von der obersten und den nachgeordneten staatlichen Behörden.
III. Von den Logen.
IV. Von Meistern, Aufsehern, Gesellen und Lehrlingen.
V. Von der Leitung der Bruderschaft bei der Arbeit.
VI. Vom Betragen, nämlich:
   1. in geöffneter Loge;
   2. nach geschlossener Loge, wenn die Brüder noch beisammen sind;

3. wenn Brüder ohne Profane zusammenkommen, aber nicht in der Loge;
4. in Gegenwart von Profanen;
5. daheim und in der Nachbarschaft;
6. gegenüber einem unbekannten Bruder.“[30]

General Regulations (die so genannten „old Land-Marks“) und die Approbation durch den Großmeister Philipp Herzog von Wharton schließen das Werk ab.

Im Londoner Postboy vom 28.2.1723 sind die „Alten Pflichten“ als eben erschienen angekündigt.[31]

Besonders über das erste Kapitel und dessen Satz wurde viel diskutiert: „ …and if he rightly understands the Art, he will never be a stupid Atheist, nor an irreligious Libertine. But though in ancient Times. Masons were charg'd in every Country to be the Religion of that Country or Nation, whatever it was, yet ’tis now thought more expedient only to oblige them to that Religion in which all Men agree, leaving their particular Opinions to themselves,…“[32]

The Constitutions of the Free-Masons [33] [34]

John Montague, 2nd Duke of Montagu presenting the Roll of Constitutions and the compasses to Philip, Duke of Wharton. The Rev. Dr. John Desaguliers can be seen at the far right.

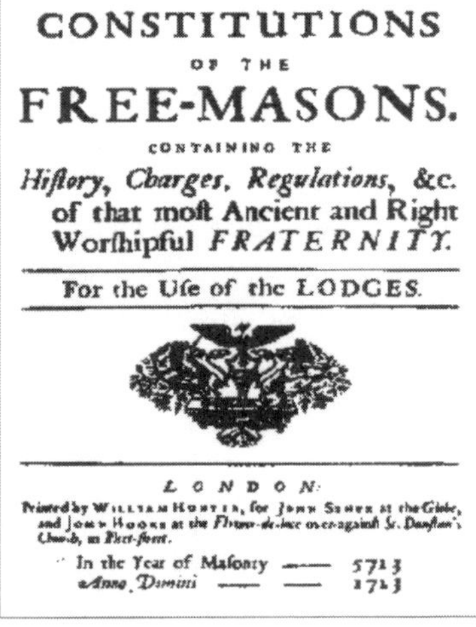

THE
CONSTITUTIONS
OF THE
FREE-MASONS.
CONTAINING THE
History, Charges, Regulations, &c.
of that most Ancient and Right
Worshipful *FRATERNITY.*

For the Use of the LODGES.

LONDON:

Printed by WILLIAM HUNTER, for JOHN SENEX at the Globe, and JOHN HOOKE at the *Flower-de-luce* over-against *St. Dunstan's Church*, in *Fleet-street*.

In the Year of Masonry —— 5723
Anno Domini —— 1723

THE

CHARGES

OF A

FREE-MASON,

EXTRACTED FROM

The ancient RECORDS of LODGES beyond Sea, and of thoſe in *England*, *Scotland*, and *Ireland*, for the Uſe of the *Lodges* in LONDON:

TO BE READ

At the making of NEW BRETHREN, or when the *MASTER* ſhall order it.

The General Heads, viz.

I. F GOD and RELIGION.

II. Of the CIVIL MAGISTRATE ſupreme and ſubordinate.

III. Of LODGES.

IV. Of MASTERS, *Wardens*, *Fellows*, and *Apprentices*.

V. Of the Management of the *Craft* in working.

VI. Of BEHAVIOUR, viz.

1. In the Lodge while *conſtituted*.
2. After the Lodge is over aud the *Brethren* not gone.
3. When Brethren meet without *Strangers*, but not in a *Lodge*.
4. In Preſence of *Strangers not Maſons*.
5. At *Home*, and in the *Neighbourhood*.
6. Towards a *ſtrange Brother*.

I. *Concerning* GOD *and* RELIGION.

A *Maſon* is oblig'd, by his Tenure, to obey the moral Law; and if he rightly underſtands the Art, he will never be a ſtupid Atheiſt, nor an irreligious Libertine. But though in ancient Times Maſons were charg'd in every Country to be of the Religion of that Country or Nation, whatever it was, yet 'tis now thought more expedient only to oblige them to that Religion in which all Men agree, leaving their particular Opinions to themſelves; that is, to be *good Men and true*, or Men of Honour and Honeſty, by whatever Denominations or Perſuaſions they may be diſtinguiſh'd; whereby Maſonry becomes the *Center* of *Union*, and the Means of conciliating true Friendſhip among Perſons that muſt have remain'd at a perpetual Diſtance.

II. *Of the* CIVIL MAGISTRATE *ſupreme and ſubordinate*.

A *Maſon* is a peaceable Subject to the Civil Powers, wherever he reſides or works, and is never to be concern'd in Plots and Conſpiracies againſt the Peace and Welfare of the Nation, nor to behave himſelf undutifully to inferior Magiſtrates; for as Maſonry hath been always injured by War, Bloodſhed, and Confuſion, ſo ancient Kings and Princes have been much diſpos'd to encourage the Craftſmen, becauſe of their Peaceableneſs and *Loyalty*, whereby they practically anſwer'd the Cavils of their Adverſaries, and promoted the Honour of the Fraternity, who ever flouriſh'd in Times of Peace. So that if a Brother ſhould be a Rebel againſt the State, he is not to be countenanc'd in his Rebellion, however he may be pitied as an unhappy Man; and, if convicted of no other Crime, though the loyal Brotherhood muſt and ought to diſown his Rebellion, and give no Umbrage or Ground of political Jealouſy to the Government for the time being; they cannot expel him from the *Lodge*, and his Relation to it remains indefeaſible.

III. Of

In der österreichischen Fassung (lt. der Übersetzung der Forschungsloge Quatuor Coronati Bayreuth in der Konstitution der Großloge von Österreich) lautet der Artikel I.:

> **„Von Gott und Religion.**
> Ein Maurer ist durch seine innere Haltung verpflichtet, das Moralgesetz zu befolgen; und wenn er die Kunst recht versteht, wird er niemals ein einfältiger Atheist sein, noch ein religiöser Freigeist. Aber obwohl in alten Zeiten die Maurer in jedem Lande verpflichtet waren, von der Religion dieses Landes oder Volkes zu sein, welche auch immer es sein mochte, so hält man es jetzt doch für sinnvoller, sie nur der Religion zu verpflichten, in der alle Menschen übereinstimmen, ihre besonderen Meinungen aber ihnen selbst zu überlassen; das heißt, gute und redliche Männer zu sein, Männer von Ehre und Rechtschaffenheit, durch welche Glaubensbekenntnisse oder –anschauungen sie auch unterschieden sein mögen, wodurch die Maurerey der Mittelpunkt und zum Werkzeug wird, treue Freundschaft unter Menschen zu stiften, die sonst in steter Entfernung von einander hätten bleiben müssen.“[35]

Lennhoff/Posner sind der Ansicht, dass der Satz „Religion ... in der alle Menschen übereinstimmen" der wichtigste sei, „Religion ist Privatsache, sofern sie in der praktischen Übung sittliche Folgerungen zeitigt ... Gottesleugner und sittenlose Menschen kann der Bund nicht brauchen."[36]

Keinesfalls soll jedenfalls eine neue Religion proklamiert werden.

1738 gab es eine zweite redigierte Ausgabe der „Alten Pflichten" und im Laufe der Jahre immer wieder Änderungen und Interpretationen. Das ab 1819 bis jetzt unveränderte Konstitutionsbuch der Vereinigten Großloge von England formuliert: „Ein Maurer ist durch seine Berufspflicht gehalten, dem Sittengesetz zu gehorchen; und wenn er die Kunst recht versteht, wird er nie ein thörichter Gottesleugner oder ein ungläubiger Freigeist (Wüstling) sein, ... Gott schaut ins Herz. Ein Maurer ist deshalb besonders gebunden, niemals gegen die Vorschriften seines Gewissens zu handeln. Möge eines Menschen Religion oder Weise der Gottesverehrung sein, welche sie wolle, er wird nicht vom Orden ausgeschlossen, vorausgesetzt, dass er an den erhabenen Baumeister des Himmels und der Erde glaubt und die geheiligten Pflichten der Sittlichkeit übt."[37] In dieser Fassung ist doch eher ein persönlicher Gott zu sehen, eine Abkehr von den Prinzipien aus 1723.

Noch weiter gehen die „Basic Principles" aus 1929. Danach könnte „nach englischer Auffassung nur Freimaurer werden, wer an Gott, seinen geoffenbarten Willen und an das Buch des heiligen Gesetzes als überirdische Offenbarung glaubt."[38]

Die derzeit aktuelle Fassung der Basic Principles (aus 1989) geht von einer „deistischen Gottesauffassung" aus:

4. „Freimaurer ... müssen an ein höchstes Wesen glauben.
5. Alle Freimaurer ... müssen ihre Verpflichtungen auf oder im vollen Anblick des Buches des heiligen Gesetzes ... ablegen."[39]

2.5 Der rituelle Ablauf in einer Johannisloge

Natürlich kann und soll hier kein gesamter ritueller Ablauf eines Logenabends skizziert werden. Ebenso ist es nicht Aufgabe dieser Arbeit Initiation (Rezeption), die Stufen Lehrling-Geselle-Meister und deren Ritualabende zu besprechen. Da aber in den kirchlichen Verurteilungen immer wieder von Liturgie und sakramentsähnlichen Handlungen gesprochen wird, seien einige Zitate aus Ritualen, der Mittelpunkt des Tempels – der Tapis – und einige Symbole behandelt.

Laut Di Bernardo werden die Grundbegriffe der Freimaurerei durch Symbole ausgedrückt. Bibel, Zirkel und Winkelmaß stehen für Moralgesetz, Bruderliebe, Recht und Gerechtigkeit. Sie sind die Großen Lichter des Tempels, Symbole für „das Licht über uns, um uns, in uns." Und diese Symbole, diese Sprache sind auf der ganzen Welt gleich, sind ein Teil des initiatorischen Geheimnisses. Und sind auch die gemeinsame Zielvorstellung: „Freimaurerei will den Menschen durch Tugend zum Licht führen"[40], wobei Licht eben Gegensatz von Finsternis ist und immer schon als Symbol geistigen Erkennens galt.

In den Symbolen und Ritualen lebt das Erbe der sogenannten „operativen" Maurer, der Steinmetze des Mittelalters, weiter. Letztlich entziehen sich die Symbole einer genauen Definition, sie werden unterschiedlich erlebt und gedeutet.

2.5.1 Freimaurerei und inneres Erlebnis – „Wie viel bedeutet und bringt Dir …"

Immer wieder wird vom Geheimnis der Freimaurerei oder einer Geheimgesellschaft gesprochen.

Als eingetragene Vereine sind die Logen keine Geheimgesellschaft, sehr wohl aber in Österreich diskrete, nicht die Öffentlichkeit suchende Vereinigungen.

Das Geheimnis ist die Erfahrung, das Erleben im Ritual, das jeder selbst empfinden muss. Dieses persönliche Empfinden kann aber weder weitergegeben noch verraten werden. Denn das freimaurerische Ritual, das Erlebnis im Tempel ist ein System der Verinnerlichung, der inneren Erneuerung und der Bewusstseinserweiterung.

Die angewandten Ritualtexte allein können ja heute bereits im Internet abgefragt werden, aber das Erleben, die rituelle Verinnerlichung würde fehlen.

Was suchen Männer in der Freimaurerei?

Eine vor einigen Jahren (1997/98) in den österreichischen Logen durch Ernst Gehmacher unter dem Titel „Sozialkapital" durchgeführte Befragung gibt einen interessanten Einblick in freimaurerische Sinndimensionen. So wurden genannt:

1. Soziale Nähe, wie Freundschaft und menschliche Beziehungen.
2. Lebenssinn, wie Bearbeitung individueller Sinnfragen, Optimismus, positive Weltsicht.
3. Esoterik, d. h. Identifikation mit rituellen und symbolischen Werten, Verinnerlichung, Verständnis des Daseins und Lebenssinns.
4. Möglichkeit der Selbstentfaltung über Kreativität und Selbstwertgefühl.
5. Bildung über gegenseitigen brüderlichen Austausch.[41]

Bei 800 Antworten (etwa 40 Prozent aller Logenmitglieder) ergab sich das untenstehende Verhältnis der positiven (Zustimmung bei „sehr viel, viel") Antworten:[42]

„Wieviel bedeutet und bringt Dir die frm. Arbeit in Bezug auf …?"[43] [44]

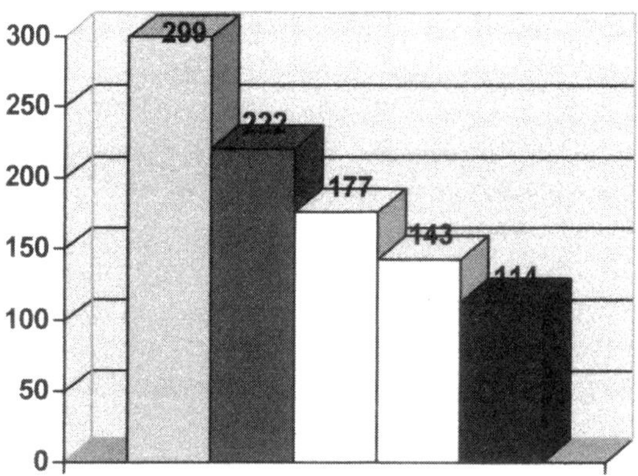

Soziale Nähe	299
Lebenssinn	222
Esoterik	177
Selbstentfaltung	143
Bildung	114

Unter den Gesamtbegriffen wurde subsummiert ("Wie viel bedeutet Dir …"):[45]

1. Soziale Nähe:
   Freundschaften und menschliche Beziehungen, vertrauliche Brudergespräche, Kontakte zu interessanten Menschen, gesellschaftliche Beziehungen, Kontakte im Ausland.
2. Lebenssinn:
   Eigene Charakterbildung, allgemeine Sinnfragen (Lebensphilosophie), Optimismus und positive Weltsicht.
3. Esoterik:
   Identifikation mit rituellen und symbolischen Werten, Entspannung und Beruhigung, mystische Ergriffenheit.
4. Selbstentfaltung:
   Kreativität und Selbsttoleranz, Selbstwertgefühl, Übung im sprachlichen Ausdruck, künstlerische Erlebnisse.
5. Bildung:
   Verständnis für Zukunftsfragen, Einsicht in gesellschaftliche Zusammenhänge, neuere wissenschaftliche Erkenntnisse, Einfluss in gesellschaftlichen Bereichen.

Zusammenfassend werden mit überwältigender Mehrheit die menschliche Beziehung und Freundschaft, die Brüderlichkeit, Lebensphilosophie und Sinnfragen innerhalb der Freimaurerei genannt, also die Arbeit am rauen Stein, an der Selbsterkenntnis. Rituelle und symbolische Werte, aber auch mystisches Erleben und innere Beruhigung erscheinen den Brüdern wichtig.[46]

1997/98 wurde nicht nach dem Verständnis zum Großen Baumeister aller Welten und zur katholischen Kirche gefragt. Rituelle Werte mit 8 Prozent, gesellschaftliche Zusammenhänge mit 6 Prozent und Sinnfragen mit 10 Prozent zeigen jedoch, dass nur ein kleiner Teil der Befragten an Transzendenz und dogmatische Abhängigkeiten zu denken scheint.

2.5.2 Freimaurerische Symbole

Die Beschreibung der meisten freimaurerischen Symbole wurde einer Wandtafel des Freimaurermuseums Rosenau entnommen, die Bilder wurden mir dankenswert vom geschäftsführenden Obmann des Vereins für das Freimaurermuseum Rosenau überlassen.

Auf der Homepage des Museums werden Informationen zur Freimaurerei in Österreich sowie in einem Rundgang die Entwicklung in Österreich, aber auch zum freimaurerischen Tempel und zur maurerischen Arbeit dargestellt.

Die materiellen Symbole (Werkzeuge, rauer und behauener Stein) und die Sinnbilder der Transzendenz wie Sonne, Mond und Sterne zeigen Facetten der maurerischen Arbeit. Symbole sind ja die wahrnehmbaren äußeren Zeichen für Ideen, Inhalte und Vorstellungen, die materiell aus den Dombauhütten der Steinmetze übernommen wurden.

Die Bedeutung der wesentlichsten Symbole ist auf den einzelnen Wandtafeln des Freimaurermuseums Rosenau von Freimaurern selbst beschrieben worden.

Freimaurerische Symbole im Einzelnen:[47]

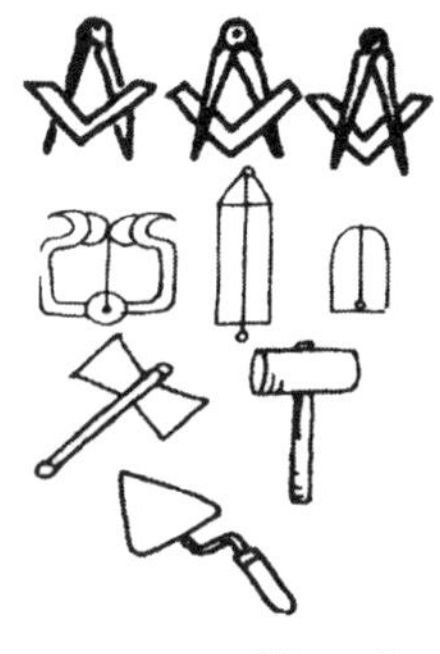

WINKELMASS UND ZIRKEL
Die Hauptsymbole der Freimaurerei. Das Winkelmaß bestimmt das rechte Handeln des Freimaurers, der Zirkel seine Beziehung zu den Brüdern und zur ganzen Menschheit.

SENKBLEI
Dieses maurerische Grundsymbol lehrt die Wahrheit zu suchen und ihr zum Recht zu verhelfen. In der Loge das Zeichen des Zweiten Aufsehers.

ZWEIKÖPFIGER HAMMER
Zeichen der „hammerführenden" Beamten der Loge (Meister vom Stuhl, Erster und Zweiter Aufseher). In der allgemeinen Symbolik in der Form des griechischen Buchstabens Tau ein altes Heils- und Schutzzeichen.

KELLE
Sinnbild der verbindenden und festigenden Arbeit innerhalb der Bruderschaft. In vielen Lehrarten Symbol des Gesellengrades. Häufig in Verbindung mit dem Meisterhammer dargestellt.

BIBEL
Das Buch heiliger Überlieferungen liegt bei der Logenarbeit im Tempel auf.

SONNE
Hauptsymbol einer umfassenden freimaurerischen Lichtsymbolik. Häufiger Logenname „Zur Sonne".

MOND
Symbol im Abglanz des Sonnenlichtes. Sonne, Mond und „Meister vom Stuhl" bilden in der Freimaurerei die „Drei Kleinen Lichter", diese versinnbildlichen die Lichtquellen des Lebens.

AKAZIENZWEIG
Maurerisches Symbol des Meistergrades. Symbol der Überwindung des Todes. Häufigere Darstellung: Akazienzweig auf Grabhügel.

KETTE
Symbol der maurerischen „Bruderkette". Symbolischer Akt des freimaurerischen Rituals.

VEREINIGUNGSBAND
Altes maurerisches Symbol: zeigt das geistige Band, das alle Freimaurer zusammenhält. Die Verbindung von Diesseits und Jenseits, von Menschlichem und Göttlichem, das heilige Band der Liebe.

DIE SÄULEN IM VORHOF DES SALOMONISCHEN TEMPELS
Die Säulen Jachin und Boas sind wichtige Symbole der Freimaurerei mit Bezug auf die Arbeit am salomonischen Tempel als Tempel der Allgemeinen Menschenliebe.

STUFEN
Die meisten Darstellungen mit drei, fünf oder sieben Stufen. Drei Stufen symbolisieren Mäßigung, Gerechtigkeit, Wohlwollen, sieben Stufen die sieben freie Künste und Wissenschaften. Auch Symbol für die Stufen zum Salomonischen Tempel.

DER ERHÖHTE PLATZ DES MEISTERS
Sein Stuhl im „Osten" der Loge wird von einem von Säulen getragenen Baldachin überspannt (nicht allgemein üblich).

ROSEN
Die Rose als Sinnbild der Schönheit, der Sehnsucht des Menschen nach neuem, höheren Leben. Die „Drei Johannis-Rosen" symbolisieren Licht, Liebe und Leben.

LEITER
Jakobsleiter. Die Stufen versinnbildlichen die Höherentwicklung der Seele zum wahren Licht.

„AUGE GOTTES"
Dieses Symbol - zumeist im Dreieck - soll die Menschen an die alle Geheimnisse durchdringende ewige Wachsamkeit Gottes gemahnen.

Im Tempel befindet sich vor dem Sitz des Meister vom Stuhl ein sogenannter Altar, auf dem in Österreich die Bibel (das Buch der heiligen Überlieferung) sowie Zirkel und Winkelmaß liegen. Kraus schreibt deutlich in seinem Buch 2007: „Die österreichische Freimaurerei schreibt kein Glaubensbekenntnis vor. Sie bezeugt aber bei ihren Zusammenkünften die „Ehrfurcht vor dem Großen Baumeister aller Welten", der für sie das „Symbol der ewig unerforschlichen Wesenheit" ist, die im „Mittelpunkt allen Lebens steht.""[48]

Der Schurz wird von den Brüdern bei ihren Arbeiten im Tempel getragen. Er soll an die Schurze der operativen Steinmetze (die allerdings länger waren) erinnern. Die aufgestickten Rosen symbolisieren Licht, Liebe und Leben. Bei Festarbeiten werden weiße Handschuhe angezogen.

2.5.3 Der Tapis

Die Tapisse (Teppiche) der drei Grade durfte ich in der Loge Zur Aufgehenden Sonne unter Anwesenheit des Künstlers (F. F.) fotografieren.

Umgeben von den drei Säulen der Weisheit, der Stärke und der Schönheit liegt der Tapis (Arbeitstafel, Teppich) in der Mitte der Loge. Er ist als Bauplan der Welt gedacht und in den einzelnen Graden unterschiedlich. „Auf dem Teppich ist eine ganze Gruppe von Symbolen dargestellt, die zur Vermittlung der freim. Lehrinhalte dient. Dabei ist auf dem Lehrlingsteppich bereits ein vollständiger Leitfaden der Freimaurerei durch diese Sinnbilder abgebildet. Für den Freimaurer ist es der symbolische Bauplan seines Lebens, wobei sich die Symbole erst im Lauf der Jahre voll erschließen lassen."[49]

Auf allen drei Tapissen zu findende, wichtigste Elemente.

- Winkelmaß und Zirkel – das rechte Handeln und die Beziehung zur Menschheit,
- Hammer und Kellezeichen der symbolischen Bearbeitung des rauen Steins sowie der brüderlichen, verbindenden, festigenden Arbeit,
- Sonne und Mondsymbole des Lichts und der Erleuchtung,
- das Musivische Pflastersymbol des täglichen Lebens in seiner Polarität, von Licht und Finsternis, von Leben und Tod, aber auch vom Kampf des Guten gegen das Böse.

Beim Tapis des ersten Grades (Lehrling) erkennt man

- unten links den rauen Stein, der den Lehrling symbolisiert,
- rechts den behauenen,
- dazwischen die maurerischen Werkzeuge: Hammer, Zollstab, Senkblei, Bleiwaage,
- zwischen den Säulen Jachin und Boas befindet sich der Grundriss des Salomonischen Tempels mit dem musivischen Pflaster,
- ganz oben befinden sich die kleinen Lichter: Sonne, Mond und Sterne,
- dazwischen und prominent gezeichnet Winkelmaß und Zirkel.
- Im blauweißen Saum sind die Himmelsrichtungen zu erkennen.[50]

Der Flammende Stern ist das zentrale Symbol des Gesellen-Tapis, der Sarg als Symbol des Todes der des dritten Grades.

Tapisse des Lehrlings-, Gesellen- und Meister-Grades der Loge „Zur Aufgehenden Sonne":[51]

(1.) Lehrlings-Grad

(2.) Gesellen-Grad

(3.) Meister-Grad

2.5.4 „In Ordnung, meine Brüder"

Mit diesen Worten beginnt der Meister vom Stuhl die Loge zu „erleuchten", d. h. er und die beiden Aufseher zünden die Kerzen der zuvor genannten Säulen an:

„MvSt: Weisheit, gründe den Bau.
1.A: Stärke führe in aus.
2.A: Schönheit vollende ihn.
MvSt: Durch die freie Wahl meiner Brüder im Osten stehend, eröffne ich diese Arbeit im ersten Grad in Ehrfurcht vor dem Großen Baumeister aller Welten nach dem alten Brauch der Brüder Freimaurer."[52]

Wobei bis vor Kurzem und auch heute noch im 3. Grad eine fakultative Eröffnung möglich war: „ …eröffne ich diese Arbeit *im Namen des Großen Baumeisters* aller Welten …"[53]

Auf dem Altar liegt die geschlossene Bibel, die dann vor dem Zitat „Durch die freie Wahl …" beim Johannes-Evangelium geöffnet wird.

Der weitere rituelle Ablauf ist für das Thema dieser Arbeit nicht mehr wichtig.

Kurz sei noch aus dem Ritual des 2. Grades zitiert, da das Ziel der Freimaurerei – das Wohl der Menschheit – konkret genannt wird: [54]

„MvSt: Meine Brüder, in dieser Stunde, die uns in alter Kette neu zusammenschließt, lasst uns feierlich versprechen: Zuerst, dass wir durch unsere Tat, einzeln und gemeinsam, für das Ziel wirken wollen, dem wir uns bei unserer Aufnahme in den Bund der Freimaurer verpflichtet haben:
Für das Wohl der Menschheit.
R: Weiters, dass wir für eine Welt arbeiten wollen, die frei werde von Parteigeist und Feindschaft, Gewalt und Zerstörung, eine Welt, in der die Menschen nach Wahrheit und Gerechtigkeit streben, nach Frieden und Harmonie.
1.A: Ferner, dass wir über dieses große Werk miteinander reden und verhandeln: offen, aber ohne Gehässigkeit;

mit Herzenswärme, aber ohne blindwütiges Eifern; vor allem aber nur nach sorgfältigem Nachdenken.

2.A: Endlich, dass wir stets daran denken: Unser Ziel können wir nicht erreichen, wenn Völker, Religionen und Parteien einander feindlich gegenüberstehen und dadurch Haß, Neid und Verachtung die Menschen blenden. Deshalb wollen wir das Trennende überwinden und auf nichts anderes Rücksicht nehmen als auf das gemeinsame Wohl. Sind wir Menschen doch alle frei und gleich an Würde und Rechten geboren, sind wir doch alle Bürger e i n e r Welt."[55]

Es wird also im Namen des Großen Baumeisters aller Welten und angesichts der Bibel die Loge eröffnet. Die Bibel wird beim Johannisevangelium aufgeschlagen und Zirkel und rechter Winkel über dem ersten Vers platziert. Über dem griechischen Wort „logos" („Im Anfang war das Wort und das Wort war bei Gott, und Gott war das Wort!"). [56]

Spätestens hier muss aber gesagt werden, dass statt der Bibel in anderen Ländern das jeweilige heilige Buch – also z. B. Koran oder Talmud – aufliegt. „Die Bibel liegt nicht als christliches Religionsbuch auf dem Altar, sondern als ein Symbol der ethischen Werteskala, die jeden Maurer innewohnen soll. ..., so ist die Bibel als Symbol der Religiosität aufzufassen. ... Die Freimaurerei will ein universeller Menschheitsbund sein und ist keine religiöse Gemeinschaft; sie möchte die Vereinigung aller Menschen guten Willens. ... Für den Freimaurer dokumentiert sie (die Bibel) den Glauben an eine sittliche Weltanschauung, den Glauben an ein höchstes Wesen oder Prinzip. ...Sie lenkt die Gedanken vom Irdischen zum Überirdischen, vom Niederen zum Höheren und stellt die Verbindung zum Numinosen, zum Ewigen her."[57] – diese lexikalische Erklärung aus dem Jahr 1999, redigiert von hochrangigen deutschen Freimaurern, kann sicherlich kirchliche Stellen nicht begeistern.

2.6 Der Große Baumeister aller Welten

2.6.1 Supreme Being

Lt. Reinalter bedeutet der Große Baumeister „eine Form der Bezeichnung des Schöpfers und Erhalters der Welt", er „symbolisiert in seiner

Wirksamkeit den ewigen Hintergrund und allumfassenden Rahmen, aus dem das Leben Sinn und menschliche Verantwortung erhält.“[58]

In der Verfassung der Großloge von Deutschland ist zu lesen: „Sie (die Freimaurer) sehen im Weltenbau, in allem Lebendigen und im sittlichen Bewusstsein des Menschen ein göttliches Wirken voll Weisheit, Stärke und Schönheit. Dieses alles verehren sie unter dem Sinnbild des Großen Baumeisters aller Welten.“[59] Dieses regulative Prinzip ist daher der transzendente Bezug ethischen Handelns.

Im Prinzip sind damit ganz unterschiedlich viele Gottesvorstellungen möglich, jeder einzelne Freimaurer kann sie mit seinen persönlichen Vorstellungen erfüllen. Wichtig ist jedoch, dass er an ein höchstes Wesen (gemäß der Basic Principles, Fassung 1989) glaubt.

Ohne jetzt schon in Details zu gehen, ist genau damit die grundlegende Problematik des Dialogs mit der Deutschen Bischofskonferenz aufgezeigt.

Heißt es doch in deren Erklärung:

> „4. Der Gottesbegriff der Freimaurer
> … Danach gibt es keine objektive Erkenntnis von Gott im Sinne des personalen Gottesbegriffes des Theismus. Der „Große Baumeister aller Welten“ ist ein neutrales „Es“, undefiniert und offen für jedwedes Verständnis. Jeder kann seine Gottesvorstellung einbringen, … Diese Imagination eines im deistischen Abseits thronenden Weltenbaumeisters entzieht der Gottesvorstellung der Katholiken und seiner Antwort auf den ihm väterlich und herrscherlich ansprechenden Gott den Boden.“[60]

Und auch Kardinal Ratzingers „Dominus Iesus“ schließt eine alternierende Darstellung eines Gottesbildes, also eines anderen als den des trinitarischen Gottes der katholischen Kirche aus.

2.6.2 The Great Architect of the Universe

Die in den Alten Pflichten verwendete Formulierung war 1723 „God, The Great Architect of the Universe“, sie wurde in der zweiten Fassung (1738) auf „Der Allmächtige Baumeister und Großmeister des Weltalls“ abgeändert. Nach Anderson wird also die „Deutung dieses symbolischen Begriffes“ freigegeben, der Allmächtige Baumeister schuf die Welt als planmäßiges Bauwerk.[61]

Diese Erklärung wird als deistisch bezeichnet, bedeutet also, „Gott schafft eine aus sich selbst erklärbare Welt, ohne fürderhin in ihr Geschehen einzugreifen … Bei Anderson bleibt offen, ob Gott die Welt transzendiert, ihr innewohnt oder sie umfasst.“ Daher Gott als Schöpfer, aber nicht als permanenter Lenker, Begleiter, Gnadenwaltender. Interessant in diesem Zusammenhang die Bezeichnungen in nordamerikanischen Ritualen:

„englisch	deutsch
God	Gott
Supreme Being	Höchstes Wesen
Great Architect of the Universe	Großer Baumeister des Weltalls
Supreme Ruler of the Universe	Höchster Herrscher des Weltalls
Almighty Father of the Universe	Allmächtiger Vater des Weltalls
Supreme Grand Master, Ruler of Heaven and Earth	Höchster Großmeister, Herrscher des Himmels und der Erde
Supreme Grand Master of the Universe	Höchster Großmeister des Weltalls“[62]

Oder z. B. in den Landmarks von Kentucky: „Supreme Being whom men call God and whom Masons call the Great Architect of the Universe.“

2.6.3 „Kein Beweger sondern ein Entwerfer“

Für Peter Stiegnitz, dem hochrangigen Altgroßkapitelmeister des Royal Arch Österreichs, ist „der personifizierte Gott im freimaurerischen Ritual … kein ‚Beweger‘, sondern ein ‚Entwerfer‘, ein Schöpfer, den man noch am ehesten mit dem Aristotelischen ‚Sein‘ vergleichen kann.“[63] Für ihn ist die Gottesvorstellung nicht ‚Lenker‘ des Universums, auch nicht ‚Richter‘, sondern ein ‚Baumeister‘, der sich je nach Bedarf aktiv oder passiv verhält. Er hält ausdrücklich fest, dass die für „Maurer maßgebliche Sittenlehre“ nicht Gott als Urheber habe, sondern „unsere humanistische Weltsicht. Als Exekutor und Richter dieser Sittenlehre wird das eigene Gewissen eingesetzt.“[64]

Dass diese Ansicht nicht den Grundsätzen und Dogmen der katholischen Kirche entspricht, muss nicht weiter erläutert werden. Auch wenn Stiegnitz sarkastisch den „Monotheismus jüdisch-christlicher Prägung“ in den letzten Zeilen seines Buches besonders hervorhebt: „Die bisher wohl beste, dauerhafteste und erfolgreiche Erfindung der Menschheit ist der Monotheismus jüdisch-christlicher Prägung, der – manchmal auch gegen die jüdische Orthodoxie und die christlichen Amtskirchen – zu Wohlstand, Pluralismus und zur Demokratie führte.“[65]

2.6.4 Die Fraglichkeit des Gottesbegriffs

Noch weiter gehen die Diskussionen in der deutschen maurerischen Forschungsgesellschaft Quatuor Coronati. Artikel der letzten zwei Jahre wie

- Fischer Hans: Die Fraglichkeit des Gottesbegriffes, oder das Nichts als unerklärbares Phänomen und seine Konsequenz! (2007).
- Wolf Günter: „Kreationismus“ und „Intelligent Design“ versus „Großer Baumeister aller Welten“. (2007).
- Wolf Günter: Werteorientierung der Freimaurerei im Verhältnis zu Religionen und Kirchen. (2008).
- Kramer Dennis: Vom „Großen Baumeister aller Welten“ zum „Großen Designer aller Welten“? (2007).

stehen in starkem Gegensatz zu kirchlichen Vorstellungen.

Gerade im Darwin-Jahr 2009 (200 Jahre seit seiner Geburt 1809) und seiner Thesen über die Evolution (von der Entstehung der Arten aufgrund der natürlichen Selektion) sollte man sich an den Vortrag Kardinal Schönborns (USA 2006) erinnern, wonach „die Naturwissenschaft für die Körper, die Religion mit ihren Glaubensinhalten für die Seele zuständig ist: das seien zwei Ebenen.“[66] Die Päpste Johannes Paul II. und Benedikt XVI. teilen diese Meinung.

In den USA hat sich daraus der Kreationismus bzw. der Begriff „Intelligent Design“ entwickelt, den Wolf folgendermaßen skizziert: „Der über allem stehende Schöpfergott ist zugleich ein extrem kreatives Wesen, das den Schöpfungsprozess „intelligent“ begleitet ...“[67] Ohne auf die jeweiligen Kausalketten oder ihre Richtigkeit einzugehen, sei nur resümiert „die freimaurerische Toleranz gebietet die Glaubensfreiheit“ und die ganze Diskussion ist eine „systematische Unterwanderung des freimaurerischen Vernunftdenkens.“[68]

Noch weiter geht Fischer, der, nach Abhandlungen von „Was ist das NICHTS?“, „Wille zum Sinn“, „absolute Wahrheit“ und „Gott hat kein Bildnis“, schreibt: „Es gibt nirgends eine Religionsidee, die ein- und erstmalig und endgültig gestiftet wurde. Religion ist also nicht statisch, sondern ein von Menschen gelebter kontinuierlicher Entwicklungs-Prozess“.[69] Es wird also konkret der Religionsstifter Jesus Christus ausgeschlossen. Wenngleich bereits mit all diesen Überlegungen die Kirche keine Freude haben kann, beendet Fischer seine Diskussion: „Himmel und Hölle sind also ausschließlich von Menschen geprägte Begriffe und haben praktisch nur eine religiöse Erziehungs- und Alibifunktion.“[70]

2.6.5 Gebete

Die Rituale deutscher Logen kennen ein Gebet nach Eröffnung und am Schluss der Loge. Vor allem das Schlussgebet an den Großen Baumeister aller Welten spricht von Weisheit, Stärke und Schönheit als freimaurerische Tugenden:

> „Großer Baumeister der Welt! Du bist die ewige Weisheit! Du bist die allmächtige Stärke! Du bist die vollkommene Schönheit! Erleuchte unsere Gedanken, damit sie weise werden. Stärke unsere Kraft, auf daß wir würdig handeln. Erwecke unseren Sinn für das sittlich Schöne, damit unser Leben einem edlen Kunstwerk gleiche. Laß diese heilige Stunde nicht unfruchtbar werden, laß sie gesegnet sein in ihren Wirkungen auf unser Gemüt und unseren Geist, damit wir uns dem großen Ziele nähern, das wir in Deinem Lichte erkannt haben.“[71]

In keiner österreichischen Loge wird – dem laizistischen Gedanken entsprechend – gebetet, kein Ritual enthält ein Gebet. Einzig die Schlussformel lautet: „Zieh'n wir hin in Frieden“.

3 Philosophie und Ethik in der Freimaurerei

3.1 Eine humanistische Weltanschauung

Ferdinand Cap [72] beschreibt in seinem Buch „Ein Ende der Religionen?“ seine humanistische Weltanschauung. Er wirft Fragen nach dem Sinn unseres Lebens, nach ethischem Handeln sowie nach dem Jenseits und Gott auf. Auch die grundsätzliche Diskussion der Menschheit „Woher kommen wir? Wohin gehen wir?“ wird diskutiert. „Jeder Mensch hat das Recht, sein Leben selbst zu gestalten. Kein Gott gibt ihm den Sinn vor“. Im Mittelpunkt steht für ihn der Mensch, sein Selbstbestimmungsprinzip beruht auf den Idealen der Französischen Revolution wie Freiheit-Gleichheit-Brüderlichkeit sowie Solidarität und Toleranz.[73]

Diesen Gedanken stellt er aber auch provokante Sätze gegenüber wie „Offenbar muss jede Religion von sich behaupten, die alleinige und absolute Wahrheit zu besitzen, …“[74]

Jedenfalls wird aber die Einstellung eines Menschen zu Religion, Ethik und Weltsicht durch Erziehung und kulturelles Umfeld geprägt, formuliert er. Wobei die exakte Wissenschaft keine Werteskala aufstellen, keine ethischen Regeln geben kann. Durch Religionen wird aber der Begriff der Sünde, des Bösen geschaffen und gleichzeitig den Priestern die Macht der Sündenvergebung gegeben.

Hängt die Ethik eines Menschen, Gutes oder Böses von seiner Religion ab?

Cap verneint zwar diese Frage, zitiert aber gleichzeitig Küng: „Kein Weltfriede ohne Religionsfriede.“[75]

Wobei der Kerngehalt aller Weltreligionen stark ethisch geprägt ist und alle Religionen grundlegende Gebote wie „Du sollst nicht töten, stehlen, lügen usw. haben. Oft wird von der Goldenen Regel gesprochen, die Kant in die Formel kleidete: ‚Handle so, dass die Maxime Deines Willens jederzeit zugleich als Prinzip der allgemeinen Gesetzgebung gelten könne.‘“[76]

Warum dieser kleine Ausflug zu humanistischen Ideen?

Weil Wahrheits- und Absolutheitsanspruch der katholischen Kirche und Toleranz sowie Adogmatismus der Freimaurerei die nächsten Kapitel füllen werden.

Oder wie Johann Wolfgang von Goethe in Weimar in einer seiner Logenreden sagte:

„Unser Bund soll das Innere seiner Jünger ohne Beziehung auf eine bestimmte Religion religiös entwickeln. Die Pflege des reinen Menschentums – der Humanität und Bruderliebe – frei von allen Vorurteilen der Rasse, des Standes und einer allein seligmachenden Religion, das ist die Aufgabe der Freimaurer."[77]

3.2 Das freimaurerische Menschenbild

3.2.1 „Alte Pflichten" und „Neue Menschenpflichten"

Am „Tag der Brüderlichkeit 1999" wurde in einem Symposion der Österreichischen Freimaurerakademie über Leitgedanken, Markierungen und ethische Werte der Freimaurerei nachgedacht. Diese Orientierungsvorschläge unter dem Titel „Freimaurerisches Menschenbild und Alte Pflichten" wurde in hochrangig geführten Arbeitskreisen diskutiert. Prof. Dr. Peter Stiegnitz leitete z. B. den Arbeitskreis „Freimaurerei als Lebenskunst."

So werden an den Anfang die wesentlichsten Sätze der Alten Pflichten gestellt. Wie z. B.: „Ein Maurer ist durch seine innere Haltung verpflichtet, das Moralgesetz zu befolgen …das heißt, gute und redliche Männer zu sein, Männer von Ehre und Rechtschaffenheit, durch welche Glaubensbekenntnisse oder -anschauungen sie auch unterschieden sein mögen, …Ihr sollt handeln, wie es einem moralisch empfindenden und klugen Manne geziemt …"[78]

Aus diesen Alten Pflichten wurde im Symposion ein aktuelles freimaurerisches Menschenbild entwickelt.

Stark gekürzt zeigt es das freimaurerische Menschenbild in bester Form:

„*Liebe*

Brüderlichkeit, Treue, Freundschaft und Menschenliebe sind nach wie vor unabhängig von religiösen oder ideologischen Bindungen wichtige Güter, nicht nur der Freimaurer, sondern der Menschheit insgesamt. …

Friedfertigkeit

Die aus den Wertmaßstäben der Demokratie und durch demokratische Ordnung zustandegekommenen Verhaltensweisen sind in Summe nach wie vor die für den Freimaurer grundlegende Lebensform. Es ergibt sich daraus die Verpflichtung zu Friedfertigkeit …Gemeinsinn … und den Begriff der Verantwortung als einen Schlüsselbegriff politischen und sozialen Handelns anzuerkennen. …

Toleranz

Alle freimaurerischen Pflichten sind bereits im Ritual der Rezeption eindrucksvoll enthalten. … (es) muß die eigene Toleranzfähigkeit im Sinne der Selbsterkenntnis stets überprüft und der eigene Umgang mit Wissen und Gefühl reflektiert werden.

Werden, der man sein kann!

Freimaurerische Lebenskunst bedingt Wachsamkeit auf sich selbst, d. h. die Entwicklung eigener Lebenskonzepte und die selbstbewusste Verwirklichung dessen, der man sein kann unter Nutzung all seiner Fähigkeiten und vernunftgeleiteten Wissenseinsatzes im Interesse der persönlichen Aufgabenerfüllung in der Welt. Diese positive Selbsterkenntnis … setzt aber auch die realistische Einschätzung der persönlichen und beruflichen Fähigkeiten, Vorzüge und Stärken sowie der Neigungen und Begierden, Schwächen und Unzulänglichkeiten voraus. …

Demokratie leben!

Unser Handeln als Freimaurer vollzieht sich in der Loge und in der Welt. Wir sind dabei verpflichtet, niemals der Not und dem Elend den Rücken zu kehren. … Zivilcourage und fruchtbare Unruhe sind dabei ebenso gefragt wie als notwendig erkannte Konformität und Kompromißbereitschaft, um zu demokratischen Lösungen in Gesellschaft und Wirtschaft, Politik und Kultur beizutragen. …

Konflikte demokratisch austragen!

Ein grundlegendes Element freimaurerischer Bildung ist der stets den Menschen achtende Umgang mit Konflikten. …

Solidarisch sein!

Das kulturelle, soziale und politische Niveau unserer Gesellschaft kann daran gemessen werden, wie sie mit denen umgeht, die auf Hilfe angewiesen sind. … Wir müssen uns daher für die Minderung der vielfältigen Risken unserer Arbeitswelt aber auch des privaten Bereichs durch solidarisches Handeln eigeninitiativ einsetzen. Es ergibt sich daraus die kontinuierliche Verpflichtung, mit persönlicher Hilfestellung für Benachteiligte einzutreten.

Der menschlichen Kommunikation den Vorrang geben!

Umweltbewußt und sozialverträglich handeln!

… Fragen der Zukunftssicherung und Zukunftsgestaltung sind Leitmotive im beruflichen und politischen Handeln eines jeden von uns. …

Zur Friedenssicherung beitragen!

Die heutige globale Situation verpflichtet uns mehr denn je, die Eigenständigkeit anderer Nationen, Religionen und Kulturen zur Kenntnis zu nehmen und für eine gerechte Weltfriedensordnung sowie für die Interessen benachteiligter Staaten und Kulturen einzutreten. Dies bedeutet den Verzicht auf jedwede Gewaltanwendung (einschließlich struktureller) als Mittel der politischen Auseinandersetzung. Frieden, als ein Prinzip rationaler Konfliktregelung in allen Lebensbereichen, ist auf Dauer nicht zu verwirklichen ohne die Geltung der Menschenrechte und ohne soziale Gerechtigkeit. Dazu gehören der Abbau von Vorurteilen, gegenseitige Verständigung und Interessenausgleich wie auch die Bereitschaft, diese Prinzipien zu verteidigen. …

Unverwechselbare Zeichen setzen

Die Beachtung all dieser Pflichten als neuer Menschenpflichten der Brüder Freimaurer ist gewiß sehr anspruchsvoll, aber für jeden von uns im eigenen lebensgeschichtlichen Bereich aller Mühe wert. Die Erfüllung der vorgegebenen Pflichten ist nicht so unrealistisch wie es auf den ersten Blick scheinen mag – auch in kleinen Schritten ist sie schon ein wesentlicher Beitrag zur Verwirklichung einer freimaurerischen Welt, in der allmählich die Menschenrechte wirklich gelebt werden. …“[79]

3.2.2 Ein ideales Leitbild

Daraus haben die Diskutanten ein „ideales Leitbild des Bruders Freimaurer“ erarbeitet:

- „Er lebt die Menschenrechte, übt Toleranz und Humanität und tritt gegen jede Mißachtung derselben auf.
- Er fördert Bildung und Aufklärung.
- Er verhält sich so, daß er seinen Mitmenschen Orientierung bieten kann.
- Er ist gezielt wohltätig.
- Er stellt Gemeinnutz vor Eigennutz und strebt aus seiner Einfügung in die Kette keinerlei materielle Vorteile an.
- Er berücksichtigt die Interessen der Bruderschaft.
- Er übt Solidarität und Brüderlichkeit.
- Er strebt danach, Gefühl und Verstand in Einklang zu bringen.
- Er übt Verschwiegenheit als Zeichen von Selbstdisziplin, Zurückhaltung und Bescheidenheit und als Ausdruck brüderlichen Vertrauens.
- Er betreibt Selbstreflexion.

Sich selbst gebietend (also selbst erkennend, beherrschend und veredelnd) sei die königliche Kunst als die Fähigkeit, das aus sich zu machen, was man sein kann. Die mit solchem masonischen Können geschaffenen Bausteine tragen zur Gestaltung eines vernünftigen guten Lebens das ihre so bei, daß die Konturen eines neuen Tempels sichtbar werden mögen.“

Stiegnitz erweiterte die vorstehenden Gedanken in seinem Arbeitskreis noch um die Faktoren der Brüderlichkeit:[80]

Vier Grundeigenschaften eines Bruders:

1. Hilfsbereitschaft
2. Loyalität
3. Offenheit
4. Gefühlsmäßige Anteilnahme

Und die zehn wichtigsten Faktoren der Brüderlichkeit:

1. Akzeptanz
2. Interesse
3. Hilfsbereitschaft

4. Objektivität
5. Aufmerksamkeit
6. Verlässlichkeit
7. Selbsteinschätzung
8. Offenheit
9. Loyalität
10. Autonomie

Wobei all dies nur mit Herzensbildung und hoher Kommunikationsqualität gelebt werden kann. Der abschließende Wunsch Hödls, das Leitbild zum Bestandteil der Konstitution der Großloge von Österreich zu machen, wurde nicht erfüllt.

Wobei deutlich festzustellen ist, dass der Umwelt keine Phrasen über Toleranz und Humanität fehlen. Die Inhalte müssen gelebt werden! „Wie hier durch das Wort, so im Leben durch die Tat …" heißt es in einem der Rituale. Gerade die Diskrepanz zwischen hehren Zielen und glaubwürdigen Umsetzungen ist zu beachten und eben zu leben. Glaubwürdigkeit von Idee und Verwirklichung, menschliche Zuneigung und Verstehen, nicht nur materieller Erfolg sondern auch der Mut zu sittlichem Handeln werden daher der Prüfstein für die freimaurerischen Werte in dieser, die Bodenhaftung verlierenden Welt sein.[81]

„In der Welt fängt der Freimaurer dort an, wo der normale anständige Mensch aufhört"[82] – wird von Kraus ein nicht genannter Freimaurer zitiert. Das mag etwas überzeichnet sein, aber dem Satz „Er soll ganz einfach Vorbild sein" zu entsprechen, sollte wohl jeder Mensch guten Willens versuchen.[83]

Auch im Sinne der späteren Ausführungen – von den Synagogen Satans bis zur schweren Sünde – sollte man meinen, dass jeder Satz von wohlmeinenden Menschen und auch kirchlichen Verantwortungsträgern zu unterschreiben wäre. Gerade die christlichen Kirchen finden etliche Stichworte wie Liebe, Friede, Solidarität auch in ihren Programmen. Und auf Dogmen oder alleinigen Wahrheitsanspruch wird hier überhaupt nicht eingegangen.

3.2.3 Freimaurerische Ethik

Di Bernardo geht bei seiner Definition auf Menschenbild und ethische Zielsetzung ein: „Die Freimaurerei besitzt ein Menschenbild (eine philosophische Anthropologie), welches die Verfolgung einer ethischen Zielsetzung verlangt, die sich in initialischer Weise am Transzendenten orientiert.“[84]

„Die freimaurerische Ethik, …, ist keine Erfolgs- oder Gesinnungsethik, sondern eine Verantwortungsethik auch im Hinblick auf die Verwirklichung freimaurerischer Werte in der Gesellschaft. Dies bedeutet konkret Verantwortung für die Mitwelt, für die Umwelt und die Nachwelt …“[85] – formuliert Reinalter.

Wobei diese Ethik stark den Regeln der Demokratie und der Toleranz, nämlich Respektierung des Andersdenkenden durch besseres Verstehen, folgt und in vielen freimaurerischen Ritualen angesprochen wird. Respektierung der Weltanschauung und der Religion des Anderen, der Vielfalt der Erscheinungen und Ideen des Lebens sollen Grundlage für Freiheit und Gleichheit sein. Gleichzeitig geht es um „Wegräumen geistiger und realer Hindernisse der Selbstaufklärung“, geht es um „Irrationalismus und Aberglauben, gegen Verabsolutierung und Ideologien, gegen Dogmen und absolute Wahrheiten.“[86]

In diese Gedanken passen die, in der deutschen freimaurerischen Zeitschrift „humanität“ Nr. 7/1993 (ohne Autorenangabe) veröffentlichten zehn Geboten für Freimaurer:[87]

„**10 Gebote für Freimaurer**

1. Du sollst deinen Mitmenschen – unbeschadet seiner Rasse, Religion, Nationalität, seines Standes und seiner Lebensgewohnheiten – als deinen Nächsten und Bruder ansehen.
2. Du sollst das Recht, die Freiheit und die Würde eines jeden Menschen achten.
3. Du sollst deinen Mitmenschen ausreden lassen, ihm zuhören und ihn zu verstehen suchen.
4. Du sollst die religiösen, weltanschaulichen und politischen Überzeugungen anderer achten.
5. Du sollst gegen niemanden Zwang oder Gewalt anwenden und jeder Gewaltanwendung entgegentreten.

6. Du sollst dein Eigentum immer auch zum allgemeinen Wohl nutzen, ohne anderen Menschen Schaden zuzufügen.
7. Du sollst dich über die Angelegenheiten des Gemeinwesens informieren, für deine Überzeugungen eintreten und bei der Lösung von Problemen selbst mit anpacken.
8. Du sollst an Wahlen und Abstimmungen teilnehmen.
9. Du sollst dich verweigern und Protest erheben, wann immer der Staat die Menschenrechte oder das allgemeine Völkerrecht missachtet.
10. Du sollst gegen jeden Widerstand leisten, der die Ordnung unseres Grundgesetzes, insbesondere die Grundprinzipien der Demokratie zu beseitigen unternimmt."[88]

Wenngleich nur bedingte Ähnlichkeiten zu den zehn christlichen Geboten zu sehen sind, ist jedoch die Nennung von zehn Geboten genau das, was die katholische Kirche als Schaffung von kirchlichen Ähnlichkeiten beanstandet. Inhaltlich ist wohl alles zu unterschreiben, denn es geht um Menschenrechte und „Liebe Deinen Nächsten", um Zivilcourage und Demokratiebewusstsein.

Und letztlich um das was nach dem „Erkenne dich selbst" die Arbeit am – eigenen – rauen Stein sein soll. „Die Arbeit am rauen Stein verlangt demnach vom Menschen, sich selbst zu bewegen, die Ganzheit, in der er lebt, zu erkennen und universell ausgerichtet zu sein."[89] Dabei sollen die Diskussion in der Loge, aber auch die Symbolwelt, die Allegorien und die Sinnbilder helfen, wie z. B. der Tempel der Humanität. „Mit ihrem Minimalkonsens auf den Großen Baumeister aller Welten, der keine dogmatisierte Gottheit darstellt …"[90] ist auch ein transzendenter Bezug gegeben. Denn es wäre problematisch „eine völlige Verneinung eines höheren Prinzips (zu) erleben."[91]

Di Bernardo sieht überhaupt eine Fünfzahl der grundlegenden Elemente nämlich „Freiheit, Toleranz, Brüderlichkeit, Transzendenz und initialisches Geheimnis", die zur „Moralität im Menschen" führt. Für ihn ist auch der Große Baumeister aller Welten der „Garant der moralischen Werte und Zielpunkt des ethischen Weges."[92]

Gleichzeitig aber legt er dar, dass der christliche Gott der operativen Maurer durch die universelle Religion des Deismus ersetzt wurde, d. h. „im Wesentlichen eine natürliche Religion auf der Grundlage der Vernunft …im Widerstand gegen Orthodoxie und Dogmatismus."[93]

Eine lange Tradition im Verfechten der grundlegenden Menschenrechte zeichnen die Freimaurerei aus. Die verschiedenen Ebenen der menschlichen Existenz und die Kernfragen des Lebens mit Woher-Wozu-Wohin werden behandelt. Und das ethische Handeln soll durch Selbsterkenntnis und Selbstverantwortung erreicht werden. Wobei ein wesentlicher Gedanke ist, dass der Mensch zeitlebens ein Suchender, ein „Lehrling" bleibt. Und gerade deswegen ist die laufende Überprüfung der ethischen Werte wichtig. Auf Basis der Grundprinzipien der Humanität, Toleranz, Selbstbesinnung und sozialverantwortlichem Wirken ist die Weiterentwicklung ethischer Normen möglich und notwendig. Gerade im Zeitalter der Globalisierung, des ausufernden und gescheitertem Neoliberalismus sind Menschenrechts-, Bildungs-, Familien- und Jugend-, Armuts- und Dritte-Welt-Fragen wesentliche Aufgabengebiete des Logenbundes.[94]

Zusätzlich wird aber noch der interkulturelle und interreligiöse Dialog im Europa der verschiedenen Kulturkreise verlangt. Bei der Tagung der Großloge von Österreich und des Grande Oriente d'Italia am 15.10.2005 in Bozen wurde darüber referiert und als wichtige Aufgaben der Freimaurerei heute Arbeit für eine globale Rechts- und Friedensordnung, Solidarität und Humanität erklärt. Konkrete Umsetzungsgedanken konnte ich in den mir vorliegenden Unterlagen aber nicht finden.[95]

Paolo Chiozzi (Florenz) unterstrich Freiheit und Grundrechte des Menschen versus dogmatischem Denken. Er tritt für eine neue Aufklärungskultur ein, die aber „im Widerspruch zur christlichen Kultur stehen würde." „Aufklärung und Kirche stünden demnach in einem starken Widerspruch zueinander."[96] Diese Aussage aus dem Jahr 2005 ist dem gegenseitigen Verständnis sicher nicht dienlich.

3.3 Freimaurerei und Religion

Wie in den nächsten Kapiteln ersichtlich, kam es seit Beginn der Freimaurerei zu Diskussionen (und Verurteilungen) über das Verhältnis Freimaurerei und Religion und zu Untersuchungen, insbesondere der christlichen Kirchen.

Gut zusammengefasst sind die entstandenen Vorwürfe in der Zeitschrift der Forschungsloge Quatuor Coronati Bayreuth aus 2004:

„… dann beruhen die ernstzunehmenden „geistlichen“ Vorbehalte gegenüber der Freimaurerei vor allem auf folgenden Vorwürfen:

- Die Freimaurerei ist eine Religion (→ wir wissen, dass dies nicht der Fall ist, doch wie können wir das nach außen zeigen?);
- Die Freimaurerei ist deistisch (→ anerkennt Gott nur als Schöpfer, nicht als permanenten Lenker und Begleiter);
- Die Freimaurerei ist antitrinitarisch (→ leugnet also die christliche Dreifaltigkeit);
- Die Freimaurerei ist gnostisch (→ also quasi eine „Vernunftreligion, die das Heil nicht darin sehen will, was Gott offenbart hat);
- Die Freimaurerei ist humanistisch; der Mensch muß selbst an seiner eigenen Vervollkommnung arbeiten, ohne Hilfe eines „Gottes“.“[97]

Auf die einzelnen Punkte wird in den verschiedenen Kapiteln eingegangen, auf den ersten Punkt gleich im nächsten Kapitel.

Ein wichtiges Dokument in dieser Frage ist eine Grundsatzerklärung der Vereinigten Großloge von England.

3.3.1 Vereinigte Großloge von England: „Freimaurerei und Religion“ (1983)

Unter dem Titel „Freimaurerei und Religion“ veröffentlichte die Vereinigte Großloge von England 1983 das folgende Grundsatzdokument:

„*Grundsätzliche Feststellung*
Die Freimaurerei ist keine Religion und auch kein Ersatz für eine Religion. Sie verlangt von ihren Mitgliedern den Glauben an ein Höchstes Wesen, aber vermittelt kein eigenes Glaubenssystem. In ihren Ritualen kommen Gebete vor, die sich jedoch in keiner Weise an die Gebräuche irgendeiner Religion anlehnen.
Die Freimaurerei ist offen für Menschen aller Glaubensbekenntnisse, aber Diskussionen über Religion sind an ihren Versammlungen verboten.

Das Höchste Wesen

Die Bezeichnung für das Höchste Wesen erlaubt Männern unterschiedlicher Glaubensbekenntnisse sich im gemeinsamen Gebet zu vereinigen (jeder zu dem Gott, den er sich vorstellt), ohne daß der Gehalt des Gebetes Uneinigkeit unter ihnen hervorrufen kann.

Es gibt keinen besonderen freimaurerischen Gott, der Gott eines Freimaurers bleibt der Gott des Bekenntnisses, dem er angehört.

Den Freimaurern ist gemeinsam die Ehrfurcht vor dem Höchsten Wesen, so wie es für jeden in seiner individuellen Religion das Höchste Wesen ist.

Jeder Versuch, die Religionen miteinander zu verschmelzen, liegt der Freimaurerei völlig fern, es gibt deshalb auch keine irgendwie zusammengesetzte freimaurerische Gottesvorstellung.

Das Buch des Heiligen Gesetzes

Die Bibel, von den Freimaurern das Buch des Heiligen Gesetzes genannt, wird bei jeder maurerischen Arbeit geöffnet.

Die Verpflichtungen der Freimaurerei

Die Verpflichtungen, die ein Freimaurer übernimmt, werden beschworen auf das Buch des Heiligen Gesetzes, und zwar das Buch, welches jeweils dem Betreffenden als heilig gilt. Sie verpflichten ihn dazu, die maurerischen Erkennungszeichen geheim zu halten und die Grundsätze der Freimaurerei zu befolgen. Die angedrohten Körperstrafen sind als rein symbolisch zu verstehen und bilden nicht einen Teil des Gelöbnisses. Das Gelöbnis, die maurerischen Grundsätze zu befolgen, ist dagegen eine bindende Verpflichtung.

Die Unterschiede zwischen Freimaurerei und Religion

Der Freimaurerei fehlen die grundlegenden Elemente einer Religion:

a. Sie hat kein Dogma und keine Theologie, und da sie an ihren Versammlungen theologische Diskussionen untersagt, lässt sie auch die Entwicklung einer maurerischen Theologie nicht zu.

b. Sie bietet keine Sakramente an.
c. .Sie sucht kein Seelenheil durch Werke, geheime Erkenntnis oder auf andere Weise …

Die Freimaurerei ist eine Stütze der Religion
Die Freimaurerei steht der Religion keineswegs indifferent gegenüber. Ohne sich in die Ausübung einer Religion einzumischen, erwartet sie, daß jedes ihrer Mitglieder seinen eigenen Glauben folge und über alle anderen Verpflichtungen jene gegenüber Gott stelle, unter welchem Namen er auch verehrt wird. Ihre moralischen Forderungen sind für jede Religion annehmbar. Die Freimaurerei ist eine Stütze der Religion."[98]

Der Gott eines Freimaurers bleibt der Gott des Bekenntnisses, dem er angehört; es gibt keinen besonderen maurerischen Gott; die Freimaurerei ist keine Religion – diese wesentlichen Aussagen sollten doch auch die katholische Kirche beruhigen. Aber – wie zu sehen sein wird –, die Freimaurerei wird als Häresie verurteilt, vor allem fehlt es an der einzigen und alleinigen Wahrheit, die die katholischen Kirche von sich behauptet. Extra Ecclesiam nulla salus (ohne Kirche kein Heil) und ohne geoffenbarte Erlösung, ohne persönliche göttliche Gnade kann sich der Mensch allein durch ethisches Verhalten nicht vervollkommnen. Die letzte große, verbindliche Aussage des Vatikans war jedenfalls die Declaratio de associationibus massonicis vom 26.11.1983 (sh. Kapitel 6.6): „ …das negative Urteil der Kirche über die freimaurerischen Vereinigungen bleibt jedoch unverändert …".

Wenn allerdings Klaus-Jürgen Grün, bekennender hochrangiger deutscher Freimaurer, dann meint, das „must believe in a supreme being" ist „nicht mehr als die Erkenntnis Kants: Aus der Notwendigkeit, an ein höchstes Wesen glauben zu müssen, folgt nicht im mindesten seine reale Existenz"[99], so widerspricht das grundsätzlich der geoffenbarten Wahrheit und damit der katholischen apostolischen Kirche.

3.3.2 Religiöse Bezüge in der freimaurerischen Symbolik

Nach Biedermann ist die Freimaurerei „ein Bund mit diesseitiger Ausrichtung, ohne jede Verheißung eines glücklichen Zustandes in einer anderen Welt, die ‚lichten Höhen' der Freimaurerei liegen nicht in einem Jenseitsland. Nicht Meditation oder Gebet, sondern ‚Arbeit' ist ihr Programm, wozu freilich tief erlebtes Ritual gehört."[100]

Für dieses Ritual sind Symbole und genaue Abläufe notwendig.

Trotz der eindeutigen Feststellung keine Religion zu sein, werden in den freimaurerischen Ritualen viele Symbole und Gleichnisse aus der christlich-jüdischen Tradition verwendet. Es gibt immer wieder Bezüge zu Geburt, Tod und Wiedergeburt, aber auch zum Alten und Neuen Testament.

Wie der Tempel immer schon ein Ort war, wo sich der Mensch meditativ dem Göttlichen, Transzendenten näherte. Der freimaurerische Tempel ist aber kein geweihter Raum, der Arbeitsteppich entspricht dem Plan des Salomonischen Tempels. Winkelmaß und Zirkel sind die Sinnbilder des irdischen und göttlichen Bauens, die Gemeinsamkeit von Geist und Materie. Und die Verehrung von Johannes dem Täufer in den Johannislogen bzw. die zu Beginn des Johannesevangeliums aufzuschlagende Bibel („Am Anfang war das Wort …") sind ebenfalls ethische Symbole.

Das wohl größte Symbol ist der Große Baumeister aller Welten, der allerdings nach den Alten Pflichten bzw. in den Basic Principles zum Supreme Being (Höchstes Wesen) wird, eine wesentlich breitere Definition.[101]

3.3.3 „Gott … lassen, wo er hingehört, nämlich in der Kirche"

„Freimaurerei und Religion stehen in ständiger Spannung zueinander. … Den lieben Gott aber mögen wir dort lassen wo er hingehört, nämlich in der Kirche."[102] Dieses Zitat ist der erste und letzte Satz eines Vortrages des österreichischen Großmeisters Michael Kraus.

Er konzidiert, dass „traditionelle Glaubensinhalte in ihren Manifestationen" enthalten sind, dass die Freimaurerei keine Religion ist, aber „ein Boden für alle Glaubensbekenntnisse." Wichtig ist ihm die Erklärung in den Allgemeinen freimaurerischen Grundsätzen (II.) der Großloge von Österreich, wo „kein bestimmtes Glaubensbekenntnis", die Achtung jeder ehrlichen Überzeugung und vor allem die Anerkennung der Erklärung der Menschenrechte verlangt wird. Wobei Kraus die laizistischen Gedanken der österreichischen Großloge besonders hervorhebt. So sei z. B. die Eröffnung einer Loge von „im Namen des GBaW“ auf „in Ehrfurcht“ geändert worden. Natürlich bleibt es dem einzelnen Freimaurer unbenommen im Großen Baumeister die „dem All innewohnende schöpferische Energie, ein höchstes Wesen, das die Welt lenkt, oder auch einen persönlichen Gott zu verstehen.“[103] Wesentlich ist dem nunmehrigen Altgroßmeister, „dass symbolhaftes Gehabe keineswegs religiöses Bekenntnis und religiöse Unterordnung bedeutet.“[104]

Eben weil eine „Distanz zu christlichen Glaubensinhalten“ notwendig ist und „der maurerische Wertekanon keines religiösen Drüberstreuens“ bedarf, sondern für alle Menschen offen sein soll, die am „Tempel der allgemeinen Menschenliebe bauen wollen“, sollen Freimaurer „gegenüber der großartigen Unfassbarkeit der Schöpfung demütig ihre Ehrfurcht bekennen“.[105] Wobei bereits skizziert wurde, dass die Allgemeinen freimaurerischen Grundsätze der österreichischen Konstitution festlegen: „Der Bund der Freimaurer verlangt von seinen Mitgliedern kein bestimmtes Glaubensbekenntnis.“ Sodass der Schluss berechtigt ist, den Michael Kraus in seinem Buch (2007) zieht: „Vom Standpunkt der österreichischen Freimaurerei gibt es also kein Problem mit der Religion.“[106]

Diese – wohl aktuellste – Stellungnahme aus freimaurerischen Kreisen zu Religion und Kirche geht an ihrem Ende auf die im vorletzten Kapitel dargestellten Gespräche mit Abt Henckel-Donnersmarck ein. Der lt. Kraus meinte, „die österreichische Freimaurerei befände sich nicht in aufrührerischer Haltung gegenüber der römisch-katholischen Kirche und es gelte daher für die österreichische Freimaurerei nicht das allgemeine Exkommunikationsgebot.“[107]

Kraus wiederholt am Schluss seiner Ausführungen die ethischen Werte der Freimaurerei: Rechtschaffenheit, Zivilcourage, humanitäre Gesinnung, Freiheit, Streben nach Selbsterkenntnis-Selbstbeherrschung-Selbstveredelung durch Selbsterziehung und ehrliche Arbeit an sich selbst. Und dass „der liebe Gott …in der Kirche“ bleibe, wird bei der Behandlung der Diskussionen im Jahr 2007/2008 im vorletzten Kapitel besprochen.[108]

4 Die Bullen (Enzykliken) der Päpste im 17., 18. und 19. Jahrhundert

4.1 Die Grosslogen von London (1717)

Über die Theorien der Entstehung der Freimaurerei wird in dieser Arbeit nur in wenigen Worten berichtet. Der Malteserorden, der Deutsche Ritterorden, die Tempelritter, aber vor allem die Zusammenschlüsse der Steinmetzbruderschaften und deren Brauchtum sowie das englische Gildenwesen werden immer wieder als wesentlich skizziert. Binder meint, dass die Bauhütten des Mittelalters und der Neuzeit den Nährboden für das spekulative, nicht operative Freimaurertum darstellen.[109]

Belegt ist, dass am 24. Juni 1717 (am Tag Johannes des Täufers und der Sommersonnenwende) die Gründung einer Großloge durch vier (oder fünf) Londoner Logen im Wirtshaus „Goose and Gridiron“ erfolgte. Die gesellschaftliche Anerkennung folgte schnell. 1721 gab es 16, 1732 bereits 109 Logen; am 24. Juni 1921 wählte die Großloge John Herzog von Montagu zum Großmeister. Weitere bedeutende Namen aus der Frühzeit waren z. B. der Prince of Wales (1737 aufgenommen), Franz Stephan von Lothringen (1731) oder Friedrich von Preußen (1738).[110]

An anderer Stelle werden die „Alten Pflichten“, d. h. die am 28. Februar 1723 veröffentlichten „The Constitutions of the Free-Mansons“ von Reverend James Anderson[111] detailliert besprochen. Da hier die „Pflichten des Freimaurers vor Gott und der Religion“ behandelt werden, ist in ihnen eine direkte Beziehung zu späteren Verurteilungen der Freimaurerei zu suchen.

„Anderson und der Ausschuss der Vierzehn, der seinen Text guthieß, beabsichtigten wohl sicher, die natürliche Religion zur Grundlage der Freimaurerei zu machen.“[112] Wobei zu bedenken ist, dass nach den heftigen Religionskriegen Gespräche über religiöse Fragen aus den Logen verbannt werden sollten. Es sollte der größte gemeinsame

Nenner aller Gesinnungen zur Grundlage der Freimaurerei gemacht werden, und jedem seine Überzeugung und sein Glauben belassen werden.[113]

Natürlich konnte diese Geisteshaltung im Zeitalter der Aufklärung schnell auf Kontinentaleuropa übergreifen. Länderweise etwas differenziert, sind die Logen als Schmelztiegel von Adel und aufsteigendem Bürgertum zu sehen. Wobei das freimaurerische Geheimnis und Mysterium ein revolutionäres Lebensgefühl gegen die staatliche Obrigkeit und den absolutistischen Staat ermöglichten.

Binder skizziert (nach Koselleck Reinhart: Kritik und Krise. München 1959. S 56f):

> „Die Mitglieder einer Loge ebneten innerhalb ihrer Tätigkeit die ständischen Unterschiede ein und begaben sich damit außerhalb des bestehenden Sozialgefüges. … A Mason is oblig'd by his Tenure, to obey the moral Law. (Ein Maurer ist durch seinen Beruf verpflichtet, dem moralischen Gesetz zu gehorchen). Des weiteren wird festgehalten, dass sie nur zu der Religion verpflichtet sind, in der „all Men agree" (in der alle Menschen übereinstimmen), und dass ihre Überzeugung keine Rolle spielt. Mit diesen Einleitungsparagraphen zu den Alten Pflichten legte man eine doppelte Frontstellung fest: die Front gegen die bestehenden Staaten und die Front gegen die herrschenden Kirchen.".[114]

4.2 Die ersten Verbote der Freimaurerei (1735)

Nicht nur die katholische Kirche verbot die Freimaurerei. Auch staatliche Institutionen hatten Argwohn gegen die geheime Gesellschaft.

Baresch beschreibt die öffentliche Meinung: „Diese explosive, freigeistige, soziale, internationale und überkonfessionelle Expansion, das weitläufige Eintreten für die Freiheit der Wissenschaften und Meinungsäußerung – speziell in und ab der Aufklärung – und das strenge Festhalten an einem der Öffentlichkeit nicht zugänglichen Ritual und vertraulichen Arbeitsmodus machte die Freimaurerei verdächtig, eine verschwörerische, aufrührerische Geheimgesellschaft zu sein. … Die freimaurerische Bewegung wurde daher trotz ihrer dominierend humanitären Grundsätze und Ziele – vielleicht gerade deshalb – unterdrückt, geächtet und von kirchlicher Seite her auch noch mit dem Bann belegt."[115]

Verbote:[116]

1735	Holland und Friesland
1736	Genf
1737	Verbot in Frankreich durch Kardinal Fleury, Premierminister Ludwig XV.
	Großherzogtum Toskana; Rom;
	Kurfürstentum Pfalz;
1738	Hamburger Senat;
	Todesstrafe in Schweden;
	Polen;
	Venedig;
1740	Zürich
1743	Wien: Verhaftung einer Loge durch Maria Theresia
1748	Verbot durch den Sultan in Istanbul
1751	Spanien

In dieser Atmosphäre des Misstrauens sind dann auch die Edikte der katholischen Kirche zu sehen.

Alec Mellor stellt in seinem Buch „Unsere getrennten Brüder, die Freimaurer“ fest, dass die „Bibliographie der freimaurerische Literatur von August Wolfstieg mehr als 50.000 Titel enthält.“ Aber die Grundfrage, von der alles übrige abhängt, harrt noch der Beantwortung: ‚Warum wurde die Freimaurerei das erste Mal von der Kirche verurteilt?‘“ [117]

Wobei er zu folgendem Schluss kommt:

1. Grund: Das Geheimnis der Freimaurer und ihr Eid.
2. Grund: „Auch aus anderen Uns bekannten, gerechten und vernünftigen Ursachen“ schreibt Papst Clemens XII. in der Bulle In eminenti.[118]

Hinsichtlich des zweiten, nicht detailliert ausgeführtem Motiv, meint Mellor, dass konkrete politische Gründe – die überwiegend protestantischen Freimaurer, die dem Hause Hannover und nicht den katholischen Stuarts anhingen – damit umschrieben wurden.[119]

Die folgende Tabelle spiegelt Verlautbarungen der katholischen Kirche gegen die Freimaurerei und Geheimbünde wider: [120] [121]

Name	Papst	Datum	Inhalt
Päpstliche Bulle In eminenti apostolatus specula	Clemens XII.	28. 4. 1738	Verdammung der Freimaurerei
Päpstliche Bulle Providas romanorum	Benedikt XIV.	18. 5 1751	Gegen die Freimaurerei
Päpstliche Bulle Ecclesiam a Jesu Christo	Pius VII.	13. 9. 1821	Exkommunikation von Anhängern der Freimaurerei
Päpstliche Bulle Quo graviora mala	Leo XII.	13. 3. 1826	Gegen die Geheimbünde
Enzyklika Traditi humilitati nostrae	Pius VIII.	24. 5. 1829	Programm seines Pontifikates und gegen verräterische Gesellschaften
Enzyklika Mirari vos	Gregor XVI.	15. 8. 1832	Über den Liberalismus und religiösen Indifferentismus
Enzyklika Qui pluribus	Pius IX.	9. 11. 1846	Enzyklika mit Programm seines Pontifikates
Apostolisches Schreiben Quibus quantisque malis	Pius IX.	20. 4. 1849	Über die Entwicklung in Italien und die Geheimbünde
Enzyklika Quanta cura	Pius IX.	8. 12. 1864	Gegen die Religionsfreiheit
Apostolisches Schreiben Multiplices inter	Pius IX.	25. 9. 1865	Gegen die Geheimbünde und Freimaurerei
Päpstliche Bulle Apostolicae sedis moderationi	Pius IX.	12. 10. 1869	Neuordnung Kirchenrecht, Problematik der Freimaurerei
Enzyklika Etsi multa	Pius IX.	21.11.1873	Kirche in Italien, Deutschland, Freimaurer als Helfer Satans
Enzyklika Etsi nos	Leo XIII.	15. 2. 1882	Über Verhältnisse in Italien und gegen die Freimaurerei
Enzyklika Humanum genus	Leo XIII.	20. 4. 1884	Verurteilung der Freimaurerei
Enzyklika Dall'alto dell'Apostolico seggio	Leo XIII.	15. 10. 1890	Die Freimaurer in Italien
Enzyklika Custodi di quella fede	Leo XIII.	8. 12. 1892	„Über die Freimaurerei"-an das italienische Volk
Enzyklika Inimica vis	Leo XIII.	8. 12. 1892	„Über die Freimaurerei in Italien"-an die Bischöfe

Apostolisches Schreiben Praeclara gratulationis publicae	Leo XIII.	20. 6. 1894	Die Einheit im Glauben
Apostolisches Schreiben Annum ingressi sumus	Leo XIII.	18.3.1902	Gegen die Verfolgung der Kirche durch die Freimaurerei
Kongregation für die Glaubenslehre	Johannes Paul II.	26. 11. 1983	Unverändertes Urteil der Kirche über die Freimaurerei

4.3 Papst Clemens XII: „In eminenti apostolatus specula" (1738)

Am 28.4.1738 erließ Papst Clemens XII. die Bulle „In eminenti apostolatus specula"–„Verdammung (Verurteilung) der Gesellschaft oder der heimlichen Zusammenkünfte der Liberi Muratori …"unter Strafandrohung der Exkommunikation, „als der Ketzerei höchst verdächtigt (de haeresi vehementer suspectos)."[122]

Wobei fünf Motive dargestellt werden:[123]

1. Da sich die Freimaurer zu einer Religion, in der alle Menschen übereinstimmen und einer natürlichen Rechtschaffenheit bekennen, ist die Reinheit der katholischen Lehre gefährdet, ist ein Indifferentismus, ein Deismus zu befürchten.
2. Die Geheimhaltung bzw. geheime Konventikel im herrschenden Absolutismus.
3. Durch die Geheimhaltung ist die Ruhe des Gemeinwesens gestört. Dem Heil der Seelen wird geschadet.
4. „Aus anderen Uns bekannten gerechten und vernünftigen (billigen) Ursachen"–vermutlich meint der Papst die Mitgliedschaft von Klerikern und hoch stehenden Katholiken bzw. ist es eine Generalklausel. Wie skizziert, sieht Mellor eher ein politisches Motiv (Unterstützung der katholischen Stuarts) in dieser Umschreibung.
5. Die Freimaurer werden als der Ketzerei höchst verdächtig genannt.

Interessanterweise wurde diese Bulle in den meisten katholischen Ländern nicht von den Regierungen veröffentlicht bzw. zum Gesetz erhoben, was mit der eher geringen Bedeutung des Papstes (Clemens XII. wird als schwach, anpassungswillig, gutmütig und zur Zeit der Bulle als körperlich am Ende beschrieben) im 18. Jahrhundert zusammenhängt.

In fast allen Ländern mussten nämlich päpstliche Bullen das so genannte „Placet“ des Staates erhalten, um veröffentlicht und sanktioniert zu werden.

Das verzierte Titelblatt der Bulle Papst Clemens XII. „In eminenti“, 1738: [124]

Condemnatio Societatis, seu Conventicularum -- *de Liberi Muratori* -- aut -- *de Francs Massons* -- sub poena Excommunicationis ipso facto incurrendae, cujus absolutione excepto Mortis Articulo Summi Pontifici reservata.

CLEMENS EPISCOPUS
SERVUS SERVORUM DEI.

Universis Christifidelibus salutem, & Apostolicam Benedictionem.

N eminenti Apostolatus Specula, meritis licèt imparibus, Divina disponente Clementia constituti juxtà creditum Nobis Pastoralis providentiae debitum jugi (quantum ex alto conceditur) sollicitudinis studio iis intendimus, per quae erroribus, vitiisque aditu intercluso, Orthodoxae Religionis potissimùm servetur integritas, atque ab universo Catholico Orbe difficillimis hisce temporibus perturbationum pericula propellantur.

4.4 Papst Benedikt XIV.: „Providas romanorum pontificum" (1751)

Papst Benedikt XIV. (1740–1758), ein vielseitiger Gelehrter, erließ am 18.5.1751 die Bulle „Providas romanorum pontificum". Im Anfang wiederholte er wörtlich „In eminenti" und bestätigte deren Gültigkeit. Sechs Gründe der Verurteilung nannte er:

1. „... weil in derartigen Gesellschaften und Zusammenschlüssen Menschen jeder Religion und Sekte zusammen kommen, kann die Reinheit der katholischen Religion große Gefahr laufen."
2. Die Geheimhaltung.
3. Der Eid, wonach nicht nach Gesetzen der Religion und des Staates geforscht werden dürfte.
4. Da kein freier Zutritt zu den Versammlungen gegeben sei, wurde gegen kirchliche und staatliche Gesetze verstoßen.
5. Diverse Regierungen hätten die Freimaurerei bereits verboten.
6. Das „Merkmal der Verderbtheit und Untugend" sei zu erkennen.[125]

Auch diese Bulle blieb weitgehend unbekannt, außer in Polen, Spanien und Portugal. In den Ländern der iberischen Halbinsel wurde seitens der Inquisition besonders scharf vorgegangen.

Interessanterweise ist aber gleichzeitig eine verstärkte Mitgliedschaft von Klerikern festzustellen.

4.5 Kaiser Joseph II.: Das Handbillett „Freymaurergesellschaften" (1785)

Mikoletzky nennt den „Josephinismus" „das Ergebnis geistesgeschichtlicher Entwicklungsreihen", einen Ausgleich „zwischen dem Geist der Aufklärung" und eher „alten Anschauungen auf politischem und kirchlich-kulturellem Gebiet." Gesellschaft und Staat sind durch Tendenzen der Säkularisierung und rationalistischer Ideen geprägt.[126]

Und Reinalter formuliert: „Die Kernideen der Reformen (Joseph II.) bestanden in der Stärkung des Gesamtstaates durch eine straffe Zentralisierung über den Weg eines einheitlichen, mit gleichen Rechten versehenen Untertanenstandes und eine möglichst große Angleichung der einzelnen Herrschaftsgebiete, die sich auf verschiedenen Entwicklungsstufen befanden."[127]

Vom „Prinzip des Nützlichkeitsdenkens geprägt", von „humanitärer Tendenz", von „Abschaffung der Privilegien des Adels und der Kirche", aber auch von „Verinnerlichung des Kultus" durch seine kirchlichen Reformen spricht Reinalter von der Gedankenwelt Joseph II.

Er meint weiter: „Die Freimaurerei übte einen nicht unwesentlichen Einfluss auf die „Erosion der höfisch-aristokratischen Standeskulturen" und auf die Entstehung einer neuen bürgerlichen Oberschichtenkultur aus."[128]

Daher suchte der Staat auch die zahlreichen Freimaurerlogen – neben den Religionsgemeinschaften – unter seine Kontrolle zu bringen. Zu den Beratern des Kaisers gehörten zwar einige Freimaurer, die ihn zu einer offiziellen Zulassung und Genehmigung des Freimaurerbundes drängten. Das Ergebnis – das Handbillett des Kaisers bezüglich der Freimaurer (veröffentlicht in der Wiener Zeitung) – führte jedoch dann durch die aufwendige Administration zu einer starken Einschränkung der Logen bzw. der Logentätigkeiten.

Zu beachten ist natürlich, dass „alle geheimen Umtriebe" im josephinischen Staat als bedenklich gesehen wurden. Dem Magistrat waren daher alle Logenaktivitäten zu berichten, Freimaurer-Logen waren nur mehr in den Landeshauptstädten zugelassen.[129]

Die Wiener Zeitung vom 21. December 1785 veröffentlicht dieses „allerhöchste Handbillett Se. K. K. Maj." „Da nichts ohne gewisse Ordnung in einem wohlgeordneten Staate bestehen soll ...", dann wird auf eventuelle Ausschweifungen und Geheimnisse eingegangen, aber auch auf „einiges Gutes für den Nächsten, für die Armut und Erziehung".

Und dann der entscheidende Satz „..., daß selbe, auch unwissend ihrer Gesetze und Verhandlungen, dennoch so lange sie Gutes wirken, unter den Schutz und die Obhut des Staates zu nehmen ..." Dann kommen allerdings detaillierte Überwachungsregeln.[130]

Nach Joseph II. kam es wieder zu Verboten und Einschränkungen, von kirchlicher Seite erfolgte die nächste große Verurteilung durch Papst Gregor XVI.

Die Zwischenzeit war durch die Französische Revolution und gewaltige gesellschaftliche und politische Veränderungen gekennzeichnet.

Insgesamt sollte dieser Einschub zwischen die päpstlichen Enzykliken zeigen, dass den Verurteilungen auch positive Worte aus allerhöchstem

Munde gegenüberstanden, dass aber auch viel Unsicherheit über die Ziele der Freimaurerei bestand.

2937

Nro. 102

Wiener Zeitung

Mittwoch den 21. December 1785.

Quid VERUM *atque* DECENS *curo et rogo* —

Inländische Nachrichten.

Wien.

Vorigen Sonntag war bey Hofe der gewöhnliche öffentliche Gottesdienst und Cerkle.

Se. K. K. Maj. haben in Ansehung der Freymaurergesellschaften, mittelst allerhöchsten Handbillets vom 11. dieses Monats, allergnädigst zu erkennen zu geben geruhet:

„Da nichts ohne gewisse Ordnung in „einem wohlgeordneten Staate bestehen „soll, so finde ich nöthig, folgende mei„ne Willensmeinung zur genauen Befol„gung anzugeben: Die sogenannten „Freymaurergesellschaften, deren Ge„heimnisse mir eben so unbewußt sind, „als ich deren Gauckeleyen zu erfahren „wenig vorwitzig jemals war, vermehren „und erstrecken sich jetzt auch schon auf „alle kleinsten Städte; diese Versamm„lungen, wenn sie sich selbst ganz über„lassen und unter keiner Leitung sind, „können in Ausschweifungen, die für „Religion, Ordnung und Sitten aller„dings verderblich seyn können, besonders „aber bey Obern, durch eine fanatische „engere Verknüpfung, in nicht ganz voll„kommene Billigkeit gegen ihre Unterge„benen, die nicht in der nämlichen ge„sellschäftlichen Verbindung mit ihnen „stehen, ganz wohl ausarten, oder doch „wenigstens zu einer Geldschneiderey „dienen. Vormals, und in anderen

„Ländern verbot und bestrafte man die „Freymaurer, und zerstöhrte ihre in den „Logen abgehaltenen Versammlungen, „bloß, weil man von ihren Geheimnissen „nicht unterrichtet war; Mir, obschon „sie mir eben so unbekannt sind, ist ge„nug zu wissen, daß von diesen Frey„maurerversammlungen dennoch wirklich „einiges Gutes für den Nächsten, für „die Armuth und Erziehung schon ist ge„leistet worden, um mehr für sie, als „je in einem Lande noch geschehen ist, „hiemit zu verordnen; nämlich: daß selbe, „auch unwissend ihrer Gesetze und Ver„handlungen, dennoch so lange sie Gutes „wirken, unter den Schutz und die Ob„hut des Staats zu nehmen, und also „ihre Versammlungen förmlich zu gestat„ten sind, jedoch ist folgende meine Vor„schrift von denselben genau zu beob„achten, und zwar

1) „Kann hinführo in einem jeden „Lande in der Hauptstadt, wo die Lan„desregierung ist, nur eine Loge bestehen, „und abgehalten werden, dieses aber, so „oft sie es für gut finden. Diese Loge „hat die Tage, an welchen sie ihre Ver„sammlungen abhält, dem Magistrate, „oder jenem, dem die Polizey in der „Stadt obliegt, allemal mit Bemerkung „der Stunde zu melden; sollte in einer „grossen Hauptstadt eine Loge nicht alle „Verbrüderte in sich fassen können, so „wäre höchstens noch eine zweyte oder „dritte zu gestatten, welche aber von „dem Chef der Hauptloge ganz abzuhän„gen, und ihre Versammlungstage und „Stunden ebenfalls auch anzuzeigen „hätten.

2) „Soll in keiner Kreisstadt, wo nicht „eine Landesstelle ist, noch weniger aber „auf dem Lande, oder bey einem Par„tikulier auf seinem Schlosse, gestattet „seyn, dergleichen Freymaurergesellschaf„ten hinführo abzuhalten, und wird „auf die Abhaltung derselben der näm„liche Preis zu derer Entdeckung und „Bestrafung gesetzt, der auf die Hazard„spiele patentmäßig besteht; weil jede „Versammlung von unterschiedlichen „Ständen der Menschen sich selbst nicht „kann überlassen bleiben, sondern unter „bekannter Leitung und Aufsicht geprüf„ter Männer stehen muß; und würden „die dawider Handlenden auch des Un„gehorsams wegen persönlich bestrafet „werden.

3) „Die Vorsteher, oder wie sie nun „immer den Namen unter sich haben, „einer jeden in der Provinzstadt hinführo „bestehenden Loge haben dem Landeschef „auf Ehre und Reputazion in einer Liste „die Namen aller sich verbrüderten Mau„rer, weß Standes und Karakters sie „immer sind, einzureichen, welcher selbe „hieher einzuschicken haben wird, und „solle alle Vierteljahr der Abgang und „Zuwachs an Neuaufgenommenen von „den Logenvorstehern nachgetragen wer„den, jedoch, ohne ihre Verrückungen „oder Karakter und Titeln in der Ge„sellschaft selbst anzumerken; wenn aber „der Logemeister abgeändert wird, so „muß der neuernannte es ebenfalls der „Landesstelle melden; dahingegen,

4) „Wenn diese Logen so eingeleitet „seyn werden, sollen sie von aller weitern „Untersuchung, Ausfragung, oder was „immer für vorwitzigen Auskunftsbegeh„rungen auf beständig befreyet seyn, und „frey und ungezwungen ihre Versamm„lungen abhalten können, und auf diese „Art kann sich vielleicht diese Verbrüde„rung, welche aus so vielen mir bekann„ten rechtschaffenen Männern besteht, „wahrhaft nützbar für den Nächsten und „die Gelehrsamkeit auszeichnen; zugleich „aber werden auch alle Neben- und Win„kellogen und Versammlungen, welche „schon zu mehreren mir bewußten Unan„ständigkeiten Anlaß gegeben haben, „gänzlich und auf das strengste besei„tiget."

„Ich zweifle nicht, daß diese meine „Entschliessung allen rechtschaffen und „ehrlich denkenden Maurern zum Ver-

4.6 Papst Gregor XVI.: „Mirari vos“ (1832)

Als Papst Gregor XVI. am 15.8.1832 die Bulle „Mirari vos“ erließ verteidigte er damit die Einheit der Kirche und die Führung durch Rom, die Ehe und das Zölibat, verurteilte aber den Indifferentismus.

Die Französische Revolution und „Freiheit, Gleichheit, Brüderlichkeit“ haben den Kontinent in den Jahrzehnten um 1800 verändert, der Wiener Kongress 1815 vieles neu geordnet. Gerade in Italien herrschte durch die Carbonari und diverse Aufstände, an denen auch viele Freimaurer beteiligt waren, eine explosive Stimmung.

Die Bullen Pius VII.(Ecclesiam, 1821), Leo XII. (Quo graviora mala, 1825), Pius VIII. (Traditi humilitati, 1829) und Pius IX. gegen die Freimaurer entstanden in dieser Zeit.

4.7 Papst Pius IX.: „Quanta cura“ (1864)

1848 aus Rom vertrieben und 1850 unter französischem Schutz wieder zurückgekehrt, war Papst Pius IX. (1846–1878) ab dann dem reaktionären Klerus zuzurechnen. Die unter seiner Ägide neu erschienene Zeitschrift „civilta cattolica“ (1850) richtete sich stark gegen Freimaurer und die Carbonari. In seiner Antrittsenzyklika „Qui pluribus“ sprach er von den Freimaurerlogen als „Synagogen des Satans.“[131]

Insgesamt veröffentlichte er diverse Enzykliken:

Qui pluribus	9.11.1846
Noscitis et nobiscum	8.12.1849
Quanto conficiamur	10. 8.1863
Quanta cura	8.12.1864
Multiplices inter	25. 9.1865
Apostolicae sedis	12.11.1869
Etsi multa	21.11.1873

Am 8.12.1864 erschien die Enzyklika „Quanta cura“ und verurteilte im Anhang (Syllabus) 80 Irrtümer, wie z. B.

> „15. Es ist jedem Mensch freigestellt, jene Religion anzunehmen und zu bekennen, die er mit dem Licht der Vernunft als die wahre erachtet.

16. Die Menschen können in der Pflege jeder Art von Religion den Weg des ewigen Heils finden.
77. In unserer Zeit geht es nicht mehr an, die katholische Religion als einzige Religion eines Staatswesens anzuerkennen, unter Ausschluss aller übrigen Arten der Götterverehrung.
80. Der Papst in Rom kann und soll sich mit dem Fortschritt, mit dem Liberalismus und der modernen Kultur versöhnen und befreunden."[132]
Heftige Reaktionen bei Katholiken und Nicht-Gläubigen waren das Ergebnis.

4.8 Das Erste Vatikanische Konzil (1869)

Das Erste Vatikanische Konzil (1869–1870) erhob die Herrschaft des Papstes über die Kirche und seine Unfehlbarkeit in bestimmten Fragen zum Dogma.

Bezüglich der Freimaurerei aber gab es keine veröffentlichten Beschlüsse.

In einem ökumenischen Gegenkonzil der italienischen Freimaurer (Neapel 1869) wurde von einem Turiner Freimaurer gesagt: „Die römisch-katholische Religion ist eine Lüge. Ihre Herrschaft ist ein Verbrechen."[133]

Das Verhältnis war also ein sehr angespanntes. Unter derartigen italienischen Spannungen und Aussprüchen ist auch immer wieder die Wahrnehmung der Freimaurer durch den Vatikan zu sehen.

4.9 Der Grossorient von Frankreich (1877)

Eine gewaltige Trennung innerhalb der Freimaurerei bedeutete der Beschluss des Großorients von Frankreich, den Glauben an Gott nicht mehr zur Pflicht zu machen, d. h. auch Atheisten oder Gottlose können Freimaurer werden.

Der erste Artikel der Konstitution des Großorient von Frankreich lautet seither:

> „Die Freimaurerei, eine vor allem philantropische, philosophische und fortschrittliche Institution, hat zu ihrem Zweck das

Suchen nach Wahrheit, das Studium allgemeiner Moralität, der Kunst und Wissenschaften und die Ausübung der Wohltätigkeit. Sie hat zu Grundsätzen die unbedingte Gewissensfreiheit und die menschliche Solidarität, sie schließt niemand um seines Glaubens willen aus, sie hat als Wahlspruch: Freiheit, Gleichheit, Brüderlichkeit."[134]

Der Gegensatz zu den „Alten Pflichten" ist evident. Es kam daher (auch bis jetzt) zum Bruch der Großloge von England und der von ihr anerkannten Logen mit dem Großorient von Frankreich.

4.10 Papst Leo XIII.: „Humanum genus" (1884)

1878 wurde Papst Leo XIII. gewählt, der vor allem durch seine soziale Enzyklika „Rerum novarum" und seine fortschrittliche Haltung berühmt wurde.

Mit seiner Enzyklika „Humanum genus" vom 20.4.1884 ist eine äußerst scharfe Verurteilung der Freimaurerei entstanden, die jedoch auch unter den vorstehenden Entwicklungen und dem italienischen Antiklerikalismus zu sehen ist.

In heftigen Worten spricht Leo XIII. in seiner „Epistola Encyclica de secta massonum" über „die Stellung der Kirche zur Freimaurerei und zu den übrigen Geheimbunden":[135]

„HUMANUM GENUS: Über Wesen und Gefahr der Freimaurerei [136]

1 Nachdem das Menschengeschlecht, das durch den Neid des Teufels von Gott, dem Schöpfer und Spender himmlischer Güter, so kläglich abgefallen, hat sich in zwei geschiedene und einander entgegen gesetzte Lager geteilt, … Das eine ist das Reich Gottes auf Erden, nämlich die wahre Kirche Christi, … Das andere ist das Reich des Satans, …

2 In der Gegenwart jedoch scheinen die Anhänger des Bösen sich zu verabreden und insgesamt mit vollen Kräften anzustürmen, geleitet und unterstützt von der weitverbreiteten und gegliederten Gesellschaft der so genannten Freimaurer. …

6 …, da verkündete es dieser Apostolische Stuhl und erklärte öffentlich, es sei die Sekte der Freimaurer eine rechtswidrige und für die Kirche und den Staat gleich verderbliche Verbindung; und er verbot, …, allen Gläubigen den Eintritt in dieselbe …

10 … Es bringt aber die Freimaurersekte verderbliche und sehr bittere Früchte. … die gesamte religiöse und staatliche Ordnung, nämlich wie sie das Christentum begründet hat, von Grund auf zu stürzen und nach ihrem Gutdünken eine neue zu schaffen auf Grund der Anschauungen und Gesetze des Naturalismus.…

12 Oberster Grundsatz der Naturalisten ist, …, es müsse die menschliche Natur und die menschliche Vernunft in allem oberste Richtschnur und Lehrerin sein. Hieraus ergibt sich, daß sie um die Pflichten gegen Gott sich nicht sehr kümmern. … Sie leugnen nämlich jede göttliche Offenbarung und verwerfen jedes religiöse Dogma, …

16 Die Religion wird in das Belieben des einzelnen gestellt.

24 … Denn die Religion und die Kirche zerstören wollen, die Gott gegründet und auf immer schirmt, das Heidentum mit seinen Sitten und Gebräuchen nach achtzehnjahrhundert Jahren zurückführen wollen, das ist doch ein Beweis von ganz außerordentlicher Torheit und gottlosem Frevel. …
Sie bereitet dem Menschengeschlecht den Untergang. …
Sie ist eine Gefahr für die Familie. …
Sie unterwühlt den Staat. …
Ein Staat ohne Gott ist ein Frevel. …“[137]

Diese ausführliche Verurteilung – „Reich Satans, verderbliche rechtswidrige Verbindung“ – hat Leo XIII. noch in einigen späteren Apostolischen Schreiben bekräftigt.

Auch in „Annum ingressi sumus“ (19.3.1902) spricht er vom Geist Satans.

Alec Mellor meint, Teile der Enzyklika seien geschichtsbedingt (die Entwicklung Italiens im 19. Jahrhundert) zu lesen, die Verurteilung der Freimaurerei und des Naturalismus aber eine Grundsatzentscheidung der Kirche.[138] Diese Enzyklika war eine der Heftigsten und Ausdrucksstärksten.

Spätere Päpste wiesen zwar immer wieder auf die Gefahren der Freimaurerei hin, aber insgesamt waren eine aufgeschlossenere Haltung und nicht mehr „satanische Verurteilungen" festzustellen.

4.11 Der Codex Iuris Canonici (1917)

Leo XIII. ist der letzte Papst der eine derartige Verurteilung der Freimaurerei mit einer Enzyklika veröffentlichte.

Die aktuelle Situation am Anfang des 20. Jahrhunderts ist dem Codex Iuris Canonici von 1917 (von Papst Benedikt XV. verlautbart) zu entnehmen.

„So bestrafte Canon 2335 mit Exkommunikation ipso facto alle diejenigen, die der Freimaurerei ‚ihren Namen geben', d. h. sich bei ihr einschreiben lassen, obwohl sie das kirchliche Verbot kennen."[139] Im Canon 2336 wurden zuwiderhandelnde Kleriker diszipliniert. Lt. Canon 1399 wurde das Lesen und Verbreiten freimaurerischer Bücher verboten.

Canon 542 verbot Freimaurern den Eintritt in Ordensgemeinschaften bzw. verbot Canon 639 religiösen Vereinigungen sie aufzunehmen. Bedingt durch die Exkommunikation und die kirchliche Verurteilung war das kirchliche Begräbnis (Canon 1240 und 1242) bzw. die Ehe (Canon 1065) verweigert.

Lennhoff/Posner skizzieren im Freimaurerlexikon (aus den ersten Jahrzehnten des 20. Jahrhunderts) folgende weltanschaulichen Gegensätze (entsprechend Hermann Gruber SJ und Karl Weiß) und damit aber auch die Begründung der Verurteilung:[140]

Katholizismus	Freimaurerei
- Dogma	- Adogma
- Von Gott geoffenbarter alleinselig-machender Glaube	- Sittlichkeit, in der alle Menschen übereinstimmen
- Intoleranz	- Toleranz
- Supranaturalismus	- Laizismus
- Erlangung der Glückseligkeit im Jenseits, metaphysische Erbsünde	- Verminderung des Leidens in der Symbiose der Menschheit (humanitär, positiv)
- Ethik = theonom	- Ethik = symbionom
- Ethische Werte: von Gott geoffenbart	- Setzung der ethischen Werte durch Willen, Sitte, Tradition
- Ethik als Befolgung der göttlichen Gebote	- Ethik als Ausübung des humanitären Ideals
- Unbedingter Gehorsam gegen die kirchliche Autorität	- Freie sittliche Selbstbestimmung des Menschen
- Tugendübung für Lohn und Strafe, vor allem Gnade im Jenseits	- Übung des Guten um des Menschen willen im Diesseits, Diesseitskultur

Durch kein päpstliches Rundschreiben wurden bis heute die zitierten Bullen und ihre Begründungen außer Kraft gesetzt.

Wobei sicherlich zwischen den Lehrsätzen des Glaubens und der Sitte sowie sich ändernden (politischen) Rahmenbedingungen zu unterscheiden ist.[141]

Insgesamt ist laut Binder durch den Codex Iuris Canonici eine Versachlichung und Zurückhaltung in den offiziellen päpstlichen Äußerungen zu sehen. „Obgleich immer noch ein Gleichsetzung der Freimaurerei mit associationibus, machinatur contra Ecclesiam erfolgte.“[142]

5. Die ersten Jahrzehnte des 20. Jahrhunderts

5.1 Die Aachener Gespräche (1928)

Mitte Juni 1928 trafen in Aachen Hermann Gruber SJ, der Freimaurerspezialist der katholischen Kirche, und von freimaurerischer Seite Eugen Lennhoff, Kurt Reichl und Ossian Lang zusammen. In einem umfangreichen Briefwechsel war über die beiderseitigen Weltanschauungen („religiöses Dogma und philosophische Toleranz“[143]) diskutiert worden. Ziel der Gespräche war den „politischen Lügen- und Verleumdungsfeldzug auf die höhere Ebene kritisch-wissenschaftlichen Geisteskampfes zu heben.“[144]

Als Wesenseinheiten der modernen spekulativen Freimaurerei erschienen den Gesprächspartnern dabei:

1. „Der praktisch allem grundsätzlichen Liberalismus gemeinsame, angeblich religiöse oder konfessionell neutrale, tatsächlich antisupranaturalistische, praktisch adogmatische und antidogmatische Charakter.
2. Das naturalistisch-humanitäre Fundamentalprinzip.
3. Die deistische Grundidee.“[145]

Seitens klerikaler aber auch nationalsozialistischer Kreise kam es zu heftigen Reaktionen.

Besonders für Erich Ludendorff (Chef des Generalstabs Osten im 1. Weltkrieg und nationalsozialistischer Reichstagsabgeordneter) waren die Gespräche der Beweis seiner These von „freimaurerisch-jesuitischer Zusammenarbeit zur Vernichtung Deutschlands“[146]

In den kommenden Jahren hatten jedenfalls Freimaurer und katholische Kirche unter dem Nationalsozialismus zu leiden und waren unter Beobachtung der SS und des Sicherheitsdienstes. In vielen Fällen litten beide durch SA und Gestapo und landeten auch im selben Konzentrationslager.

5.2 Der Nationalsozialismus (1936)

Das Ende der Demokratie, Bürgerkrieg und das autoritäre Regime wirkten sich sehr negativ auf die österreichische Freimaurerei aus. Sie war zwar formell nicht verboten, aber verdächtig und wurde intensiv kontrolliert. Zu allen Logenarbeiten erschienen Polizeikommissare, Besucherlisten mit Wohnadressen wurden oft verlangt. Die Beamtenschaft wurde mittels Fragebogen zu Verbindungen zur Freimaurerei befragt, was ebenfalls zu Mitgliederverlusten führte.

Natürlich gab es auch unter den Freimaurern vereinzelt Sympathien für den Nationalsozialismus. Daher legte 1930 die Großloge von Wien für ihre Mitglieder intern fest: „..die Zugehörigkeit zu einer Partei, einem Verein oder einer Organisation, welche die Freimaurerei ablehnen oder bekämpfen oder welche ihr Programm mit Waffengewalt durchzusetzen suchen, [als] mit der Zugehörigkeit zur Freimaurerei unvereinbar.“[147]

Dass die drohende Machtübernahme durch die Nationalsozialisten auch in Österreich eine Gefahr darstellte, war bereits an den deutschen Großlogen zu sehen.

Für die Nationalsozialisten waren die Freimaurer Staatsfeinde, denn geheime Gesellschaften konnte der Staat nicht dulden. Würde des Menschen gegen den Totalitätsanspruch des Staates, Demokratie gegen den Totalitarismus, aber vor allem eine maßlose Überschätzung des freimaurerischen Geheimnisses, der Verschwörung und auch des Logenschatzes führten zur Verfolgung.

So schreibt Alfred Rosenberg (Chefredakteur des „Völkischen Beobachters“): „Die deutsche Freiheitsbewegung hat der Freimaurerei den Kampf angesagt, …“ oder „Die liberal-plutokratische Logenpolitik befindet sich in stärkster Abhängigkeit von der jüdischen Finanz …“ sowie diverse Schriften wie „Das Verbrechen der Freimaurerei.“[148]

Sogar ein eigenes Exemplar des „Der Schulungsbrief“[149], dem zentralen Monatsblatt der NSDAP, beschäftigte sich 1939 mit den Freimaurern und erschien in einer Auflage von 4,8 Millionen Exemplaren.

Im Reichssicherheitshauptamt (1939 wurden die zentralen Dienststellen von Gestapo, Kriminalpolizei und Sicherheitsdienst/SD zusammengefasst) war ein eigenes Freimaurer-Referat im Amt II „Weltanschauliche Auswertung“ eingerichtet.[150]

Ab 1935 und 1936 wurden die Großlogen und Logen in Deutschland, 1938 in Wien aufgelöst und verboten.

Und wieder war die Freimaurerei verboten. Insgesamt sind es 131 Jahre, die die Freimaurerei in Österreich verboten war (die erste Loge wurde in Wien 1742 gegründet).

Vielleicht auch ein Grund, dass die österreichische Freimaurerei so großen Wert auf Anonymität, die sogenannte „Deckung", legt.[151]

Am 12.3.1938 mussten die Schlüssel des österreichischen Großlogenhauses der Polizei übergeben werden, knapp danach kam es zu Plünderungen des Sekretariats und der Tempel durch die SA.

Führende Freimaurer wurden von der Gestapo verhaftet[152] und über das „staatsgefährliche Treiben der Freimaurer“ verhört.[153]

Norbert Knittler hat in seiner „Geschichte der österreichischen Freimaurerei während des Nationalsozialismus“ die Loge Zukunft, die etwa ein Zehntel der damaligen Großloge bildete, untersucht.

Er zitiert Rainer Hubert: „Das weitere Schicksal der über 1000 Freimaurer, die die ‚Großloge von Wien‘ 1938 umfaßte, ist im einzelnen unbekannt. … Von den über 1000 Mitgliedern … fanden sich sieben Jahre später 48 wieder, um die freimaurerische Tätigkeit in Österreich wieder aufzunehmen.“[154]

In seiner Untersuchung der Loge Zukunft (dargestellt im folgenden Bild[155]) kommt Knittler zu folgendem Analogieschluss hinsichtlich der Mitglieder der Großloge aus 1938:

60– 80 Prozent	wurden als Juden (oder wegen jüdischer Abstammung) verfolgt; ungefähr 60 Prozent davon gelang die Emigration.
10–15 Prozent	starben vor Einsetzen der Deportationen.
10–15 Prozent	wurden Opfer des Holocausts.[156]
20–30 Prozent	sollen sich um eine NSDAP-Mitgliedschaft bemüht haben, wurden aber abgewiesen. All diesen wurde nach 1945 (nach einer aufwendigen Prüfung) ein versuchter Wiedereintritt in die Freimaurerei verwehrt.[157]

Der Schluss auf die gesamte Großloge ist zwar etwas gewagt, da die Ergebnisse je nach (jüdischer) Zusammensetzung einer Loge (in der Loge Zukunft waren fast 80 Prozent von den Rassengesetzen betroffen) variieren müssen. Trotzdem gibt diese Darstellung einen grober Überblick.

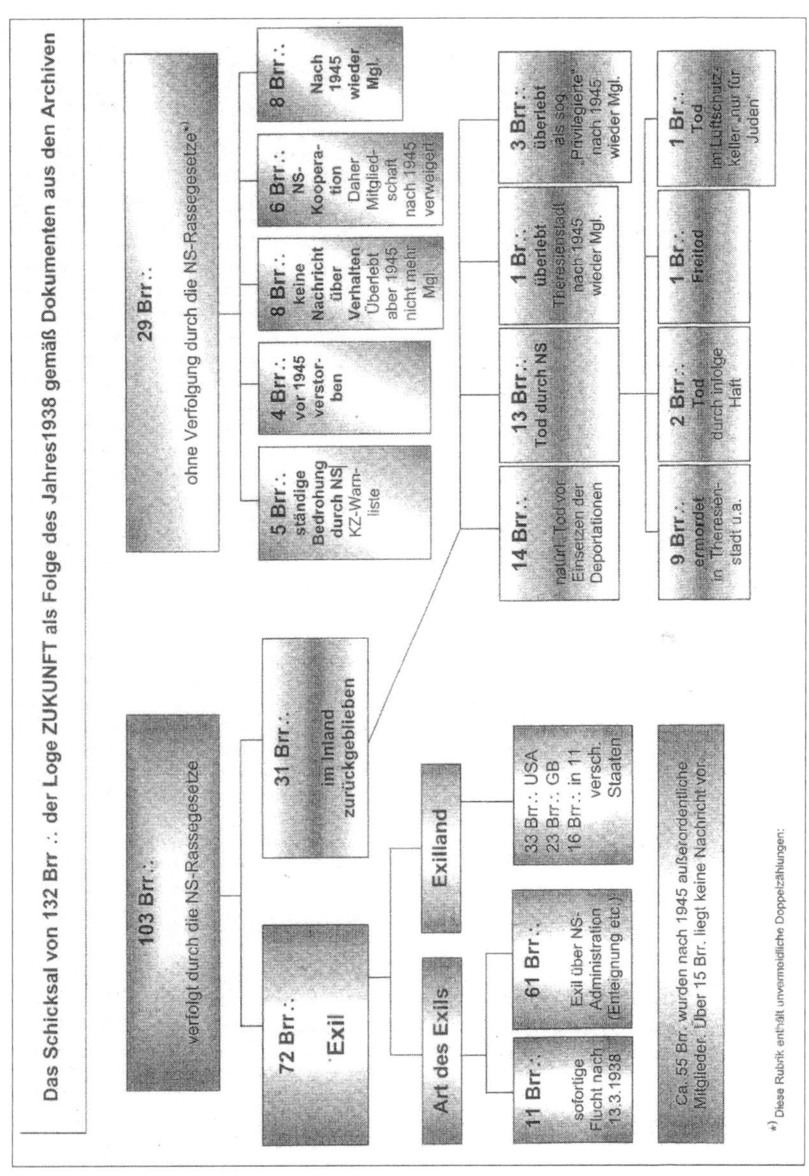

In dieser schwierigen finsteren Zeit war die Humanität, war das Helfen und die Toleranz verbindend zwischen Vertretern der katholischen Kirche und vielen Freimaurern.

5.3 Kardinal Dr. Innitzer und Grossmeister Bernhard Scheichelbauer (1948)

5.3.1 Die Reaktivierung der Großloge von Wien

Am 28. Juli 1945 kommt es zu einem ersten Treffen von 48 Brüdern im ehemaligen Großlogenhaus von Wien, bei dem die Reaktivierung der Loge Humanitas renata als Sammelloge und der eingeschläferten Großloge von Wien beschlossen wird. Am 8.9.1945 werden nach vielen vorbereitenden Arbeiten in einer Bundeshauptversammlung, vorgetragen vom ersten Großmeister der Großloge von Wien Karl Doppler, u.a. beschlossen:

- Änderungen der Konstitution;
- Vom Bund der Freimaurer sind alle Faschisten ausgeschlossen;
- Festlegung der Titel;
- Jede rituelle Arbeit soll „im Namen des allmächtigen Baumeisters aller Welten" zu eröffnen und zu schließen sein, und zwar in Übereinstimmung mit den Alten Pflichten.[158]

Eine Fülle interner, organisatorischer, aber vor allem brüderlicher humanitärer Arbeit zeichnet die nächsten Jahre der nunmehrigen „Großloge von Wien für Österreich" aus. Die freimaurerische Entwicklung zeigen die untenstehenden Tabellen:

Die Logengründungen 1945 bis 1952[159]:

Großloge von Wien für Osterreich 1945 bis 1952

	Informelle Schritte	Vorläufige Arbeitsbew.	Endgültige Bewilligung	Lichteinbringung	Großmeister Stuhlmeister	Änderung
Großloge von Wien für Österreich	28. 6. 1945		31. 1. 1946		Doppler Scheichelbauer	
Humanitas renata Humanitas Wien	ab 1944		21. 3. 1946		Kulka	31. 3. 1950 Humanitas
Paracelsus Klagenfurt/Villach		Versuche Mai 1945	13. 5. 1946 (Landesreg)			Verlegung -> Villach
Zukunft Wien		21. 9. 1945	24. 9. 1946		Baumgarten	
Lessing zu den drei Ringen, Wien		15. 9. 1946	11. 3. 1947		Heeger	
Gleichheit, Wien		9. 2. 1948	27. 2. 1948	3. 4. 1948	Endstorfer	
Freundschaft, Wien			27. 9. 1949	Okt. 1949	Stemolak	
Zu den sieben Weisen, Linz		12. 4. 1949	27. 9. 1949	28. 1. 1950	Blumberg	
Zu den drei Bergen, Innsbruck		12. 5. 1951	24. 3. 1952		Senn	
Donau zu den friedlichen Ufern		25. 1. 1952	28. 3. 1952		Walitzka	
Zu den 3 Säulen im Süden, Klgft.		Sept. 1952	28. 11. 1952		Steindorfer	

Überblick über die Themen der Baustücke 1945 bis 1952[160]:

Baustücke	1945	1946	1947	1948	1949	1950	1951	1952
Frieden, Menschenrechte		1 6 %	10 16 %	20 19 %	19 11 %	8 4 %	5 3 %	15 6 %
Esoterik, Geisteswissenschaft			8 13 %	16 14 %	30 17 %	30 15 %	16 8 %	40 15 %
Aktuelle Themen		2 12 %	5 8 %	12 11 %	21 12 %	28 14 %	33 17 %	31 11 %
Geschichte und Völkerverständigung			1 1 %	9 7 %	11 6 %	15 8 %	34 17 %	26 10 %
Allgemeine Wissenschaften		1 6 %		2 2 %	8 5 %	9 5 %	12 6 %	10 3 %
Bildung, Kunst, Kultur				11 10 %	6 3 %	15 8 %	14 7 %	19 7 %
Freimaurerische Themen		7 41 %	8 13 %	11 10 %	38 22 %	50 26 %	30 15 %	59 22 %
Rituell-administrative Themen	6	6 35 %	31 49 %	30 27 %	41 24 %	39 20 %	53 27 %	69 26 %
Gesamt		17	63	111	174	194	197	269

Angaben für 1945 unvollständig
Angaben für 1946 nur für März, April, Mai und Dezember

Themen Baustücke 1948

Frieden, Menschenrechte
Anatomie des Friedens (4x)
Friedengesinnung
Friedenproblem: Mensch und Wissenschaft
Der Weltbürger
Friedenserziehung

Esoterik, Geisteswissenschaft
Wandel der Weltanschauungen
Hände schauen dich an
Rufer in der Wüste
Über die Ehrfurcht

Aktuelle Themen
Eine Emigration
Psychologie der Angelsachsen
Der Liga-Kongress von den Haag
Sorgen des Alltags
Österreichische Literatur seit 1945
Österreich und die Weltwirtschaft
Organisation des Ernährungswesens
Zweck der Diskussion - Schäden der Rede
Erinnerungen an die Konferenz Den Haag

Geschichte, Völkerverständigung
Voltaire
Friedrich der Große, Kossuth und Garibaldi
Sonnenfels, Wegbereiter d. Revolution 1848
„Mozart"
Lessings Sinngedichte
Die babylonische Mauer

Allgemeine Wissenschaften
Menschheitsgeographie

Bildung, Kunst, Kultur
Friedensgesinnung und Bildung
Neue Wege der Sozialisierung
Psychologie der Erziehung
Erlebtes und Erdichtetes
Entstehung des Unterrichtsfilms
Die Ferienaktion
Der Zeitgeist in den schönen Künsten
Kunst und Freimaurer
Betrachtungen über Kunst
Verwirklichtes Schönheitsverlangen

Freimaurerische Themen
Schwere der Verpflichtung
Über die Allgemeine Freimaurerliga
Unsere Aufgaben in der Zukunft
Freimaurerköpfe
Aus der Wende der Freimaurerei
Die drei Reisen der Menschheit
Mein freimaurerischer Lebensweg (4x)
Versicherung im Geiste d. Freimaurerei (4x)
Kunst und Freimaurerei (4x)
„Wir"

Rituell-administrative Themen
Über Außenarbeit
Über Innenarbeit
Neue Pflichten
Landmarken

Keine weiteren Detailangaben

Themen Baustücke 1949

Frieden, Menschenrechte
Friedensidee: Gemeinschaft, Erziehung (2x)
Realisierung der Friedensidee (2x)
Universelle Freimaurer-Liga (4x)
Internationale Beziehungen (2x)

Esoterik, Geisteswissenschaft
Erkenntnis und Tat
Sinnfragen des Lebens (2x)
Lessings Sinngedichte
Krankheit des Nichtstuns (2x)
Nathan der Weise
Krise der abendländischen Kultur (2x)
Lessing als Apostel der Toleranz
Das verlorene Wort
Harmonie zwischen Seele und Vernunft (3x)
Mystik und Mystiker
Sinnfragen des Schicksals
Erkenntnis der Tat

Aktuelle Themen
Stellen wir uns mitten ins Leben
Demokratischer Sozialismus in Österreich
„Die Banknote"
Religion und Religiosität
Wirtschaftsprobleme regieren die Welt
Natürliche Wirtschaftsordnung
Macht und Politik in unserer Zeit
Dilemma eines jungen Menschen (3x)
Gesetz und Recht im Alltag
Amerikanismus
Bilanz eines Kämpferlebens (2x)

Geschichte, Völkerverständigung
Goethe in Weimar
Völkerverständigung in der Bildung
Nationalismus – Universalismus
Lehrplan des Komenius
Goethe als Freimaurer
Bernhard Shaw
Macht der Phrase (3x)
Palästinas Aufbau (2x)

Bildung, Kunst, Kultur
Schulfrage im Lichte der Freimaurerei
Erziehung zur Völkerverständigung
Kultur und Humanität
Friedenserziehung
Künstliche Sprachen
Was wir sind, was könnten wir sein, 3 Teile

Rituell-administrative Themen
Unsere Pflichten

Allgemeine Wissenschaften
Persönlichkeit und Psychopathologie
Arzt und soziale Gemeinschaft
Berufsethik des Arztes (2x)
Arzt und Rechtsanwalt zur Euthanasie
Verantwortlichkeit der Wissenschaft
Naturerkenntnis und Gott
Psychohygiene und Inividalpsychologie

Freimaurerische Themen
Gedanken eines Lehrlings
30 Jahre Großloge von Wien
Rezitation freimaurerischen Gedankenguts
Kosmopolitische Gedanken d. Freimaurers
Freimaurerei im politischen Leben (3x)
Vergleichende Symbolik (3x)
Symbole der Steinmetzen (2x)
Aufbau einer Loge (2x)
Logengründung in der Wildnis
Unsere Gegner (3x)
Wer bürgt für den Bürgen

Sieben Logen entstanden bis 1950. Aus der Themenwahl der Baustücke, wie z. B. „Sorgen des Alltags", „Sinnfragen des Lebens", „Stellen wir uns mitten ins Leben" und vor allem 18 Mal über Frieden und Menschenrechte, lässt sich bereits ein reges Leben ersehen.

5.3.2 Das Gespräch Innitzer-Scheichelbauer vom 10.8.1948

Die gemeinsame Unterdrückung im Nationalsozialismus, persönliche Kontakte aus dem Widerstand oder Konzentrationslagern führten 1948 zu ersten Kontakten zwischen dem zweiten Großmeister Bernhard Scheichelbauer und Kardinal Dr. Innitzer. Aufgrund eines Gedächtnisprotokolls Scheichelbauers seien die wesentlichen Themen bzw. Antworten des Gesprächs vom 10.8.1948 angeführt:

> „Großmeister: Die Überlegung sagt mir, daß es nach den Erfahrungen der verflossenen Jahre und in der gegenwärtigen geistig-seelischen Situation des europäischen Menschen ein Unding ist, wenn Bewegungen, die auf hoher ethischer Grundlage stehen, ihre Kräfte in Auseinandersetzungen unter sich verzetteln, statt sie gegen den gemeinsamen Feind zu wenden. Meine Verantwortlichkeit fühle ich auch dadurch belastet, daß mir Brüder, die gute Katholiken sind, zu verstehen geben, sie wären unverhältnismäßig hart dadurch getroffen, daß ihnen wegen ihrer Zugehörigkeit die Sakramente verweigert würden. Ich erlaube mir daher, Eure Eminenz zu fragen, ob sich nicht eine Formel finden ließe, die zu einer Entgiftung der Atmosphäre führen könnte.
>
> Kardinal: Es wird aber nicht so einfach sein, zu einer Formel zu kommen. Ich kann nur für die österreichische Kirchenprovinz sprechen. Die Haltung der Kirche gegenüber der Freimaurerei wird aber von Rom aus bestimmt und man müßte erst dort vorfühlen, inwieweit Rom zu einer Änderung des Standpunktes bereit ist. Die Schwierigkeit ist halt, daß die Freimaurerei ein Geheimbund ist.
>
> Großmeister: Eminenz, das ist nicht richtig. Die Freimaurerlogen sind seit 1918 von den Behörden anerkannte Vereine, die alle Bedingungen des Vereinsgesetzes erfüllen. Geheimgehalten werden lediglich die Ritualien, aber auch sie sind der Öffentlichkeit dadurch bekannt geworden, daß sie die Nazi extenso preisgegeben haben. Die Sensation ist allerdings ausgeblieben, weil der Profane den symbolischen Inhalt nicht versteht.
>
> Kardinal: Sind die Freimaurer nicht Atheisten?

Großmeister: Auch das ist nicht richtig, Eminenz. Schon die so genannten „Alten Pflichten“ setzen fest, daß der Freimaurer, die Religion, in der alle Menschen übereinstimmen haben soll. Es sind also für ihn die religiösen Grundsätze maßgebend, die den großen Weltreligionen gemeinsam sind. Der Grundsatz der Toleranz schließt allerdings aus, für ein bestimmtes Bekenntnis einzutreten, aber – wie die Alten Pflichten sagen – der Freimaurer soll ‚kein dummer Gottesleugner und kein Wüstling ohne Religion' sein. Es kann als von Atheismus als einem freimaurerischen Grundsatz gewiß nicht gesprochen werden. Außerdem liegt die Bibel bei uns auf, beim Johannisevangelium aufgeschlagen, und jede Arbeit wird im Namen des ‚Allmächtigen Baumeisters aller Welten' eröffnet und geschlossen.

Kardinal: Aber sind Sie nicht kirchenfeindlich eingestellt?

Großmeister: Im Prinzip nicht. Konflikte mit der Kirche können sich nur dann ergeben, wenn sie ihrerseits die Freiheit der Meinung dadurch beugen will, daß sie ihre Dogmen irgendwo mit Gewalt aufzuzwingen versucht. Dann muß sich die Freimaurerei auf Grund des Toleranzprinzipes dagegen wehren.

Kardinal: Die Kirche wird nur ihre Rechte verteidigen, etwas mit Gewalt aufzwingen, wird sie nicht mehr. Sie hat sich überhaupt von jeder Parteipolitik zurückgezogen. Wegen der Sakramente liegt die Sache so, daß Rom entscheiden muß. Ich möchte also antworten: lassen wir es vorläufig bei dem Ruhezustand zwischen Kirche und Freimaurerei. Warten wir einen günstigen Augenblick ab, in dem man mit Rom sprechen kann. Es scheinen die Freimaurer nicht überall die gleichen Methoden zu befolgen. In Italien sind sie halt sehr aggressiv und das wirkt sich unmittelbar auf den Vatikan aus. Ich bin aber unbedingt Ihrer Meinung, daß uns der Humanismus, das Menschliche, zusammenführen müßte.

Großmeister: Ich danke Eurer Eminenz für diese Einsicht. Der Glaube ist eine Gnade. Ist es nun besser, denjenigen, der dieser Gnade nicht teilhaftig ist, aber doch ‚schauend erkennen' will, zu verstoßen oder damit einverstanden zu sein, daß er auf einer anderen ethischen Basis erfasst und so Gott näher gebracht wird?

Kardinal: Sie sind ja geradezu ein Theologe! Sie sehen jedenfalls, daß ich kein Fanatiker bin. Also geben Sie sich vorläufig mit dem herrschenden Ruhezustand zufrieden. Vielleicht finden wir einmal eine Formel, die sich als ‚akirchlich', aber nicht ‚antikirchlich' bezeichnet."[162]

Die Großloge von Österreich gab sich mit dem vorgeschlagenen Ruhezustand vorerst zufrieden.

Ein Brief Scheichelbauers (sh. Faksimile [163]) vom 15.3.1949 zeigt aber, dass in der katholischen Presse immer wieder antifreimaurerische Artikel erschienen.

So schreibt Dr. Franz Arnold im „Kirchenblatt": „Von der Kirche verurteilte Gesellschaften sind die Freimaurerlogen und andere Gesellschaften gleicher Art, deren Zweck es ist, die Kirche und die rechtmäßige Staatsgewalt zu unterwühlen."[164] Scheichelbauer nahm in dem Brief an den Kardinal heftig Stellung und bat ihn „diesen Entgleisungen im wohlverstandenen Interesse der Wahrung jener der Menschheit heiligen Güter, die sowohl der Kirche wie uns am Herzen liegen, ein Augenmerk zu zuwenden."[165]

Hofrat Bernhard Scheichelbauer, Wien, am 15. März 1949.
Wien I.
Himmelpfortgasse Nr.7.

Sr.Eminenz
dem hw.Kardinal-Erzbischof
Dr.Theodor Innitzer,
Wien I.

Euere Eminenz!

Die liebenswürdige Aufnahme und das grosse Verständnis, die ich beide im vergangenen Sommer bei Euerer Eminenz in Hofgastein gefunden habe, veranlassten mich, Eurer Eminenz vor kurzem die Festschrift der Grossloge von Wien zu übersenden in dem Bestreben, durch weitere Aufklärung zur Besserung der Atmosphäre zwischen Kirche und Freimaurerei beizutragen, soweit dies unter Festhaltung der prinzipiellen Standpunkte möglich ist. Dass Euere Eminenz telefonisch für das Buch dankten, hat mich in der Hoffnung bestärkt, diesem Ziele näher zu kommen.

Nun schreibt in der "Furche" vom 5.März l.J. Frau Anna Louise Matzka über gnostisches Sektenunwesen u.a. "Theosophie und Anthroposophie aber und mit ihnen ihre christlich getarnten Ableger, die "liberal-katholische Kirche" einerseits und die "Christengemeinschaft" andererseits, sind freimaurisch ausgerichtete Gesellschaften, die durch ihren falschen Spiritualismus eine Plattform für den Abfall vom christlichen Glauben schaffen.

"Da die Erörterung religiöser Fragen in der Loge grundsätzlich verboten ist und das uns leitende Prinzip der Toleranz eine Einflussnahme auf das religiöse Bekenntnis unserer Mitglieder völlig ausschliesst- wie wäre es sonst möglich, Katholiken, Protestanten, Juden, Mohammedaner usw. in brüderlicher Liebe zusammenzuhalten !- geht die Bezeichnung "freimaurisch ausgerichtet" vollkommen in die Irre. Man möge doch endlich begreifen, dass wir keine "Sekte" sind, sondern eine ethisch-philosophische Gesellschaft, die allerdings im "Allmächtigen Baumeister aller Welten" ihr höchstes Symbol sieht, was doch nicht Gegenstand eines Vorwurfes bilden kann. Ich werde auch Frau Matzka ein Exemplar unserer Festschrift zugehen lassen, damit sie sich über das Wesen der Freimaurerei besser orientieren kann.

Es wäre nicht nötig gewesen, Eure Eminenz mit diesem Aufsatz zu befassen, wenn er nicht in der zeitlichen Folge mit den Ausführungen des Herrn Universitätsprofessors Dr.Dr.Franz Arnold über „Das katholische Ehegesetz" im "Kirchenblatt" als einem der Diözese unmittelbar unterstehenden Organ zusammengefallen wäre. Dort ist folgender Satz zu lesen: "Von der Kirche verurteilte Gesellschaften sind die Freimaurerlogen und andere Gesellschaften gleicher Art, deren Zweck es ist, die Kirche und die rechtmässige Staatsgewalt zu unterwühlen." Das ist mit Eurer Eminenz Erlaubnis ein übler Rückfall in den Ton der antifreimaurerischen Pamphlete des 18.und 19.Jahrh., noch dazu unter Anwendung der überaus anfechtbaren Methode des ungenau bezogenen Relativsatzes, die dem Kränker der Ehre gestattet, sich in Ausreden zu flüchten, wenn er gefasst werden soll. Darnach steht zu erwarten, dass die Ammenmärchen vom Teufel Bitru und vom Fürstenmord demnächst fröhliche Urständ feiern werden, was ich im Interesse des Ansehens der Kirche lieber doch nicht hoffen möchte. Dass derartiges die Billigung Eurer Eminenz finden könnte, erscheint mir unvorstellbar.

Was den Vorwurf der Unterwühlung der Kirche betrifft, habe ich mich in Wort und Schrift bemüht, klarzulegen, dass die Loge keine antikirchliche Institution ist, sondern eine akirchliche. Wir anerkennen durchaus das Recht der Kirche, vom Standpunkte ihrer Sendung aus an uns Kritik zu üben. Die absolute Toleranz, auf der wir stehen, mag in diesem Sinne manche von uns als laue Christen erscheinen lassen und einen kirchlichen Tadel rechtfertigen, obwohl wir hoffen, durch unsere humanitäre und caritative Haltung im Leben den Forderungen der christlichen Ethik nicht weniger nachzukommen als Nichtfreimaurer. Die Behauptung aber, unser Zweck sei, "die Kirche zu unterwühlen", muss ich als Großmeister der Loge als völlig unwahr zurückweisen. Wir tun nichts, was auch nur im Entferntesten eine derartige Auslegung rechtfertigen könnte.

Handelt es sich in diesem Teil der Beschuldigungen noch um eine Materie, die dem Urteil der Kirche untersteht, so geht der folgende -Unterwühlung der "rechtmässigen Staatsgewalt"- zweifellos darüber hinaus. Die Rechtmässigkeit der Staatsgewalt pflegen in den modernen Staaten die Parlamente zu beurteilen. Und die Logen gehören in Österreich seit dem Jahre 1918 wieder zu den zugelassenen Einrichtungen, die dem Schutz und der Aufsicht des Vereinsgesetzes unterstehen. Es geht daher nicht an, den Freimaurern pauschaliter den Vorwurf des Hochverrates zu machen. Die Kirche hat selbst schon genug unter Pauschalverdächtigungen gelitten, um den Abscheu vor solchen mit uns zu teilen. Selbstverständlich weisen wir auch den Vorwurf der Unterwühlung der rechtmässigen Staatsgewalt auf das Allerschärfste zurück, der unter den gegebenen Verhältnissen von einem geradezu grotesken Unverstand Zeugnis gibt.

Ich verweise in diesem Zusammenhange darauf, dass z.B. in den Regierungen der westlichen Alliierten von den Staatsoberhäuptern angefangen über aktive und gewesene Ministerpräsidenten undKabinettsmitglieder bis zu den höchsten militärischen und zivilen Stellen Freimaurer für die Erhaltung der abendländischen Kultur und ihrer Einrichtungen, zu denen offenbar auch die "rechtmässigen Staatsgewalten" gehören, die aktivsten Kämpfer sind. Und was kann uns Herr Dr.Arnold in Oesterreich vorwerfen ? Vielleicht dass wir von den Nazis zusammen mit den Dienern der Kirche wegen unserer pro-österreichischen Haltung in den Kerker geworfen worden sind und von den Kommunisten als Todfeinde betrachtet werden ?

Euere Eminenz wollen verzeihen, wenn ich heftig geworden bin. Aber es ist doch unglaublich, dass in der heutigen Situation, die doch wahrhaftig brennendere Probleme zeigt als den alten Zwist zwischen Kirche und Freimaurern, derartige unwahre und unbeweisbare Anschuldigungen mit so erschreckender Leichtfertigkeit erhoben werden, Ich bitte Euere Eminenz im Sinne der Besprechung in Hofgastein, diesen Entgleisungen im wohlverstandenen Interesse der Wahrung jener der Menschheit heiligen Güter, die sowohl der Kirche wie uns am Herzen liegen, ein Augenmerk zuzuwenden. Wir könnten auf die Dauer nicht dazu schweigen.

Jederzeit auf Wunsch zu weiteren Aufklärungen bereit bin ich mit dem Ausdruck der Ehrerbietung Euerer Eminenz ergebener

Scheichelbauer.

Im Nachlaß von Prälat Jakob Fried.Abschrift.

Anfang der 1950er Jahre arbeitete Scheichelbauer an seinem Buch „Die Johannisfreimaurerei", in dem er mehr Information der Öffentlichkeit und Richtigstellung falscher Meinungen erreichen wollte.

Gleichzeitig versuchten zwei praktizierende katholische Freimaurer – mit Erlaubnis des Großmeisters – Gespräche mit hohen kirchlichen Würdeträgern aufzunehmen. Letztlich entstand eine Eingabe, die der Nuntius, Erzbischof Dr. Dellepiane, in Rom überreichen wollte.

Unter anderem heißt es in diesem Text: „Gläubige Katholiken unter den österreichischen Freimaurern haben seit jeher darunter gelitten, daß die Kirche ihnen die rechtlose Ausübung ihrer religiösen Pflichten nicht gestattet … Die Freimaurerei ist auch keine Sekte, sie lehrt kein religiöses System … Jede ihrer Arbeiten wird im Namen Gottes begonnen und auch so geschlossen …"[166]

Auf dieses Schreiben gab es nie eine offizielle Antwort.

Dass aber das Heilige Offizium am 17.1.1953 das Buch Scheichelbauers „Die Johannisfreimaurerei" auf den Index der für Katholiken verbotenen Bücher setzte, spricht für sich.

So ist auch ein Kommentar des Wiener Kurier vom 18.1.1954 zu verstehen. Außerdem wird die vatikanische Zeitung L'Osservatore Romano zitiert, wonach Freimaurer immer noch exkommuniziert seien.

Scheichelbauers Freimaurerbuch auf dem Index

Vatikanstadt, 18. Jänner (AP). Die Oberste Kongregation des Heiligen Offiziums hat das Buch „Die Johannisfreimaurerei, Versuch einer Einführung" von Bernhard Scheichelbauer, das im vergangenen Jahr in Wien erschienen ist, auf den Index der verbotenen Bücher gesetzt.

Die vatikanische Zeitung „L'Osservatore Romano" erklärt in einem Kommentar zu dem Dekret der Kongregation, in letzter Zeit habe die Meinung um sich gegriffen, daß Katholiken, die „Johannis-Freimaurer" würden, nicht der Strafe der Exkommunikation verfielen. Die Indizierung des Buches beweise unwiderleglich, daß diese Annahme irrig sei.

5.4 Das 2. Vatikanische Konzil (1962–1965)

5.4.1 Die Konzilsdokumente

Karl Rahner und Herbert Vorgrimler charakterisieren das 2. Vatikanische Konzil (1962–1965) als „ein Konzil in Freiheit und echtem Dialog und gleichzeitig ein Konzil auf der Grundlage des alten und bleibenden Glaubens der katholischen Kirche."[167] D. h., es war weder daran gedacht definierte Glaubenswahrheiten abzuschaffen oder Dogmen in Frage zu stellen, noch über alles und jedes zu diskutieren. Die Freiheit der Meinungsbildung war aber groß, viele Entwürfe wurden modifiziert, päpstliche Eingriffe waren aber sehr gering. „Aggiornamento" (Anpassung an heutige Verhältnisse) war das Schlagwort von Papst Johannes XXIII. für das Konzil.

Von den über 70 vorkonziliaren Entwürfen sind 16 umfassende Dokumente beschlossen worden, „die dieses Konzil der Kirche zu einem Konzil über die Kirche macht ...Man könnte sagen, das Konzil behandelte:

1. Das grundsätzliche Selbstverständnis der Kirche in der dogmatischen Konstitution über die Kirche;
2. das innere Leben der Kirche;
3. die Sendung der Kirche nach außen:
   a) ihr Verhältnis zu der nichtkatholischen Christenheit im Dekret über den Ökumenismus und im Dekret über die katholischen Ostkirchen;
   b) ihr Verhältnis zu den Nichtchristen in der Erklärung über die nichtchristlichen Religionen (vor allem über die Juden) und in dem Dekret über die Missionstätigkeit der Kirche;
   c) ihr Verhältnis zur heutigen profanen Weltsituation im allgemeinen in der pastoralen Konstitution über die Kirche in der Welt von heute und im Dekret über die heutigen Kommunikationsmittel;
   d) ihr Verhältnis zum weltanschaulichen Pluralismus der Gegenwart, im besonderen in der Erklärung über die Religionsfreiheit."[168]

Wesentlich für die vorliegende Arbeit sind die

- Pastorale Konstitution „Gaudium et spes" (Über die Kirche in der Welt von heute),
- die Erklärungen „Dignitatis humanae" (Über die Religionsfreiheit) und
- „Nostra aetate" (Über das Verhältnis der Kirche zu den nichtchristlichen Religionen).

Dokumente des II. Vatikanischen Konzils [169]

KONSTITUTIONEN

1. Dogmatische Konstitution DEI VERBUM – Über die göttliche Offenbarung
2. Dogmatische Konstitution LUMEN GENTIUM – Über die Kirche
3. Konstitution über die heilige Liturgie – SACROSANCTUM CONCILIUM
4. Pastorale Konstitution – Über die Kirche in der Welt von heute

ERKLÄRUNGEN

1. Erklärung GRAVISSIMUM EDUCATIONES – Über die christliche Erziehung
2. Erklärung NOSTRA AETATE – Über das Verhältnis der Kirche zu den nichtchristlichen Religionen
3. Erklärung DIGNITATIS HUMANAE – Über die Religionsfreiheit

VERORDNUNGEN

1. Dekret AD GENTES – Über die Missionstätigkeit der Kirche
2. Dekret PRESBYTERORUM ORDINIS – Über Dienst und Leben der Priester
3. Dekret APOSTOLICAM ACTUOSITATEM – Über das Laienapostolat
4. Dekret OPTATAM TOTIUS – Über die Ausbildung der Priester
5. Dekret PERFECTAE CARITATIS – Über die zeitgemäße Erneuerung des Ordenslebens
6. Dekret CHRISTUS DOMINUS – Über die Hirtenaufgabe der Bischöfe
7. Dekret UNITATIS REDINTEGRATIO – Über den Ökumenismus
8. Dekret ORIENTALIUM ECCLESARIUM – Über die katholischen Ostkirchen
9. Dekret INTER MIRIFICA – Über die sozialen Kommunikationsmittel

Darüber hinaus war die Errichtung des Sekretariats für die Nichtglaubenden unter Leitung Franz Kardinal Königs eine wesentliche Grundlage der folgenden Diskussionen.

Wobei die Antwort Königs auf die Frage „ „Was wäre die Kirche heute ohne das Ökumenische Konzil?“ „Eine wahre Katastrophe – antwortet König ohne Zögern und fügt hinzu: „Das Konzil hat das Antlitz der Kirche wahrhaft erneuert, es hat die Tore zur modernen Welt aufgestoßen, es hat viele Vorurteile zu Fall gebracht.“ „[170] für sich spricht.

Erwähnt sei aber auch, dass eine Gruppe von Bischöfen um Erzbischof Lefebvre erneut eine Verurteilung der Freimaurerei wollte. Und sogar von einer freimaurerischen Verschwörung an der Spitze der römisch-katholischen Kirche sprach.[171] So wurden lt. Hans Küng (neben Joseph Ratzinger einer der jüngsten Konzilstheologen) „schon in der Ersten Konzilssession mehr als eine Hetzschrift über die sogenannte „jüdisch-freimaurerische“ Verschwörung den Konzilsvätern ins Haus geschickt.“[172]

5.4.2 Dignitatis humanae

In den genannten Dokumenten wird von Humanität, Toleranz und Religionsfreiheit gesprochen. Die Begriffe müssen jedoch detailliert geklärt werden, freimaurerische und kirchliche Inhalte sind nicht ident.

So wird etwa unter Religionsfreiheit nicht die Gleichrangigkeit der Religionen oder die beliebige Wahl verstanden, sondern laut Dignitatis humanae die Freiheit vom Zwang der bürgerlichen Gesellschaft, einer bestimmten Religion angehören zu müssen. Der Mensch hat zwar Eigenverantwortlichkeit und personale Würde sowie individuelle Gewissensentscheidung aber „diese einzig wahre Religion, so glauben wir, ist verwirklicht in der katholischen, apostolischen Kirche, die von Jesus dem Herrn den Auftrag erhalten hat, sie unter allen Menschen zu verbreiten.“[173]

Bei ihrer Gewissensbildung müssen jedoch die Christgläubigen die heilige und sichere Lehre der Kirche sorgfältig vor Augen haben. Denn „nach dem Willen Christi ist die katholische Kirche die Lehrerin der Wahrheit,…“[174]

Das diese Definitionen mit dem Gedanken der freimaurerischen Religionsfreiheit – die jeweilige Konfession ist für die Loge unwesentlich – nicht ident sind, liegt auf der Hand.

Vor allem aber ist es die Pflicht des Menschen die Wahrheit zu suchen, wobei er durch keinen Zwang eingeengt werden dürfe.[175]

So sagt Dignitatis humanae zur Religionsfreiheit:

> „2. Das Vatikanische Konzil erklärt, daß die menschliche Person das Recht auf religiöse Freiheit hat. Diese Freiheit besteht darin, daß alle Menschen frei sein müssen von jedem Zwang sowohl von seiten Einzelner wie gesellschaftlicher Gruppen, wie jeglicher menschlicher Gewalt, so daß in religiösen Dingen niemand gezwungen wird, gegen sein Gewissen zu handeln, noch daran gehindert wird, privat und öffentlich, als einzelner oder in Verbindung mit anderen – innerhalb der gebührenden Grenzen – nach seinem Gewissen zu handeln. Ferner erklärt das Konzil, das Recht auf religiöse Freiheit sei in Wahrheit auf die Würde der menschlichen Person selbst gegründet, sowie sie durch das geoffenbarte Wort Gottes und durch die Vernunft selbst erkannt wird. Dieses Recht der menschlichen Person auf religiöse Freiheit muss in der rechtlichen Ordnung der Gesellschaft so anerkannt werden, daß es zum bürgerlichen Recht wird. Weil die Menschen Personen sind, d. h. mit Vernunft und freiem Willen begabt und damit auch zu persönlicher Verantwortung erhoben, werden alle – ihrer Würde gemäß – von ihrem eigenen Wesen gedrängt und zugleich durch eine moralische Pflicht gehalten, die Wahrheit zu suchen, vor allem jene Wahrheit, welche die Religion betrifft. Sie sind auch dazu verpflichtet, an der erkannten Wahrheit festzuhalten und ihr ganzes Leben nach den Forderungen der Wahrheit zu ordnen. Der Mensch vermag aber dieser Verpflichtung auf die seinem eigenen Wesen entsprechende Weise nicht nachzukommen, wenn er nicht im Genuß der inneren, psychologischen Freiheit von äußerem Zwang steht."[176]

5.4.3 Gaudium et spes

Die pastorale Konstitution „Über die Kirche in der Welt von heute" eröffnet den Dialog mit denen, die ihr institutionell nicht angehören. Bereitschaft zum Hören und gegenseitigen Lernen wird skizziert.

Der Wille des Konzils „zum Dialog mit der Menschheitsfamilie über den Menschen", die gegenwärtige Situation der Welt und der Menschen, Gegensätze und Spannungen, personale Glaubensentscheidung „zu einer lebendigeren Gotteserfahrung“, die Würde des Menschen und sein Gewissen, Atheismus und Zusammenarbeit mit den Nichtglaubenden, aber auch die „religiöse Ordnung“ werden behandelt. Im II. Hauptteil werden Einzelfragen wie Ehe, Familie, kultureller Fortschritt, Wirtschaftsleben, politische Gemeinschaft, Frieden und Völkergemeinschaft und die Aufgabe des Christen in all diesen Themen dargestellt.[177]

So wird im Punkt 16 die Gewissensfreiheit behandelt:

> „16. Im Inneren seines Gewissens entdeckt der Mensch ein Gesetz, das er sich nicht selbst gibt, sondern dem er gehorchen muß und dessen Stimme ihn immer zur Liebe und zum Tun des Guten und zur Unterlassung des Bösen anruft und, wo nötig, in den Ohren des Herzens tönt: Tu dies, meide jenes. Denn der Mensch hat ein Gesetz, das von Gott seinem Herzen eingeschrieben ist, dem zu gehorchen eben seine Würde ist und gemäß dem er gerichtet werden wird. Das Gewissen ist die verborgenste Mitte und das Heiligtum im Menschen, wo er allein ist mit Gott, dessen Stimme in diesem seinem Innersten zu hören ist.“[178]

Der Punkt 92 handelt vom Wunsch nach dem Dialog, auch mit Gegnern der Kirche und jenen, „die hohe Güter oder Humanität pflegen, deren Urheber aber noch nicht anerkennen,“ – waren die Freimaurer gemeint?

> „92. Der Wunsch nach einem solchen Dialog, geführt einzig aus der Liebe zur Wahrheit und unter Wahrung angemessener Diskretion, schließt einerseits niemanden aus, weder jene, die hohe Güter der Humanität pflegen, deren Urheber aber noch nicht anerkennen, noch jene, die Gegner der Kirche sind und sie auf verschiedene Weise verfolgen. Da Gott der Vater Ursprung und Ziel aller ist, sind wir alle dazu berufen, Brüder zu sein. Und darum können und müssen wir aus derselben menschlichen und göttlichen Berufung ohne Gewalt und ohne Hintergedanken zum Aufbau einer wahrhaft friedlichen Welt zusammen arbeiten.“[179]

5.4.4 Gefahr für den Glauben

Der Dialog mit verschiedensten Religionen und Weltanschauungen wurde durch das Konzil eröffnet und möglich. An den grundsätzlichen Vorstellungen hat sich jedoch nichts geändert. Die Gespräche dürfen jedenfalls nicht zu einer Relativierung der eigenen Glaubensinhalte führen. Ebenso hat die Kirche die Pflicht und das Recht den Gläubigen mitzuteilen, ob eine bestimmte Weltanschauung mit der katholischen Lehre übereinstimmt, um sie vor Gefahren für ihren Glauben zu schützen.[180]

Und das verlangt can. 209 des Codex Iuris Canonici 1983:

> § 1: „Die Gläubigen sind verpflichtet, auch in ihrem eigenen Verhalten, immer die Gemeinschaft mit der Kirche zu wahren.
> § 2. Mit großer Sorgfalt haben sie ihre Pflichten zu erfüllen, …“[181]

Auch wenn nach vielen Gesprächen die Freimaurerei im can. 1374 CIC 1983 nicht mehr expressis verbis erwähnt wurde, der Wahrheitsanspruch und die Anerkennung des Lehramts der Kirche ist unverändert.

Vorerst wird aber auf diese Gespräche näher einzugehen sein.

5.5 Das Sekretariat für die Nichtglaubenden – „usus docebit“ (1964)

5.5.1 „Usus docebit“–Die Erfahrung wird das lehren.

Vor der letzten Konzilssession und anlässlich der Diskussion über das Dokument „Die Kirche in der Welt von heute“ (Pastoralkonstitution Gaudium et spes) wurde das Sekretariat für die Nichtglaubenden im April 1965 eingerichtet und Franz Kardinal König die Präsidentschaft übertragen. „Usus docebit“ (die Erfahrung wird das lehren) antwortete der Papst auf die Frage Königs „Welche Aktivität könnte ich in diesem Sekretariat entfalten?“[182]

König betonte gleich nach seiner Ernennung, dass es vor allem um die Erforschung des Phänomens Atheismus gehe, jenseits aller Bekehrungsabsichten und Verdammungsurteile.“[183] In Gaudium et spes (Abschnitt 18–19) „wird ausdrücklich gesagt, dass die Kirche den Atheismus nicht verurteilen, sondern dieses Phänomen kennen lernen will. Sie will mit allen in Kontakt treten, Christen und Nichtchristen, Nichtglaubenden, Atheisten."[184]

Und auch Ecclesiam suam (XI.) verdeutlicht: „Die Kirche muss zu einem Dialog mit der Welt kommen, in der sie nun einmal lebt. Die Kirche macht sich selbst zum Wort, zur Botschaft, zum Dialog ... Bevor man die Welt zum Glauben führt, um sie zu bekehren, muss man sich ihr nahen und mit ihr sprechen."[185] Hingewiesen sei auf das Ziel des Dialogs, die Bekehrung (!) wenn auch der Dialog „keine Grenzen und keine Berechnungen lernen"[186] soll.

Insgesamt kann die Enzyklika „Pacem in terris" (Johannes XXIII.) an alle Menschen guten Willens als erster Schritt, die Enzyklika „Ecclesiam suam" (Paul VI.) als zweiter Schritt für die Gründung des Sekretariats für die Nichtglaubenden bezeichnet werden.

Als dritter Schritt ist die Pastoralkonstitution „Gaudium et spes" des Zweiten Vatikanum zu sehen, wobei der Begriff „Nichtglaubende" weit über den Begriff Atheismus hinaus auszulegen sei. Es ging nicht um Verwaltungsaufgaben sondern um Kennenlernen, Studium und Kontakt. Immer wieder führte daher viele freimaurerische Gesprächspartner die starke Zielrichtung Atheismus zur Irritation, dass Freimaurer keine Atheisten sind (sein sollen). Der Salesianer Vincenzo Miano, von Papst Paul VI. mit der ersten Organisation des Sekretariats beauftragt, sagte in seinem Werk „Die Aufgaben des Sekretariates" (227), „daß die sorgfältige Berücksichtigung historischer, lokaler und persönlicher Gegebenheiten niemals dazu führen darf, daß die Treue zum Dogma und zur Morallehre der Kirche verletzt wird."[187]

Gerade für das nächste Kapitel und letztlich die Ergebnisse der Gespräche ist dieser Satz richtungsweisend, wie auch sein Hinweis auf die „Lehren, die ein für allemal definiert bleiben."(228)[188]

5.5.2 Dialog als Abenteuer

Und diese Gedanken vertiefte der Kardinal in vielen seiner Vorträge. So auch in „Dialog als Abenteuer", wo er darstellt, dass jeder Christ und jeder Mensch guten Willens Interesse haben muss am Gespräch Kirche und Welt. Für diesen Dialog formuliert er sieben Thesen:[189]

1. „Der Dialog ist keine Preisgabe der Wahrheit.
2. Der Dialog ist keine Mission von ‚Primitiven'.
3. Der Dialog ist keine Konfrontation von Ideologien.
4. Der Dialog ist nicht bloße Taktik … Einen solchen Prozeß – von Aggression zu Information, von Information zur Transformation – will die Kirche nicht nur dulden, sondern aktiv fördern, mit Vorsicht und Kühnheit …
5. Der Dialog darf nicht mißbraucht werden.
6. Dialog ist nicht einfach praktische Kooperation.
7. Der Dialog ist keine bloß theoretische Debatte."

Für ihn ist der Dialog der Beginn des gemeinsamen Handelns und er begrüßt mit seinem Sekretariat für die Nichtglaubenden alle ehrlichen Dialogbestrebungen.

Unter diesen positiven Gedanken sind meines Erachtens auch die später freundschaftlich und auf gleicher Augenhöhe geführten Gespräche mit Dr. Kurt Baresch zu sehen.

In einem Interview vom 19.6.1991 bestätigt Kardinal König vor allem, dass er den Auftrag des Papstes hatte, Gespräche aufzunehmen: „Im Rahmen dieses Sekretariats hat der Papst gemeint, sollte man im Sektor der Agnostiker überlegen auch mit den Freimaurern zu sprechen. Das habe ich auch getan und zwar mit den Vertretern des angloSächsischen Freimaurertums, nicht dem französischen. Die anglosächsisch-schottische Richtung, die für die Freimaurer in deutscher Sprache maßgebend ist, hat eher eine agnostische Einstellung: Gott ist der Weltbaumeister, die Christusfrage wird praktisch ausgeklammert."[190] Und etwas später formuliert er nochmals seinen Auftrag und sein persönliches Handeln, indem er Johannes Paul II. zitiert: „Man muß das Gespräch offerieren, suchen, den guten Willen dokumentieren, also einfach: Stichwort ‚Dialog'"[191]

Und diesem Dialog des Kardinals mit Vertretern der österreichischen und deutschen Freimaurerei von 1968 bis 1970 und letztlich bis zu seinem Tod 2004 wird das nächste große Kapitel gewidmet sein.

5.5.3 Das Dokument „Der Dialog mit den Nichtglaubenden (De dialogo cum non credentibus)"

Am 28.9.1968 unterschrieb Franz Kardinal König als Präsident des Sekretariats das obige Dokument, das als Grundsatzerklärung anzusehen ist: „Das Ja zum Menschen ist … die Basis des Dialoges."[192] Die Zielsetzung des Dokumentes ist die Förderung des Dialoges zwischen den Glaubenden und den Nichtglaubenden, vergisst aber nicht auf das Zeugnis des eignen Glaubens und Verbreitung des Evangeliums hinzuweisen.[193]

Auf Pluralismus und Personenwürde, Hochachtung vor dem anderen und die Voraussetzungen des Dialogs wird ausführlich eingegangen, aber auch darauf, dass die Kirche die Botschaft des Evangeliums und „die Gabe der Gnade und Wahrheit" anzubieten habe.[194] Wobei geoffenbarte Glaubenswahrheiten absolut und vollkommen sind. Über und für den Dialog, über die Lehre und dessen Berechtigung und Voraussetzungen werden Klarheit und Mut gefordert. Dass dann praktische Richtlinien zur Förderung des Dialoges in der öffentlichen Meinung, bei den Klerikern sowie im privaten und öffentlichen Gespräch etliche Seiten füllen, zeigt die Notwendigkeit der Erklärung für die klerikale Öffentlichkeit.[195]

So offen viele Dialogmöglichkeiten dargestellt werden, endet das Dokument mit dem Hinweis auf die kirchlichen Zensurvorschriften. Vorgrimler meint trotzdem im einleitenden Kommentar, dass der „Text ein großes Programm einleitet, einen Weg, dessen Anfang eben erst ja in Sicht ist."[196]

Und in der Pressekonferenz 1968 erklärte der Kardinal, es gehe darum der Religion ihren Platz in der menschlichen Gesellschaft zu sichern, in der Hoffnung auf geistigen Dialog für die Zukunft der Menschheit.[197]

Und wie erwähnt, erstreckte sich der Auftrag des Papstes an König auch auf Gespräche mit den Freimaurern („, sollte man im Sektor der Agnostiker überlegen auch mit den Freimaurern zu sprechen." Interview Juni 1991).[198]

5.6 Töhötöm Nagy: Jesuit und Freimaurer (1963)

5.6.1 Der Jesuit

Der ungarische Jesuitenpater Töhötöm Nagy versuchte einen ungewöhnlichen Weg des Dialogs, er ließ sich von seinem Stand als Jesuit mit den vier feierlichen Gelübden in den Laienstand zurück versetzen, um dann in Südamerika als Freimaurer initiiert zu werden.

Sein 1963 in Buenos Aires spanisch und 1969 deutsch erschienenes Buch zeigt den Weg des spirituellen Lebens als Jesuit, sein historisches Erleben mit Kardinal Mindszenty und dann sein Leben in Argentinien sowie als Freimaurer bis zum 33.Grad.

Seine Gedanken über „die Freimaurer, die säkularen Feinde der Gesellschaft Jesu“ aber auch die Frage „Ist die Freimaurerei eine Religion?“ müssen in einer Darstellung des Dialogs im 20. Jahrhundert skizziert werden, auch wenn letztlich kein Ergebnis zu erkennen war.[199]

Nagy beginnt sein Werk mit „Ad maiorem Dei gloriam“ und übersetzt diese Widmung mit „Zur Ehre des Großen Baumeisters aller Welten.“[200]

Seine Hintergründe–„um die Wahrheit zu erkunden“–sind in der Vorrede des Autors zu lesen:[201]

> „Ich bin ein Jesuitenpater, „professus quattuor votorum sollemnium“, mit den vier feierlichen Gelübden; reductus ad statum laicalem“, von meinen geistlichen und religiösen Verpflichtungen entbunden; vermittels eines päpstlichen Dekrets, das mir mit großer Güte gewährt wurde, in den Laienstand zurückversetzt. Diese bedeutende Gunst war eine Ausnahmsgenehmigung, die mich ehrt und deren man mich wegen meiner untadeligen Führung innerhalb des Ordens für würdig erachtet hatte. Ich hatte diese Erlaubnis persönlich beantragt, ein Umstand, der die Größe der Vergünstigung unterstreicht, denn kein Jesuit „professus quattuor votorum sollemnium“ darf auf sein eigenes Verlangen hin sein Amt niederlegen (Epitome Instituti Societatis Jesu. Titulus IV. §99, litt. 2).
> Seit langem schon hatte ich den brennenden Wunsch verspürt, die Wahrheit über die Freimaurer, die säkularen Feinde der Gesellschaft Jesu, herauszufinden. Sobald ich den Orden verlassen hatte, beschloss ich, dieser Neugier Genüge zu tun, und trat,

wobei ich meine Stellung geheim hielt, der Freimaurerei bei, in der lautersten aller Absichten: um die Wahrheit zu erkunden. Ich stieg zu den höchsten Graden auf, und nun, da ich ein klares und authentisches Wissen über beide Institutionen auf der Grundlage eigener, jahrelanger Erfahrungen besitze, habe ich mich entschieden, mein Schweigen zu brechen und die Welt in die tatsächlichen Hintergründe einzuweihen.

Buenos Aires, 1. Dezember 1963 Töhötöm Nagy"

Sein bewegtes Leben, vom kleinen Novizen über seine Arbeit als Magister, als Führer der bäuerlichen Jugendbewegung Kalot, seine Arbeit für den Vatikan in Bezug auf das kommunistische Ungarn und Kardinal Mindszenty und seine Auswanderung nach Argentinien füllen die ersten 338 Seiten des Buches.

5.6.2 Der Freimaurer

Der im Vorwort skizzierte Schritt in die Freimaurerei um „Klarheit (zu) gewinnen" und ob sie „tatsächlich böse und gottlos waren,"[202] erfolgte nach langem Suchen und langen Gesprächen mit seinem ehemaligen Provinzial. Nun folgt eine ausführliche Schilderung der Initiation und des Lebens in der Loge.

Auf die Exkommunikation der Freimaurer geht er über die Enzyklika Johannes XXIII. „Pacem in terris" ein, aus der er zitiert: „Jedes menschliche Wesen hat ein naturgegebenes Recht auf Achtung, auf guten Ruf, auf die Freiheit, die Wahrheit zu suchen, und, innerhalb der Grenzen der moralischen Ordnung und des Allgemeinwohls, seine Ideen zu vertreten und zu verteidigen ... Als ein Recht des Menschen muss man auch jenes anerkennen, dass er Gott gemäß den Forderungen seines eigenen Gewissens verehren darf."[203]

Das bekräftigte Kardinal Bea im April 1963 in einer Pressekonferenz in New York: „Die Menschen und die Gesellschaft müssen jedem einzelnen die Freiheit lassen, seine Aufgaben und Pflichten ausschließlich auf der Basis seines eigenen freien Willens zu wählen und zu erfüllen."[204]

Nagy kommt daher zum Schluss, dass die Kirche „nicht länger eine Exkommunikation aufrechterhalten (kann), die aus einer intoleranten Zeit stammt."[205] Und führt weiter aus „Man kann nicht Grundsätze der

Toleranz proklamieren und jene exkommuniziert belassen, die diese Prinzipien seit jeher vertreten haben.“[206]

Interessant und für die vorliegende Arbeit wichtig erscheint die von Nagy aufgeworfene Frage „Ist die Freimaurerei eine Religion oder nicht?“[207]

Seine Argumente:[208]

- Der Tempel entspricht mit seinen Säulen am Eingang und der auf dem Altar genannten Pult liegenden, aufgeschlagenen Bibel einem religiösen Zeremonialraum.
- Der Teppich (Tapis) in der Mitte des Raumes und die Säulen mit den Kerzen entsprechen eher Religiösem als Profanem.
- Die Rituale der verschiedensten Grade bieten Hinweise auf biblische Ereignisse; insgesamt besteht eine ausgebaute Liturgie.
- Trotzdem kommt Nagy zur Ansicht, „dass die Maurerei keine Religion ist,“ denn es werden die drei Faktoren einer Religion nicht erfüllt:
  1. ein System von Dogmen über Gott;
  2. ein System moralischer Normen,
  3. ein organisierter Kult, „der die höchste Gewalt Gottes und die Abhängigkeit von ihm anerkennt.“[209]
- In der Freimaurerei gibt es keine Dogmen, keine Priester, zwar ein wohl definiertes Moralsystem und liturgische Praktiken, die aber keine übernatürliche, sondern erzieherische, psychologische Kraft haben.
- Die Anerkennung der höchsten Gewalt Gottes und die Abhängigkeit von ihm erfolgt nicht. Sehr wohl aber wird – lt. Nagy, der in Argentinien den 33. Grad des Schottischen Ritus beschreibt – Gott geehrt: „Gott, erhabener Baumeister aller Welten, den wir glühend verehren … dessen Ruhm wir unsere Arbeit widmen.“[210]

In seinem offenen Brief an Paul VI. gegen Ende seines Werkes versucht Nagy eine Brücke zwischen Kirche und Freimaurerei zu schlagen, wobei er in seinem Offenen Brief an Papst Paul VI. bittet, „die mit der Freimaurerei zusammenhängenden Fragen von Grund auf zu prüfen. Wie könnte Eure Heiligkeit die Pforten des Vaterhauses vor so vielen rechtschaffenen und von Sehnsucht nach Frieden erfüllten Söhnen verschließen? …, und die Welt wird schöner und sauberer sein mit einem Hass weniger.“[211]

„OFFENER BRIEF AN SEINE HEILIGKEIT PAUL VI.[212]

Heiliger Vater!

Mit tiefer Ehrfurcht komme ich zu Eurer Heiligkeit, um eine Bitte zu unterbreiten, die ich Jahre hindurch erwogen habe. Gott ist mein Zeuge, daß der Beweggrund, der mich zu dieser Handlung bestimmt, die lauterste aller Absichten ist, ja daß die vollkommene Überzeugung von der Wahrheit mich zu diesem Schritt treibt. Ich kenne die katholischen Dogmen gut und habe im Besitz dieser Vorbereitung eine Möglichkeit gefunden, mittels eigener Erfahrungen Kenntnisse über das Wesen der Freimaurerei und all ihre Einzelheiten zu erlangen. Wenn ich versichere, daß die Maurerei kein Geheimnis vor mir hat, behaupte ich dies nicht auf Grund von Büchern, die unverantwortlich sein können, sondern auf der Basis einer rund zwei Jahrzehnte währenden Ausübung des freimaurerischen Lebens; und dieses Dasein habe ich mit der wachen und kritischen Aufmerksamkeit des Jesuiten geführt.

In das vorliegende Werk Jesuiten und Freimaurer verarbeitete ich die Erfahrungen eines ganzen Lebens; ich lege es nun mit Ehrfurcht und Vertrauen Eurer Heiligkeit vor. Der wirkliche Wert dieses Buches besteht in seiner gänzlichen Aufrichtigkeit, die einer echten inneren Überzeugung entsprungen ist und jede seiner Zeilen erfüllt. Das rückhaltlose Streben nach dem Frieden unter den Menschen, in dem die Kirche mit leuchtendem Beispiel vorangeht, zeigte mir die große Möglichkeit zur Beendigung eines Hasses und säkularer Kämpfe. Diese wäre ein bedeutsamer Schritt in der Verwirklichung des universellen Friedens.

Zwei Jahrhunderte sind verstrichen, seit der Kampf zwischen der Kirche und der Maurerei begann und einen Haß mehr in diese bereits in ein Schlachtfeld verwandelte Erde setzte. Und der ursprüngliche geistige Kampf wurde bald durch beklagenswerte Verfolgungen auf rechtlichem und gesetzlichem Gebiet abgelöst.

Keine der Parteien wollte hinter der andern zurückstehen, und beide füllten unzählige Bände mit ihren Anklagen. Die Maurerei wurde von der Kirche wiederholt verurteilt, aber ich kann, auf der Basis eigener Erfahrungen, versichern, daß diese Verurteilungen heute absolut unbegründet sind. Die Freimaurerei ist kein Geheimbund mehr, da sie alle ihre Riten veröffentlicht hat; überdies würde sie kein Staat als solchen dulden: Ihre juridische Person ist der Kontrolle der Regierung und Polizei unterworfen. Die reguläre Maurerei beruht auf dem Glauben an Gott; sie fordert ihn von ihren Mitgliedern, und da sie selbst keine wie immer geartete Religion darstellt, gestattet sie ihren Angehörigen die freie Ausübung jeglichen Bekenntnisses; nur den Katholiken unter ihnen ist die integrale Ausübung der Religion von der Kirche selbst verboten, welche sie exkommuniziert. Die „Pacem in terris" hat eine religiöse Toleranz verkündet, die vollkommen der Freimaurerei entspricht, denn diese geht nicht weiter als jene Pfarren, in denen gemeinsam mit anderen Kirchen das gleiche Gotteshaus verwendet wird.

Wir sind an einem Punkt angelangt, an dem es keine Grundlage mehr für die Exkommunikation gibt außer der Erinnerung an säkulare Kämpfe.

Einzig Schmähschriften vergiften immer noch die Seelen vieler. Die Maurerei steht der Kirche um nichts ferner als die vielen getrennten Sekten des Christentums. Es ist also zu hoffen, daß alle mit dem gleichen Maß gemessen werden.

Die Tendenz der Freimaurerei, sich mit der Kirche zu verständigen, macht sich bereits seit einigen Jahrzehnten bemerkbar. Es wurden bereits konkrete Schritte unternommen, und das Interesse daran wächst ständig. Ich selbst kann bezeugen, daß die breiten Massen der Freimaurer den Wunsch nach einem Friedensschluß hegen. Tausende untadeliger Freimaurer leben in einem ständigen Gewissenskonflikt, leiden unter einem Anathema, dessen Berechtigung sie in Anbetracht ihrer makellosen Absichten nicht verstehen und das sogar bis in die Ehen Zwietracht sät. Wie viele redliche Katholiken sind derart von den Sakramenten ausgeschlossen! Wie viele Mitglieder stößt die Kirche von sich, die ebenso treu wären wie andere! Und all dies wegen einer Exkommunikation, deren Basis und Ursachen bereits der Vergangenheit angehören.

Heute, da die Kirche ihre alten Zwistigkeiten mit ihren getrennten Brüdern revidiert, ist die Zeit gekommen, die mit der Freimaurerei zusammenhängenden Fragen von Grund auf zu überprüfen. Die Regelung dieser Angelegenheit ist unstreitig einfacher als die Versöhnung mit den Sekten, und zugleich wäre sie äußerst produktiv, da sie einen guten Eindruck bei allen erwecken würde, die mit der Kirche für den ersehnten allgemeinen Frieden zusammenarbeiten. Vor allem würde sie auch eine Geste den protestantischen Brüdern gegenüber bedeuten, da ja bekannt ist, daß diese die Maurerei nicht nur nicht verurteilt haben, sondern daß sogar viele ihrer Pastoren und Würdenträger am Freimaurerleben teilnehmen und damit von ihrer Seite aus eine Kontrolle über die Moral und den Glauben der Maurerei ausüben. Die katholische Kirche verzichtete durch die Exkommunikation freiwillig auf einen solchen Einfluß, obwohl dieses Terrain die gleichen Möglichkeiten bietet wir irgendein beliebiges Missionsgebiet.

Wir bitten also Eure Heiligkeit, die sich vor der Welt als Apostel des Friedens erwiesen hat, den Traum von Millionen Seelen zu verwirklichen! Möge Eure Heiligkeit, die mit Liebe und weitestem Verständnis alle bisher Verurteilten als Brüder aufgenommen hat, dessen eingedenk sein, daß noch ein weiterer verstoßener Sohn auf den väterlichen Ruf wartet! Wie könnte Eure Heiligkeit die Pforten des Vaterhauses vor so vielen rechtschaffenen und von Sehnsucht nach Frieden erfüllten Söhnen verschließen?

Heute, da der Unglaube sich in furchterregender Schnelligkeit verbreitet, gilt es reiflich zu erwägen, ob jene der Stadt Gottes verwiesen bleiben sollen, die weiterhin glauben und den Glauben in einer Institution ausüben, welche ihn fordert. Dies sind die Angehörigen der großen Familie der klassischen Maurerei, die ihre Sitzungen mit der Bibel schmücken.

Es wird Freude im Himmel und auf Erden sein, wenn die Menschheit einen weiteren Schritt zum allgemeinen Frieden macht, dessen Verwirklichung so sehr von Eurer Heiligkeit abhängt; und die Welt wird schöner und sauberer sein mit einem Haß weniger.

In tiefer Ehrfurcht bitte ich um den Apostolischen Segen,
Eurer Heiligkeit in Christo treu ergebener

TÖHÖTÖM NAGY"

6 Die letzten Jahrzehnte des 20. Jahrhunderts

6.1 „Bittschriften“ der Grossmeister von Haiti (1962) und Österreich (1965)

Am 26.5.1962 richtete der Großmeister von Haiti an Papst Johannes XXIII. anlässlich des Beginns des Zweiten Vatikanischen Konzils ein Schreiben, in dem er darauf hinweist

- „daß wir niemals die Kirche bekämpft haben, daß wir niemals direkt oder indirekt die katholischen Glaubenslehren angegriffen und noch weniger versucht haben, die Autorität oder die Lehrgewalt der Kirche zu untergraben.
- Das Hindernis der Exkommunikation kann nach unserer bescheidener Meinung beseitigt werden …
- Gebe Gott, dass diese Bitte, die wir Eurer Heiligkeit voller Vertrauen vortragen, Eure hohe und väterliche Aufmerksamkeit finde …“[213]

Ein ähnliches Schreiben richtete am 10.11.1965 der österreichische Großmeister Carl Helmke an Franz Kardinal König:

> „… Ich habe daher die ehrenvolle Aufgabe, Ihnen, Eminenz, die Bitte aller österreichischen Freimaurer, insbesondere unserer Brüder des römisch-katholischen Glaubensbekenntnisses vorzutragen. Sie mögen Ihre prominente Position in der katholischen Kirche dazu benützen, um das Vorhaben Seiner Exzellenz, des Bischofs Mendex Arceo, zu fördern.“[214]

Lt. Helmke wollte Bischof Arceo die Aussöhnung zwischen katholischer Kirche und Freimaurerei fördern.

Baresch lehnt beide Schreiben ab, „weil es ausschließlich Sache der katholischen Kirche – jener Institution, dessen Hauptgebot die Nächstenliebe ist – gewesen wäre, ihre Fehleinschätzungen, ihre Fehlhaltungen, ja die fast 250 Jahre währende Bekämpfung und Diffamierung der Freimaurerei von sich aus aufzugeben.“[215]

Er meint, dass die Freimaurer keine „Bittsteller“ sein sollten, aber bei dem Abbau der Vorurteile der Kirche zur Verfügung stehen sollten.

Und für diesen Tag hat er sich vorbereitet, „für jenen Tag, an dem auch die Kirchenobrigkeit an unsere Pforte klopfen würde.“[216]

In diesen Jahren (1966) bemühten sich einige Bischofskonferenzen (Skandinavien, England, Wales) um eine Gesprächsbasis in ihren Ländern und meinten „jeder einzelne Bischof könne die Mitgliedschaft eines Katholiken in einer Loge gestatten.“[217]

1969 hielt der Historiker Rosario Esposito sogar mit Erlaubnis des Vatikans eine öffentliche Diskussion mit dem italienischen Großmeister Giordano Gamberini ab.[218]

6.2 Der Dialog zwischen Franz Kardinal König und dem deputierten Grossmeister Kurt Baresch (1968–1983)

6.2.1 Der Brief der Kongregation für die Glaubensdoktrin

Am 26.2.1968 sandte der Präfekt der Kongregation für die Glaubensdoktrin[219] (vormals Heiliges Officium) Kardinal Franjo Seper einen Fragenkatalog hinsichtlich der Freimaurerei an die Vorsitzenden der Bischofskonferenzen.[220])

Darin wird

- nach freimaurerischen Vereinigungen,
- nach den Beziehungen zur katholischen Kirche,
- nach den Statuten und deren Zielen,
- nach dem Denken über Gott, die Religion und die katholische Kirche,
- nach religiösen Indifferentismus und
- nach der Gepflogenheit im Bezug auf die Spendung der Sakramente gefragt.

Dieser Brief im vollen Wortlaut [221]:

Rom, 26.Februar 1968

Eure Eminenz!

Die Heilige Kongregation für die Glaubenslehre beabsichtigt Material zu sammeln über den Standpunkt verschiedener Vereinigungen, die unter dem Namen Freimaurer fallen, sei es über ihre Doktrin, sei es über die tatsächlichen Beziehungen zur katholischen Religion und Kirche. Zu diesem Zweck bitte ich Eure Eminenz mit Hilfe der wissenschaftlichen Kommission der Bischofskonferenz sowie anderer Fachmänner auf diesem Gebiet zu folgenden Fragen Stellung zu nehmen.

1. Welche und wie beschaffene freimaurerische Vereinigungen bestehen auf dem Boden dieser Bischofskonferenz?
2. Ob und welchen freimaurerischen Vereinigungen in anderen Nationen sind sie angeschlossen?
3. Wie beschaffen sind die Beziehungen dieser Vereinigung zur katholischen Kirche?
4. Besitzen diese Vereinigungen Statuten, die öffentlich bekannt sind, und welche Ziele verfolgen sie?
5. Üben sie eine andere Tätigkeit, die in den Statuten in keiner Weise vorgesehen ist, besonders eine geheime, aus?
6. Was denken sie über Gott, über die Religion, über die katholische Kirche?
7. Legen sie ihren Mitgliedern Geheimhaltung darüber auf, oder fordern sie besondere eidliche Verpflichtungen?
8. Wie verhalten sie sich in Wort und Tat gegen die katholische Kirche, ihre Hierarchie und ihre Einrichtungen?
9. Beschränken sie die Religionsfreiheit ihrer Mitglieder in irgend einer Weise oder begünstigen sie den religiösen Indifferentismus?
10. Wie viele Katholiken – wenigstens annähernd – gehören den einzelnen freimaurerischen Vereinigungen auf dem Boden der Bischofskonferenz an?
11. Wie ist die Einstellung der Gläubigen gegen die freimaurerischen Gesellschaften?
12. Wie hat sich die Heilige Hierarchie (= Episkopat) verhalten und wie verhält sie sich im Falle, daß sich ein Freimaurer zur Kirche bekehrt, und wie im Falle, daß ein Katholik einer freimaurerischen Vereinigung beigetreten ist; was ist insbesondere die Gepflogenheit im Bezug auf die Spendung der Sakramente?

Schließlich wolle Eure Eminenz hier nicht in Erwägung Gezogenes beifügen und auch ein zusammenfassendes Urteil der (Bischofs)Konferenz über den Fragenkomplex zum Ausdruck bringen.
Damit nicht schädliche Folgerungen oder Vermutungen entstehen, bitte ich, daß alle an der Antwort Beteiligten um die notwendige Diskretion gebeten werden, ferner, daß Du die Befragung so durchführen wollest, daß sie sorgfältig und ohne allzu großen Verzug geschehe.
Für die wohlwollende Zusammenarbeit mit dieser Heiligen Kongregation zum Besten der gesamten Kirche sage ich Dank und bringe meine aufrichtige Wertschätzung zum Ausdruck als der Deiner verehrungswürdigsten Eminenz ergebenster

Franciscus Card. Seper, Praef.

Kardinal König nahm als Vorsitzender der Österreichischen Bischofskonferenz mit der Großloge von Österreich Kontakt auf. Der damalige Großmeister Carl Helmke beauftragte daraufhin Dr. Kurt Baresch, Deputierter Großmeister sowie Psychologe und Psychotherapeut, mit der Wahrnehmung der Kontakte.[222]

Kardinal König kontaktierte Prof. Dr. Kurt Baresch und es kam zu einem ersten Gespräch am 23.3.1968.

Tief beeindruckt schreibt Baresch zu diesem Gespräch: „Es wird mir unvergesslich bleiben, daß ich schon nach wenigen Minuten dieses ersten Gesprächs die Erkenntnis bestätigt fand, wie sehr die katholische Kirche ihre Position zu überprüfen, ihre Auffassung uns gegenüber grundlegend zu revidieren habe und daß jede weitere Initiative ausschließlich von ihr ausgehen müsse. Das beeindruckte mich nachhaltig."[223]

In der Folge kam es zu vielen Gesprächen dieser zwei großen Männer, die sich in Humanismus und interreligiösem Gespräch trafen. Der bischöfliche Wahlspruch „Veritatem facientes in caritate" (Die Wahrheit in Liebe tun)[224] gilt sicherlich für beide, wie ich auch im persönlichen Gespräch mit Dr. Baresch feststellen konnte.

Die Antwort Kardinal Königs an Kardinal Seper war daher eher positiv:

3. „… kein Tatbestand einer offiziellen feindlichen Einstellung …
6. …, die Freimaurervereinigung in Österreich verlange – … – den Glauben an Gott und unternehme nichts gegen die Religion. Es wird jedem Mitglied überlassen, welcher Kirche er angehören wolle …
8. Bei uns wird in letzter Zeit von Freimaurern nichts in Wort und Tat gegen die Katholische Kirche etc. unternommen,…
11. Die Gläubigen meinen, diese Vereinigung sei antikatholisch“[225]

Die Antworten anderer europäischen Bischofskonferenzen waren ähnlich, eine Revision der Haltung der Kirche zur Freimaurerei sollte diskutiert werden, manchmal wurde auch eine Aufhebung der Exkommunikation befürwortet. Es war aber auch zu erkennen, dass der niedere Klerus eine eher negative Einstellung zur Freimaurerei hatte.[226]

Kardinal Königs Antwortbrief[227]:

Wien, 20.5.1968

Eure Eminenz!

Bei Beantwortung des Schreibens der Heligen Kongregation für die Glaubenslehre vom 26.Feb.1968, Prot.N 272/44, möge es mir gestattet sein, folgendes zu berichten:
1. Nach den Informationen eines Freimaurers in Österreich bestehen hier 24 Logen.
2. Diese Vereinigungen in Österreich sind in Verbindung mit London, nicht aber „Paris“.
3. Es bestanden keine Beziehungen, aber auch kein Tatbestand einer offiziellen feindlichen Einstellung. Nach dem 2. Weltkrieg suchten einige Mitglieder der „Johannislogen“ ein Gespräch mit der Katholischen Kirche. Wenigstens einmal kam es zu einer Aussprache mit meinem Vorgänger Kard. Innitzer. Doch seither hat sich nichts geändert.
4. Soweit ich weiß, gibt es keine öffentlich bekannten Statuten. Sie passen sich aber den staatlichen Vorschriften an und entsprechen diesen Bedingungen.

5. Sie üben bei uns keine öffentlich bekannte Tätigkeit aus. In dem Gespräch mit dem im 1. Punkt erwähnten Mitglied wurde mir feierlich erklärt, es werde in unserem Territorium keine Aktivität ausgeübt, die nicht in den Satzungen etc. vorgesehen ist.
6. Mein Gewährsmann erklärte mir ausdrücklich, die Freimaurervereinigung in Österreich verlange – da sie mit der „Mutter" in London in Zusammenhang stehe – den Glauben an Gott und unternehme nichts gegen die Religion. Es wird jedem Mitglied überlassen, welcher Kirche er angehören wolle. Es sei in jeder Loge verboten, über religiöse Inhalte Diskussionen zu führen.
7. Soweit ich weiß, ist von allen Mitgliedern der Logen Geheimhaltung zu wahren. Von einem speziellen Eid ist mir nichts bekannt.
8. Bei uns wird in letzter Zeit von Freimaurern nichts in Wort und Tat gegen die Katholische Kirche etc. unternommen; wenigstens soweit dies öffentlich bekannt ist.
9. Vgl., was unter 6. gesagt wurde.
10. Es wurde nicht mit Sicherheit in Erfahrung gebracht. Es gehört zu dem Geheimgehaltenem des Bundes. Deshalb vermag ich auch nicht annähernd eine Zahl anzugeben.
11. Die Gläubigen meinen, diese Vereinigung sei antikatholisch.
12. Soweit ich weiß, und ebenso denken die anderen Bischöfe, die bei der Bischofskonferenz gefragt wurden: nach dem Zeugnis der Erfahrung ist kein Fall bekanntgeworden, daß ein Freimaurer sich öffentlich zur Katholischen Kirche bekehrt hätte, wenn auch in der Fastenordnung, die vom Bischof in jedem Jahr veröffentlicht wird, die Versagung des öffentlichen Begräbnisses immer wieder bekanntgegeben wird. Mir scheint es, ein solches Gebot wird praktisch „ignoriert", oder es wird angenommen, daß es schweigend geändert wurde.

Da ich dies mitteile, bringe ich meine tiefste Wertschätzung zum Ausdruck und bekenne mich als Deiner Eminenz ergebenster

Franco Card. König.

Baresch fasst die überwiegend positiven Ergebnisse präzise zusammen:

1. „Den Dialog klug, vorsichtig zu führen und zu fördern,
2. auf eine teilweise oder totale Abschaffung der Exkommunizierung im neuen Codex hinzuarbeiten,
3. entsprechende Anweisungen – mit einem Mindestmaß an Einheitlichkeit – an die Episkopatskonferenzen durch das Heilige Offizium, jetzt Glaubenskongregation, zu geben,
4. bezüglich der Gefahr des angenommenen freimaurerischen Deismus und Indifferentismus und der besonders in Frankreich und Italien immer wieder auftretenden, oft massiven freimaurerischen Reaktionen auf die ‚klerikalen Intoleranzen' Vorsicht walten zu lassen,
5. diese Frage unter Umständen an die Bischofskonferenzen zu delegieren. ... Überwiegend hatten die Kardinäle und Bischöfe zur Freimaurerei eine andere, eine neue, objektivere und positivere Einstellung erarbeitet und gefunden."[228]

König und Baresch führten einige informative, von gegenseitigem Respekt geprägte Gespräche.

Im Detail weiter behandelt wurde dann die gesamte Frage durch eine Kommission aus Vertretern der österreichischen, deutschen und österreichischen Freimaurern bzw. kirchlichen Würdenträgern.

Auch für Italien sind derartige Gespräche dokumentiert. Seitens des italienischen Großmeisters existiert ein Brief an Baresch, in dem er erfreut von einer Änderung der Haltung der katholischen Kirche spricht.

Die Vereinigte Großloge von London wurde 1970 ebenfalls seitens der deutschen Freimaurer informiert.[229]

6.2.2 Die Kommission bis zur Lichtenauer Erklärung

Für die weiteren Gespräche mit Kardinal König wurde Vertraulichkeit vereinbart.

Da aber auch seitens der deutschen Freimaurer in Deutschland Gespräche begonnen worden waren, wurde – nach Diskussionen über Schnelligkeit und Abwicklung des Dialogs – eine österreichisch-deutsch-schweizerische Kommission beschlossen.

Sie sollte dazu dienen:

> „A. … Missverständnisse feststellen, Unrichtigkeiten beseitigen und der größeren Wahrheit dienen …
> B. …, dass hüben und drüben die Aggressionen abgebaut werden und der Dialog so ungestört wie möglich fortgeführt werden kann …“[230]

Innsbruck, Augsburg, Einsiedeln und letztlich Lichtenau waren die wesentlichen Orte der Gespräche.

Kardinal König fasst in seinem Brief vom 4.4.1970 an Baresch zusammen: „…, daß damit seinerseits [Kardinal Seper] die Absicht verbunden war, die Einstellung der katholischen Kirche diesbezüglich eventuell einer Revision zu unterziehen …“[231]

Er meint darin auch, dass eine eventuelle Erklärung der katholischen Kirche den freimaurerischen Gesprächspartnern privat zur Stellungsnahme übermittelt werden sollte.

Der Brief Kardinal Königs vom 4.4.1970 [232]:

DER ERZBISCHOF VON WIEN

Wien, am 4. April 1970

Sehr verehrter Herr Dr. Baresch!

Auf Grund unseres heutigen Gespräches, dh. 4. April 1970, möchte ich einerseits zur Klarstellung, andererseits als Rekapitulation früherer Gespräche folgendes festhalten:

1. Ein Brief des Kardinal Šeper, Rom (officium) war für mich ein Anlass Sie, Herr Doktor, zu bitten mir authentische Informationen über die Freimaurerei im deutschsprachigen bezw. im österreichischen Raume zu geben. Der Rundbrief des Kardinal Šepers hatte nämlich die Absicht, die Meinung der Bischofskonferenz zu erkunden, um zu erfahren, wie man heute die Tätigkeit der Freimaurer beurteile. Von ihm persönlich weiss ich, dass damit seinerseits die Absicht verbunden war, die Einstellung der kath. Kirche diesbezüglich ev. einer Revision zu unterziehen. - Aus diesem Grunde kam es also über mein Ersuchen zum 1. Gespräch am 21. März 1968 in meinem Hause. Diese Gespräch sollte einen rein privaten Charakter tragen und ausschliesslich meiner persönlichen Information dienen, um meine Antwort an Kardinal Šeper entsprechend abfassen zu können.

2. Auf Grund weiterer Gespräche habe ich eine kleine theologische Kommission angeregt, bestehend aus den Herren Wodka, Schwarzbauer, Vorgrimler und de Toth, die sich mit einigen Ihrer Freunde aus dem deutschen Sprachgebiet zu einer Arbeitsbesprechung treffen sollten.

-2-

DER ERZBISCHOF VON WIEN

Diese Begegnung fand statt in Einsiedeln/Schweiz im Sommer 1969.

Vorausgegangen sind ähnliche Gespräche in Innsbruck und Augsburg.

3. Schliesslich möchte ich noch schriftlich festhalten, dass ich privat der Meinung bin - ich hatte noch keine Gelegenheit mit der zuständigen römischen Stelle zu sprechen - , im Falle einer Erklärung seitens der kath. Kirche in der Sache, sollte ein vorbereiteter Text Ihnen oder Ihren Freunden privat zur Kenntnis gebracht werden zur Stellungnahme, bevor ein solcher Text Rechtskraft erhält.

Damit verbleibe ich mit dem Ausdruck steter Wertschätzung

Ihr

+ F. Kard. König

PS. Mit diesem Schreiben will ich gleichzeitig noch einmal bestätigen, dass ich gerne bereit bin am 5. Juli zu einem Gespräch mit Ihrem erweiterten Freundeskreis nach Linz zu kommen.

K

Und knapp davor berichtet der Kardinal eher positiv über sein Gespräch mit Papst Paul VI.:

> „3. Er betonte schließlich nachdrücklich, dass kein Hindernis bestehe, daß die Frage nochmals offiziell in Angriff genommen werde …
> 4. Papst Paul VI. hat zu verstehen gegeben, dass im neuen Codex luris Canonici jener in Frage stehende Kanon eine andere Formulierung finden werde und dass also von dieser Seite her jene Reibungsfläche zum Verschwinden gebracht werden wird.“[233]

Papst Paul VI. regt dann noch „in irgend einer Form eine Erklärung“ der Freimaurer als Begründung für „neue Lösungsversuche“ an, die dann durch Kardinal König in der Richtung angedacht wurde,. „… daß überhaupt im Bezug auf das Verständnis und die Tätigkeit der Freimaurerei diese oder jene Grundsätze zu beachten seien.“[234]

Der Brief des Kardinals vom 7.1.1970 [235]:

DER ERZBISCHOF VON WIEN

Wien, am 7. Jänner 197o

Verehrter Herr Doktor!

In der Beilage sende ich Ihnen das Heft der "Alpina", das Sie mir damals zur Information übergeben hatten, zurück. Ich danke sehr herzlich.

Gleichzeitig möchte ich mich entschuldigen, daß ich mich mit meinem Bericht über den Rombesuch und die dort stattgefundene Aussprache so spät melde. Der Drang der Geschäfte in der vorweihnachtlichen Zeit ist der Grund, warum ich mich wegen dieser Verspätung zu entschuldigen habe.

Ich habe also am 1. Dezember ausführlich mit Papst Paul VI über das bekannte Anliegen gesprochen und das Resumé dieser Aussprache läßt sich kurz in folgender Weise zusammenfassen:

1. Das Thema sei in den vergangenen Jahrzehnten, seitdem Papst Paul im Staatssekretariat gearbeitet hat, einige Male aufgegriffen, wegen verschiedener Schwierigkeiten aber wieder beiseite gelegt worden. Der Grund hiefür sei seiner Meinung nach der, daß in den verschiedenen Teilen der Welt die Freimaurer verschieden beurteilt wurden und anscheinend auch verschiedene praktische Vorgangsweisen an den Tag legen. Auch die Urteile der Bischöfe seien in den verschiedenen Ländern (Südamerika, Asien) verschieden und die seinerzeit eingeholten Reaktionen haben sich in der letzten Zeit viel mehr auf einen gemeinsamen Nenner bringen lassen, als dies früher der Fall war.
2. Papst Paul begrüßt sehr, daß geschichtliche Untersuchungen in Angriff genommen werden, um die Gegenwart und Vergangenheit in ihrer kultur- und geistesgeschichtlichen Differenziertheit auseinanderzuhalten. Es ließe sich auf diese Weise wohl auch klären, daß der seinerzeitige Antiklerikalismus nicht mehr mit der Bewegung an sich in Verbindung gebracht werden kann. Außerdem müßte man wohl die englische und die französische Richtung auseinanderhalten.

Herrn
Dr. Kurt Baresch
Bürgerstraße 1/I
4o2o L i n z

3. Er betonte schließlich nachdrücklich, daß kein Hindernis bestehe, daß die Frage nochmals offiziell neu in Angriff genommen werde. Er habe die Absicht, mit Kardinal Seper darüber zu sprechen und ich habe Kardinal Seper in einem Brief ersucht, daß er von sich aus in der Sache initiativ werde.

4. Papst Paul hat zu verstehen gegeben, daß im neuen Codex Iuris Canonici jener in Frage stehende Kanon eine andere Formulierung finden werde und daß also von dieser Seite her jene Reibungsfläche zum Verschwinden gebracht werden wird.

5. Papst Paul hat außerdem zu verstehen gegeben, daß er sehr glücklich wäre, wenn von seiten der Freimaurer, wenigstens der englischen Richtung, in irgend einer Form eine Erklärung veröffentlicht würde, auf die man heute Bezug nehmen kann, um zu begründen, warum die Sache neu untersucht würde und wie sich auf dieser Basis oder auf Grund einer solchen Erklärung neue Lösungsversuche abzeichnen. - Ich verstehe, daß dies von Ihrer Seite nicht ganz leicht ist. Ich könnte mir aber vorstellen, daß offiziell dabei nicht das Verhältnis der katholischen Kirche behandelt werden müßte, sondern daß überhaupt in bezug auf das Verständnis und auf die Tätigkeit der Freimaurerei diese oder jene Grundsätze zu beachten seien. - Er hat mir gegenüber schließlich besonders unterstrichen, daß eine solche Äußerung ein sehr wertvoller und willkommener Anknüpfungspunkt für das weitere Vorgehen von kirchlicher Seite darstellen könnte.

6. Mit Kardinal Seper habe ich selbst über eine von ihm aus zu bildende inoffizielle oder offizielle Kommission bereits gesprochen. Papst Paul wird aber selber noch in einem Gespräch mit Kardinal Seper auf diese Kommission zu sprechen kommen. Ich habe gleichzeitig von diesem Brief an Sie einen Durchschlag an Kardinal Seper gesandt

und ihn selber formell ersucht, Vorschläge für eine solche Kommission machen zu wollen. Der Papst hat von sich aus auf den französischen Jesuitenpater Riquet hingewiesen, der beispielsweise für den französischen Sprachbereich ein geeignetes Mitglied einer solchen Kommission sein könnte.

Dies ist eine kurze Zusammenfassung jenes Gespräches. Ich werde sicher später noch Gelegenheit haben, mündlich das eine oder andere mit Ihnen zu klären.

Indem ich die Gelegenheit benütze, um Ihnen ein gesegnetes und glückliches Neujahr zu wünschen, bin ich

stets Ihr

+ F. Kard. König

Vom 3. bis 5.7.1970 trafen sich die Teilnehmer (siehe Unterzeichner der Lichtenauer Erklärung) der Kommission in Lichtenau und übergaben am 5.7.1970 – nach neuerlicher, ausführlicher Diskussion – die (so genannte) „Lichtenauer Erklärung" an Kardinal König.

Laut einer Mitschrift von Prof. Dr. Vorgrimler wollte der Kardinal das Papier bereits in den nächsten Tagen dem Papst und Kardinal Seper vertraulich referieren bzw. zeigen. „Er werde versuchen und sei sich mit Papst und Seper einig, dass der Exkommunikations-Canon in dem neuen Codex Iuris Canonici nicht mehr aufgenommen werde. … Vorerst keine Publizität in den Zeitungen. … Ebenso empfehle er Zurückhaltung gegenüber Information der Deutschen Bischofskonferenz …,"[236]

Insgesamt schienen sich positive Beschlüsse abzuzeichnen.

Baresch bezeichnet die Erklärung als „Darstellung der gültigen freimaurerischen Prinzipien, die eindeutig zeigen sollte, dass die Freimaurerei weder religiöse noch antireligiöse Ambitionen verfolge und einzig den Idealen der Humanität, der Toleranz und der allgemeinen Menschenliebe zugewandt sei."[237]

6.3 Die Lichtenauer Erklärung (1970)

6.3.1 Gespräche rund um die entstehende Erklärung

Baresch bezeichnet die Lichtenauer Erklärung vom 5.7.1970 als Höhepunkt, aber auch als Wendepunkt des Dialogs der Kirche mit der Freimaurerei.

Höhepunkt, weil die allerhöchste Kirchenführung für die Freimaurer-Frage kompetent wurde. Wendepunkt, weil es durch ungeduldige Initiativen seitens der deutschen freimaurerischen Dialogpartner zu unerwarteten Beschlüssen der Deutschen Bischofskonferenz kam.

So berichtet er auch dem Großmeister und anderen Großbeamten am 31.7.1970 über die geführten Gespräche, aber auch die Probleme mit dem deutschen Altgroßmeister Vogel.

Interessant ist, dass er erst dem neuen Großmeister Scheiderbauer über seine Gespräche mit Kardinal König informierte.[238] Als Grund nannte er die Kardinal König versprochene Diskretion.

Im persönlichen Interview sagte er mir, Scheiderbauer hätte nur gesagt: „Mach weiter so, Details sind uninteressant, dem Großbeamtenrat wird erst ein Ergebnis berichtet."[239]

Der Bericht wurde zur Kenntnis genommen, seitens des Großmeisters wurde jedoch die Einbindung der österreichischen freimaurerischen Kette, also der Stuhlmeister[240] der Logen, angeregt.

In den Protokollen des Großbeamtenrates vom 20.6.1970 (und später) sowie vom 25.9.1970 (mit den Stuhlmeistern) habe ich jedoch keine diesbezüglichen Berichte gefunden.

Im Gegensatz zu Deutschland gab es in Österreich daher keine Beschlüsse der Bundeshauptversammlung oder der Stuhlmeister-Konferenz. Es gab aber auch keine Diskussion mit der österreichischen Bischofskonferenz.

Wie weiter zu sehen sein wird, war die grenzübergreifende Diskussion ohnehin vorbei. Die deutschen Freimaurer gingen ihren Weg mit der Deutschen Bischofskonferenz, das für die Freimaurer negative Ergebnis wird später darzustellen sein.

Baresch blieb bei seinem Dialog mit Kardinal König. Vermutlich erreichte er damit keine offiziellen Beschlüsse, aber eine beachtliche Veränderung des Codex Iuris Canonici.

Aktnotiz bei den Protokollen 1970 des GBR der GLvÖ, diverse Namen gelöscht [241]

1970

Am Donnerstag, den 31. Juli fand in Wien 1., Dorotheergasse auf Wunsch des Dep. GM Baresch eine Besprechung statt, bei welcher Br. Scheiderbauer, und Baresch anwesend waren.

Br. Baresch teilte mit, daß auf Wunsch des Wiener Kardinals Dr. König vor nunmehr mehr als einem Jahre zwischen dem Kardinal und ihm eine Besprechung stattgefunden habe, in welcher Fragen die FM betreffend zwecks möglicher Verbesserung des Verhältnisses zwischen FM und kath. Kirche gestellt und beantwortet worden seien. Von diesem Gespräche sei dem damaligen GM nicht Mitteilung gemacht worden.

Der gegenwärtige GM sei von Br. Baresch von dem stattgefundenen Gespräch am 19. Dez. 1968 mit der Bitte um Diskretion informiert worden, dies unter dem Hinweis auf ein Versprechen gegenüber Dr. König.

Weitere Besprechungen hätten im Jahre 1968 und 1969 in Innsbruck, Würzburg und Einsiedeln stattgefunden, an welchen neben Br. Baresch auch Br. Cap aus Innsbruck, sowie der deutsche AGM Vogel, drei deutsche Brüder (Appel, Hoede und Walter), der italienische GM Gamberini, sowie ein Vertreter der GL Alpina teilgenommen hätten. Von seiten der katholischen Kirche sei ein gewisser Monsg. Toth delegiert gewesen. Ursprünglich der Meinung, es sei nur ein Gespräch geplant und man solle daran nicht teilnehmen, war der GM dann unter dem Vorhalt einverstanden, man könne so schlimmeres verhindern, da vor allem von seiten des deutschen AGM kräftige Anbiederungsversuche an den Kardinal zu bemerken seien.-

Bei der letzten Besprechung in Einsiedeln in der Schweiz sei es deshalb auch zu einer Auseinandersetzung zwischen dem AGM Vogel und Br. Baresch gekommen.

Br. Baresch stellte dann die Frage, ob man im nachhinein mit seiner Vorgangsweise einverstanden sei und ob er an weiteren Gesprächen teilnehmen solle.
Der GM vertritt die Ansicht, daß dies nur der Fall sein solle, wenn die Mehrheit der öst. Kette dies wünsche. Um dies festzustellen werde bei der ersten STM Konferenz im Herbst die Frage aufgeworfen werden um in den Bauhütten diskutiert zu werden. Die katholische Kirche sei nur eine unter anderen Konfessionen, wenn auch die einzige, mit der Differenzen bestünden. Daraus könne bestenfalls Indifferenz gegenüber der katholischen Konfession abgeleitet werden, sicher kein Vorzug gegenüber anderen Konfessionen, denen Br. der österreichischen Kette angehören. Ebenso stehe die Frage der maurerischen Einheit im Vordergrund, dies umso mehr, weil von seiten der katholischen Kirche die Frage der Regularität ins Spiel gebracht werde. Diese Frage könne niemals von einer Stelle außerhalb der Weltenkette entschieden werden. Br. meint, Br. Baresch solle sich aus der Gesprächsgruppe zurückziehen und an keinen Gesprächen mehr teilnehmen, bevor nicht eine Klärung erfolgt sei. Dieser Vorschlag wird einhellig angenommen und Br. Baresch erklärt, an keinen Gesprächen mehr teilnehmen zu wollen und dies auch dem deutschen AGM Vogel mitzuteilen.

Scheiderbauer
Baresch

6.3.2 Konkrete Punkte

Der gesamte Wortlaut der Lichtenauer Erklärung ist im Anhang abgedruckt. Einige wenige, wichtige Passagen seien hier zitiert:[242]

> „In Ehrfurcht vor dem Großen Baumeister des Universums erklären wir:
> - Die Freimaurer haben keine gemeinsame Gottesvorstellung. Denn die Freimaurerei ist keine Religion und lehrt keine Religion.
> - Freimaurerei verlangt dogmenlos eine ethische Lebenshaltung und erzieht dazu durch Symbole und Rituale.
> - Die Freimaurer arbeiten brüderlich gebunden in ihren selbständigen Bauhütten (Logen) unter souveränen Großlogen im Glauben an die Bruderkette, die die Erde umspannt.
> - Die Freimaurer huldigen dem Grundsatz der Gewissens-, Glaubens- und Geistesfreiheit und verwerfen jeden Zwang, der diese Freiheit bedroht. Sie achten jedes aufrichtige Bekenntnis und jede ehrliche Überzeugung. Sie verwerfen jegliche Diskriminierung Andersdenkender.
> - Die Gesetze der Großlogen der Welt untersagen den Logen die Einmischung in politische und konfessionelle Streitfragen.
>
> II.
>
> Wir bekennen, daß auch auf Seiten der Freimaurer Fehler gemacht worden sind. Die Schuld einzelner oder von Gruppen darf aber nicht der Gesamtheit angelastet werden. Darum erwarten wir, dass die Vorurteile vergangener Jahrhunderte und deren teils schreckliche Auswirkungen nur noch der Historie angehören.
>
> IV.
>
> Der heutige Mensch erfährt seine Situation als Zerrissenheit, als Selbstzerstörung und Sinnlosigkeit. Aus dieser Erfahrung erhebt sich die Frage nach einer Wirklichkeit, in der die Selbstentfremdung seiner Existenz überwunden wird, also nach einer Wirklichkeit der Toleranz, der Versöhnung und der neuen Hoffnung. Die Krise, in der sich die menschliche Gesellschaft heute befindet,

trägt einen radikalen Charakter, sie erfaßt alles. Die Menschheit, die aus dieser Krise hervorgehen wird, wird darum eine neue und andere Menschheit sein, die an der Gottesfrage nicht vorbeigehen kann. Das gilt ebenso für die Freimaurerei, auch wenn sie keine Religion ist. Dennoch fordert sie das sittliche Verantwortungsbewußtsein, das sie von ihren Mitgliedern verlangt, in Ehrfurcht vor dem Großen Baumeister des Universums.

VII.

Wie viel mehr als bei den Nichtglaubenden ist aber Ursache zu einem Gespräch und Hoffnung auf ein gutes Ende bei denen, die sich im Jahre 1723 die noch heute gültige, zeitlose Grundlage der ALTEN PFLICHTEN gegeben haben:

- ‚Der Maurer ist als Maurer verpflichtet, dem Sittengesetz zu gehorchen, und wenn er die Kunst recht versteht, wird er weder ein engstirniger Gottesleugner noch ein bindungsloser Freigeist sein. In alten Zeiten waren die Maurer in jedem Land zwar verpflichtet, der Religion anzugehören, die in ihrem Lande oder Volke galt; heute jedoch hält man es für ratsamer, sie nur zu der Religion zu verpflichten, in der alle Menschen übereinstimmen, und jedem seine Überzeugungen selbst zu überlassen. Sie sollen also gute und redliche Männer sein, von Ehre und Anstand, ohne Rücksicht auf ihr Bekenntnis oder darauf, welche Überzeugungen sie sonst vertreten mögen. So wird die Freimaurerei zu einer Stätte der Einigung und zu einem Mittel wahre Freundschaft unter Menschen zu stiften, die einander sonst ständig fremd geblieben waren.‘

VIII.

Es ist für die von der Katholischen Kirche ‚getrennten Brüder‘ – die Freimaurer – daher unbegreiflich, dass die Gesetze der Kirche sie verurteilen, während die Gesetze der Großlogen jedem Katholiken gestatten, Mitglied einer Freimaurerloge zu werden, ohne daß seinem Glauben und seinem Bekenntnis ein Schade oder ein Schimpf geschieht und geschehen darf.

IX.

Wir sind der Auffassung, dass die päpstlichen Bullen, die sich mit der Freimaurerei befassen, nur noch eine geschichtliche Bedeutung haben und nicht mehr in unserer Zeit stehen. Wir meinen dies auch von den Verurteilungen des Kirchenrechtes, weil sie sich nach dem Vorhergesagten gegenüber der Freimaurerei einfach nicht rechtfertigen lassen von einer Kirche, die nach Gottes Gebot lehrt, den Bruder zu lieben."

Es geht also um ein grundsätzliches Ja zum Dialog, um nur mehr geschichtliche Bedeutung der päpstlichen Bullen, aber auch um Fehler beider Seiten, um klare Feststellung, dass Freimaurerei keine Religion ist, um den Religionsbegriff der Alten Pflichten und die Verurteilung des Kirchenrechtes durch eine Kirche, die die Liebe lehrt.

Im Gedächtnisprotokoll über die Sitzungen in Lichtenau wird insbesondere auf den Entwurf Rolf Appels und die freimaurerischen Diskussionen hingewiesen. Die Gespräche Kardinal König-Baresch sind mit keinem Satz erwähnt.

Das wesentlichste Ergebnis:

„... Kardinal König nimmt die Erklärung mit Dank entgegen, ... Er wiederholt dabei, daß ihm an höchster Stelle zu verstehen gegeben worden sei, ..., daß im Canon der Kirche die Verdammung der Freimaurerei nicht mehr enthalten sein werde ..."[243]

6.3.3 Hoffnung auf den neuen Codex Iuris Canonici

Verschiedene Anzeichen und Briefe deuteten auf eine positive Behandlung der Freimaurer-Frage hin.

Relativ detailliert ist dann das Schreiben Kardinal Königs vom 13.1.1972:[244]

„1. Im neuen CIC wird der Canon 2335 nicht mehr aufscheinen. Das ist bereits feststehende Tatsache. Es wird nur ein allgemeiner Passus aufgenommen werden, der etwa lautet: Es ist Katholiken nicht gestattet, einer Vereinigung anzugehören, die grundsätzlich die katholische Kirche bekämpft und auf ihre Zerstörung hinarbeitet. Dies ist ohne Bezug auf can. 2335."[245]

Er schreibt dann weiter von einer ausführlichen Dokumentation der Kongregation für die Glaubenslehre, die sich offiziell mit der Frage der

Freimaurer befasst habe. In dieser genannten Sitzung wurde beschlossen, die beabsichtigte Revision „in einer geeigneten Form" zu veröffentlichen.

Er erwähnt aber auch sehr deutlich: „Die Auflösung der auf seiten der katholischen Kirche bestehenden Vorurteile wird in überlegten langsamen Schritten vor sich gehen."[246]

DER ERZBISCHOF VON WIEN

Wien, am 13. Jänner 1972

Sehr geehrter Herr Doktor!

Bezugnehmend auf ein vorausgegangenes Gespräch kann ich Ihnen folgendes mitteilen:

1. Im neuen CIC wird der Canon 2335 nicht mehr aufscheinen. Das ist bereits feststehende Tatsache. Es wird nur ein allgemeiner Passus aufgenommen werden, der etwa lautet: Es ist Katholiken nicht gestattet, einer Vereinigung anzugehören, die grundsätzlich die katholische Kirche bekämpft und auf ihre Zerstörung hinarbeitet. Dies ohne Bezug auf can 2335.

2. Im vorigen Herbst hat das Offizium oder die Kongregation für die Glaubenslehre sich offiziell mit der Frage der Freimaurer befaßt und eine umfangreiche Dokumentation für die Sitzung, an der ich selbst teilgenommen habe, vorbereitet. Über diese der Sitzung vorliegende Dokumentation können Sie, Herr Doktor, am besten Auskunft geben.

3. Bei jener Versammlung im Offizium wurde beschlossen in einer geeigneten Form eine Aufklärung in die Wege zu leiten wegen der beabsichtigten Revision aller mit can 2335 zusammenhängenden Fragen, sei es durch eine offizielle Antwort auf eine diesbezügliche Anfrage an die Glaubenskongregation, sei es durch Veröffentlichungen von entsprechenden Artikeln. Die Auflösung der auf seiten der katholischen Kirche bestehenden Vorurteile wird in überlegten langsamen Schritten vor sich gehen. Dies wurde auch auf der letzten Sitzung der Glaubenskongregation im Novembe[r] 1971 unterstrichen.

Herrn
Dr. Kurt Baresch

Bürgerstr. 1/I
4010 Linz

4. Als persönliche Empfehlung füge ich an: Es tauchen leider gelegentlich Mißstimmung schaffende Aufsätze von verschiedenen und nicht kompetenten Personen auf, die vorgeben, den katholischen Standpunkt zu vertreten. Ich schlage vor, daß solche bedauerlichen Vorfälle durch einen geeigneten Kontakt besprochen werden. Ich selber bin immer bereit, mit Ihnen, Herr Doktor, Verbindung aufzunehmen, um in solchen Fällen zu überlegen, wie man den Sachverhalt am besten bereinigen kann.

Herzlich grüßt

+ F. Kard. König

In den Jahren davor, insbesondere 1970 und 1971 gab es Gespräche in verschiedenen deutschen freimaurerischen Gremien, insbesonders kam es zu persönlichen Divergenzen zwischen den Altgroßmeistern Österreichs und Deutschlands, Baresch bzw. Vogel.

Vor allem die Art und Zielsetzung – z. B. Beurteilung durch die Bischofskonferenzen – war unterschiedlich und führte zu Alleingängen.

In der Darstellung der Freimaurerischen Forschungsgesellschaft Quatuor Coronati Bayreuth ist zu lesen: „ 2.1.1972 … Die deutsche Gesprächsgruppe wird künftig unabhängig von den österreichischen und schweizerischen Brüdern allein weiterarbeiten und sich dabei in ihrer Aktivität nicht behindern lassen …“[247]

Das – eher unerwartete – Ergebnis ist in den nächsten Kapiteln zu lesen.

6.3.4 Offizielle Interpretation des can. 2335 (1974)

Bevor auf die Entwicklung in Deutschland eingegangen wird, muss noch eine offizielle Interpretation des Canon 2335 durch Franciscus Kardinal Seper (Kongregation für die Glaubenslehre) an die Vorsitzenden der Bischofskonferenzen skizziert werden.

Auf die Anfrage mehrerer Bischöfe über die richtige Auslegung und Rechtsverbindlichkeit des can. 2335 (Exkommunikation von Freimaurern) antwortete Seper, dass es große Verschiedenheiten in den einzelnen Ländern gebe. „Daher verbietet sich für den Heiligen Stuhl eine Änderung der bisher geltenden allgemeinen Gesetze; diese bleiben also in Kraft, bis … ein neues kirchliches Gesetz veröffentlicht wird. …, daß der genannte can. 2335 nur diejenigen Katholiken betrifft, die Vereinigungen beitreten, welche wirklich gegen die Kirche arbeiten. …"[248]

Der Jesuit Sebott kommt dann zum – interessanten – Schluss; „Es dürften sich also vermutlich viele Freimaurer den Kirchenbann nicht zugezogen haben".[249] Sebott bekennt aber in seiner 1981 geschriebenen Interpretation, dass durch die so genannte Unvereinbarkeitserklärung der Deutschen Bischofskonferenz (1980) der Sachverhalt verwickelter wurde.[250]

6.4 Die Entwicklung in Deutschland (1968–1980)

6.4.1 Die ersten Gespräche

Ende 1967 regte Prälat Johannes de Toth (lt. Rolf Appel) über Wunsch Roms bei dem deutschen Altgroßmeister Dr. Theodor Vogel einen offiziellen Dialog an. Angeblich sei die deutsche Freimaurerei eine der gegenwartsnahesten und ursprünglichsten. Prälat Toth, nunmehr bereits Konsultor des Sekretariats für die Nichtglaubenden, sollte eine Dialogkommission unter der Führung Kardinal Königs bilden. Ziel sollte ein „Pro memoria" sein, das von Kardinal König via Kardinal Seper zum Papst gelangen sollte.[251]

Dieses Pro Memoria sollte enthalten:

„Brief vom Prälat de Toth aus Rom vom 6.3.1969:

1. Die Vereinigten Großlogen von Deutschland sollten ihr Interesse daran bekunden, das Verhältnis zwischen Kirche und Freimaurerei auf eine neue Ebene zu stellen.
2. Beantwortung: Welche Reaktion würde ein Dialog in den Logen hervorrufen?
3. Es möge mitgeteilt werden, dass die Großloge von England als Muttergroßloge gegen den Dialog nichts einzuwenden habe.

4. Eine Schilderung über das Verhältnis zur Religion und zur katholischen Kirche."[252]

Anders als in Österreich wurde der Dialog am Konvent der Vereinigten Großlogen von Deutschland (3. bis 5.10.1969) berichtet:

> „... Hier ist etwas aufgewacht, was wie ein Frühling vermuten könnte. Wir sind auf einmal mit dieser Kirche und Vertretern da und dort mitten im Dialog, ..., um den Dialog auf der Ebene zu führen, die beiden Partnern, der Kirche und den Freimaurern, würdig und angemessen ist."[253]

229 von 239 Stimmberechtigten billigten den Dialog und meinten, „daß der Dialog auf der bisherigen Basis des Vertrauens fortgesetzt werden müsse. ..., eine Fortsetzung des Kampfes der sowohl im kirchlichen wie im freimaurerischen Sinn unverantwortlich wäre."[254]

Ein fundamentaler Unterschied in der Arbeit der deutschen Kommission und den österreichischen Gesprächen war, dass in Deutschland „eine sorgfältige Untersuchung über einen eventuellen Wandel in der Freimaurerei ... insbesondere durch Prüfung der Rituale der ersten drei Grade"[255] erfolgen sollte. In Österreich ging es lt. Bischof Stimpfle darum, „daß die Kirche ihr negatives Urteil aufgebe."[256]

Die Vorstellung der deutschen Freimaurer, vor allem ihres Großmeisters Dr. Theodor Vogel, schneller und direkt mit der Deutschen Bischofskonferenz zu verhandeln wurden erwähnt.

6.4.2 „Kirche und Freimaurer im Dialog" (1975)

Für Baresch (und die anderen Dialogmitglieder) überraschend, veröffentlichte 1975 Rudolf Appel und Herbert Vorgrimler das Buch „Kirche und Freimaurer im Dialog". Auf der Umschlagseite heißt es: „ Vor kurzem hat die katholische Kirche ihre offizielle Haltung gegenüber der Freimaurerei geändert. Katholiken können in solchen Freimaurerlogen Mitglieder werden, die sich nicht gegen die Kirche betätigen."[257]

Eine Formulierung, die letztlich im Ergebnis nicht stimmen sollte und vor allem auf kirchlicher Seite und den anderen Dialogpartnern zu Irritationen führte.

Es wird von Vertrauensbruch und unentschuldbarer Indiskretion gesprochen. Konkret wird moniert, dass die im Buch enthaltene Lichtenauer Erklärung vertraulich und nur für den Papst bestimmt war.

Erfreulicherweise meint Kardinal König 1976, dass an eine Änderung des Codex Iuris Canonici unverändert gedacht sei.

Brief Kardinal Königs vom 2.Juni 1976[258]:

DER ERZBISCHOF VON WIEN

Wien, am 2. Juni 1976

Sehr geehrter Herr Doktor!

Sie hatten die Freundlichkeit, mich auf das Buch von Appel-Vorgrimler, Kirche und Freimaurer im Dialog, erschienen im Vorjahr bei Josef Knecht, aufmerksam zu machen. In diesem Buch wurde ohne mein Wissen auf S. 57 auf Gespräche Bezug genommen, die im Juli 197o auf Schloß Lichtenau in Oberösterreich stattgefunden haben und bei denen ich zum Teil anwesend war. Das Ergebnis dieser Beratungen ist als "Lichtenauer Erklärung" nur einem kleinen Kreis bekannt geworden. Ich bedaure, daß ich von den Autoren nicht um Einverständnis für die Veröffentlichung gebeten wurde.

Meine Äußerungen auf Schloß Lichtenau und meine dort eingegangenen Verpflichtungen sind in einem Schriftstück vom 5. Juli 197o in Ihrer Hand. Um Mißverständnissen vorzubeugen, darf ich auf mein Schreiben vom 7. Jänner 197o an Sie Bezug nehmen. An dem dort geschilderten Sachverhalt hat sich nichts geändert, d.h. der can. 2332 wird im neuen Rechtsbuch der katholischen Kirche nicht wieder aufscheinen. Diesbezügliche Hinweise sind bereits in den Kommentaren zur Kodexreform enthalten.

Ich möchte zudem aufmerksam machen, daß im Bereich des kirchlichen Gesetzbuches und bei den vorausgegangenen Gesprächen nie ein Unterschied gemacht wurde zwischen regulärem und irregulärem Freimaurertum.

Ich hoffe, damit mitzuhelfen, allen eventuellen Mißverständnissen zu begegnen und verbleibe mit aufrichtigen Grüßen

Ihr

+ Kard. König

Herrn
Dr. Kurt Baresch
Bürgerstr. 1/I
4o2o Linz

Erklärung über die Vertraulichkeit der Lichtenauer Erklärung vom Juli 1977[259]:

Im Juli 1977

E r k l ä r u n g :

Die Unterzeichner sind mit verschiedener Intensität seit 1968, 1969 und 197o einzeln oder in Gemeinschaft im Dialog zwischen der katholischen Kirche und der Freimaurerei tätig gewesen bezw. tätig , nahmen u.a. an den Lichtenauer Gesprä= chen teil und unterzeichneten die gemeinsam erarbeitete " Lichtenauer Erklärung " vom 5. Juli 1970 .

Mit großer Bestürzung haben wir von der Veröffentlichung dieser Erklärung in dem von H. Vorgrimler und R. Appel heraus= gebrachten Buch " Kirche und Freimaurer im Dialog " Kenntnis erhalten.

Wir erklären ausdrücklich , dass dies ohne unser Wissen und ohne unser Einverständnis erfolgt ist. Für die Dialog = teilnehmer der kath.Kirche und für die beteiligten Brüder der Großlogen von Österreich und der Schweiz ist diese Publikation ein unfaßbarer Vertrauensbruch. Diese Indiskretion ist durch nichts entschuldbar.

Auch die freimaurerische " Quellenkundliche Arbeit Nr.9 " der Quatuor Coronati, Bayreuth " Die Verhandlungen mit der kath.Kirche 1968-1972 " von R.Appel, K.Hoede(+),Th.Vogel (+) und E. Walter ist für die beteiligten Brüder aus Österreich und der Schweiz ein für Freimaurer unverständlicher Vertrauens= bruch, den wir schmerzlich und scharf mißbilligen. Diese Schrift, die auf Grund von Dokumenten (auch vertraulich zur Verfügung gestellten) und persönlichen Akten-Notizen entstand, ist weder objektiv noch vollständig.

Die " Lichtenauer Erklärung " ist eine streng vertrauliche Mitteilung welche die von der kath.Kirche angeregte Dialog = gruppe auf Anfrage bezw.Ersuchen nur für Papst Paul abgefasst und nur für ihn bestimmt hatte, um den angestrebten Konflikt= lösung weiteren Antrieb zu geben. In diesem Sinne wurde die " Lichtenauer Erklärung"gemeinsam in der Dialoggruppe erarbei= tet und nur so verstanden. Sie ist deshalb von allen Beteiligten mit der besonderen Verpflichtung zu strengster Vertraulichkeit unterzeichnet worden.

K. Baresch, Linz.

Kardinal König, Wien.

A. Rösli, Basel .

F. Cap, Innsbruck.

F. Fumagalli, Luzern.

R. Vonwiller sen., Schloß Lichtenau .

Auf die Diskussion in Deutschland und den lebhaften Schriftverkehr sei hier nicht näher eingegangen, sondern nur das Ergebnis dargestellt.

Baresch meint, „alle deutschen Freimaurer, erhielten für ihre jahrelange ‚Extratour' eine abrupte, vernichtende Abfuhr in Form einer sehr umfangreichen „Unvereinbarkeitserklärung" der katholischen Bischofskonferenz vom April 1980. Sie lautet in Kurzform: „Die gleichzeitige Zugehörigkeit zur katholischen Kirche und zur Freimaurerei ist unvereinbar."[260]

6.4.3 Anti-freimaurerische Literatur

Etwa zur gleichen Zeit (1974) erschien das Buch „Die antichristliche Revolution der Freimaurerei" von Manfred Adler, der sich als Priester im Schuldienst bezeichnet. Es liegt ihm nach seinen Angaben nichts ferner „als den Haß gegen die Brüder des Freimaurerbundes zu schüren. Er kennt solchen Haß nicht, sondern er betet für alle Freimaurer, damit sie das wahre Licht erkennen, das in Jesus Christus die Welt erleuchtet."[261] Für ihn wäre wichtig die „Geheimniskrämerei" der aktuellen Diskussion zu beenden und den „Missionsauftrag des Herrn" auszuführen.

Die Ausführungen Adlers, dass „es der geheime und offene Traum der maurerischen Weltpolitik (sei), eine universale Weltregierung in einem universalen Welt-Einheits- Staat zu errichten"[262] seien erwähnt. Eine derartige Verschwörungstheorie ist immer wieder zu lesen.

Wichtiger sind Adlers Ausführungen zur Vereinbarkeit mit dem Christentum, die für ihn nicht gegeben ist. Viele Zitate aus Büchern werden als Beweis angeführt.

Sein Schlusswort gibt er Quartier-la-Tente (Großmeister der Schweizer Großloge Alpina): „Die Versöhnung ist nicht mehr möglich. Es kann daher nur Kampf geben, einen Kampf ohne Gnade, der mit dem Sieg der Wissenschaft und des Gewissens enden wird. … Der Maurer ist ein freier Mensch; der Katholik ein Sklave, der einer erzwungenen Disziplin des Geistes unterworfen ist. Und nichts ist unverträglicher mit freimaurerischem Geist."[263]

Adler schließt: „Die Wissenschaft der Freimaurerei – die Aufklärung – hat die gesamte Menschheit in eine Sackgasse geführt."[264]

Doch auch aus anderen universitären Gesellschaftsteilen kamen heftige Angriffe auf die Freimaurerei, aber auch auf freimaurerische Einflüsse auf den Vatikan.

Hans Baum, Studienrat und Begründer der Prophetologie und der Gnoseologie, schreibt 1975 (1998 bereits in der 6. Auflage mit 29.000 Büchern erschienen) wieder von der „Synagoge Satans", vom „freimaurerischen Satanismus" und von der „Magie des freimaurerischen Symbolismus."[265] Baum beendet seine mit „Magie der Bruderkette, Magie der Satanskreuze, Magie des Pansexualismus" getitelten Kapiteln mit dem Aufruf: „Im Kampf gegen den ‚Freimaurerischen Satanismus heute' ... hilft uns ... unsere dreimal wunderbare Mutter (Maria, Mutter der Kirche, Frau aller Völker)."[266]

Wesentlich intellektueller argumentiert Dr. Robert Prantner, Professor für Ethik und Gesellschaftslehre an der Philosophisch-theologischen Hochschule Heiligenkreuz, in seiner Vorlesung „Das Freimaurertum als Widerspruch zur christlichen Offenbarung." Wobei auch für ihn der Wahrheitsanspruch, die christliche Offenbarung und das authentische Lehramt des Papstes, die freimaurerische ‚Vernunftreligion' und das ‚Geheimnis der Freimaurerei'" in unversöhnlicher Weise mit dem Mysterium des christlichen Glaubensgutes und dem Heilsanspruch christlicher Existenz"[267] kontrastiert.

Die deutsche Forschungsloge Quatuor Coronati Bayreuth hat einen Überblick über Bücher mit antifreimaurerischer Tendenz zwischen den Jahren 1970–1995 veröffentlicht. Bittner spricht, dass es notwendig erscheint, „den Freimaurern das erschreckende Ausmaß der Beschuldigungen, Verleumdungen und der unqualifizierten Lügenangriffe klarzumachen, das gegen sie in Wort und Schrift laut wird und in seiner Intensität mit jedem Jahr zunimmt."[268]

Im Diagramm sind die Zeiten der Diskussion zwischen Kirche und Freimaurerei (1968–1980), aber vor allem die Erklärung der Deutschen Bischofskonferenz (1980) und der neue Codex Iuris Canonici (1983) auf der Zeitleiste deutlich zu ersehen.

In der genannten Untersuchung werden auch die wesentlichen antifreimaurerischen Bücher rezensiert. Auf einige Autoren wurde im vorliegenden und anderen Kapiteln eingegangen.

Bücher mit anti-freimaurerischer Tendenz 1970 bis 1995:[269]

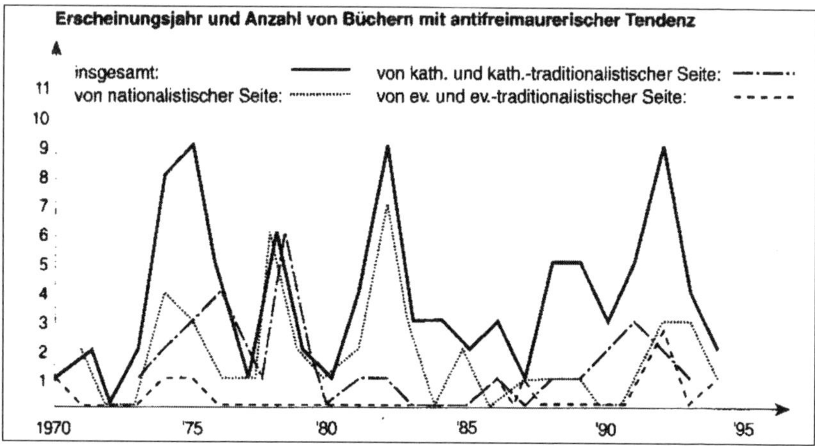

6.4.4 Die Unvereinbarkeitserklärung der Deutschen Bischofskonferenz (1980)

Wenige Jahre später spricht die Deutsche Bischofskonferenz in ihrer Erklärung vom 12.5.1980 über grundlegende und unüberbrückbare Gegensätze" und „Die Zugehörigkeit stellt die Grundlagen der christlichen Existenz in Frage."[270]

Es wird zwar von einem veränderten Meinungsbild gesprochen und humanitäre Anliegen, Wohltätigkeit, Integrität und Qualifikation von Einzelpersönlichkeiten sowie der Kampf gegen die materialistische Ideologie hervorgehoben. In den nächsten Absätzen aber kommen sehr deutliche Sätze der unveränderten Verurteilung:

- „Die fundamentale Infragestellung der Kirche durch die Freimaurerei hat sich nicht gewandelt.
- Darin ist die objektive Geltung der geoffenbarten Wahrheit grundsätzlich verneint und durch diesen Indifferentismus eine Offenbarungsreligion vom Prinzip her ausgeschlossen.
- … darf aber nicht der Eindruck entstehen, als habe die Kirche Grund, ihre warnende und ablehnende Haltung zur Freimaurerei für überholt zu halten.
- Die eingehenden Untersuchungen der freimaurerischen Ritualien und der freimaurerischen Wesensart, wie auch ihres heu-

tigen unveränderten Selbstverständnisses machen deutlich: Die gleichzeitige Zugehörigkeit zur Katholischen Kirche und zur Freimaurerei ist ausgeschlossen."[271]

Die Überschriften (und damit gleichzeitig die Kurzfassung der Begründungen) der Passagen über die Gründe der Unvereinbarkeit:

1. „Die Weltanschauung der Freimaurer
2. Der Wahrheitsbegriff der Freimaurerei
3. Der Religionsbegriff der Freimaurer
4. Der Gottesbegriff der Freimaurer
5. Freimaurerischer Gottesbegriff und Offenbarung
6. Die Toleranzidee der Freimaurer
7. Die Ritualhandlungen der Freimaurer
8. Die Vervollkommnung des Menschen
9. Die Spiritualität der Freimaurer
10. Unterschiedliche Richtungen innerhalb der Freimaurerei
11. Freimaurerei und Katholische Kirche
12. Freimaurer und Evangelische Kirche"[272]

(Die gesamte Erklärung, die mir in einer Kopie des Originals der Presseerklärung aus dem Jahr 1980 dankenswerterweise seitens der Deutschen Bischofskonferenz übersandt wurde, befindet sich im Anhang)

Interessant ist, dass das Internationale Freimaurer Lexikon von Lennhoff/Posner aus 1975 immer wieder zur Begründung herangezogen wird; dass es sich um einen unveränderten Nachdruck aus 1932 handelt, wird negiert. So wird z. B. Lennhoff/Posner zitiert: „Alle Institutionen auf dogmatischer Grundlage, als deren hervor stechendste die Katholische Kirche gelten kann, üben Glaubenszwang aus. […] Ein derartiger Wahrheitsbegriff ist vom Standpunkt weder der natürlichen Theologie noch der Offenbarungstheologie mit dem katholischen Wahrheitsbegriff vereinbar."[273]

Unüberbrückbar scheinen die Ausführung zum Gottesbegriff und zur Offenbarung, ja sogar beim Toleranzgedanken oder der Vervollkommnung des Menschen herrscht heftige Kritik:

„3. Der Religionsbegriff der Freimaurer

Das Religionsverständnis der Freimaurer ist relativistisch: alle Religionen sind konkurrierende Versuche, die letztlich unerreichbare Gotteswahrheiten auszusagen. Denn dieser Got-

teswahrheit angemessen ist nur die vieldeutige, der Interpretationsfähigkeit des einzelnen Maurers überlassene Sprache der maurerischen Symbole.
Der Begriff der Religion, „in der alle Menschen übereinstimmen“, impliziert eine relativistische Religionsauffassung, die sich mit der Grundüberzeugung des Christentums nicht zur Deckung bringen lässt

4. Der Gottesbegriff der Freimaurer
In den Ritualien findet sich der Begriff des „Großen Baumeisters aller Welten“ an zentraler Stelle. Er ist, bei allem Willen zu religionsumgreifender Offenheit, eine deistisch geprägte Konzeption.
Danach gibt es keine objektive Erkenntnis von Gott im Sinne des personalen Gottesbegriffs des Theismus. Der „Große Baumeister aller Welten“ ist ein neutrales „Es“, undefiniert und offen für jedwedes Verständnis. Jeder kann hier seine Gottesvorstellung einbringen, der Christ wie der Moslem, der Konfuzianer wie der Animist oder der Angehörige irgendeiner Religion. Der Weltenbaumeister gilt den Freimaurern nicht als ein Wesen im Sinne eines personalen Gottes; deshalb genügt für sie ein beliebiges religiöses Empfinden für die Anerkenntnis des „Baumeisters aller Welten.“
Diese Imagination eines im deistischen Abseits thronenden Weltenbaumeisters entzieht der Gottesvorstellung der Katholiken und seiner Antwort auf den ihm väterlich und herrscherlich ansprechenden Gott den Boden.

5. Freimaurerischer Gottesbegriff und Offenbarung
Die Gottesvorstellung der Freimaurerei lässt den Gedanken an eine Selbstoffenbarung Gottes, wie er von allen Christen geglaubt und festgehalten wird, nicht zu. Eher noch wird durch die Vorstellung des Großen Weltenbaumeisters das Gottesverhältnis auf eine vordeistische Position zurückgeworfen.[274]

Urteilt die Deutsche Bischofskonferenz noch in wohlgewählten Worten, seien die heftigen Ausführungen Manfred Adlers zu diesen Passagen zitiert.: „Für die Freimaurerei ist der Begriff ‚A.B.A.W.‘ nur ein symbolischer Begriff … Bildlich gesprochen ist der ‚Große Baumeister aller Welten' "in der Loge eine Attrappe, eine Fassade des Nihilismus, ein Wort ohne jeglichen Inhalt."[275]

> 6. Die Toleranzidee der Freimaurer
> Wieder ist auf Lennhoff-Posner zu verweisen: „Aus dem Relativismus lässt sich der Standpunkt der Freimaurer zu den Problemen der Welt und Menschheit ableiten … Der Relativismus unterbaut die Toleranz mit Vernunftargumenten. Die Freimaurerei ist eine der Bewegungen, die vom Ausgang des Mittelalters an als Reaktion gegen die Unbedingtheit der Kirchenlehre und den politischen Absolutismus, als Reaktion gegen den Fanatismus jeder Art entstanden sind …" (Sp.1300)
> Eine Toleranzidee dieser Art erschüttert die Haltung des Katholiken in der Glaubenstreue und in der Anerkennung des kirchlichen Lehramts.
>
> 8. Die Vervollkommnung des Menschen
> Nach Ausweis der Ritualien geht es in der Freimaurerei letztlich um eine ethische und geistige Optimierung des Menschen.
> Hier konnte das Bedenken nicht ausgeräumt werden, dass die ethische Vervollkommnung verabsolutiert und so von der Gnade gelöst wird, dass kein Raum für die Rechtfertigung des Menschen im christlichen Verständnis bleibt."[276]

Und in Ergänzung wieder Adler: „Die verhasste katholische Kirche ist zwar dogmatisch intolerant und sie muss es sein. …Die Wahrheit selbst ist intolerant. Dagegen ist die Kirche aber gesellschaftlich durchaus tolerant, …"[277]

So kommt die Bischofskonferenz – ganz anders als die deutschen freimaurerischen Gesprächspartner erwarteten – zur abschließenden Stellungnahme:

> „… so ist sie (die Freimaurerei) doch in ihrer Mentalität, ihrer Grundüberzeugung und ihrer Tempelarbeit sich völlig gleich geblieben.
> Die aufgezeigten Gegensätze rühren an die Grundlagen der christlichen Existenz. Die eingehenden Untersuchungen der

freimaurerischen Ritualien und Geistigkeit machen deutlich: Die gleichzeitige Zugehörigkeit zur Katholischen Kirche und zur Freimaurerei ist ausgeschlossen."[278]

6.4.5 Reaktionen

6.4.5.1 Großmeister Jürgen Holtorf

Heftige Reaktionen seitens der deutschen Freimaurer aber auch einzelner Theologen erfolgten umgehend.

Der Großmeister der Vereinigten Großlogen von Deutschland, Jürgen Holtorf, wies im Mai 1980 die diversen Beschuldigungen bzw. Begründungen zurück und schreibt: „Der weitaus größte Teil der über 6 Millionen Freimaurer in der freien Welt bekennt sich zum Christentum."[279]

6.4.5.2 Pater Alois Kehl

Noch viel ausführlicher setzt sich Pater Dr. Alois Kehl (Ordensgeistlicher der „Gesellschaft des Göttlichen Wortes") in seiner Stellungnahme (abgedruckt in: Bruderschaft, Nr. 4 vom 1.6.1980, 169ff.) mit den einzelnen Begründungen auseinander. Seine Kontakte zur Kölner Loge „Ver sacrum" sollten jedoch bei seinen Gegenantworten beachtet werden.

Bereits 1978 hat er im Bauhütten Verlag (in dem viele freimaurerische Literatur erscheint) mit seiner Schrift „Warum Dialog zwischen Katholiken und Freimaurern?" die grundlegenden Positionen beider Seiten dargestellt und im Licht des Zweiten Vatikanischen Konzils diskutiert. Einige seiner Gegensätze aus 1978 seien angeführt, da sie sich auch in der Erklärung der Bischofskonferenz finden:

1. "Die Katholische Kirche ist dogmatisch, die Freimaurerei ist adogmatisch.
   (D. h., die Freimaurerei lehnt es ab verpflichtende religiöse Glaubenssätze aufzustellen; der religiöse Glauben ist die Einzelentscheidung des Freimaurers).
2. Die Katholische Kirche verpflichtet auf ihre eigenen sittlichen Grundsätze, die Freimaurerei fordert eine Sittlichkeit, in der alle Menschen übereinstimmen.

3. Die Katholische Kirche ist auf die Übernatur ausgerichtet, Kennzeichen der Freimaurerei ist ein Laizismus.
4. Die Katholische Kirche betrachtet es als ihr Ziel, die Menschen zur Erlangung der Glückseligkeit im Jenseits zu führen, Ziel der Freimaurerei ist die Verminderung des Leidens im Zusammenleben der Menschen hier auf Erden.
6. Die Katholische Kirche fordert unbedingten Gehorsam gegen ihre Autorität, wogegen die Freimaurerei die freie sittliche Selbstbestimmung des Menschen anerkennt.
10. Die Katholische Kirche nimmt nur Menschen auf, die sich zum Bekenntnis ihrer Lehre verpflichten, während der Freimaurerbund Männer von verschiedenen Religionen, Konfessionen und Sekten als Brüder einigt."[280]

Sein damaliger Schluss scheint eher vom Wollen bestimmt, er meinte, es gäbe keine Gründe für eine prinzipielle Gegnerschaft mehr. Die Erklärung der Deutschen Bischofskonferenz zeigte ihm dann jedoch eine andere Ansicht.

Kehl zeigt in seiner Stellungnahme zur Erklärung der Deutschen Bischofskonferenz eine Fülle von – seiner Meinung nach – Ungereimtheiten auf, insbesondere, dass das Internationale Freimaurer Lexikon (Ausgabe 1932!) nicht repräsentativ für die heutigen Freimaurer sei. Auch sei die Lichtenauer Erklärung nicht berücksichtigt. Oder auch die Definition zum Großen Baumeister aller Welten falsch interpretiert, nämlich als „neutrales Es" statt als „Gott, aber dessen Inhalt offen bleibt für die gläubige Überzeugung des einzelnen."[281] Kehl kommt dann zum Ergebnis:

1. "In der „Erklärung wird die Freimaurerei falsch dargestellt.
2. Von den angeführten zwölf „Gründen" für die von der „Erklärung" behauptete Unvereinbarkeit von Freimaurerei und katholischer Glaubenshaltung entsprechen elf nicht der Wahrheit. …
6. Der tiefste Grund für die Fehlurteile scheint zu sein, dass die Verfasser der „Erklärung" die Freimaurerei als Religionsgemeinschaft verstehen wollen. …"[282]

Dieser doch tendenziös geschriebene Artikel hat natürlich an der Meinung der Bischofskonferenz nichts geändert.

Das Sekretariat der Deutschen Bischofskonferenz antwortete knapp und damit war auch der Dialog in Deutschland beendet.

1. „Die „Lichtenauer Erklärung" hat keinerlei kirchliche Autorisierung erhalten: Weder von einer Bischofskonferenz noch von einer römischen Behörde. Auch Kardinal König, dem das Dokument überreicht wurde, hat sich nicht bereit gefunden, es zu unterzeichnen.
2. …
3. Die Feststellung, dass die Zugehörigkeit zur Freimaurerei die Grundlagen der christlichen Existenz in Frage stelle, ist keine Anmaßung, sondern geht aus der gewissenhaften Darstellung der Grundlagen des freimaurerischen Selbstverständnisses hervor."[283]

6.4.5.3 Der Dialog zwischen R. Sebott SJ und Bischof J. Stimpfle

1981 kam es in der katholischen Zeitschrift „Stimmen der Zeit" zu einem heftigen Disput, in dem der Augsburger Bischof Josef Stimpfle, (Vorsitzender der Dialogkommission) dem Jesuitenpater und Hochschulprofessor für Kirchenrecht Dr. Reinhold Sebott „unrichtige Behauptungen" sowie Kritik „ohne ausreichende Kenntnis" vorwirft.[284]

Insbesondere sei ein Missverständnis hinsichtlich Konzil und nachkonziliarer Kirche gegeben. Nach Sebott sei der zentrale Leitbegriff „Wahrheit" durch „menschliche Würde" ersetzt. Für Stimpfle ist die „verbindliche Offenbarungswahrheit Wesen der Kirche", „nicht einer rein menschlichen unrationalen Wahrheit, sondern einer Wahrheit, die von Gott kommt und das Prinzip der authentischen Befreiung in sich enthält (Papst Johannes Paul II.)"[285]

Und Stimpfle zitiert wieder Dignitatis humanae (Erklärung über die Religionsfreiheit): „Diese einzige wahre Religion hat ihre konkrete Existenzform in der kirchlichen, apostolischen Kirche."[286]

Laut Stimpfle enthalten die Artikel Sebotts folgende Irrtümer:[287]

1. Die Lichtenauer Erklärung ist kein offizielles Dokument; sie wurde durch die Kirche nicht amtlich anerkannt. Kardinal König hat sie nie unterschrieben.
2. Der Brief Kardinal Sepers vom 19.7.1974 weist eindeutig auf unveränderte Geltung der Exkommunikation hin.

3. Die eingehende Auseinandersetzung mit den Ritualen des ersten bis dritten Grades sowie Auskünfte und Darstellungen der freimaurerischen Kommissionsmitglieder führten z. B. zur Feststellung der „deistisch geprägten Konzeption", zu „Der Große Baumeister aller Welten" ist ein neutrales „Es"".[288].
4. Der freimaurerische Wahrheitsbegriff (adogmatisch, nicht antidogmatisch) ist mit der Offenbarungstheologie und dem katholischen Wahrheitsbegriff unvereinbar.
5. In der Frage „Freimaurerei als Religion" bzw. Totalitätsanspruch wirft Sebott der Kommission vor, die „Freimaurerei als eine Religion zu betrachten". Das weist Stimpfle zurück und zitiert aus dem Ritual des dritten Grades: „Erst heute werden Sie ganz verstehen, dass Sie sich uns auf Leben und Tod geweiht haben."[289]
6. Die These des zugeordneten Großmeisters Großmann in „Thesen bis zum Jahr 2000" zeigt „die unüberwindliche Opposition der Freimaurerei zur Kirche": „Systeme weltanschaulich – religiöser Art, die alleinige Verbindlichkeit beanspruchen können, gibt es nicht."[290]

Letztlich endet Stimpfle mit der elementaren, immer wiederkehrenden Feststellung: „Wer die Wahrheitsfrage freigibt, endet in jener Art von Humanismus, die das freimaurerische Ideal bildet."[291]

6.4.5.4 Kardinal Franz König

Wesentlich ist aber doch, dass seitens Kardinal Königs am 14.4.1981 versichert wurde: „Die neue Ausgabe des Kirchlichen Gesetzbuches liegt bereits im Probedruck vor. In dieser offiziellen Ausgabe wird die FM (Freimaurerei) nicht erwähnt, sondern es ist nur die Rede von Gemeinschaften, die offiziell die katholische Kirche bekämpfen. Die österreichische Bischofskonferenz ist durch die Erklärung der Deutschen Bischofskonferenz nicht mit betroffen."[292]

Es sollte aber noch zwei Jahre dauern, bis das neue Kirchenrecht unterzeichnet (25.1.1983) und in Kraft treten (27.11.1983) sollte. Im Brief Königs vom 22.4.1983 an Baresch freut er sich mitteilen zu können, „dass im neuen CIC die bisher in Geltung befindliche Exkommunikation für Mitglieder der Freimaurerei nicht mehr enthalten und damit ausser Kraft gesetzt ist."[293]

Die Briefe des Kardinals vom 14.4.1981 [294] sowie vom 22.4.1983 [295]:

DER ERZBISCHOF VON WIEN

Wien, am 14. April 1981

Lieber Herr Doktor!

Im Besitze Ihres Briefes vom 3. April möchte ich Ihnen folgendes mitteilen: Ich nehme Anteil an den belastenden Wochen, die Sie hinter sich haben. Ich kann Ihnen nur sagen, daß ich genau wie Sie getroffen bin.

Aus einem Gespräch mit einem Mitglied der Deutschen Bischofskonferenz kann ich Ihnen mitteilen, daß der betreffende Herr mir sagte: Die Mitglieder der Deutschen Bischofskonferenz seien mit der ganzen Frage zu wenig vertraut und wären durch den Bischof von A. etwas überfahren worden. Man sei über die Vorgangsweise und das Ergebnis heute nicht sehr glücklich.

Ursprung und Quelle jenes Dokumentes der Deutschen Bischofskonferenz sind mir bekannt und ich habe es Ihnen mündlich einmal geschildert. Auch das wurde mir telefonisch von einem Mitglied der Deutschen Bischofskonferenz bestätigt.

Mit einiger Sicherheit glaube ich sagen zu können, daß diese Erklärung der Deutschen Bischofskonferenz nichts mit dem Papst zu tun hat, der durch sein Heimatland und die Geschichte seiner Heimat die Freimaurer kaum kennt, weil sie dort nicht existieren. Wenn eine Bischofskonferenz eine Erklärung abgibt, so kann sie auch der Papst nur zur Kenntnis nehmen und überläßt eine Stellungnahme den untergeordneten Organen.

Die neue Ausgabe des Kirchlichen Gesetzbuches liegt bereits im Probedruck vor und ist zu einer letzten Stellungnahme ausgesandt. In dieser offiziellen Ausgabe wird die FM nicht erwähnt, sondern es ist nur die Rede von Gemeinschaften, die offiziell die katholische Kirche bekämpfen. Die Österreichische Bischofskonferenz ist durch die Erklärung der Deutschen Bischofskonferenz nicht mitbetroffen. Ich lege Ihnen eine Ablichtung jenes Sie interessierenden Passus aus dem neuen aber noch nicht rechtsgiltigen Codex iuris canonici bei.

Mit herzlichen Grüßen

Ihr

+Kard. König

Herrn
Dr. Kurt Baresch
Bürgergasse 1/I
4olo Linz

DER ERZBISCHOF VON WIEN

Wien, am 22. April 1983

Lieber Herr Doktor,

Auf Grund Ihrer letzten Anfrage bezüglich des neuen Kirchenrechtes, des neuen CIC, erlaube ich mir Ihnen folgendes mitzuteilen: Das neue Kirchenrecht, der neue CIC, welches vom Papst am 25.I. 1983 unterzeichnet wurde, erlangt am 27. November 1983 Rechtskraft. Daraus ergibt sich, dass im neuen CIC die bisher in Geltung befindliche Exkommunikation für Mitglieder der Freimaurerei nicht mehr enthalten und damit ausser Kraft gesetzt ist.

Ich freue mich Ihnen dies Mitteilen zu können, im Wissen, dass damit auch für Sie eine langjährige Arbeit zu einem positiven und erfreulichen Abschluss gekommen ist.

Herzlich grüsst

Kard. König

Herrn
Dr.Kurt Baresch
Bürgerstrasse 1/I
4020 Linz

6.4.6 Die Evangelische Kirche Deutschlands

Bereits 1973 ergaben Gespräche zwischen der deutschen Freimaurerei und der Evangelischen Kirche Deutschlands keine ausschließenden Gegensätze bei Gottesverständnis und Ethik. Die Evangelische Kirche entschied in Tutzing am 13.10.1973 (gesamter Text der Erklärung im Anhang):

1. „Das Freimaurertum versteht sich nicht als Religionsgemeinschaft, die mit den christlichen Konfessionen oder anderen Religionen in Konkurrenz treten will …
3. In ihrem Gottesverständnis und in ihren ethischen Wollen steht die Freimaurerei in keinem ausschließenden Gegensatz zum Christentum …
4. … Die Aussagen über Gott und Jesus Christus, … werden daher von den einzelnen Freimaurern unterschiedlich akzentuiert …
7. Ein genereller Einwand gegen eine Mitgliedschaft evangelischer Christen in der Freimaurerei kann nach Meinung der evangelischen Gesprächsteilnehmer nicht erhoben werden. Die Entscheidung über die Mitgliedschaft in der Freimaurerei muss dem freien Ermessen des Einzelnen überlassen werden.“[296]

Im Gegensatz zu dieser offenen und toleranten Haltung der deutschen Evangelischen Kirche sehen einige calvinistische und lutherische Gemeinden Amerikas, diverse presbyterianische in Schottland und Irland und die unabhängigen orthodoxen Kirchen eher Unvereinbarkeiten zwischen der Freimaurerei und ihrem Glauben.[297]

6.4.7 Orthodoxe Kirchen

Im Oktober 1933 kamen die Bischöfe der Griechisch Orthodoxen Kirche (und die Interorthodoxe Kommission) zu folgendem Ergebnis:

- „Freimaurerei ist eine Mysterienreligion, sie ist vom christlichen Glauben völlig verschieden, ihm entgegengesetzt und fremd …“

- Freimaurerei ist Synkretismus.
- „sie möchte … sich zu einer Art Überreligion erheben …"
- „Während das Christentum, das als eine geoffenbarte Religion im Besitz der mit der Vernunft erfassbaren und der darüber hinausgehenden Dogmen und Wahrheiten ist, zuerst und vor allem Glauben fordert …, hat die Freimaurerei nur eine natürliche Wahrheit … durch die Vernunft allein."
- „… eine Geheimorganisation ist … den Rationalismus vergöttert …"
- „Wir erklären, daß alle gläubigen Kinder der Kirche außerhalb der Freimaurerei bleiben müssen."

Anders sieht Berc Pekayvaz in einem Vortrag vor der Forschungsloge Quatuor Coronati Bayreuth im Jahr 2007 die aktuelle Situation.

Er meint, bei der Armenisch Apostolischen Orthodoxen Kirche gebe es „keine Veröffentlichungen und Synodenbeschlüsse, die sich für oder gegen die Freimaurerei richten." Er kenne sogar armenische Patriarchen und Bischöfe in Freimaurerlogen.[298]

Bei der Griechisch Orthodoxen Kirche sei „Freiheit des Menschen, Toleranz, Menschlichkeit und Brüderlichkeit" im Mittelpunkt. Eine konkrete Verurteilung der Freimaurerei ist Pekayvaz nicht bekannt, diverse persönliche negative Äußerungen von Würdenträgern aber schon.

Die Grundstimmung in Russland bzw. der Russisch Orthodoxen Kirche ist eher gegen die Freimaurerei gerichtet, obgleich es keinen offiziellen Beschluss der Kirche gebe. Jahrzehntelang verboten, wurde die Freimaurerei Ende der vergangenen 20. Jahrhunderts wiedererweckt.[299]

Gerade die Großloge von Österreich hat sich durch Materialien und persönlichen Einsatz für den Aufbau von Logen in den Ländern der ehemaligen Sowjetunion stark engagiert.

6.4.8 Eine Antwort eines Freimaurers im Jahr 2007 auf die „Unvereinbarkeitserklärung"

Die Bücher von Dr. Kurt Baresch sind immer wieder Grundlage von Baustücken hinsichtlich des Themas „Katholische Kirche und Freimaurerei". In einem Vortrag (Baustück) aus dem April 2007 werden die „Gründe der Unvereinbarkeit" gemäß der Deutschen Bischofskonferenz behandelt:[300]

- Laut Bischofskonferenz gehören Relativismus und Subjektivismus zur Grundüberzeugung der Freimaurer.
  E. CHR.: Wenn dem so wäre, wäre dies „ein Element einer Ideologie und ein verbindliches philosophisches Dogma."
- „... ist ein derartiger Wahrheitsbegriff vom Standpunkt weder der natürlichen Theologie noch der Offenbarungstheologie mit dem katholischen Wahrheitsbegriff vereinbar."
  Freimaurerei lehnt nicht den Dogmenglauben ab, sondern will nur selbst keine Dogmen aufstellen, denn ihr Ziel „eine Stätte der Einigung zu sein" wäre verfehlt. „Die Freimaurerei ist adogmatisch, nicht antidogmatisch."
- Die „relativistische Religionsauffassung" lasst sich mit der Grundüberzeugung des Christentums nicht zur Deckung" bringen.
  „Eine Religion, in der alle Menschen übereinstimmen, ..., ist zu verstehen im Sinne des allgemeinsten Nenners", d. h. „alle Gottgläubigen glauben an ein göttliches Wesen". "Die Freimaurerei ist somit keine Glaubensgemeinschaft, sondern eine Gemeinschaft von Glaubenden."
- Die Toleranzidee der Freimaurerei erschüttert die „Glaubenstreue und Anerkennung des kirchlichen Lehramts".
  Der genannte Freimaurer meint, „da die freimaurerische Toleranzidee der Toleranzidee des Konzils entspricht, kann sie ... nicht erschüttern."

Wenngleich alle Formulierungen nachvollziehbar sind, gehen sie an der grundsätzlichen Frage der später behandelten Erklärung der Glaubenskongregation aus 1983 vorbei.

6.5 Der neue Codex Iuris Canonici (1983)

6.5.1 Protokoll der Großloge von Österreich vom 30.5.1980

Trotz des Todes zweier Päpste (Paul VI. am 6.8.1978 und Johannes Paul I. am 29.9.1978) und des wesentlichsten römischen Dialogpartners Kardinal Seper (30.12.1981) entwickelte sich die Neufassung des Codex Iuris Canonici hinsichtlich can. 2335 positiv.

So berichtete Baresch im Großbeamtenrat der Großloge von Österreich am 30.5.1980 „über den aktuellen Stand der Beziehungen Kirche-Freimaurer und stellt gleich eingangs dazu fest, …, daß es ausschließlich Sache der röm. kath. Kirche sei, ihre Haltung gegenüber der FM zu revidieren und nicht umgekehrt."

Kurz wird dann die deutsche Entwicklung dargestellt, wonach durch die deutsche „unberechtigte und einseitigen Vorgangsweise" die Gespräche mit Kardinal König bzw. dem Vatikan gestört seien, „sondern [es] wurde auch Unfrieden gestiftet."

Nach einem Gespräch König/Baresch werde „die österreichische Bischofskonferenz dazu keine Stellungnahme abgeben [werde]. Nach Rückbestätigung aus Rom wird Kardinal Dr. König ein diesbezügliches Schreiben an DGM Br. Baresch abfassen … Hierauf wird ein Rundschreiben an alle Brr. GBB[301] … ergehen."[302]

Das Protokoll des Großbeamtenrates der Großloge von Österreich vom 30.5.1980:

PROTOKOLL GBR - SITZUNG AM 30.5.1980, Seite 3

Zu TAGESORDNUNG Punkt 3) berichtet der ehrwst.DGM Br.BARESCH über den aktuellen Stand der Beziehungen Kirche-FM und stellt gleich eingangs dazu fest,er habe in all seinen bisher geführten Gesprächen immer wieder betont,daß es ausschließlich Sache der röm.kath.Kirche sei,ihre Haltung gegenüber der FM zu revidieren und nicht umgekehrt.

Auf Grund unberechtigter und einseitiger Vorgangsweise des Br.Vogel (BRD)und von diesem gemachterÄußerungen in der öffentlichkeit,wurden die persönlichen Bemühungen im Gespräch des DGM Br.BARESCH mit dem Vatikan und besonders mit Herrn Kardinal Dr.Köenig,nicht nur gestört,sondern wurde auch Unfrieden gestiftet. Die bisdahin stets ausgetauschten Informationen wurden von diesem Augenblick an gegenüber Br.Vogel auch eingestellt.GM Br.HOLTORF von der Gl von Deutschland hat seinen kürzlichen Wien-Aufenthalt dazu benützt,mit DGM Br.Baresch über diese Vorfälle zu diskutieren.Er erklärte,daß die Dialogkomission beschlossen habe,die Rituale vorzulegen,was einerseits Unruhe erbrachte und andererseits Anfrage von Kardinal Dr.König und Weihbischof Wagner bei DGM Br.Baresch hervorgerufen hatte,wie diese sich nun verhalten sollten.Die "PRESSE" hat im April 1980 einen Artikel gebracht,indem ein Entschluß der deutschen Bischofskonferenz abgedruckt war,wonach die Mitgliedschaft bei einer FM-Loge mit der Mitgliedschaft bei der kath.Kirche unvereinbar wäre.Allerdings wurde dazu in einem Zusatz darauf hingewiesen,daß dieses Statement nicht der enzyklischen Vatikanerklärung entspräche.In einem heute zwischen DGM Br.Baresch und Kardinal Dr. König geführten Gespräch wurde DGM Br.Baresch ermächtigt,mitzuteilen,daß die österr.Bischofskonferenz dazu keine Stellungnahme abgeben werde.Nach Rückbestätigung aus Rom wird Kardinal Dr.König ein diesbezügliches Schreiben an DGM Br.Baresch abfassen und ihm schicken Hierauf wird ein Rundschreiben an alle Brr.GBB ergehen.Über Antrag von GB Br. , dankt der GBR dem ehrwst.DGM Br.BARESCH für dessen loyale Bemühungen im Dialog mit der katholischen Kirche.

Bereits am 23.4.1979 informierte Baresch das gleiche Gremium über seine Gespräche mit Kardinal Dr. König und dass er die neue Fassung des Codex Iuris Canonici vertraulich gesehen habe. „Demnach enthält diese Fassung keinerlei Hinweis auf Exkommunikation von Katholiken, die dem Bund beitreten oder angehören mehr. Der GM (Prof. Dr. Alexander Giese) dankt für diese Information und stellt fest, dass die Arbeit des DGM Br. Baresch historische Bedeutung hat, da sie zu vorurteilsfreier Betrachtung der Freimaurerei führen werde.[303]

6.5.2 Erklärung der Kongregation für die Glaubenslehre vom 17.2.1981

Schienen die Bemühungen des Kardinals und Dr. Baresch in absehbarer Zeit positiv erfüllt zu werden – immerhin 15 Jahre nach den ersten Gesprächen und 13 Jahre nach der Lichtenauer Erklärung – war man in der Kongregation für die Glaubenslehre – auch wegen der Erklärung der Deutschen Bischofskonferenz aus 1980 – eher besorgt.

Am 17.2.1981[304] veröffentlichte die Kongregation für die Glaubenslehre eine Erklärung, wonach:

> „..., ohne möglichen Regelungen im neuen Kirchenrecht vorgreifen zu wollen
> 1. Die jetzige kirchenrechtliche Regelung, die in voller Geltung bleibt, ist in keiner Weise abgeändert worden.
> 2. Weder die Exkommunikation noch die anderen vorgesehenen Strafen sind aufgehoben worden. ...
>
> Es war hingegen nicht die Absicht der Kongregation, den Bischofskonferenzen anheim zustellen sich in einem Urteil genereller Art öffentlich über die Natur der Freimaurer-Logen, das die Aufhebung besagter Normen in sich schließen würde, zu äußern."[305]

Damit war klargestellt, Entscheidungen und Kompetenz in der Freimaurer-Frage lägen nur in Rom.

Wobei nicht übersehen werden darf, dass z. B. bereits 1966 die Bischofskonferenz Skandinaviens beschloss, dass jeder einzelne Bischof die Mitgliedschaft seiner Katholiken in einer Loge gestatten konnte. England und Wales hatten einen analogen Beschluss.[306]

Interessant fand ich die Reaktion der Großloge von Österreich. Dem Protokoll der Sitzung des Großbeamtenrates vom 20.3.1981 entnehme ich: „Zur Erklärung der Glaubenskongregation des Vatikans über die Exkommunizierung von Katholiken bei Zugehörigkeit zum Bunde der FM bestätigt der Vorsitzende (Alexander Giese), daß der DGM Br. Baresch mit Herrn Kardinal Dr. König im Gespräch sei. Der ehrwst. Br. GM betont, daß dies nicht eine Angelegenheit der FMEI sondern alleine ein Problem der röm. kath. Kirche sei."[307] Es gab keine Diskussion, der Punkt wurde sogar unter „Allfälliges" behandelt. Baresch war gar nicht anwesend, in späteren Protokollen ist auch keine Behandlung der gesamten Causa zu finden.

Letztlich konnte Kardinal König am 22.4.1983 an Baresch schreiben: „... Das neue Kirchenrecht, ..., erlangt am 27. November 1983 Rechtskraft. Daraus ergibt sich, daß im neuen CIC die bisher in Geltung befindliche Exkommunikation für Mitglieder der Freimaurerei nicht mehr enthalten und damit außer Kraft gesetzt ist.

Ich freue mich Ihnen dies mitteilen zu können, im Wissen, daß damit auch für Sie eine langjährige Arbeit zu einem positiven und erfreulichem Abschluss gekommen ist."[308]

Angemerkt sei, dass die Deutsche Bischofskonferenz in ihrer Stellungnahme zum can. 2335 bzw. dessen Pendant im neuen CIC 1983 die namentliche Nennung der Freimaurerei bzw. deren deutliche Verurteilung forderte. Die Erklärung aus dem Mai 1980 war in italienischer Übersetzung beigefügt. Diese Intervention blieb jedoch ohne Erfolg.[309]

6.5.3 Codex Iuris Canonici (auctoritate Ioannis Pauli PP.II promulgatos)

Mit der Apostolischen Konstitution „Sacrae disciplinae leges" setzte Papst Johannes Paul II. den neuen Codex des kanonischen Rechts am 25.1.1983 (mit Verpflichtungskraft ab dem ersten Adventsonntag 1983 = 27.11.1983) in Kraft.

24 Jahre davor, am 25.11.1959, hatte Papst Johannes XXIII. ein „Aggiornamento del Codice die Diritto Canonico" angekündigt.[310]

In der Apostolischen Konstitution geht Johannes Paul II. auf den Willen des Konzils, „das ganz auf die Zukunft hin ausgerichtet war"[311] ein. Der Codex, das vorrangige gesetzgebende Dokument der Kirche, soll der kirchlichen Gesellschaft eine Ordnung geben, „die der Liebe, der Gnade und den Charismen Vorrang einräumt".[312] Es sollen die Lehre der Kirche als Volk Gottes und hierarchische Autorität sowie die gegenseitigen Beziehungen geordnet werden.

> „Gebe also Gott, daß Freude und Friede mit Gerechtigkeit und Gehorsam diesem Codex empfehlen und, was das Haupt anordnet, vom Leib eingehalten wird."[313]

Wobei fast ein Jahr vorgesehen ist, dass „aber alle diese Vorschriften um so besser erforschen und gründlich kennen lernen können, ehe sie Rechtskraft erlangen."[314]

Die Erklärung der Glaubenskongregation vom 26.11.1983 beruht wohl auch auf diesem Gedanken.

Insgesamt werden in sieben Büchern folgende Themen behandelt:[315]

- Buch I: Allgemeine Normen
- Buch II: Volk Gottes
  - Teil I: Die Gläubigen
  - Teil II: Hierarchische Verfassung der Kirche
  - Teil III: Institute des geweihten Lebens und Gesellschaften des apostolischen Lebens
- Buch III: Verkündigungsdienst der Kirche (can. 747–833)
- Buch IV: Heiligungsdienst der Kirche
  - Teil I: Sakramente (can. 840–1165)
  - Teil II: Sonstige gottesdienstliche Handlungen
  - Teil III: Heilige Orte und Zeiten
- Buch V: Kirchenvermögen
- Buch VI: Strafbestimmungen in der Kirche
  - Teil I: Straftaten und Strafen im Allgemeinen
  - Teil II: Strafen für einzelne Straftaten (can. 1364–1399)
- Buch VII: Prozesse
  - Teil I: Gerichtswesen im Allgemeinen
  - Teil II: Streitverfahren
  - Teil III: Besondere Arten der Verfahren
  - Teil IV: Strafprozess
  - Teil V: Vorgehen bei Verwaltungsbeschwerden und bei Amtsenthebung oder Versetzung von Pfarrern

Die Gedanken hinsichtlich Adressaten und die Grundsätze seien kurz skizziert.

So verpflichtet das göttliche Recht alle Menschen (auch die Ungetauften).

Kirchengesetze, die göttliches Recht zum Inhalt haben, sind für alle Menschen verbindlich (can.11); rein kirchliche Gesetze verpflichten nur Katholiken.[316]

Die Kongregation für die Glaubenslehre „hat die Glaubens- und Sittenlehre zu schützen und … Lehrmeinungen zu prüfen und gegebenenfalls zu verurteilen. .. Sie ist zudem zuständig für Fragen des privilegium fidei."[317] (can. 360, 361).

Diese, so wichtige Kongregation hat 1981 und 1983 deutliche Formulierungen zur Freimaurerei veröffentlicht.

Wesentlich sind die Grundsätze in den Canones 747–755, in denen die geoffenbarte Wahrheit angesprochen wird: „Christus, der Herr, hat der Kirche das Glaubensgut (fidei depositum) anvertraut, damit sie … die geoffenbarte Wahrheit heilig bewahre, tiefer erforsche und getreu verkündige und auslege." Wobei der Papst „die lehrmäßige Unfehlbarkeit, wenn er in Glaubens- und Sittenfragen eine definitive (endgültig verpflichtende) Entscheidung fällt" hat.

Und natürlich sind Dekrete die „zur Abwehr von Irrtümern erlassen werden" zu beachten.[318] Can. 751 sagt, „unter Häresie versteht man die hartnäckige Leugnung einer fide divina et catholica zu glaubende Wahrheit nach Empfang der Taufe oder den hartnäckigen Zweifel an einer solchen Wahrheit."[319]

Die Teilnahme an der heiligen Kommunion ist Exkommunizierten und solchen, die „offensichtlich und hartnäckig in schwerer Sünde verharren"[320] verboten.

Für die Freimaurer und den gesamten Dialog bzw. das Ergebnis wesentlich waren die Canones über den Verkündigungsdienst (can. 751: Häresie), die Eucharistie (can. 915: Heilige Kommunion, can. 1184: Kirchliches Begräbnis) sowie die Strafen bzw. Straftaten (can. 1364: Exkommunikation bei Häresie, can. 1374: Machenschaften gegen die Kirche).

Die noch im can. 2335 CIC 1917 konkret genannte „Sekte der Freimaurer" wird generell nicht mehr erwähnt. Auch in can. 542, 693, 684, 1065, 1240 und 1241 des CIC 1917 wurden die Freimaurer damals direkt oder indirekt erwähnt, nunmehr aber überhaupt nicht mehr.

Insgesamt wird der CIC 1983 als beachtliches Gesetzwerk gesehen. Kritisiert wird, dass die Lebensrealität der Gläubigen in Bezug auf nachkonziliare, aber auch konziliare Entwicklungen zu wenig berücksichtigt wurde. Er wird aber auch als Wegweiser in die Zukunft bezeichnet.[321]

6.5.4 Canones 1374 und 1364

An keiner Stelle des neuen Codex Iuris Canonici wird die Freimaurerei expressis verbis erwähnt, wie noch im Canon 2335 Codex 1917.

Der nunmehrige can. 1374 lautet: „Wer einer Vereinigung beitritt, die gegen die Kirche Machenschaften betreibt, soll mit einer gerechten Strafe belegt werden, wer aber eine solche Vereinigung fördert oder leitet, soll mit dem Interdikt bestraft werden."[322]

Ruf führt in seinem Werk „Das Recht der katholischen Kirche für die Praxis erläutert" extra an: „Die Freimaurerei wird nicht mehr eigens genannt."[323]

Auf Grund dieses Canon wäre daher nur ein Freimaurer exkommuniziert, der sich in einer kirchenfeindlichen Loge befindet. Wobei can. 1374 eine Spruchstrafe vorsieht, d. h. es wäre vor Strafverhängung zu prüfen, ob die Loge des jeweiligen Katholiken tatsächlich „Machenschaften gegen die Kirche betreibt".

Baresch sieht eine geschichtliche Wende und schreibt:: „Damit wird u.a. im neuen Kirchenrecht auf jegliche Exkommunikation der Freimaurerei aller Obödienzen verzichtet. Die Kirche hat damit der fast ein Vierteljahrtausend bestehenden und peniblen Kontorverse mit der Freimaurerei ein höchst beachtenswertes und würdigendes definitives und kompromißloses Ende gesetzt."[324]

Sebott weist in seiner Stellungsnahme in "Stimmen der Zeit" aber darauf hin, dass die rechtlichen Bestimmungen des CIC 1983 und das moralische Verbot der Deutschen Bischofskonferenz (12.5.1980) auf verschiedenen Ebenen liegen, das moralische Verbot weiterhin gilt.[325]

Da seitens der Österreichischen Bischofskonferenz nie eine derartige Erklärung veröffentlicht, sogar seitens Kardinal Königs ausdrücklich abgelehnt wurde, ist von einem Erfolg der Gespräche Baresch-König im Bezug auf can. 1374 zu sprechen.

Nicht übersehen werden aber sollte der Canon 1364:

„§ 1. Der Apostat, der Häretiker oder der Schismatiker ziehen sich die Exkommunikation als Tatstrafe zu, unbeschadet der Vorschrift des can. 194, § 1, n 2; ein Kleriker kann außerdem mit den Strafen gemäß can. 1336, §1, nn. 1, 2 und 3 belegt werden.

§ 2. Wenn andauernde Widersetzlichkeit oder die Schwere des Ärgernisses es erfordern, können weitere Strafen hinzugefügt werden, die Entlassung aus dem Klerikerstand nicht ausgenommen.“[326]

Apostasie ist die völlige Ablehnung des katholischen christlichen Glaubens durch einen Getauften. Häresie liegt vor, wenn jemand zwar nicht von Christentum abfällt, aber die eine oder andere geoffenbarte und von der katholischen Kirche mit Glaubensverpflichtung vorgelegte Wahrheit hartnäckig leugnet oder bezweifelt.

Can. 751 CIC 1983 lautet: „Häresie nennt man die nach Empfang der Taufe erfolgte beharrliche Leugnung einer mit göttlichen und katholischen Glauben zu glaubenden Wahrheit oder einen beharrlichen Zweifel an einer solchen Glaubenswahrheit.“[327]

Bei Schisma verweigert ein katholisch Getaufter die Unterordnung unter den Papst oder die Bischöfe.[328]

6.6 Die „Declaratio de associationibus massonicis“ der Päpstlichen Kongregation für die Glaubenslehre (1983)

6.6.1 Die Veröffentlichung am 26.11.1983

Wie aus heiterem Himmel, schreibt Baresch, wurde am Tag (26.11.1983) vor Rechtskraft des neuen Codex Iuris Canonici (27.11.1983) eine Erklärung der Kongregation für die Glaubenslehre hinsichtlich Freimaurerei veröffentlicht.

> „Wie ein Keulenschlag traf daher am Abend des 26. November 1983 […] die so genannte „Sündhaftigkeitserklärung“ des Kardinal Ratzinger einen relativ großen Teil der katholischen Welt,

die Weltfreimaurerei, besonders Kardinal König in Wien und mich."[329]

Baresch sieht es als Affront, als Desavouierung des Kardinals.

Bischof Stimpfle dagegen schreibt, dass sich Papst Johannes Paul II. oftmals mit dieser Frage befasst hätte, bezeichnet die Formulierungen von Baresch als „primitive Verleumdung" und dass „es seine (des Papstes) erklärte Absicht (war), das Verbot der Freimaurerei aufrechtzuerhalten."[330]

Auch wenn dann noch auf diverse Rechtsgutachten einzugehen sein wird, so erscheint mir ganz wesentlich, dass auch heute noch die später zitierte Erklärung als erstes Dokument auf der Internet-Seite des Vatikans bei Eingabe des Begriffs „Freimaurerei" erscheint!

Und dass Joseph Kardinal Ratzinger die Erklärung einen Tag vor in Kraft treten des Codex Iuris Canonici (der seit Frühjahr 1983 bekannt war) veröffentlichte, ist sicherlich kein Zufall.

KONGREGATION FÜR DIE GLAUBENSLEHRE
URTEIL DER KIRCHE UNVERÄNDERT [331]

„Es wurde die Frage gestellt, ob sich das Urteil der Kirche über die Freimaurerei durch die Tatsache geändert hat, daß der neue CIC sie nicht ausdrücklich erwähnt wie der frühere.

Diese Kongregation ist in der Lage zu antworten, daß diesem Umstand das gleiche Kriterium der Redaktion zugrunde liegt wie für andere Vereinigungen, die gleichfalls nicht erwähnt wurden, weil sie in breitere Kategorien eingegliedert sind.

Das negative Urteil der Kirche über die freimaurerischen Vereinigungen bleibt also unverändert, weil ihre Prinzipien immer als unvereinbar mit der Lehre der Kirche betrachtet wurden und deshalb der Beitritt zu ihnen verboten bleibt. Die Gläubigen, die freimaurerischen Vereinigungen angehören, befinden sich also im Stand der schweren Sünde und können nicht die heilige Kommunion empfangen.

Autoritäten der Ortskirche steht es nicht zu, sich über das Wesen freimaurerischer Vereinigungen in einem Urteil zu äußern, das das oben Bestimmte außer Kraft setzt, und zwar in Übereinstimmung mit der Erklärung dieser Kongregation vom 17. Februar 1981 (vgl. AAS 73/1981; S. 240–241).

Papst Johannes Paul II. hat diese Erklärung, die in der ordentlichen Sitzung dieser Kongregation beschlossen wurde, bei der dem unterzeichneten Kardinalpräfekten gewährten Audienz bestätigt und ihre Veröffentlichung angeordnet.

Rom, am Sitz der Kongregation für die Glaubenslehre,
26. November 1983.

Joseph Kardinal RATZINGER
Präfekt
+ Erzbischof Jérôme Hamer, O.P.
Sekretär"

In vielen Kommentaren wurde darauf hingewiesen, dass nunmehr die seitens der Deutschen Bischofskonferenz festgestellte Unvereinbarkeit universalisiert, also Weltgeltung erlangt und bestätigt wurde.

Diese neuerliche Strafandrohung hat sicherlich auch viele traditionalistische Gläubige beruhigt, die die Entwicklung seit dem Zweiten Vatikanum „nicht rasch nachvollziehen konnten." [332]

Lt. Stimpfle hat die Wiener Nuntiatur (in der „Wochenpresse" vom 6.12.1983, Wien) erklärt: „Die Freimaurer sind im neuen Codex nicht namentlich genannt, aber sie sind unter allen anderen, die sich außerhalb der Kirche befinden. …Da hat sich überhaupt nichts geändert. Es ist so, wie es war."[333]

6.6.2 Die Begründung

Wesentlich ist die Begründung in dieser Erklärung (sh. Faksimile): „Das negative Urteil der Kirche über die freimaurerischen Vereinigungen bleibt also unverändert, weil ihre Prinzipien immer als unvereinbar mit der Lehre der Kirche betrachtet wurden …" Dass Katholiken „die freimaurerischen Vereinigungen angehören "dann im Stand der schweren Sünde seien und daher nicht die heilige Kommunion empfangen dürften, ist der angeführte Schluss.

Über die Frage der Rechtmäßigkeit wurde viel diskutiert, aber die Bestätigung des Beschlusses der Kongregation durch den Papst sollte an der Rechtskraft keinen Zweifel mehr lassen. Und dass eine authentische

Interpretation des can. 1364 (und nicht can. 1374) seitens der Kongregation möglich ist, wird durch etliche Autoren wie z. B. Wolfgang Waldstein bestätigt.[334]

Eine Exkommunikation als Tatstrafe (die quasi von selbst eintritt) gibt es lt. neuem Codex Iuris Canonici nicht mehr, nur mehr als Spruchstrafe im Falle der Kirchenfeindlichkeit einer Loge.

Es bleibt aber ein moralisches Verbot für Katholiken bzw. tritt der Tatbestand der schweren Sünde ein, da die Prinzipien der Freimaurerei mit denen der katholischen Kirche nicht vereinbar sind.

Lt. Pöschl geht es um die Wahrheit des Glaubens, „an jener Wahrheit, die Christus selber ist“; „denn es ist nicht möglich, Christus als den Retter anzuerkennen und gleichzeitig woanders sein Heil zu suchen,“ und wenn jemand „das Licht finden will, so stellt sich … die Frage, welches Licht denn ein Christ außer Jesus Christus noch suchen möchte.“[335]

Vergessen werden darf aber vor allem nicht eines der Leitmotive von Dignitatis humanae: „Gott selbst hat dem Menschengeschlecht Kenntnis gegeben von dem Weg, auf dem die Menschen ihm dienend, in Christus erlöst und selig werden können. Diese einzige wahre Religion, so glauben wir, ist verwirklicht in der katholischen, apostolischen Kirche, die von Jesus dem Herrn den Auftrag erhalten hat, sie unter allen Menschen zu verbreiten.“[336]

Und auch Stimpfle formuliert: „Es geht also um die Infragestellung der Lehre der Kirche, der Heilswahrheit unserer Offenbarungsreligion.“[337]

Auch die Frage des rechtlichen Charakters der Erklärung wird in der Literatur lang und ausführlich behandelt.

Georg Fischer kommt in seiner Diplomarbeit (theologische Fakultät Universität Innsbruck) – nach ausführlicher Darstellung – zu dem Schluss: „Die Glaubenskongregation hat mit dieser Erklärung die fortdauernde Unvereinbarkeit freimaurerischen Prinzipien mit der Lehre der katholischen Kirche festgestellt. Diese ist, …, in Form einer authentischen Interpretation geschehen, da sie vom Gesetzgeber approbiert und anschließend ordnungsgemäß promulgiert wurde. Daher hat diese Erklärung die gleiche Verbindlichkeit wie das Gesetz selbst.“[338]

Wobei auch die Autoritäten (Bischöfe) der Ortskirchen an die Erklärung gebunden sind, sie ist universell und führt wieder zu einer einheitlichen Haltung der Gesamtkirche.[339]

Wolfgang Waldstein behandelt den rechtlichen Charakter der Declaratio und kommt ebenfalls zur Überzeugung, dass sie eine „authentische Interpretation des Can. 1364 CIC“[340] ist. Er führt komplex aus, dass die Kongregation für den Glauben ihre Erklärung mit anderen vatikanischen Stellen abgestimmt habe und auch zur Interpretation berechtigt sei. „Um aber alle Zweifel zu beheben, wurde das Dokument dem Gesetzgeber selbst, Papst Johannes Paul II., vorgelegt, der es adprobavit et publici iuris fieri iussit.“[341] Die Kundmachung ist ordnungsgemäß in den Acta Apostolicae Sedis [76 (1984), 300] erfolgt.

Insgesamt muss gesagt werden, die Glaubenskongregation ist wieder auf geschichtliche Hintergründe eingegangen. „Auslöser des ursprünglichen kirchlichen ‚Nein‘ zur Freimaurerei war nicht deren kirchenfeindliche Tätigkeit, sondern deren Unvereinbarkeit mit dem katholischen Glauben gewesen. … Das Verbot der Mitgliedschaft in der Freimaurerei ist nun wieder ausschließlich ekklesiologisch begründet.“[342] Oder wie Waldstein formuliert: „Der Beitritt zu einer Vereinigung, deren Prinzipien mit fundamentalen Glaubenswahrheiten nicht vereinbar sind, schließt objektiv die Abstandnahme, die Trennung von dem Glauben in sich, für den diese Glaubenswahrheiten wesentlich sind, aus.“[343]

6.6.3 Reaktionen

Auf die Details der Pressereaktionen soll hier nicht näher eingegangen werden. Baresch hat sie im Historischen Jahrbuch der Stadt Linz 1998 ausführlich dokumentiert. Einige Überschriften bzw. Zitate zeigen die Zielrichtung:

- „Eine Erklärung des Vatikan stiftet Verwirrung und desavouiert Wiens Kardinal König“ (Herbert Geyer in der Wochenpresse vom 6.12.1983).
- „Will da jemand Schnee von gestern, längst nachdem dieser geschmolzen ist, nochmals zum Gefrieren bringen? … Was soll nun die „Erklärung“ aus Rom, dass sich „eigentlich“ nichts geändert habe? Gesunder Sinn schlichter Kirchenmitglieder sträubt sich gegen solch hanebüchene Erklärung.“ (Herbert Feichtlbauer in der Furche vom 14.12.1983).
- „Großer Ärger zwischen der Österreichischen und der Deutschen Bischofskonferenz!“ (TOP, 23.12.1983).
- „Kaum ist das neue Kirchenrecht am 27. November 1983 in Kraft getreten, beginnen schon die Auslegungsquereleien

der Kanonisten … Die Freimaurer holt schon wieder der Teufel.“ (Prof. Dr. Georg Denzler, Ordinarius für Kirchengeschichte).

- „Er (Kardinal Ratzinger) hat – das muß man dazu sagen – den Wiener Kardinal schwer desavouiert.“ (ORF-Kirchenfunk vom 31.1.1984).
- „Eine römische Intrige, ein Gegenzug konservativer Kräfte im deutschen Episkopat?“ (Otto Schulmeister in der „Presse“ vom 14.4.1984).

Es gab aber auch andere Stimmen:

- „Der neue Codex … eliminierte den Begriff „Freimaurer“, betonte jedoch die Exkommunikation für Vereinigungen solcher Art. Es ist dem tapferen Präfekten der Glaubenskongregation Josef Kardinal Ratzinger, zuzuschreiben, daß durch Dekret die Exkommunikationsstrafe für Katholiken … in Rechtskraft verbleibt.“ (Prof. DDr. Robert Prantner in TOP, Juni 1995).

6.6.4 Rechtsgutachten

Da Baresch überzeugt war, dass gegen die Erklärung etwas zu unternehmen sei, es aber nie zu einem Gespräch mit Kardinal Ratzinger kam bzw. auch Kardinal König nichts tun konnte, hat er zwei Rechtsgutachten (1986 und dann nochmals 1997) eingeholt, da er vor allem überzeugt war, es sei nur eine Meinung Kardinal Ratzingers. Wieso er den Satz „Papst Johannes Paul II., hat diese Erklärung … bestätigt …“nicht zur Kenntnis nehmen wollte, hat er mir auch im persönlichen Gespräch vom 11.2.2008 nicht beantwortet. Nur, dass Kardinal König von Kardinal Ratzinger nicht informiert worden war, auch nicht wisse, warum dieser diesen Schritt gesetzt habe.[344]

Das Linzer Institut für Kirchenrecht, Prof. DDr. Helmuth Pree, schreibt jedenfalls, dass seiner Meinung nach die Erklärung gemäß CIC/1983 rechtlich nichtig sei. Wobei vor allem auf can. 1374 (Vereinigungen, die gegen die Kirche Machenschaft betreibt) bzw. prinzipiellen Rechtscharakter geprüft wurde. Der Satz „ihre Prinzipien immer als unvereinbar mit der Lehre der Kirche“ wird nicht behandelt, erscheint mir aber – wie dargestellt – ganz wesentlich. Auf can. 1374 (Häresie) wird nicht eingegangen.

Gutachten Prof. DDr. Helmuth Pree:[345]

JOHANNES-KEPLER-UNIVERSITÄT LINZ
Rechtswissenschaftliche Fakultät
Institut für Kirchenrecht
o. Univ.-Prof. DDr. Helmuth Pree

A-4040 Linz-Auhof, 27.6.1986
Tel. (0732) 23 13 81 / 383

Zur Frage der Rechtsgültigkeit kirchlicher genereller Verwaltungsakte

Die Erklärung der Glaubenskongregation vom 26.11.1983 über die Freimaurervereinigungen (AAS 76 (1984) 300) ist kirchenrechtlich nicht als decretum generale gemäß can. 29 (mit Gesetzeskraft ausgestattet) zu werten, sondern entweder als "decretum generale executorium" (can. 32) oder als nur verwaltungsintern geltende "Instructio" (can. 34). An ihrem Rechtscharakter als Verwaltungsakt ändert die Tatsache der päpstlichen Approbation "in forma communi" nichts. Eine solche Approbation läßt den ursprünglichen Rechtscharakter eines Aktes unberührt und macht ihn nicht zu einem Rechtsakt des die Approbation Aussprechenden. Rechtlich ist also die genannte declaratio nach wie vor als genereller Verwaltungsakt einer römischen Kongregation (Verwaltungsbehörde) zu qualifizieren.

Für dem Gesetz widersprechende decreta generalia executoria und weiters für dem Gesetz widersprechende Instruktionen stellt der CIC/1983 eindeutig eine Nichtigkeitssanktion auf (can. 33 § 1 und can. 34 § 2 CIC).

Im Hinblick auf die Freimaurererklärung wäre nun zu prüfen, inwieweit Gesetzwidrigkeit im Hinblick auf can. 1374 CIC vorliegt. Meines Erachtens liegt hier Gesetzwidrigkeit und als Folge Nichtigkeit der Declaratio de associationibus massonicis vor, da die genannte Strafbestimmung mit Recht darauf abstellt, daß es sich bei den verbotenen Vereinigungen um

- 2 -

solche handeln müsse, die tatsächlich gegen die Kirche Machenschaften betreiben; danach ist klar, daß die Zugehörigkeit zur Freimaurerei an sich (d.h. ohne Prüfung der Frage, ob sie tatsächlich kirchenfeindlich agiert) keinen Straftatbestand bildet. Da nun die genannte Deklaration aber davon ausgeht, daß die Zugehörigkeit zur Freimaurerei an sich bereits einen Straftatbestand bildet, der ohne weitere Prüfung den Betreffenden von der eucharistischen Tischgemeinschaft ausschließt (weil die Zugehörigkeit an sich schon als schwere Sünde gewertet wird), liegt hier ein Widerspruch vor.

Helmuth Pree

(Univ.-Prof.Mag.theol.DDr.Helmuth Pree)

Auch im Juni 1997 geht Prof. Dr. Bruno Primetshofer auf can. 1374 bzw. Formaljuristik ein und kommt in seinem Brief [346] zu einem ähnlichen Schluss wie Pree.

INSTITUT FÜR KIRCHENRECHT
KATHOLISCH-THEOLOGISCHE FAKULTÄT
UNIVERSITÄT WIEN

Vorstand: Univ.-Prof. Dr. Bruno Primetshofer

Schottenring 21
A-1010 Wien
Tel. (43 1) 31 338/243-245
Fax (43 1) 31 338/216

2. Juni 1997

Herrn
Prof. Dr. Kurt Baresch
Bürgerstraße 1/I
4020 Linz

Lieber Kurt,

vielen herzlichen Dank für Dein Schreiben vom 12. Mai, das ich erst heute beantworten kann. Ich befand mich fast zwei Wochen in spitalsärztlicher Behandlung. Was Dein Anliegen betrifft, so danke ich zunächst einmal für Dein Buch, das ich bereits in der ersten Auflage mit Interesse gelesen habe.

Bezüglich des in Rede stehenden Dekrets der Glaubenskongregation vom 26. 11. 1983 habe ich bereits vor Jahren die Auffassung vertreten, die auch in der in Ablichtung beiliegenden Stellungnahme zum Ausdruck kommt. M. a. W. ich halte das Dekret aus formaljuristischen wie auch aus inhaltlichen Gründen für nicht verbindlich. Es wird Dich interessieren, daß ich diese Auffassung beim Internationalen Kanonistenkongreß in Ottawa 1984 zwar nicht in einem offiziellen Vortrag, aber in einem Diskussionsbeitrag offen vertreten und keinen Widerspruch erfahren habe. Meine Stellungnahme wurde in den Kongreßakten nicht veröffentlicht, weil in bezug auf mündliche Diskussionsbeiträge kein Protokoll geführt wurde und demzufolge die Kongreßakten keine diesbezüglichen Aussagen enthalten.

Ich möchte mich mit dieser Frage aber noch eingehender beschäftigen und beabsichtige eine etwas weiter ausholende Studie. Somit darf ich Dich noch um etwas Geduld bitten. Aber eines kann jetzt schon mit Sicherheit gesagt werden, daß es vom Wortlaut des c. 1374 her keinesfalls berechtigt ist, Katholiken allein wegen ihrer Mitgliedschaft bei den Freimaurern von der Eucharistiegemeinschaft auszuschließen. Denn der Wortlaut des genannten Kanons stellt ja keinesfalls expressis verbis auf die Freimaurerei ab – und dies aufgrund einer lange geführten Diskussion zwischen katholischer Kirche und Freimaurerei – sondern enthält die *Möglichkeit* einer Bestrafung nur für den Fall bereit, daß jemand einer Vereinigung angehört, die gegen die Kirche Machenschaften betreibt.

Es sei noch erwähnt, daß c. 915 in bezug auf den zwangsweisen *Ausschluß* vom Kommunionempfang taxative Gründe enthält, so daß es keinesfalls im freien Ermessen des Spenders der Eucharistie gelegen sein kann, einem Katholiken die Eucharistie zu verweigern.

Soweit eine vorläufige Stellungnahme.

23. 12. 2003

Herrn
Dr. Michael Kraus
Pötzleinsdorferstr. 20
1180 Wien

Hochverehrter Großmeister und Herr Kollege,

vielen Dank für Ihr Schreiben samt Beilagen. Ihren Inhalt kannte ich.

Weder mit Gutachten noch mit Meinungsäußerungen einzelner Bischöfe ist dem verbindlichen Rechtscharakter der "Erklärung der Glaubenskongregation zur Freimaurerei" vom 26. 11. 1983 beizukommen. Es handelt sich hier nicht um eine "Privatmeinung" Kardinal Ratzingers, sondern um einen Beschluss der Glaubenskongregation, welcher vom Papst bestätigt wurde. Der Papst hat auch ganz ausdrücklich und persönlich die Veröffentlichung des Beschlusses angeordnet. Autoritäten der Ortskirche, seien es nun Bischöfe, Generalvikare oder im Ruhestand befindliche Würdenträger wie Kardinal König, "steht es nicht zu, sich über das Wesen freimaurerischer Vereinigungen in einem Urteil zu äußern, welches das oben Bestimmte (Verbot der Zugehörigkeit zu freimaurerischen Vereinigungen, Exkummunikation für den Fall der Mitgliedschaft, Zustand der schweren Sündhaftigkeit bei Mitgliedschaft) außer Kraft setzt".
Herr Baresch hat völlig recht, wenn er meint, nur "Ratzinger" (d.h. die Glaubenskongregation) könne die Aussagen aufheben (S 297). Freundliche Gespräche mit irgendwelchen Bischöfen (Schönborn wurde bei der Präsentation angeführt) können an der Rechtskraft des Dekrets irgendetwas ändern. Die Aufhebung, das wissen Sie sehr gut, ist bis heute nicht geschehen, daher folgt aus der Mitgliedschaft zur Freimaurerei nach wie vor (seit 1736!) die automatische Exkommunikation.

Ein Dialog mit den Freimaurern, wie ihn Kardinal König einmahnt, wird selbstverständlich von der Kirche keineswegs ausgeschlossen und auch tatsächlich geführt. Allerdings bedeutet Dialog für die Kirche immer Mission, d.h. Hinführung zum wahren Glauben.

Die Freimaurerei lehnt sowohl die *eine* und einzige Kirche und den einzigen Glauben, der die Fülle der Wahrheit enthält, ab. Das bei der Präsentation vorgebrachte Beispiel von Nathan dem Weisen beweist das ja: Nathan läßt die ihm Vertrauenden über die Wahrheit im Unklaren und täuscht sie so.

Für die Kirche ist, wie ich das in meiner kurzen Wortmeldung anführte, Christus "der Weg, die Wahrheit und das Leben", in ihm und keinem anderen ist das "Heil".

Was die Einwände gegen die Freimaurerei betrifft, darf ich mir erlauben, Ihnen die anliegende, sehr konkrete Rede Sr. Durchlaucht Pater Odo von Württemberg beizulegen, um von Theologisch-Theoretischen einmal ganz zu schweigen.

Ich habe nur sehr ungern recht, aber in dieser Sache (Exkommunkation) gibt es nicht den geringsten Zweifel. Bleiben Sie mir trotzdem gewogen!

mit weihnachtlichen Grüßen!
Ihr Friedrich [illegible]

Anders der konservative Dozent Dr. Friedrich Romig[347] der z. B. am 23.12.2003 schreibt: „Weder mit Gutachten noch mit Meinungsäußerungen einzelner Bischöfe ist dem verbindlichen Rechtscharakter der „Erklärung … beizukommen. … Allerdings bedeutet Dialog für die Kirche immer Mission, d. h. Hinführung zum wahren Glauben. Die Freimaurerei lehnt sowohl die eine und einzige Kirche und den einzigen Glauben, der die Fülle der Wahrheit enthält, ab. …"[348]

Nach ausführlicher juristischer Diskussion (mit über 280 Seiten) kommt Klaus Kottmann (Untersuchungsrichter am Interdiözesanen Offizialat der Diözesen Hamburg und Osnabrück und Leiter der Fachstelle Kanonisches Recht im Erzbischöflichen Generalvikariat Hamburg) 2008/2009 zu der Erkenntnis, dass die Erklärung der Glaubenskongregation „lediglich deklaratorischen Charakter (hat) und stellt als solche in keiner Hinsicht ein neues Gesetz dar. Eine authentische Interpretation des c. 1374 CIC nimmt sie nicht vor, verbietet aber den katholischen Christen die Mitgliedschaft in der Freimaurerei, …"[349] „Als unstreitig kann festgehalten werden, dass das in der Erklärung normierte Verbot, als katholischer Christ einer Freimaurerloge beizutreten, zu beachten ist. … und als ein moralisches Gesetz zu qualifizieren."[350]

Zusammenfassend kommt Kottmann zum Schluss, dass die Erklärung der Glaubenskongregation weder Gesetz noch Strafgesetz sei, sondern eine kirchenamtliche Erklärung. Es geht aber „um die Gefahr für den katholischen Glauben", dass „eine Gesinnung gefördert wird, die der kirchlichen Lehre entgegensteht bzw. mit ihr unvereinbar ist."[351]

Die von mir später behandelten weiteren Jahrzehnte ab 1983 (sowie Österreich) behandelt Kottmann nicht mehr. Wie aber zu sehen sein wird, auch 2007 berufen sich höchste katholische Würdenträger auf das Verbot bzw. die Erklärung der Glaubenskongregation aus 1983 als unverändert gültig.

6.6.5 Schwere Sünde

Mit der Apostolischen Konstitution „Fidei depositum" hat Papst Johannes Paul II. am 11.10.1992 den „Katechismus der Katholischen Kirche" veröffentlicht. In der Einleitung schreibt er: „Der Herr hat seiner Kirche die Aufgabe anvertraut, das Glaubensgut zu hüten, … Als Hauptaufgabe hatte Papst Johannes XXIII. dem Konzil aufgetragen, das kostbare Gut der christlichen Lehre besser zu hüten und auszulegen, um es den Christgläubigen und allen Menschen guten Willens zugänglicher zu machen."[352]

Der Katechismus soll die Lehre der Heiligen Schrift, der lebendigen Überlieferung in der Kirche und das authentische Lehramt darstellen. In vier Teilen wird das Credo, die heilige Liturgie mit den Sakramenten, das christliche Handeln gemäß den zehn Geboten und das christliche Gebet behandelt. Der Katechismus ist somit „Eine Darlegung des Glaubens der Kirche und der katholischen Lehre wie sie von der Heiligen Schrift, der apostolischen Überlieferung und vom Lehramt der Kirche bezeugt und erleuchtet wird."[353]

Die Eucharistie wird als Summe des christlichen Glaubens genannt, denn in der Kommunion vereint sich der Christ mit Christus. Die Kommunion trennt ihn aber auch von der Sünde und „tilgt die löslichen Sünden."[354] Aber deutlich wird festgestellt: „Wer Christus in der eucharistischen Kommunion empfangen will, muß im Stande der Gnade sein. Falls jemand sich bewußt ist, daß er eine Todsünde begangen hat, darf er die Eucharistie nicht empfangen."[355]

Punkt 1855 sagt. „Die Todsünde zerstört die Liebe im Herzen der Menschen durch einen schweren Verstoß gegen das Gesetz Gottes. In ihr wendet sich der Mensch von Gott, seinem letzten Ziel und seiner Seligkeit ab und zieht ihm ein minderes Gut vor."[356]

Und damit eine Tat eine Todsünde ist, müssen gleichzeitig drei Bedingungen erfüllt sein (1857): „Eine Todsünde ist jene Sünde, die eine schwerwiegende Materie zum Gegenstand hat und die dazu mit vollem Bewusstsein und bedachter Zustimmung begangen wird" (RP17).[357] Wobei die Schwere der Materie entsprechend den zehn Geboten zu erkennen ist.

Daher werden im Sinne des ersten Gebots („Du sollst den Herrn, deinen Gott anbeten und ihm dienen") Glaubenszweifel und Unglauben definiert: „ Freiwilliger Glaubenszweifel besteht in der Vernachlässigung der Weigerung, für wahr zu halten, was Gott geoffenbart hat und die Kirche zu glauben vorlegt … Unglauben besteht in der Missachtung der geoffenbarten Wahrheit oder in der willentlichen Weigerung, ihr zuzustimmen.[358]

Es werden dann die Begriffe Häresie, Apostasie und Schisma gemäß Codex Iuris Canonici, can. 751, zitiert. Und damit sind wir wieder bei der einzig wahren katholischen Kirche: „Häresie nennt man die … beharrliche Leugnung einer mit göttlichem und katholischem Glauben zu glaubenden Wahrheit oder einen beharrlichen Zweifel an einer solchen Glaubenswahrheit, …"[359]

Damit entspricht natürlich jede Gemeinschaft, die nicht an den alleinigen Wahrheitsbegriff der katholischen Kirche glaubt und derartige Dogmen nicht anerkennt, nicht den Prinzipien der katholischen Kirche, wie eben die Erklärung der Glaubenskongregation aus 1983 feststellt.

Wobei die Enzyklika Dignitatis humanae besagt, dass die Gesamtheit des Sittengesetzes hinsichtlich Verkündigung und authentischer Interpretation sowie die Autorität für das persönliche Gewissen die katholische Kirche ist. „Die Kirche ist die von Gott eingesetzte Instanz, die verbindlich verkündet, was nach Gottes Willen als gut zu tun und böse zu unterlassen ist. … Die Kirche ist die Lehrerin der Wahrheit. An die Wahrheit ist das Gewissen gebunden. Mithin instruiert die Kirche das Gewissen." – so zitiert Georg May Papst Johannes Paul II. und die Enzyklika Veritatis splendor.[360]

Somit sind natürlich Gedanken von einer Religion, in der alle Menschen übereinstimmen, ihre besonderen Meinungen aber ihnen selbst überlassen ist (vgl. Alte Pflichten: I Von Gott und Religion), obsolet. Nur die katholische Kirche verkündigt und lehrt die Wahrheit, die Gläubigen sind verpflichtet ihr Gewissen nach dieser heiligen und sicheren Lehre zu bilden, denn was zu glauben und zu tun ist bestimmt die Lehre der katholischen Kirche.[361]

> „Das richtige Gewissen ist immer vernünftiger Gehorsam gegenüber Normen, … Im richtig funktionierenden Gewissen spricht sich wahrhaftig der Wille des Schöpfers aus. In diesem Sinne kann man sagen: Das gesunde Gewissen ist die Stimme Gottes … Ein Gewissensspruch, der sich gegen ein gerechtes und im Einzelfall verbindliches Gesetz richtet, ist irrig. Eine Gewissensentscheidung gegen das Gesetz Gottes kann nur falsch sein, denn nicht Gott kann sich irren, wohl aber der Mensch."[362]

Gehorsam, Stimme Gottes, verbindliches Gesetz – das sind auch in den Dokumenten des Zweiten Vatikanischen Konzils wesentliche Worte. Da es nur eine einzige Quelle der sittlichen Ordnung, nämlich Gott, geben kann, ist säkularisiertes Denken und Macht der Vernunft zweitrangig. „Sie (die katholische Kirche) ist die einzige positiv von Gott bestimmte Autorität zur Bildung der Gewissen."[363]

Veredle dich selbst durch Vernunft und Gewissen ist also nicht möglich. Oder wie Giese es formuliert: „Die Traditionen der Freimaurerei, die sich auf die Bildung des Verstandes und der Vernunft des Herzens, also der Gefühle, wie des Willens beziehen, haben keinen anderen Zweck als die Veränderung, die Verbesserung des einzelnen. Diese wahrhafte Bildung erfolgt nicht im Zeichen einer Fremdbestimmung, sondern soll und ist nach dem Sittenkatalog der Maurerei, das Ergebnis einer sicher mühseligen und langwierigen Selbsterziehung."[364] Die Logenmitglieder gehören eben vielen verschiedenen Glaubenssystemen an, sind aber sicher keine „fanatischen, unduldsamen Gläubigen", sondern achten ihre Mitmenschen.

Und auch der Begriff Religionsfreiheit ändert an dieser Interpretation nichts. Denn „das Recht auf Religionsfreiheit bedeutet weder die moralische Erlaubnis, einem Irrtum anzuhängen, noch ein angebliches Recht auf Irrtum,..."[365]

Einer dieser Irrtümer wäre Agnostizismus, der sogar die Existenz eines transzendenten Wesens postuliert; „dieses könne sich aber nicht offenbaren und niemand könne etwas über es aussagen."[366]

Die ausführliche Darstellung der schweren Sünde erklärt die Gedanken der Glaubenskongregation und wird auch noch bei einem Brief Kardinal Königs zu beachten sein.

Insgesamt ist es also eine religiöse Argumentation, die zur ablehnenden Haltung der katholischen Kirche führt.

Es seien nur mehr Stichworte angeführt:

- Der Subjektivismus der freimaurerischen Weltanschauung lässt sich mit dem Glauben an das geoffenbarte und authentisch ausgelegte Gotteswort nicht in Einklang bringen.
- Das Religionsverhältnis ist eine Religion in der alle Menschen übereinstimmen und nicht nur die Offenbarungstheologie des Christentums.
- Der Große Baumeister aller Welten ist eher deistisch im Gegensatz zur Selbstoffenbarung Gottes und seines alleinigen Wahrheitsanspruchs.[367]

6.6.6 „Überlegungen ein Jahr nach der Erklärung …“ (1985)

Die heftigen Diskussionen über die Erklärung der Glaubenskongregation wurden skizziert, „man sah darin eine Abkehr der kirchlichen Haltung vom Geist es Zweiten Vatikanischen Konzils“[368] meint Di Bernardo.

Vielfach wurde eine veränderte, lockerere Einstellung der Kirche zur Freimaurerei interpretiert.

Um die Diskussionen deutlich zu beantworten, veröffentlichte die vatikanische Zeitung L'Osservatore Romano am 23.2.1985 eine (zwar nicht unterzeichnete) Stellungnahme der Glaubenskongregation, „infolgedessen sei die Freimaurerei eine Religion, sogar eine Superreligion, die im Besitz einer absoluten Wahrheit sei, umfassender als die aller anderen Religionen.“[369]

In dem Artikel wird auf das System der Symbole, auf eine Arkandisziplin, auf eine relativistische Haltung (indem sie alle religiösen Bekenntnisse auf die gleiche Stufe stellt) und auf die Unvereinbarkeit des Wahrheitsbegriffes hingewiesen.

Eine Unvereinbarkeit des Katholiken mit der Freimaurerei ist auch daraus herauszulesen: „Indessen ist es einem katholischen Christen unmöglich, seine Beziehung zu Gott auf zwei Arten zu leben, das heißt sie in eine überkonfessionelle humanitäre und eine innere christliche Form aufzuteilen.“[370]

Und dass ein wesentlicher Satz aus der Enzyklika Humanum Genus (Papst Leo XIII., 20.4.1884) zitiert wird, spricht ebenfalls für sich: „Das Lehramt der katholischen Kirche hat philosophische Ideen und moralische Konzepte der Freimaurerei als im Widerspruch mit der katholischen Lehre stehend verurteilt.“[371]

Auszug aus dem Artikel von Osservatore Romano 23.2.1985: [372]

VATORE ROMANO

NALE QUOTIDIANO POLITICO RELIGIOSO

UNICUIQUE SUUM NON PRAEVALEBUNT

CITTA' DEL VATICANO — Sabato 23 Febbraio 1985

RIFLESSIONI A UN ANNO DALLA DICHIARAZIONE DELLA CONGREGAZIONE PER LA DOTTRINA DELLA FEDE

Inconciliabilità tra fede cristiana e massoneria

Il 26 novembre 1983 la Congregazione per la Dottrina della Fede pubblicava una dichiarazione sulle associazioni massoniche (cfr. A.A.S. LXXVI [1984] 300).

A poco più di un anno di distanza dalla sua pubblicazione può essere utile illustrare brevemente il significato di questo documento.

Da quando la Chiesa ha iniziato a pronunciarsi nei riguardi della massoneria il suo giudizio negativo è stato ispirato da molteplici ragioni, pratiche e dottrinali. Essa non ha giudicato la massoneria responsabile soltanto di attività sovversiva nei suoi confronti, ma fin dai primi documenti pontifici in materia e in particolare nella Enciclica «Humanum Genus» di Leone XIII (20 aprile 1884), il Magistero della Chiesa ha denunciato nella Massoneria idee filosofiche e concezioni morali opposte alla dottrina cattolica. Per Leone XIII esse si riconducevano essenzialmente a un naturalismo razionalista, ispiratore dei suoi piani e delle sue attività contro la Chiesa. Nella sua Lettera al Popolo Italiano «Custodi» (8 dicembre 1892) egli scriveva: «Ricordiamoci che il cristianesimo e la massoneria sono essenzialmente inconciliabili, così che iscriversi all'una significa separarsi dall'altra».

Non si poteva pertanto tralasciare di prendere in considerazione le posizioni della Massoneria dal punto di vista dottrinale, quando negli anni 1970-1980 la S. Congregazione era in corrispondenza con alcune Conferenze Episcopali particolarmente interessate a questo problema, a motivo del dialogo intrapreso da parte di personalità cattoliche con rappresentanti di alcune logge che si dichiaravano non ostili o perfino favorevoli alla Chiesa.

Ora lo studio più approfondito ha condotto la S.C.D.F. a confermarsi nella convinzione dell'inconciliabilità di fondo fra i principi della massoneria e quelli della fede cristiana.

Prescindendo pertanto dalla considerazione dell'atteggiamento pratico delle diverse logge, di ostilità o meno nei confronti della Chiesa, la S.C.D.F., con la sua dichiarazione del 26.11.83, ha inteso collocarsi al livello più profondo e d'altra parte essenziale del problema: sul piano cioè dell'inconciliabilità dei principi, il che significa sul piano della fede e delle sue esigenze morali.

A partire da questo punto di vista dottrinale, in continuità del resto con la posizione tradizionale della Chiesa, come testimoniano i documenti sopra citati di Leone XIII, derivano poi le necessarie conseguenze pratiche, che valgono per tutti quei fedeli che fossero eventualmente iscritti alla massoneria.

A proposito dell'affermazione sull'inconciliabilità dei principi tuttavia si va ora da qualche parte obiettando che essenziale della massoneria sarebbe proprio il fatto di non imporre alcun «principio», nel senso di una posizione filosofica o religiosa che sia vincolante per tutti i suoi aderenti, ma piuttosto di raccogliere insieme, al di là dei confini delle diverse religioni e visioni del mondo, uomini di buona volontà sulla base di valori umanistici comprensibili e accettabili da tutti.

La massoneria costituirebbe un elemento di coesione per tutti coloro che credono nell'Architetto dell'Universo e si sentono impegnati nei confronti di quegli orientamenti morali fondamentali che sono definiti ad esempio nel Decalogo; essa non allontanerebbe nessuno dalla sua religione, ma al contrario costituirebbe un incentivo ad aderirvi maggiormente.

In questa sede non possono essere discussi i molteplici problemi storici e filosofici che si nascondono in tali affermazioni. Che anche la Chiesa cattolica spinga nel senso di una collaborazione di tutti gli uomini di buona volontà, non è certamente necessario sottolinearlo dopo il Concilio Vaticano II. L'associarsi nella massoneria va tuttavia decisamente oltre questa legittima collaborazione e ha un significato ben più rilevante e determinante di questo.

Innanzi tutto si deve ricordare che la comunità dei «liberi muratori» e le sue obbligazioni morali si presentano come un sistema progressivo di simboli dal carattere estremamente impegnativo. La rigida disciplina [illegible] che vi domina rafforza ulteriormente il peso dell'interazione di segni e di idee. Questo clima di segretezza comporta, oltre tutto, per gli iscritti il rischio di divenire strumento di strategie ad essi ignote.

Anche se si afferma che il relativismo non viene assunto come dogma, tuttavia si propone di fatto una concezione simbolica relativistica, e pertanto il valore relativizzante di una tale comunità morale-rituale lungi dal poter essere eliminato, risulta al contrario determinante.

In tale contesto, le diverse comunità religiose, cui appartengono i singoli membri delle Logge, non possono essere considerate se non come semplici istituzionalizzazioni di una verità più ampia e inafferrabile. Il valore di queste istituzionalizzazioni appare, quindi, inevitabilmente relativo, rispetto a questa verità più ampia, la quale si manifesta invece piuttosto nella comunità della buona volontà, cioè nella fraternità massonica.

Per un cristiano cattolico, tuttavia, non è possibile vivere la sua relazione con Dio in una duplice modalità, scindendola cioè in una forma umanitaria — sovraconfessionale e in una forma interna — cristiana. Egli non può coltivare relazioni di due specie con Dio, né esprimere il suo rapporto con il Creatore attraverso forme simboliche di due specie. Ciò sarebbe qualcosa di completamente diverso da quella collaborazione, che per lui è ovvia, con tutti coloro che sono impegnati nel compimento del bene, anche se a partire da principi diversi. D'altronde un cristiano cattolico non può nello stesso tempo partecipare alla piena comunione della fraternità cristiana e, d'altra parte, guardare al suo fratello cristiano, a partire dalla prospettiva massonica, come a un «profano».

Anche quando, come già si è detto, non vi fosse un'obbligazione esplicita di professare il relativismo come dottrina, tuttavia la forza relativizzante di una tale fraternità, per la sua stessa logica intrinseca ha in sé la capacità di trasformare la struttura dell'atto di fede in modo così radicale da non essere accettabile da parte di un cristiano, «al quale cara è la sua fede» (Leone XIII).

Questo stravolgimento nella struttura fondamentale dell'atto di fede si compie, inoltre, per lo più, in modo morbido e senza essere avvertito: la salda adesione alla verità di Dio, rivelata nella Chiesa, diviene semplice appartenenza a un'istituzione, considerata come una forma espressiva particolare accanto ad altre forme espressive, più o meno altrettanto possibili e valide, dell'orientarsi dell'uomo all'eterno.

La tentazione ad andare in questa direzione è oggi tanto più forte, in quanto essa corrisponde pienamente a certe convinzioni prevalenti nella mentalità contemporanea. L'opinione che la verità non possa essere conosciuta è caratteristica tipica della nostra epoca e, nello stesso tempo, elemento essenziale della sua crisi generale.

Proprio considerando tutti questi elementi la Dichiarazione della S. Congregazione afferma che la iscrizione alle associazioni massoniche «rimane proibita dalla Chiesa» e i fedeli che vi si iscrivono «sono in stato di peccato grave e non possono accedere alla Santa Comunione».

Con questa ultima espressione, la S. Congregazione indica ai fedeli che tale iscrizione costituisce obiettivamente un peccato grave e, precisando che gli aderenti a una associazione massonica non possono accedere alla Santa Comunione, essa vuole illuminare la coscienza dei fedeli su di una grave conseguenza che essi devono trarre dalla loro adesione a una loggia massonica.

La S. Congregazione dichiara infine che «non compete alle autorità ecclesiastiche locali di pronunciarsi sulla natura delle associazioni massoniche, con un giudizio che implichi deroga a quanto sopra stabilito». A questo proposito il testo fa anche riferimento alla Dichiarazione del 17 febbraio 1981, la quale già riservava alla Sede Apostolica ogni pronunciamento sulla natura di queste associazioni che avesse implicato deroghe alla legge canonica allora in vigore (can. 2335).

Allo stesso modo il nuovo documento emesso dalla S.C.D.F. nel novembre 1983, esprime identiche intenzioni di riserva relativamente a pronunciamenti che divergessero dal giudizio qui formulato sulla inconciliabilità dei principi della massoneria con la fede cattolica, sulla gravità dell'atto di iscriversi a una loggia e sulla conseguenza che ne deriva per l'accesso alla Santa Comunione. Questa disposizione indica che, malgrado la diversità che può sussistere fra le obbedienze massoniche, in particolare nel loro atteggiamento dichiarato verso la Chiesa, la Sede Apostolica vi riscontra alcuni principi comuni, che richiedono una medesima valutazione da parte di tutte le autorità ecclesiastiche.

Nel fare questa Dichiarazione, la S.C.D.F. non ha inteso disconoscere gli sforzi compiuti da coloro che, con la debita autorizzazione di questo Dicastero, hanno cercato di stabilire un dialogo con rappresentanti della Massoneria. Ma, dal momento che vi era la possibilità che si diffondesse fra i fedeli l'errata opinione secondo cui ormai la adesione a una loggia massonica era lecita, essa ha ritenuto suo dovere far loro conoscere il pensiero autentico della Chiesa in proposito e metterli in guardia nei confronti di una appartenenza incompatibile con la fede cattolica.

Solo Gesù Cristo è, infatti, il Maestro della Verità e solo in Lui i cristiani possono trovare la luce e la forza per vivere secondo il disegno di Dio, lavorando al vero bene dei loro fratelli.

***

Pointiert formuliert Frick: „Der Freimaurer katholischer Konfession verbleibt „auf ewig“ dem Höllenfeuer überliefert, er bleibt auf immer ein Mitglied der „Synagoge Satans“... Über sein Seelenheil muss der „sündige“ Maurer als Mitglied der „Synagoge Satans“ (?) allerdings selbst befinden.“[373]

Ähnlich schreibt Prof. Dr. Georg Denzler, Ordinarius für Kirchengeschichte in der „Süddeutsche Zeitung“ (24./25.3.1984) „Die Freimaurer holt schon wieder der Teufel!... Glücklicherweise gibt die Bibel uns einen anderen Maßstab ... das tröstliche Wort Jesu: ‚Wer zu mir kommt, den werde ich gewiss nicht fortweisen! (Joh. 6, 37)“.[374]

Er führt aber dann weiter aus, dass 1990 auch die „Generalsynode der Kirche von England“ und die „Methodisten-Konferenz“ in England die gleichzeitige Zugehörigkeit von Freimaurern in ihren Institutionen ablehnen.[375]

Entrüstet schreibt Rolf Appel im „Hanseatischen Logenblatt“ vom Mai 1984:

> „...abgesehen davon, daß die deutschen Bischöfe in ihrer Haltung gegenüber den Freimaurern konträr zu der der österreichischen Bischöfe stehen, stellt die Erklärung Kardinal Ratzingers einen Rückfall in die schwärzeste Zeit der kath. Kirche dar und unwillkürlich wird man erinnert an Ablaßhandel, Inquisition und Hexenverbrennung. ...Wieviel edles Streben wurde von allen Beteiligten aufgewandt, um endlich Gräben zuzuschütten, damit Menschen wieder zueinander finden können. Aber die kath. Kirche hat nicht gewollt. Sie hat verdammt in alle Ewigkeit. Sie tat es im Namen Christi, aber sie wird sich auch dafür vor dem Herrn der Kirche zu verantworten haben.“ [376]

Wenngleich auch Rolf Appel an den Problemen mit der Deutschen Bischofskonferenz nicht ganz unschuldig sein dürfte (z. B. durch die Veröffentlichung der Lichtenauer Erklärung), ist ihm jedenfalls profunde Kenntnis der Materie zu attestieren. Und wenn man sein umfangreiches literarisches und freimaurerisches Werk betrachtet, so ist zu sehen, er meint die zuletzt zitierten Sätze.

6.7 „Jesus Christus enthüllt den Seinen das Wesen der Freimaurerei"

Wenn Denzler – lt. vorstehendem Kapitel – noch gemeint hat „… glücklicherweise gibt die Bibel uns einen anderen Maßstab …,"[377] wird man 1998 eines Besseren belehrt. In einem (in Österreich lt. Österreichischen Bibliothekenverbund nur in einer Bibliothek – der Oberösterreichischen Landesbibliothek – vorhandenem Werk) Buch ohne Autor verkündet Jesus Christus einer Hausfrau aus Paris, Francoise, seine Botschaften zu den Freimaurern. Er beklagt, „dass die Freimaurer in seine Kirche eingedrungen seien, und kündigt an, dass er eingreifen wird, um die schwarzen Schafe zu verjagen."[378] Und es ist wieder der alleinige Wahrheitsanspruch der Kirche der wesentliche Grund, „denn die Kirche ist und bleibt auf die Wahrheit gegründet." Bei einem katholischen Freimaurer aber wäre Glaube eine subjektive Meinung, eine einfache Gewissensangelegenheit, „ohne die Grundlage der allgemeingültigen Wahrheit."[379]

Der „Seelenführer von Francoise" spricht noch davon, dass „Er verspricht Gerechtigkeit und Reinigung, denn Er will eine Heilige Kirche, eine Kirche voll Licht."[380]

Natürlich wird Satan bemüht, schwarze Magie, Hass gegen Gott, Dämonen sowie reißende und lügnerische Wölfe, die bereits die höchsten kirchlichen Posten eingenommen haben. Auch dass Priester zu wenig Zeit hätten, „sie leben ihr Priestertum wie einen Beruf und nicht wie ein Liebeswerk."[381]

> „*Mittwoch, den 10. Juli 1996*
> Jesus, der Christus diktiert dir:
> Das Werk, das Ich dir jetzt auftrage, hat zum Ziel, die Augen jener zu öffnen, die die Geißel nicht kennen, die sich hinter der Freimaurerei verbirgt:
> nämlich Satan.
> Wer Ohren hat zu hören, der höre.
> Wer Augen hat zu sehen, der sehe.
> Wer Satan bekämpfen will, der erhebe sich.
> Und am Ende soll die Liebe in den Herzen herrschen.
> Amen.
>
> *Jesus-Christus*

Mittwoch, den 10. Juli 1996
Jesus-Christus diktiert dir:

Die Geißel Satans

Die Freimaurerei hat die völlige Zerstörung der Menschheit zum Ziel;
Ich, Jesus-Christus, Sohn Gottes und Mariens, sage euch das.
Nicht diese bevorzugte Seele, deren Haus Ich führe, noch irgendeine finstere Macht, sondern Ich, der Gott allen Lebens, verspreche euch, dass Ich es bin, der spricht.
Satan hat beschlossen, gegen das Leben zu arbeiten und hat sich einfallen lassen, die Menschen gegen Gott aufzuhetzen durch die teuflischste Unternehmung, die es gibt, und die aus Stolz und Haß gegen Gott besteht: die Freimaurerei.
Sie ist ein ausgeklügeltes Werk der Zerstörung, das sich hinter einem angeblich wohltätigen Werk verbirgt.
Es sind ausgeklügelte Anweisungen, die von Satan kommen, und gegen die nicht einmal – gewisse – Anhänger dieser Sekte Argwohn hegen.
Es ist ein ausgeklügeltes Gesindel, das im Verborgenen wirkt, um den Thron Gottes zu erschüttern und seinen Platz einzunehmen.
So: hier ist in wenigen Worten zusammengefaßt, was die Freimaurerei darstellt, Kind. Aber Ich werde dir die verborgenen Hintergründe im einzelnen enthüllen, und dann wirst du wissen, worum Ich dich bitte, wenn Ich dir sage:

Bekämpfe diese Sekte und zerstöre sie.
Ich segne dich.

Jesus-Christus“[382]

Auch bei längerem Lesen dieses Werkes sind wenig inhaltliche Informationen zu entnehmen, außer dass es 89 Seiten lang ähnlich wie vorstehend dahingeht. Wobei immer wieder freimaurerische Priester angesprochen werden. Aber Maria und Jesus beschützen die „kleine Geliebte“.

„Die finsteren Kundgebungen Satans, die Mich nachäffen, könnt ihr an der Finsternis erkennen, die sie nach sich ziehen:
einer Finsternis, die sich dem Frieden und der Freude widersetzen, die Maria und Ich euch geben.

Ihr Meine Kinder sollt also lernen, den Geist zu erkennen und euch nicht von Priestern mitreißen lassen, die nicht mehr in Übereinstimmung mit Mir und Meinem Papst Johannes-Paul II. leben.

...

Und schließlich sollst du wissen, dass Maria da ist, um dich zu stützen; sie kennt ihre Kirche gut und wacht über sie.

Du sollst kein Mitleid haben mit denjenigen, die Meine Botschaft nicht anerkennen wollen; sie werden im Irrtum verharren, bis sie sich vor Mir erniedrigen. Fahre fort, gehe immer weiter: andere Schafe warten.

Deine Seele soll immer im Frieden sein, weil du Meine kleine Geliebte bist, die Ich beschütze.

Jesus und Maria segnen dich.

Jesus und Maria“[383]

7 Der Dialog im 21. Jahrhundert

7.1 Die Jahre vom CIC 1983 bis zum Tod Kardinal Königs (2004)

7.1.1 Dank der Großloge (1986)

Baresch schreibt in seiner Fortsetzung „Katholische Kirche und Freimaurerei (1983–1999), dass „Kardinal Ratzinger (oder sein Nachfolger) früher oder später die nicht begreifbare und unmögliche Erklärung vom 26. November 1983 zurücknehmen oder wenigstens relativieren werden. Glaubte, dass es auch ihm endlich ein Bedürfnis sein müsste, Verständigung und Versöhnung vor weitere Rechthaberei, Abgrenzung, ja Feindschaft zu setzen."[384]

Wie zu sehen sein wird, war dies eine Hoffnung, aber auch ein vollständiger Irrtum.

Zwischen dem Kardinal und Baresch herrschte die nächsten Jahre eine gute persönliche private Beziehung. Insgesamt war es um die gesamte Causa aber still geworden.

Interessanterweise bedankte sich die Großloge von Österreich erst im Oktober 1986 für die Arbeit der letzten Jahre und negierte die so genannte „Sündhaftigkeitserklärung" ganz: „Die langen Jahre unserer gemeinsamen, so menschlichen, sachlichen und objektiven Gespräche und Arbeiten haben in erfreulichen Dimensionen weitgehend – de jure ganz – die fast ein Vierteljahrtausend zwischen katholischer Kirche und Freimaurerei schwelenden Missverständnisse eliminiert und zu einem Klima geführt, das trotz aller vielleicht noch in manchen Kreisen existierenden Vorbehalte eine tragfähige Basis für eine echte und objektivere Beurteilung und Verständigung geschaffen hat.

Diese denkwürdige Entwicklung, die im neuen am 27. November 1983 in Kraft getretenen CIC Krönung und Abschluß fand, ist in hohem Maße der Aufgeschlossenheit, Weltoffenheit, Weitsicht, Toleranz und Mühewaltung Eurer Eminenz zu verdanken und stellt zweifellos einen historischen Markstein im heute auf allen Gebieten so konfliktreichen Leben der Menschheit dar. Die anachronistische Konfrontation hat unserer Meinung nach damit ein gutes, faires und gerechtes Ende gefunden."[385]

Wieso erst nach fast drei Jahren dieser tiefe Dank erfolgte, konnte Baresch im persönlichem Gespräch nicht erklären, er meinte (am 11.2.2008) die Zeit nach der „Sündhaftigkeitserklärung" wäre zu turbulent gewesen.

Der Dank der Großloge von Österreich 1986: [386]

GROSSLOGE VON ÖSTERREICH

DER A. F. u. A. MAURER

DER GROSSMEISTER

~~A-1010 WIEN~~
~~DOROTHEERGASSE 12~~
~~TELEFON (0222) 52 74 12~~

Unsere neue Adresse und Telefonnummer:
A-1010 WIEN
RAUHENSTEINGASSE 8
TEL. (0222) 512-74-28

An
SE
DDDr. Franz Kardinal K ö n i g ,
Millergasse 6
A 1060 W i e n

Im Oktober 1986

Eure Eminenz !
Hochverehrter Herr Kardinal !

Es ist uns ein aus vollem Herzen kommendes Anliegen, unseren von tiefer Verehrung für Ihre Persönlichkeit getragenen Dank für Ihre Haltung und Ihr Wirken, noch einmal in Worte zu fassen.

Die langen Jahre unserer gemeinsamen, so menschlichen, sachlichen und objektiven Gespräche und Arbeiten haben in erfreulichen Dimensionen weitgehend- de jure ganz - die fast ein Vierteljahrtausend zwischen katholischer Kirche und Freimaurerei schwelenden Mißverständnisse eliminiert und zu einem Klima geführt, das trotz aller vielleicht noch in manchen Kreisen existierenden Vorbehalte eine tragfähige Basis für eine echte und objektivere Beurteilung und Verständigung geschaffen hat.

Diese denkwürdige Entwicklung, die im neuen am 27. Nov. 1983 in Kraft getretenen CIC Krönung und Abschluß fand, ist in hohem Maße der Aufgeschlossenheit, Weltoffenheit, Weitsicht, Toleranz und Mühewaltung Eurer Eminenz zu verdanken und stellt zweifellos einen historischen Markstein im heute auf allen Gebieten so konfliktreichen Leben der Menschheit dar. Die anachronistische Konfrontation hat unserer Meinung nach damit ein gutes, faires und gerechtes Ende gefunden.

Unser nochmaliger Dank hiefür soll begleitet sein von unseren herzlichsten Wünschen für Ihr künftiges persönliches Wohlergehen und weiteres erfolgreiches Wirken zum Segen der kirchlichen u n d weltlichen Sphäre.

Mit dem Ausdruck aufrichtigster und allerhöchster Wertschätzung g rüßen herzlichst

A. G i e s e
Grossmeister

K. B a r e s c h
Dep. Grossmeister

7.1.2 Neuerliche Sondierung (1993)

Etwa zehn Jahre nach dem neuen Codex Iuris Canonici bzw. der Erklärung der Glaubenskongregation kamen Baresch und König zur Meinung, dass Kardinal König in Rom neuerlich Sondierungsgespräche führen sollte.

Baresch verfasste daher am 18.10.1993 einen Brief an den Kardinal, in dem er – in eher scharfen Worten – auf die Erklärung vom 26.11.1983 und deren juristischer Einschätzung – gemäß den zitierten Gutachten – einging. Wesentliche Begründung ist wieder, dass die Freimaurerei keine Machenschaften gegen die Kirche betreibe. Baresch will nicht Bittsteller sein, aber helfen die Vorurteile und Fehleinschätzungen abzubauen.[387]

KLIN.-U. GESUNDHEITSPSYCHOLOGE
PROF. DR. KURT BARESCH
A-4020 LINZ, BÜRGERSTRASSE 1/I
TELEFON 0732/773223

Linz,1993-10-18

S.E.
DDDr. Franz Kardinal König

Millergasse 6
A-1060 W I E N

Hochverehrte Eminenz !,
lieber Herr Kardinal!

Seit der von allen, insbesondere den katholischen Freimaurern - sie sind es in der Mehrzahl - mehr oder weniger ungeheuerlich, ja schmählich empfundenen Erklärung Kardinal Ratzingers v. 26.11.83 (vgl. Blg.1) sind inzwischen 10 Jahre vergangen in welcher die Freimaurerei und auch ich darüber schwieg bzw. wir uns bemühten, diesen ungeheuerlichen, neuerlichen Anwurf eines so hochrangigen und höchstautorisierten Kurienkardinals mit möglichster Gelassenheit hinzunehmen.

In dieser langen Zeit habe ich unzählige Briefe - über und in der Sache - von empörten, enttäuschten Brüdern und auch Nichtfreimaurern aus vielen Ländern erhalten. Fast alle Schreiben beinhalteten Unverständlichkeit über ein solches eklatantes Vorgehen der Kurie und das Ersuchen entscheidende Schritte dagegen zu unternehmen.

Aus Verpflichtung und auch persönlichem Bedürfnis habe ich zunächst über die og. Erklärung von Kardinal Ratzinger von kath. Kirchenrechtlern Expertisen eingeholt, welche übereinstimmende Ergebnisse einbrachten.

Zur Frage der Rechtsgültigkeit kirchlicher genereller Verwaltungsakte:

"Die Erklärung der Glaubenskongregation vom 26.11.1983 über die Freimaurervereinigung (AAS 76 (1984) 300) ist kirchenrechtlich nicht als decretum generale gemäß can. 29 (mit Gesetzeskraft ausgestattet) zu werten, sondern entweder als "decretum generale executorium" (can. 32) oder als nur verwaltungsintern geltende "Instructio" (can. 34). An ihrem Rechtscharakter als Verwaltungsakt ändert die Tatsache der päpstlichen Approbation "in forma communi" nichts. Eine solche Approbation läßt den ursprünglichen Rechtscharakter eines Aktes unberührt und macht ihn nicht zu einem Rechtsakt des die Approbation Aussprechenden. Rechtlich ist also die genannte declaratio nach wie vor als genereller Verwaltungsakt einer römischen Kongregation (Verwaltungsbehörde) zu qualifizieren.

Für dem Gesetz widersprechende decreta generalia executoria und weiters für dem Gesetz widersprechende Instruktionen stellt der CIC / 1983 eindeutig eine Nichtigkeitssanktion auf (can. 33 § 1 und can. 34 § 2 CIC).

Im Hinblick auf die Freimaurererklärung wäre nun zu prüfen, inwieweit Gesetzwidrigkeit im Hinblick auf can. 1374 CIC vorliegt. Meines Erachtens liegt hier Gesetzwidrigkeit und als Folge Nichtigkeit der Declaratio de associationibus massonicis vor, da die genannte Strafbestimmung mit Recht darauf abstellt, daß es sich bei den verbotenen Vereinigungen um solche handeln müsse, die tatsächlich gegen die Kirche Machenschaften betreiben; danach ist klar, daß die Zugehörigkeit zur Freimaurerei an sich (d.h. ohne Prüfung der Frage, ob sie tatsächlich kirchenfeindlich agiert) keinen Straftatbestand bildet, der ohne weitere Prüfung den Betreffenden von der eucharistischen Tischgemeinschaft ausschließt (weil die Zugehörigkeit an sich schon als schwere Sünde gewertet wird), liegt hier ein Widerspruch vor".

Unabhängig davon habe ich den um die ganze Welt verstreuten oft sehr namhaften, qualifizierten und höchst einflußreichen Brüdern und profanen Personen zum Abstandhalten und zur Besonnenheit geraten, aber auch versprochen, mich zu einem späteren, mir richtig scheinenden Zeitpunkt, der Sache nochmals anzunehmen.

Sie alle - ich glaube ausnahmslos - haben sich und auch ich in Geduld geübt und diese in der Zwischenzeit bewiesen. Nun, vielleicht hängt das mit dem Dezennium des Schweigens zusammen, vermag ich, in besonderer Verantwortung für die Angelegenheit - nach beiden Seiten - dies nicht noch länger zu prolongieren.

Da ich glaube, nein weiß, daß Sie in dieser Causa innerhalb der Kirche höchst involviert und sicher auch der objektiv informierteste sind, wende ich mich daher heute mit der Frage an Sie, ob Sie als "Brückenbauer" erneut bereit wären in der so leidlichen und im Grunde genommen unverständlichen Causa des einseitigen Mißverständnisses Ihre so hohen geistigen und moralischen Kräfte zur Verfügung zu stellen?

Ich will auch heute - ich muß das ausdrücklichst betonen - nicht als Bittsteller sondern nur kalmierend auftreten und meine Möglichkeiten und Dienste zur Verfügung stellen, wobei ich glaube - ich sage das mit aller Bescheidenheit -, hiemit eher der Kirche, vor allem hinsichtlich ihrer großen Probleme der Jetztzeit, ausschließlich gutgemeinte Dienste zu erweisen.

Es müßte doch im Interesse aller wohlmeinender und -wirkender Menschen möglich sein so haarsträubende Mißverständnisse, grundlose, leider aber festbetonierte Vorurteile, Fehleinschätzungen u. -haltungen in Redlichkeit abzubauen!

Lassen Sie mich Ihnen, höchstgeschätzter Herr Kardinal, nur ein Beispiel für die so massiven verleumderischen Verhetzungsversuche gegen die Freimaurerei, aber auch des Ansehens der kath. Kirche, das schmählich - schändliche Buch M. Adlers "Die Freimaurer und der Vatikan" (ich habe Ihnen zur besseren Übersicht einen Namensindex angefertigt) in Ablichtung beilegen. Sind solche Ergüsse wirklich noch begreifbar und kann man solche noch schweigend tolerieren bzw. ihnen Vorschub leisten?

In der Hoffnung, daß Sie hier mit Ihrer so hohen Autorität noch einmal zum Wohl aller - aller Menschen die guten Willens sind und mondial davon betroffen sind und werden - eingreifen verbleibe ich mit sehr herzlichen Grüßen und allerbesten Wünschen für Ihr allgemeines so segenreiches Wirken

stets Ihr sehr ergebener

Kurt Baresch.

Nach fast einem halben Jahr kam in einem Brief an Kardinal König die ablehnende Haltung Kardinal Ratzingers: „Sie (die Kongregation) hat ein allgemeines Prinzip formuliert, wie es ihre Kompetenz ist." Um dann das generelle Problem als ein persönliches von Dr. Baresch zu deklarieren, der sich mit einem österreichischen Seelsorger besprechen müsse.[388]

9. April 1994

Seiner Eminenz
dem Hochwürdigsten Herrn
Kardinal Franz KÖNIG
Alterzbischof von Wien
Wollzeile 2

A-1010 WIEN

Eminenz!

Seit langem bin ich Dir eine Antwort auf Dein Schreiben vom Neujahrstag bezüglich eines Gesprächs zwischen Dr. Baresch und einem Vertreter unserer Kongregation schuldig. Die Verzögerung der Antwort ergab sich aus der Schwierigkeit der Suche nach einem geeigneten Gesprächspartner. Leider muß ich gestehen, daß ich nicht fündig geworden bin. Die Kongregation als solche weiß sich für solch persönliche Erörterungen nicht zuständig. Sie hat ein allgemeines Prinzip formuliert, wie es ihre Kompetenz ist. Pastorale Fragen einer komplexen persönlichen Situation zu behandeln, liegt auf einer anderen Ebene. In solchen Gesprächen müssen die gegebenen Prinzipien vorausgesetzt werden; ihr Inhalt kann nur das Problem der Anwendung auf Einzelfälle ohne Verletzung der Prinzipien selbst sein. Insofern wäre es richtiger, wenn Dr. Baresch mit einem erfahrenen und um die Probleme wissenden Seelsorger in Österreich selbst sprechen könnte. Wenn dabei Ergebnisse von überpersönlichem Interesse herauskommen und Du selbst nach Einsichtnahme in ein eventuelles Ergebnisprotokoll der Meinung bist, daß dies für uns von Interesse ist, so könnte ein solches Protokoll uns zur Kenntnisnahme zugeschickt werden. Man könnte dann immer noch sehen, ob andere Gesprächsebenen wünschenswert sind.

Mit österlichen Segensgrüßen verbleibe ich

Dein

+ Joseph Card. Ratzinger

7.1.3 Kardinal König: „Ich glaube, wohl feststellen zu können …" (1998)

Trotz verschiedener Gespräche und Telefonate kam es zu keiner wesentlichen Änderung der Standpunkte, sodass Baresch im Jänner 1998 den Kardinal bat: …" darf ich Sie, …, nochmals ersuchen, mir Ihre persönliche Stellungnahme zur Frage der Sündhaftigkeit des Freimaurers bzw. der Freimaurerei und der letzten Haltung von Kardinal Ratzinger in dieser „leidigen" Angelegenheit schriftlich zukommen zu lassen."[389]

Klin. Psychologe u. Psychotherapeut
PROF.DR. KURT BARESCH
A-4020 Linz, Bürgerstraße 1/I

26. Jänner 1998

S.E.
DDDr. Franz Kardinal König
Millergasse 6
A-1060 W i e n

Höchstgeschätzte und -verehrte Eminenz !,
lieber Herr Kardinal !

Nochmals vielen Dank für Ihren freundlichen Anruf v. 20.1.98 und den Bericht bzgl. Ihrer beiden Gespräche mit Kardinal Ratzinger.

Ihre Nachrichten aus Rom haben mich äußerst bestürzt. Wie kann ein so hochverantwortlicher Mann der Kirche so uneinsichtig und hartnäckig an seinen im November 1983 gemachten Äußerungen - Sündhaftigkeitserklärung - festhalten, wo er doch für diese weder aus objektiven noch aus kirchenrechtlichen Gründen eine Berechtigung hiefür hatte. Hinzu kommt, daß dies auch Ihnen gegenüber eine schwere Desavouierung darstellte. Kardinal Ratzinger mußte zum damaligen Zeitpunkt wissen, was Sie, hochgeschätzter Herr Kardinal, von 1968 bis 1983 für die Befriedung mit der Freimaurerei, d.h. Aufhebung ihrer Diskriminierung im CIC, an umfangreicher Dialogarbeit geleistet haben. Wissen, daß auch sein Vorgänger im Amt, Kardinal Seper, ja auch Kardinal Felici und etliche andere Kardinäle, schließlich auch Papst Paul VI. hiefür sehr viel beigetragen haben.

Daß Kardinal Ratzinger Ihr erneutes - und wie besprochen letztes - Angebot: ...entweder Aufgabe seines seinerzeitigen Standpunktes oder (wenigstens) einer Relativierung zuzustimmen, mit subjektiven, schwer nachvollziehbaren Begründungen und Hinweisen zurückwies - obwohl er andererseits sehr wohl Ihnen gegenüber, wie Sie mir sagten, darauf hinwies, daß die Menschen von heute die zurückliegenden Auffassungen und Gegebenheiten ohnehin viel objektiver beurteilen -, finde ich - auch im Hinblick auf das sonstige augenblickliche Szenario innerhalb der Kirche! - erschreckend. Erneut kein Ruhmesblatt für die röm.-kath. Kirche!

Die Freimaurerei kann, der einzelne praktizierende kath. Freimaurer wird noch eine Zeitlang damit leben müssen.

Da Sie, hochverehrte Eminenz, wissen, daß die Freimaurerei von jedem Aufnahmewerber ausnahmslos ein religiöses Bekenntnis erwartet, verlangt und bei ihren Zusammenkünften in den Logen keinerlei Religionsbeurteilungen zuläßt - was auch in den freimaurerischen Konstitutionen und Statuten verbindlich verankert ist - und Sie auch die zwei Kirchenrechtsgutachen der beiden Universitätsprofessoren Primetshofer und Pree, sowie die Stellungnahme Ihres röm. Kardinalskollegen Caprio kennen, darf ich Sie, wie schon telefonisch besprochen, nochmals ersuchen, mir Ihre persönliche Stellungnahme zur Frage der Sündhaftigkeit des Freimaurers bzw. der Freimaurerei und der letzten Haltung von Kardinal Ratzinger in dieser "leidigen" Angelegenheit schriftlich zukommen zu lassen.

Für diese neue Mühewaltung möchte ich Ihnen schon jetzt vielmals danken und mit sehr herzlichen Grüßen verbleibe ich bestimmt, stets und in höchster Verehrung und Achtung ganz besonders treuverbunden

Mit Schreiben vom 16.3.1998 kann die Antwort des Wiener Kardinals:

1. „Wenn die deutsche BIKO von einem moralischen Verbot (Sünde) spricht, dann müssen nach christlicher und auch katholischer Auffassung drei Dinge feststehen. Mit einer persönlichen Schuld (Sünde) kann ich mich nur dann belasten, wenn feststeht:
   a. Ich erkenne den widersprüchlichen Sachverhalt ganz genau
   b. Ich handele bewußt gegen das Verbot
   c. Es muß sich um einen gravierenden Sachverhalt handeln. Ich glaube, wohl feststellen zu können, daß diese drei Gesichtspunkte kaum bei einem Katholiken zutreffen, der gleichzeitig Freimaurer ist.
2. Ich würde Ihnen raten, das Dekret der Glaubenskongregation zu erwähnen, ohne sich auf eine Polemik einzulassen. Denn das Dekret der Glaubenskongregation weist in die Vergangenheit – der Codex des Kirchenrechtes aber in die Zukunft.
3. Seit dem Zweiten Vatikanum geht es um den ökumenischen Dialog, das Gespräch mit den getrennten Christen, geht es aber auch um den interreligiösen Dialog eines Gespräches mit anderen Religionen und Kulturen. Mit welchem Recht kann man einen Dialog mit der Weltorganisation der Freimaurer ausschließen? Der Dialog, in welcher Form immer, verlangt einen gegenseitigen Respekt und eine entsprechende Gesprächsbereitschaft. Warum sollte das in Ihrem Fall nicht gelten?“[390]

Eine beachtliche Aussage des Kardinals, der meint, die drei genannten Gesichtspunkte treffen auf katholische Freimaurer nicht zu.

Ist es aber nicht genau umgekehrt?

Der katholische Freimaurer handelt doch bewusst gegen die Erklärung der Glaubenskongregation und erkennt auch den widersprüchlichen Sachverhalt (und sollte auch vom ausschließlichen Wahrheitsanspruch und Dogmatismus der Kirche wissen).

Und die Frage des Dialogs wird ja nirgends verneint, es sei aber nur an die grundsätzlichen Feststellungen wie absolute geoffenbarte Glaubenswahrheiten oder Lehren, die ein für allemal definiert bleiben, erinnert.

Der Brief Kardinals Königs vom 16.3.1998: [391]

KARDINAL
DR. FRANZ KÖNIG

Wien, am 16. März 1998

Lieber Herr Dr. Baresch!

Es tut mir leid, daß ich Sie so lange warten ließ auf meine Antwort. Nun lege ich Ihnen einen Bericht neuesten Datums über die Freimaurer vor, wie er in der neuesten Auflage des Lexikons für Theologie und Kirche von einem Frankfurter Jesuiten Reinhold Sebott mit Namen verfaßt wurde. Aus dieser Darstellung kann man ersehen, wie der Autor die divergierenden Auffassungen zwischen dem Codex des Kirchenrechtes und der Stellungnahme der Glaubenskongregation spürt. Interessant wäre die Frage, warum die Deutsche Bischofskonferenz drei Jahre vor Erscheinung des neuen Kirchenrechtes für ihr deutsches Gebiet diese Schwierigkeit machte. Denn, so frage ich: Wenn für Deutschland diese Schwierigkeit bestand, warum nicht auch für die anderen Länder aus der Sicht von damals?

Aus Gesprächen mit dem Sekretär des Kardinal Ratzingers habe ich wiederholt gemerkt, daß Kardinal R. Wert darauf legt, daß jene Erklärung vom 26. November 1983 als eine Erklärung „der Glaubenskongregation" bezeichnet wird und nicht als eine Erklärung des „Kardinals R." Aus meiner Sicht würde ich Ihnen daher folgendes empfehlen:

1. Wenn die deutsche BIKO von einem moralischen Verbot (Sünde) spricht, dann müssen nach christlicher und auch katholischer Auffassung drei Dinge feststehen. Mit einer persönlichen Schuld (Sünde) kann ich mich nur dann belasten, wenn feststeht:

a. Ich erkenne den widersprüchlichen Sachverhalt ganz genau.
b. Ich handele bewußt gegen das Verbot
c. Es muß sich um einen gravierenden Sachverhalt handeln.

Ich glaube, wohl feststellen zu können, daß diese drei Gesichtspunkte kaum bei einem Katholiken zutreffen, der gleichzeitg Freimaurer ist.

2. Ich würde Ihnen raten, das Dekret der Glaubenskongregation zu erwähnen, ohne sich auf eine Polemik einzulassen. Denn das Dekret der Glaubenskongregation weist in die Vergangenheit - der Codex des Kirchenrechtes aber in die Zukunft.

3. Seit dem Zweiten Vatikanum geht es um den ökumenischen Dialog, das Gespräch mit den getrennten Christen, geht es aber auch um den interreligiösen Dialog eines Gespräches mit anderen Religionen und Kulturen. Mit welchem Recht kann man einen Dialog mit der Weltorganisation der Friemaurer ausschließen? Der Dialog, in welcher Form immer, verlangt einen gegenseitigen Respekt und eine entsprechende Gesprächsbereitschaft. Warum sollte das in Ihrem Fall nicht gelten?

Diese Hinweise darf ich Ihnen übersenden, mit dem Vorschlag, daß wir daüber telefonisch oder mündlich uns weiter unterhalten.

In der Zwischenzeit bin ich mit herzlichen Grüßen und mit allen guten Wünschen für Ihre Gesundheit

Ihr

Kard. König

Dem Statement von Baresch über die große Persönlichkeit und die eminente Geisteshaltung des Wiener Kardinals kann ich mich nur vorbehaltlos anschließen.

„Kompliment und Verbeugung zu dieser Einstellung und Haltung – dem ist nichts mehr hinzuzufügen!" beendet Baresch seinen Artikel.[392]

7.1.4 Johannes Paul II. „Fides et ratio"(1998)

Schreibt Kardinal König, dass das Dekret der Glaubenskongregation in die Vergangenheit, der Codex des Kirchenrechtes aber in die Zukunft weist, hat er scheinbar von der Arbeit an einer neuen Enzyklika wenig gewusst. Er meint ja sogar noch, Dialog verlangt eine entsprechende Gesprächsbereitschaft.

Denn am 14.9.1998, dem Fest der Kreuzerhöhung, veröffentlichte Papst Johannes Paul II. seine Enzyklika Fides et ratio (Glaube und Vernunft).

Steht die Einleitung unter „Erkenne dich selbst" – also sehr freimaurerisch –, wird in der Folge die Absolutheit der geoffenbarten Wahrheit gegenüber allen Philosophien und der Vernunft dargestellt. Der Einsatz der Vernunft und der Philosophie sind unverzichtbar „um das Glaubensverständnis zu vertiefen und die Wahrheit des Evangeliums allen, die sie noch nicht kennen, mitzuteilen."[393]

Es wird zwar nie die Freimaurerei konkret genannt, jedoch werden ähnliche philosophische Gedanken stark kritisiert. Wie z. B.: „In jüngster Zeit haben dann verschiedene Lehren Bedeutung erlangt, die sogar jene Wahrheiten zu entwerten trachten, die erreicht zu haben für den Menschen eine Gewissheit war."[394]

Vernunft und Glaube lassen sich nicht trennen, „sie wohnen ineinander, und beide haben ihren je eigenen Raum zu ihrer Verwirklichung."[395] Und letztlich gibt die Vernunft „das, was der Glaube vorlegt, als notwendig zu."[396]

Ganz deutlich wird aber dann im fünften Kapitel die Aufgabe des Lehramtes formuliert: „Seine Pflicht ist hingegen, klar und entschieden zu reagieren, wenn fragwürdige philosophische Auffassungen das richtige Verständnis des Geoffenbarten bedrohen und wenn falsche und parteiische Theorien verbreitet werden, die dadurch, daß sie die Schlichtheit und Reinheit des Glaubens des Gottesvolkes verwirren, schwerwiegende Irrtümer hervorrufen."[397]

Unter Bedachtnahme auf alle Enzykliken und das Dekret der Glaubenskongregation aus 1983 wird also klar gesagt, auch die Freimaurerei ist abzulehnen. „Denn viele philosophische Inhalte, wie die Themen Gott, Mensch, seine Freiheit und sein sittliches Handeln, rufen die Kirche unmittelbar auf den Plan, weil sie an die von ihr gehütete geoffenbarte Wahrheit rühren."[398]

Nach einer Fülle philosophischer Erklärungen werden dann von Papst Johannes Paul II. viele philosophische Richtungen aufgezählt, die abzulehnen sind, da sie Irrtümer und Gefahren beinhalten. So zählt er auf: Fideismus, radikalen Traditionalismus, Rationalismus, Ontologismus, Marxismus und atheistischen Kommunismus. Neu behandelt er dann Eklektizismus, Historizismus aber auch Modernismus, Szientismus, Nihilismus und Pragmatismus. Hier wird sogar befürchtet, dass ein neues Demokratieverständnis die moralischen Entscheidungen der katholischen Kirche beeinflusst.

„Verschiedene philosophische Systeme haben ihn (den Menschen) durch Täuschung überzeugt, dass er sein absolut eigener Herr sei, der autonom über sein Schicksal und seine Zukunft entscheiden könne, wenn er ausschließlich auf sich selbst und seine Kräfte vertraut."[399] Mit diesen Sätzen schließt Johannes Paul II. seine Überlegungen zur Dominanz des Glaubens. „Möge der Weg der Weisheit, dem letzten und glaubwürdigen Ziel jedes wahren Wissens, von jedem Hindernis befreit werden.[400]

Alles zusammen betrachtet also wieder eine deutliche Absage an freimaurerischen vernunftgeleiteten Wissenseinsatz und selbstbewusste Verwirklichung.

7.1.5 Kardinal Ratzinger: „Dominus Iesus" (2000)

„Sind wir auf dem Weg zu einer „neuen römischen Leitkultur" mit klaren Axiomen und Definitionen auf der einen Seite und „folgerichtigen" Ausschlüssen und Abwehrgesten andererseits ...? – schreibt Michael Rainer in seinem Vorwort zu „Dominus Iesus". Kardinal Ratzinger hat wieder als Präfekt der römischen Glaubenskongregation den Wahrheitsanspruch der katholischen Kirche dokumentiert, der Untertitel sagt alles: „Über die Einzigkeit und die Heilsuniversität Jesu Christi und der Kirche."[401]

Zwei Jahre nach seinem Papst muss der oberste Glaubenshüter wieder deutlich auf die Gefährdung der Verkündigung der Kirche durch relativistische Theorien hinweisen, wie z. B. „In der Folge werden Wahrheiten als überholt betrachtet, wie etwa der endgültige und vollständige Charakter der Offenbarung."[402]

Es sind natürlich nicht die Freimaurer, die ihn so besorgt und zu den protestantischen Kirchen sogar aggressiv argumentieren lassen, sondern die Sorge um die „Einzigkeit und Einheit der Kirche". So schreibt er in Artikel 16: „Wie es nur einen einzigen Christus gibt, so gibt es nur einen einzigen Leib Christi, eine einzige Braut Christi: die eine alleinige katholische und apostolische Kirche"."[403]

Direkt Bezug zu den Alten Pflichten und deren Gottesbezug scheinen folgende Sentenzen zu haben: „...hat Gott die Kirche für das Heil aller Menschen eingesetzt. Diese Glaubenswahrheit nimmt nichts von der Tatsache weg, daß die Kirche die Religionen der Welt mit aufrichtiger Ehrfurcht betrachtet, schließt aber zugleich radikal jene Mentalität des Indifferentismus aus, die „durchdrungen ist von einem religiösen Relativismus, der zur Annahme führt, daß eine Religion gleich viel gilt wie die andere.""[404]

Zum Schluss wird nochmals das Zweite Vatikanische Konzil mit einem, gerade von dialogorientierten Gläubigen scheinbar oft überlesenen Satz, zitiert: „Diese einzige wahre Religion, ..., ist verwirklicht in der katholischen, apostolischen Kirche, die von Jesus dem Herrn den Auftrag erhalten hat, sie unter allen Menschen zu verbreiten".[405] Jeder auch nur ein wenig anders Denkender – wie meines Erachtens die Freimaurer – handelt damit gegen das Lehramt und den „kraft seiner apostolischen Autorität" bestätigenden Papst (Johannes Paul II.).

Dass in dieser Erklärung der vatikanischen Kongregation für die Glaubenslehre auch die Aussage enthalten ist, die evangelische Kirche sei nicht Kirche „im eigentlichen Sinn", sei nur erwähnt. Es zeigt aber auch die Haltung Kardinal Ratzingers, der damit für die katholische Kirche die Weltführung beansprucht, für ihn sind das unaufgebbare Glaubenswahrheiten.

Die gesamte Erklärung hat heftige Diskussionen ausgelöst. Für das Thema der vorliegenden Arbeit ist aber klar ersichtlich, dass die katholische Kirche alles außer ihrer Autorität und Gedankenwelt ablehnt, die geoffenbarte Wahrheit, die katholische apostolische Kirche und deren Lehramt gelten absolut.

7.1.6 Fragebogen über den Unglauben (2003)

Wurden die Gläubigen in der Enzyklika Papst Johannes Paul II. Fides et ratio über – aus katholischer Sicht – problematische Philosophien informiert und Lehramt und Glaube über die Vernunft gestellt, so hat sich wenige Jahre später der Päpstliche Rat für die Kultur genötigt gesehen, einen Fragebogen an die Bischöfe zu senden, um „das ernste Phänomen des Unglaubens und der religiösen Gleichgültigkeit in der Welt"[406] zu erforschen.

Interessant ist in diesem Zusammenhang, dass unter dem Punkt „Die Herausforderung der alternativen Religionen", wo z. B. auch Hexenwahn und Magie, Heidentum und Neuheidentum, Satansbewegungen und -kulte angeführt sind, folgende Frage steht: „Ist die Freimaurerei in Ihrer Region wirksam tätig? Gibt es irgendeine Form der Beziehung oder des Dialogs mit den Freimaurern?“[407]

Die Freimaurerei wurde 2003 also immer noch als alternative Religion gesehen und (fast) mit Satanskultur in einen Topf geworfen.

Mein Mail (13.2.2008) an den Päpstlichen Rat über die Ergebnisse der Fragebogenaktion wurde erfreulicherweise schnell beantwortet (was ich gar nicht erwartet hatte), aber nur mit dem Hinweis, dass keine detaillierten Antworten verfügbar seien, sondern die Ergebnisse im Schlussdokument der Vollversammlung des Päpstlichen Rates für die Kultur eingearbeitet worden seien.

In diesem Dokument (vom 13.3.2004) ist konkret bezüglich Freimaurerei nichts zu lesen. In der Darstellung der neuen Formen des Unglaubens wird zwar von „Secularisation of Belief; New Religiosity; a Faceless God; the Religion of the Self (und) Quid est Veritas“[408] gesprochen, aber eine Auseinandersetzung mit der Gedankenkette der Freimaurerei ist nicht gegeben.

Auch 2004 – und dieser Fragebogen steht immerhin an prominenter zweiter Stelle der vatikanischen Freimaurer-Internetseite (aber eben nach Ratzingers Erklärung „Urteil der Kirche unverändert“) wurde die Möglichkeit eines ernsthaften Dialogs nicht genützt.

PÄPSTLICHER RAT FÜR DIE KULTUR

FRAGEBOGEN ÜBER DEN UNGLAUBEN[409]

Um den ihm vom Heiligen Vater anvertrauten Auftrag inmitten der tiefgreifenden Veränderungen, die den Beginn des neuen Jahrtausends kennzeichnen, zu erfüllen, fühlt sich der Päpstliche Rat für die Kultur genötigt, seine Aufmerksamkeit erneut auf das ernste Phänomen des Unglaubens und der religiösen Gleichgültigkeit in der Welt zu richten. Der Rat will daher die tatsächliche Tragweite des Unglaubens, seine Formen und seine Auswirkungen auf die Gläubigen selbst untersuchen. Genauer unter die Lupe nehmen will er auch die sogenannten "neuen religiösen Bewegungen" oder "alternativen Religionen", die eine Art Niemandsland zwischen Glauben und Unglauben darstellen.

1. GRUNDINFORMATIONEN
   1.1. Welche zuverlässigen Zahlenangaben und statistischen Daten bezüglich des Unglaubens in Ihrer Region liegen vor? Geben Sie, wenn möglich, deren Quellen an und ordnen die Daten nach Alter, Geschlecht usw.
   1.2. Wer sind die Nichtglaubenden in Ihrem Land? Gibt es organisierte Gruppen oder Bewegungen, die sich selbst ausdrücklich als atheistisch bezeichnen? Welche Art von Aktivitäten entfalten solche Gruppen?

2. DAS NEUE GESICHT DES UNGLAUBENS
   2.1. Welche sind die hauptsächlichen Faktoren, die den Unglauben heute nähren? Welche Faktoren verändern seine traditionellen typischen Merkmale? Hatte das Ende der kommunistischen Regierungen in Europa einen Einfluß auf den Unglauben in Ihrem Land? Kann man von einer Art "Globalisierung" des Unglaubens in Ihrer Umgebung sprechen?
   2.2. Welcher Art von subtiler, öffentlicher bzw. von den Medien verbreiteter Kritik begegnet die Kirche und welchen Einfluß hat diese auf den Unglauben?

3. DIE HERAUSFORDERUNG DER ALTERNATIVEN RELIGIONEN
   3.1. Welche sind die hauptsächlichen parareligiösen Erscheinungsformen oder Bewegungen in Ihrer Region: alternative Religionen, Hexenwahn/Magie, Heidentum bzw. Neuheidentum, vorchristliche Religionen, Satansbewegungen und -kulte? Was sind die Ursachen dieser Phänomene?
   3.2. Ist aufgrund der in Punkt 1 angeführten Daten eine Zunahme oder Abnahme dieser Bewegungen festzustellen?
   3.3. Bestehen Verbindungen zwischen diesen Bewegungen und politischen Gruppen, Stellen der Regierung oder der öffentlichen Verwaltung oder multinationalen Organisationen?
   3.4. **Ist die Freimaurerei in Ihrer Region wirksam tätig? Gibt es irgendeine Form der Beziehung oder des Dialogs mit den Freimaurern?**
   3.5. …

7.1.7 Der Tod Franz Kardinal Königs (2004)

Wenige Jahre später verließ Franz Kardinal König mit 99 Jahren unsere Welt. Seinem bischöflichen Wahlspruch „Veritatem facientes in caritate“ (Die Wahrheit in Liebe tun) und dem interreligiösen Gespräch hat er sein Leben gewidmet.

In ernsten, betroffenen und bewegenden Worten nimmt Kardinal Schönborn von diesem großen Kirchenfürsten Abschied (Parte[410]).

In te, Domine, speravi,
non confundar in aeternum.
(Psalm 31, 2)

Als Erzbischof von Wien gebe ich gemeinsam mit dem Metropolitan- und Domkapitel zum Hl. Stephan in tiefer Betroffenheit Nachricht, dass

Kardinal Dr. Franz König

emeritierter Erzbischof von Wien

am Samstag, dem 13. März 2004, selig im Herrn entschlafen ist.

Geboren am 3. August 1905 in Rabenstein an der Pielach (Niederösterreich), zum Priester geweiht in Rom am 29. Oktober 1933, wirkte er von 1934 bis 1937 in seiner Heimatdiözese St. Pölten als Kaplan in Altpölla, Neuhofen an der Ybbs, St. Valentin und Scheibbs. Ab 1938 war er als Domkurat in St. Pölten und Jugendseelsorger der Diözese tätig. 1945 wurde er Religionsprofessor in Krems und habilitierte sich in Wien als Privatdozent für Religionswissenschaft. 1948 erfolgte die Berufung als a. o. Professor für Moraltheologie nach Salzburg.

Am 31. Mai 1952 ernannte ihn Papst Pius XII. zum Titularbischof von Livias und Koadjutor mit dem Recht der Nachfolge des St. Pöltner Bischofs Michael Memelauer. Die Bischofsweihe empfing er am 31. August 1952 im St. Pöltner Dom.

Am 10. Mai 1956 berief ihn Papst Pius XII. zum Erzbischof von Wien, am 17. Juni 1956 erfolgte die Amtsübernahme. In das Kardinalskollegium wurde er am 15. Dezember 1958 von Papst Johannes XXIII. aufgenommen. Er war einer der prägenden Teilnehmer am Zweiten Vatikanischen Konzil (1962 bis 1965); in der Folge betraute ihn 1965 Papst Paul VI. mit der Leitung des vatikanischen Sekretariats für die Nichtglaubenden, eine Funktion, die er bis 1981 innehatte.

Am 16. September 1985 trat er als Erzbischof von Wien in den Ruhestand.

Sein bischöflicher Wahlspruch lautete „Veritatem facientes in caritate“ (Die Wahrheit in Liebe tun). Er war immer und in erster Linie Seelsorger, um den glaubenden, hoffenden und liebenden Menschen ebenso wie den Ratlosen, den Verzweifelten und Suchenden die barmherzige und bergende Zuwendung Gottes zu erschließen. Auf diese Zuwendung hat er vertraut, auch in den letzten Monaten und Wochen seines Lebens, in denen er bis zuletzt seinen priesterlichen Dienst leistete. Ein besonderes Anliegen war ihm der Dienst der Versöhnung; diesem Ziel dienten seine Initiativen im Bereich der Seelsorge, der Gesellschaftspolitik, des ökumenischen und interreligiösen Gesprächs. Zuversichtlich schrieb er in seinem Testament: „Der Herr beschütze die Wiener Erzdiözese, die sich am Beginn des dritten Jahrtausends auf einem guten Weg befindet“.

Was an ihm sterblich war, wird von Freitag, den 26. März, 9 Uhr, bis Samstag, den 27. März, 11 Uhr, im Stephansdom aufgebahrt. Um 13 Uhr wird im Stephansdom das Requiem gefeiert, anschließend erfolgt die Beisetzung in der Bischofsgruft.

Im Vertrauen auf die Barmherzigkeit Gottes und die Fürsprache der Gottesmutter Maria bitten um das Gedenken im Gebet

Christoph Kardinal Schönborn
Erzbischof von Wien

Das Metropolitan- und Domkapitel zum Hl. Stephan

In den Blauen Blättern (der freimaurerischen Zeitschrift Österreichs) dankt Baresch für den unermüdlichen Einsatz und spricht von 53 persönlichen Zusammenkünften, 104 Telefonaten und 216 Briefen.

Insbesondere erwähnt er den Brief des Kardinals vom 16.3.1998, in dem dieser den Begriff der schweren Sünde erklärt und meint „Ich glaube wohl feststellen zu können, dass diese drei Gesichtspunkte kaum bei einem Katholiken zutreffen, der gleichzeitig Freimaurer ist.“[411]

Mit dem Tod des Kardinals war Baresch sein wichtigster und äußerst geschätzter Gesprächspartner verloren gegangen.

Interessanterweise haben sich die beiden nie geduzt, obwohl Baresch mir im Interview versicherte, der Kardinal und er seien über die Jahre sehr gute persönliche Freunde geworden.

7.1.8 Baresch: „sehe meine Dialogsarbeit ... als vollendet und beendet an ...“ (2006)

Doch die „Sündhaftigkeitserklärung“ Ratzingers beschäftigte ihn unverändert, besonders als Kardinal Ratzinger zum Papst gewählt wurde.

So schrieb er am 12.5.2006 an Papst Benedikt XVI. und übersandte ihm (am 1.7.2006) die „Auswahl der wichtigsten Briefe zwischen Kardinal König und Kurt Baresch vom März 1968–September 2003.“ Wobei er auf das langjährige Stillschweigen des Kardinals und nunmehrigen Papstes bezüglich der Freimaurerei hinwies.

Der Papst bedankte sich für das „interessante Buch“, es gab aber keine inhaltliche Bemerkung.

Seine fast 40-jährige Dialogarbeit war für Baresch damit beendet und so schreibt er dem Großmeister Michael Kraus – wie ich meine – stolz und erfreut: „Unter der Voraussetzung, dass die FRMEI weiterhin keine Anfragen, Ersuchen oder gar Bitten etc. an die Kirchenführung heranträgt, wage ich zu prognostizieren, dass Papst Benedikt XVI.–wie schon längere Zeit -, auch zukünftig nichts mehr Negatives über die FRMEI äußern werde und sehe daher meine Dialogsarbeit mit der Kath. Kirche als vollendet und beendet an ...“ (Faksimile des Briefes[412]):

Klin. Psychologe u. Psychotherapeut
PROF. DR. KURT BARESCH
A-4020 LINZ, BÜRGERSTRASSE 1/I
Tel. 0732 / 773223

Auszug eines Briefes an den Großmeister der Großloge v. Österreich, Herrn (Dr.) Michael Kraus, vom 10.12.2006:

...Die Erstfassung eines Großteils meines ges. Briefwechsels mit Kardinal König (K.K.) - „Vermächtnis für Kardinal König" - habe ich aus 3 Gründen verfasst :

1.) .....als abschließende u. besondere Referenz für K.K.,

2.) .....um meinen gesamten Dialogskontakt mit der Kath. Kirche, durch mehr als 40 Jahre (2 davon innerhalb der int. gemischten Dialogskommission), historisch zu dokumentieren und

3.) .....dem heutigen Papst u. früheren Kardinal Ratzinger nochmals u. besonders aufzuzeigen, wie unverständlich u. –fassbar seine langjährige starre Haltung gegenüber der FRMEI z.B. „Sündhaftigkeitserklärung v. 27.11.1983" (nach Wegfall aller Exkommunikationen im neuen CIC!) und auch, wie sehr und lange er damit den so hochverdienten und überragenden Kirchenfürsten K.K. damit desavouierte und verletzte.

Am 12. Mai d. J. – wie Dir schon bekannt - schrieb ich Papst Benedikt XVI. Ich übermittelte ihm, wie sehr ich sein schon langj. Stillschweigen bzgl. der FRMEI u. sein zwischenzeitliches Pontifikat schätze und bewundere. Ich bot ihm darin auch die Überreichung des gebundenen Schriftwechsels mit KK - „Kardinal König zum Vermächtnis" - an.

Schon am 24.06.06 erhielt ich, via Apostolische Nuntiatur in Wien, seine sehr positive Rückäußerung. Ua., dass er das o.e. Buch gerne erhalten würde u. seinen besonderen Dank für die so frdl. und anerkennenden Worte bzgl. seines Pontifikates übermittelte. Auch, dass er mit seinem Gebet „meinen Gottesschutz und Geleit für Gegenwart und Zukunft erbitte".

Am 1.Juli 06 dankte ich dem Papst für seine sehr frdl. Nachricht und sandte mit diesem Schreiben auch „das Buch", via Wiener Apost. Nuntiatur, an ihn.

Am 6.12.06 erhielt ich – über den Apostolische Nuntius in Wien, S. Excellenz Erzbischof E. Farhat – als Antwort vom Papst, dass er sich über und für mein Schreiben vom 1. Juli, das interessante Buch und die darin enthaltene Widmung freue und sich hiefür herzlich bedanke.

Unter der Voraussetzung, dass die FRMEI weiterhin keine Anfragen, Ersuchen oder gar Bitten etc. an die Kirchenführung heranträgt, wage ich zu prognostizieren, dass Papst Benedikt XVI. - wie schon längere Zeit -, auch zukünftig nichts mehr Negatives über die FRMEI äußern werde und sehe daher meine Dialogsarbeit mit der Kath. Kirche als vollendet und beendet an. ......

Diese Gedanken wiederholte er auch im persönlichen Gespräch (11.2.2008): „Papst Benedikt XVI. kann und will die Sündhaftigkeitserklärung nicht zurücknehmen. Man sollte ihn auch nicht kontaktieren, ihm keinen Anlass geben, denn dann ist wieder mit einer negativen Reaktion zu rechnen.“[413]

Diese Meinung bekräftigte Baresch auch in einem Fernsehinterview (27.10.2007) auf die Frage, ob sich das Spannungsverhältnis Papst Benedikt XVI. und den Freimaurern aufgelöst habe: „Ich glaube es auf jeden Fall, weil er selbst schon kurz vor seiner Papstwahl niemals und nirgends (an irgend einem Ort) eine Äußerung über die Freimaurerei weder so noch so gemacht hat. ... Er ist ein anderer Papst, er spricht auch mehr von der Liebe, als wie vom Verfolgen. Ich glaube er hat mit seinem Amt jenen Status erreicht und ich bin überzeugt, dass er gutes Pontifikat hinterlassen wird.“[414]

7.1.9 Der „Rauch Satans im Vatikan“ (2006)

Hat Baresch 2006 seine Arbeit als beendet betrachtet, hat Manfred Adler, der bereits 1974 heftig gegen die Freimaurerei argumentiert hat, 2006 wieder ein Buch veröffentlicht (Die Freimaurer und der Vatikan), in dem sämtliche Bezugspunkte Baresch's behandelt werden. Von der Aachener Konferenz, dem Konzil, Kardinal König, der Lichtenauer Erklärung, der Erklärung der Deutschen Bischofskonferenz bis zur Unvereinbarkeitserklärung 1983 wird das 20. Jahrhundert abgehandelt. Garniert mit Kapiteln wie „Der Rauch Satans im Vatikan“, „Der Teufel und die Freimaurer“ oder „Fallstricke des Teufels“.[415]

In den ersten Kapiteln wird von „antichristlichen Großmächten“, „der Strategie Satans“, von „Söhnen der Finsternis“ im Vatikan, von 121 freimaurerischen, hohen kirchlichen Würdenträgern und der „Geheimen Freimaurerloge Propaganda Due-P2“ gesprochen.[416]

Im zweiten großen Kapitel werden viele Briefe Baresch's zitiert und die ganze Entwicklung des 20. Jahrhunderts kommentiert. Adler kommt wieder zur Feststellung, dass z. B. die Lichtenauer Erklärung ein „Machwerk“ mit „irreführenden, unrichtigen und verschleiernden Aussagen“[417] ist. Oder „Einige Jahre vorher wurde die Logenwelt schon nach Punkten besiegt. ... durch die Deutsche Bischofskonferenz“.[418] Nach Adler war die Erklärung die „entscheidende Wende im „großen Dialog“ ... weil der „starke Pole“ in Rom voll und ganz hinter ihr stand."[419] Die Erklärung der Glaubenskongregation wird mit den Worten „hätte er sich allein schon durch die Erklärung vom 26. November 1983 unsterbliche Verdienste um Kirche und die Menschheit erworben."[420] gefeiert. Zitiert wird dann noch Audomar Scheuermann als einflussreicher Münchener Kirchenrechtler, der katholische Freimaurer danach als Häretiker versteht.

Adler schließt: „... In der Aufklärungszeit ist der nachchristliche Humanismus dank des großen geistigen Einflusses der Freimaurerei zur herrschenden Philosophie in der entchristlichten, säkularisierten Gesellschaft von heute geworden. ... Überwunden wird die teuflische Ideologie der Freimaurerei ... durch marianische Menschen ... Maria, die „Siegerin in allen Schlachten Gottes.""[421]

7.2 Hans Küng (Stiftung Weltethos): Kulturpreis der Deutschen Freimaurer (2007)

2007 hielt der Theologe Prof. Dr. Hans Küng anlässlich der Verleihung des Kulturpreises der Deutschen Freimaurer 2007 eine viel beachtete Dankesrede. Wobei er festhielt, dass die ihm verliehene Auszeichnung vor allem seinem Projekt Stiftung Weltethos gelte.

Nach detaillierter Darlegung der geschichtlichen Entwicklung und der Verurteilungen lobt er den dogmenfreien Freimaurerbund und die verlangten Ideale der Menschlichkeit. Interessant liest sich seine Bemerkung (die eines Insiders?): „Mit vielen anderen in allen christlichen Kirchen teile ich die Überzeugung, dass ein Christ Freimaurer sein kann und ein Freimaurer Christ. Besonders in den USA, in Italien und Österreich sind die Zugehörigkeit zu Kirche und Freimaurertum tägliche Praxis. Hier und da gehören auch herausragende Vertreter der römisch-katholischen Kirche dem Bund an."[422]

Derartige Unterlagen und Hinweise liegen mir auf etlichen Mail-Seiten vor. In den vielen Gesprächen und Kontakten wurden mir Theologen, Bischöfe und sogar Kardinäle genannt. Da mir eine Beweisführung nicht möglich ist und es sich auch oft um lebende Personen handelt, werde ich in dieser Arbeit darauf nicht weiter eingehen.

Anders als in der Erklärung Papst Benedikts XVI. in Paris (2008; sh. späteres Kapitel) argumentiert Küng (dem ja bekanntlich die Lehrerlaubnis seitens der katholischen Kirche entzogen wurde):

- Kein Frieden unter den Nationen ohne Frieden unter den Religionen.
- Kein Frieden unter den Religionen ohne Dialog zwischen den Religionen.
- Kein Dialog zwischen den Religionen ohne Grundlagenforschung in den Religionen.[423]

In der von ihm erarbeiteten Erklärung zum Weltethos (Parlament der Weltreligionen 1993 in Chicago) sind vier Verpflichtungen enthalten:

1. „Verpflichtung auf eine Kultur der Gewaltlosigkeit und der Ehrfurcht vor allem Leben.
2. Verpflichtung auf eine Kultur der Solidarität und eine gerechte Wirtschaftsordnung.
3. Verpflichtung auf eine Kultur der Toleranz und ein Leben in Wahrhaftigkeit.
4. Verpflichtung auf eine Kultur der Gleichberechtigung und die Partnerschaft von Mann und Frau.“[424]

Die untenstehende Definition „Weltethos“ ist natürlich von der die alleinige Wahrheit besitzenden katholischen Kirche nicht zu akzeptieren.

> „Mit Weltethos meinen wir keine neue Weltideologie, auch keine einheitliche Weltreligion jenseits aller bestehenden Religionen, erst recht nicht die Herrschaft einer Religion über alle anderen. Mit Weltethos meinen wir einen Grundkonsens bezüglich bestehender verbindender Werte, unverrückbarer Maßstäbe und persönlicher Grundhaltungen. Ohne einen Grundkonsens im Ethos droht jeder Gemeinschaft früher oder später das Chaos oder eine Diktatur, und einzelne Menschen werden verzweifeln.“[425]

Wieder zurück zu Küng's Dankesrede seien sein Spero (sein Hoffen) zitiert:

> „Spero unitatem ecclesiarum:
>
> Trotz aller römischen Restaurationsversuche und protestantischen Reaktionen hoffe ich nach wie vor auf eine Einheit (in Vielfalt!) der Kirchen.

Spero pacem religionum:

Trotz aller von beiden Seiten provozierten Spannungen und Auseinandersetzungen vor allem zwischen Christentum und Islam hoffe ich im Großen und Kleinen auf einen Frieden (nicht eine Einheit!) der Religionen.

Spero communitatem nationum:

Trotz allen Rückfalls der verbliebenen Supermacht in das alte Paradigma politischer wie militärischer Konfrontation und kontraproduktiver Raketenpläne für Europa hoffe ich beständig auf eine wahre Gemeinschaft der Nationen (und nicht nur der EU).

Die Hoffnung, sagt man, stirbt zuletzt. Die Hoffnung, sage ich, steht an jedem neuen großen Anfang."[426]

Diese Worte leiten über in das nächste Kapitel, wo zumindest für Österreich ein positives Kapitel katholische Kirche und Freimaurerei zu besprechen sein wird.

7.3 Abt Gregor Henckel-Donnersmarck und Grossmeister Dr. Michael Kraus (2007)

7.3.1 „Österreichische Freimaurer brechen ihr Schweigen" (2007)

So titeln die Salzburger Nachrichten am 15.3.2007 ihren Artikel über das neu erschienene Buch „Die Freimaurer".[427]

Im Vorwort relativiert Dr. Michael Kraus, Großmeister der Großloge von Österreich und als Einziger berechtigt für die Großloge zu sprechen: „Der österreichische Weg ist innerhalb der Weltenkette ein besonderer und, wie ich glaube, ein sehr guter … Die hier abgedruckten Beiträge wurden von achtzehn meiner Mitbrüder geschrieben, …"[428] „Denn der freimaurerische Gedanke hat höchste Aktualität." – und dafür soll wieder „Glut zum Feuer" entfacht werden und nicht um die „Freimaurerei zu Markte zu tragen". Wenngleich die Freimaurerei sich „per definitionem einem rationalen Ein- und Durchblick" entzieht, soll das Buch, erklärt Kraus „etwas authentischer" sie erklären.[429]

In sieben Kapiteln werden Wesen und Werte, Pflichten, Rituale und Symbole, österreichische und internationale Zahlen und Fakten sowie

Positionen zu Religion, Politik, Globalisierung, Fundamentalismus und Aufklärung dargestellt. Wobei es Kraus wesentlich war „Schrott und bewusst Falsches" aus dem Internet „eine authentische Antwort entgegen (zu) setzen." Er formuliert weiter „Wir wollen lediglich den Einzelnen in die Lage versetzen, in seinem Umfeld richtig, also menschlich, zu handeln."[430]

Das Buch wurde innerhalb kürzester Zeit zum Bestseller und kann als Auftakt für weitere Gespräche und auch Fernseh-Reports bezeichnet werden.

Alle wesentlichen Zeitungen rezensierten und kommentierten das Buch:

Die Presse,	15.03.2007
Salzburger Nachrichten,	15.03.2007
Kurier,	15.03.2007
Tiroler Tageszeitung,	15.03.2007
Wirtschaftsblatt,	15.03.2007
News,	15.03.2007
Neue Kärntner Tageszeitung,	16.03.2007
Welser Rundschau,	21.03.2007
Österreich,	24.03.2007
Tiroler Woche,	23.03.2007
Oberösterreichische Nachrichten	31.03.2007
News,	28.06.2007
ORF-Report	08.01.2008

7.3.2 Kongregation für die Glaubenslehre: „Antworten auf Fragen bezüglich der Lehre über die Kirche" (2007)

Von dem Ausgang des Gesprächs Kraus-Abt Henckel-Donnersmarck (14.6.2007) kann die Kongregation für die Glaubenslehre noch nichts gewusst haben (selbst bei möglicher Kontaktnahme des Abtes), das zuvor besprochene Buch (März 2007) ist aber sicherlich nicht unbeachtet geblieben.

Und scheinbar gab und gibt es weltweit Diskussionen über Ziele des Konzils (und scheinbare Rückschritte) und über die einzige katholische Kirche bzw. die allein gültige Wahrheit.

Jedenfalls erfolgte am 29.6.2007 eine Erklärung der Kongregation für die Glaubenslehre (mit Bestätigung von Papst Benedikt XVI.): „Antworten auf Fragen zu einigen Aspekten bezüglich der Lehre über die Kirche.“[431]

Nach positiven Worten zum Konzil soll geklärt werden, dass „verschiedene Aspekte der Ekklesiologie“ in der Literatur „nicht immer frei sind von irrigen Interpretationen.“

Eine Antwort ist: „Das Zweite Vatikanische Konzil wollte diese (vorhergehende) Lehre (über die Kirche) nicht verändern. ... Was die Kirche durch die Jahrhunderte gelehrt hat, das lehren auch wir.“

Noch deutlicher über die einzige wahre Kirche und deren ausschließlicher Wahrheit sagt die zweite Antwort: „ ... In der Nummer 8 der dogmatischen Konstitution Lumen gentium meint Subsistenz jene immerwährende historische Kontinuität und Fortdauer aller von Christus in der katholischen Kirche eingesetzten Elemente, in der die Kirche Christi konkret in dieser Welt anzutreffen ist.“[432]

Und wie wichtig der katholischen Kirche dieser alleinige Wahrheitsanspruch und das „eucharistische Mysterium“ ist, wird noch mit dem Zitat einer Ansprache Papst Johannes XXIII. (11.10.1962) bekräftigt: „Das Konzil ... will die katholische Lehre vollständig weitergeben, ohne sie abzuschwächen oder zu entstellen ...“[433]

Dass dann in dieser Erklärung die Ostkirchen als „Teilkirchen mit einem Mangel“ bezeichnet und die „Gemeinschaften, die aus der Reformation des 16. Jahrhunderts hervorgegangen sind“ (die protestantisch-evangelischen Kirchen), „nicht Kirchen im eigentlichen Sinn genannt werden“, zeigt, dass die Katholische Kirche nur bereit ist sich als die einzige Wahrheit anzuerkennen.[434]

Und da sollen Vereinigungen, deren „Prinzipien immer als unvereinbar mit der Lehre der Kirche betrachtet werden“[435] anerkannt werden?

7.3.3 Apostolische Pönitentiarie (2007)

Im März 2007 wurde in Rom im Rahmen einer Tagung das Thema „Freimaurerei“ aktuell diskutiert.

Bischof Gianfranco Girotti, Regent der Apostolischen Pönitentiarie [436] bestätigte dabei: „Die Haltung der Kirche zu diesem Thema ist unverändert.“ Er bestätigte, „dass Freimaurerei niemals mit dem katholischen Glauben vereinbar sei."[437] Er zitierte dann noch das Dokument der Kongregation für die Glaubenslehre aus 1983, in dem Kardinal Ratzinger vom unveränderten negativen Urteil der Kirche, der Unvereinbarkeit mit der Lehre der Kirche und der schweren Sünde sprach.

„Zenit", eine internationale katholische Nachrichtenagentur für Soziallehre und Botschaft der Kirche, berichtete in diesem Zusammenhang auch vom Interview mit Guerra Gomez, Autor von „Das Freimaurer-Komplott" und Professor Emeritus der Theologischen Fakultät der Diözese Burgos (Spanien), wonach die Freimaurer ihre Grundsätze – Relativismus, Atheismus, Gnostizismus – in internationalen Organisationen verbreiten. „ …in den englischsprachigen Nationen, in den Ländern des Nordens, in der Türkei und anderswo (streben sie) nicht nach Macht, denn: Sie sind die Macht."[438] ist Gomez zu zitieren. Wiederholt weist er dann auf die Unvereinbarkeit mit der christlichen Lehre hin.

Insgesamt gab es 2007 eine Fülle von verurteilenden Aussagen höchster katholischer Würdenträger, wobei auch immer wieder auf das Verbot hingewiesen wurde, dass Ortskirchen sich nicht über die Erklärungen der Kongregation für die Glaubenslehre aus 1981 und 1983 hinwegsetzen dürften.

Und all das soll Abt Henckel-Donnersmarck nicht gekannt haben?

7.3.4 TV-Interview vom 27.10.2007 mit Dr. Kurt Baresch

Das Buch von Großmeister Michael Kraus löste auch Interesse des österreichischen Fernsehens aus. So entstand in der TV-Sendung Report am 8.1.2008 eine ausführliche Dokumentation.

Natürlich konnte man den Experten und Gesprächspartner Kardinal Königs nicht auslassen. So kam es zu einem mehrstündigen Interview am 27.10.2007, von dem natürlich nur Teile verwendet bzw. gesendet wurden.

Mir liegt die gesamte Aufzeichnung auf DVD vor. Aus der Niederschrift seien die wichtigsten Passagen zitiert:[439]

Bereits zu Anfang spricht Baresch über seine grundsätzliche Haltung zum Dialog.

> „Meine Auffassung war, wir haben von der Kirche nichts zu bitten, und wer Fehler macht, der muss sie selber wieder gut

> machen … Ich wusste oder glaubte, die Kirche wird auf uns zukommen." Noch dazu unter dem Aspekt, dass Papst Johannes XXIII. bei seiner Antrittsrede sagte, „er entschuldige sich für die Anmaßung der Kirche gegenüber den Nichtkatholiken oder den Andersdenkenden."

Er erzählt dann über seine ersten Kontakte mit Kardinal König, über den Auftrag bzw. Brief Kardinal Sepers und die deutsch-schweizerisch-italienisch-österreichische Dialogkommission. Es wird die „ungeschickte Verhaltensweise" der deutschen Mitglieder moniert und dann auf die Lichtenauer Erklärung eingegangen.

Hinterfragt wird, warum Baresch sich so stark für und im Dialog engagiert hat. Seine Antwort ist eine zutiefst freimaurerische: „Ich habe mich jahrelang bemüht darauf zu kommen, warum eigentlich die Freimaurerei, die so Edles verlangt und so edel denkt, niemanden als Feind ansieht und nur Menschlichkeit und Brüderlichkeit verlangt, so exkommuniziert ist. … Und Johannes der Täufer – unser Patron – hat einmal gesagt, jeder soll Zeugnis geben vom Licht, das in ihm wohnt. Das ist ein Leitsatz von mir geworden. Und jeder Freimaurer hat die Pflicht sich einzubringen."[440] Sein Ziel war, die Auffassung der Kirche zu verändern. „Ich habe allein im Alleingang diese sechsunddreißig Jahre verhandelt mit König. … Diese Gespräche sind ja zu dem Ziel gekommen, immerhin dass im neuen Codex Iuris Canonici die Exkommunikation der Freimaurer nicht mehr drinnen steht.

Es hat aber kurz bevor dieser erschienen ist, diesen ominösen Kommentar von Ratzinger im Osservatore Romano gegeben."

Baresch geht dann auf den Unterschied reguläre-irreguläre Freimaurerei ein. Und dass im Codex kein Unterschied mehr gemacht wird, außer dass, „die Vereinigung, die etwas gegen die Kirche tut, selbstverständlich exkommuniziert (ist). Aber das hat nie eine freimaurerische Vereinigung gemacht …" „Und das schlug wie eine Bombe ein …", kommentiert er die Aussage Ratzingers, „es ist eine schwere Sünde Freimaurer zu sein." Er hätte mit Mühe Ruhe in der „Maurerei" erreicht.

Dann erzählt er von den beiden Rechtsgutachten, die meinen „das ist Privatangelegenheit von Herrn Ratzinger" und „dass es eine Hinterhältigkeit war von ihm."

Baresch kommt dann zum Brief Königs über die schwere Sünde, und dass „die Glaubenskongregation in die Vergangenheit sehe."

Er hätte dann den Papst – Kardinal Ratzinger – beobachtet und 2006 an ihn einen Brief geschrieben mit dem Hinweis „Ich hätte sein Schweigen so ausgelegt, dass er König und uns unrecht getan hat!"

Über Aufforderung hätte er ihm dann sein Buch zum Vermächtnis Kardinal Königs („Auswahl der wichtigsten Briefe zwischen Kardinal König und Kurt Baresch vom März 1968 bis September 2003") gesandt. Der Papst hätte sich bedankt und hat gesagt, er fände das für ein wichtiges Buch. Aus."

Sollte die „Maurerei ... zur Tagesordnung übergehen glaube ich, wird Ruhe sein". Letztlich kommt Baresch noch auf das Gespräch mit dem „an sich sehr konservativen Abt Henckel-Donnersmarck" und Michael Kraus zu sprechen. Er freut sich, dass der „Herr Donnersmarck, ..., zu der Erkenntnis kommt, dass ein österreichischer Freimaurer nicht exkommuniziert ist. Weil kein österreichischer Freimaurer etwas gegen die Kirche hat, nix tut." Und schließt seine Ausführungen, dass er aber nicht wisse „ob Donnersmarck mit dem Papst gesprochen hat.

Auf Nachfrage erklärt er noch, was seiner Meinung nach Kardinal König von den Freimaurern gehalten habe: „Sehr viel. Er hat das absolut anerkannt, respektiert und hat das für eine hoch edle, wertvolle Gesinnungsgemeinschaft gehalten. ... Die Freimaurerei setzt eine edle Gesinnung voraus ... Und eine religiöse, ethische, moralische Humanität muss man haben.[441]

7.3.5 „Versöhnung nach 269 harten Jahren"[442] – Abt trifft Großmeister[443] (2007)

Mit diesen Worten und der Feststellung „Freimaurer nicht mehr unter Kirchenbann" kommentiert Heinz Sichrovsky (Ressortleiter Kultur bei NEWS) das von ihm moderierte Gespräch (am 14.6.2007) zwischen Abt Gregor Henckel-Donnersmarck und Großmeister Michael Kraus.

Dem Großmeister (nunmehr Altgroßmeister) der Großloge von Österreich, der selber einer streng katholischen Familie entstammt und von den Jesuiten erzogen wurde, ist es ein Anliegen, dass die Freimaurerei mit den Kirchen und Gläubigen Österreichs in gutem Einvernehmen steht.[444]

Eingangs des Gesprächs erwähnt der Abt die Zauberflöte Mozarts und Schikaneders – beide Freimaurer – als „geschicktes Propagandawerk", die Königin der Nacht, das ist die Kirche. Oder dass der umstrittene Religionswissenschaftler Hans Küng vom deutschen Großmeister als „freier und kühner Denker gefeiert“ wird.

„Ich kenne die Freimaurer viel zu wenig“ und es sei nicht zu übersehen, „dass es Probleme gibt“ meint er und formuliert dann: „Wir sind nun einmal eine Religion, die von einer ganz konkreten Offenbarung ausgeht. Wir sehen uns als Vertreter der Wahrheit.“

Auf die Frage Sichrovskys antwortet Kraus: „Ich bin praktizierender Katholik.“ Und auf den Hinweis, dass Kardinal Ratzinger als Präfekt der Glaubenskongregation 1983 veröffentlichte, „dass sich nach wie vor jeder Freimaurer im Stand der Todsünde befindet und von den Sakramenten auszuschließen ist“, erklärt Kraus: „Nein, ich bin nicht exkommuniziert. Ich berufe mich nicht nur auf Rechtsgutachten katholischer Theologen, sondern auch auf authentische Aussagen meines Bischofs Kardinal König.“ Er verstehe den Widerspruch nicht, einerseits die Änderung des Codex Iuris Canonici und dann die Feststellung der schweren Sünde. „Jeder der meint, er sei exkommuniziert, soll mit seinem Bischof reden“, ist seine Aufforderung an seine Brüder.

Und dann zitiert Kraus die Alten Pflichten: „Der Maurer ist verpflichtet dem Sittengesetz zu gehorchen. Und wenn er die Kunst versteht, wird er weder ein engstirniger Gottesleugner noch ein bedingungsloser Freigeist sein.“ Und bekräftigt wieder „Die Freimaurerei ist keine Religion und steht auch nicht in Konkurrenz zur Religion, sie ist nicht religionsfeindlich, nicht atheistisch. Sie will den Boden für Religiosität bereiten, steht aber nicht in Konkurrenz zu irgendeiner Religion.“

Der Abt geht dann auf den Canon 1374 – wer gegen die Kirche Machenschaften betreibt – ein und will, dass zwischen den unterschiedlichen Gruppen des Freimaurertums „auf das Inhaltliche“ geachtet wird.

Sichrovsky will die Diskussion auf den Punkt bringen: „Herr Abt, sind nun die Freimaurer exkommuniziert oder nicht?“

Die Antwort des Abtes ist ambivalent. Er spricht von historischer Theologie, die nicht leicht vergessen kann, „wenn eine Organisation Machinationen gegen die Kirche betreibt.“ Billigt dann aber dem Großmeister zu, das nicht zu tun und daher auch nicht davon betroffen zu sein.

Er bringt aber gleich neue Problemfelder nämlich „es geht um Liturgie“, um Rituale, die er nicht kenne, um „eine Liturgie mit biblischen Worten, aber geheim“. Hier wünsche er sich Transparenz.

Kraus gibt eine klare Antwort, wenn die Freimaurerei sich bestimmter Rituale bediene, haben diese „keine religiöse Bedeutung, sondern instrumentelle Funktion. Die Freimaurerei ist von Menschen geschaffen und leitet sich nicht vom Göttlichen her. “

Dann kehrt die Diskussion kurz zur alleinigen Wahrheit zurück: Kraus: „Uns Freimaurern geht es nicht um die eine Wahrheit.“–Abt Gregor: „Uns schon.“

Wobei Kraus die israelische Großloge zitiert, wo symbolisch die Bibel, der Koran und der Talmud nebeneinander aufliegen.

Abt Gregor kontert mit der Feststellung „den Dialog zwischen Vernunft und Religion, zwischen Aufklärung und Kirche neu und richtig zu beginnen. Und ich glaube, dass da mit der Freimaurerei viel möglich ist.“ Und denkt an die Anti-Duell-Liga, das Leben der Ungeborenen und der alten Menschen. „Wir suchen nach Bundesgenossen, es geht um den Menschen in seiner Gesamtheit.“

„Auf dieser Ebene finden wir uns auf jeden Fall“, nimmt Kraus diesen freimaurerischen Gedanken auf. Und beantwortet den Seitenhieb bezüglich sich gegenseitig helfender „Seilschaften“ mit der Förderung des „… uns allen innewohnen sollenden Gedanken der Humanität.“

Im persönlichen Interview bestätigte mir der Moderator des Gesprächs, News-Chefredakteur Kultur Heinz Sichrovsky, dass sein (später faksimilierter) Artikel bzw. seine Formulierungen vom Gespräch von Abt Henckel-Donnersmarck als autorisiert („hat manches sogar ausgebessert“) anzusehen sind.[445] Und dass mit Kardinal Schönborn vor dem Gespräch Kontakte waren, lässt sich den Grußworten entnehmen.

Die Erhebung der Hochschule des Stiftes Heiligenkreuz zur Päpstlichen Hochschule im Jahr 2007 und die Verleihung des violetten Pileolus in seiner Eigenschaft als Magnus Cancellarius zeigen das Gewicht des Abtes Gregor Henckel-Donnersmarck in der katholischen Kirche.

Letztendlich formuliert Sichrovsky – in NEWS vom 28.6.2007: „Zum Finale erklärt Donnersmarck Sensationelles: „Offensichtlich gibt es verschiedene Ausprägungen der Freimaurerei. Die Strafbestimmungen des heutigen Kirchenrechts gelten für Gruppierungen, die sich gegen die katholische Kirche richten. Wenn dies auf die österreichischen Freimaurer nicht zutrifft, sind auch die angegebenen Strafbestimmungen nicht wirksam.“

NEWS 26/2007: [446]

Versöhnung nach *269 harten Jahren*

ABT TRIFFT GROSSMEISTER. Vor dem Papstbesuch: Freimaurer nicht mehr unter Kirchenbann.

Ein Gespräch in dieser Besetzung war bis zu seinem Stattfinden für unmöglich gehalten worden. Auf dem Podium im Wiener Figaro-Haus: Gregor Henckel-Donnersmarck, Abt von Heiligenkreuz, und Österreichs Freimaurer-Großmeister Michael Kraus, der über den Bund soeben einen Bestseller verfasst hat. Am Ende stand eine spektakuläre Fast-Versöhnung: Nach 269 Jahren sind Österreichs Freimaurer nicht mehr exkommuniziert. Den Bann hatte 1738 Papst Clemens XII. über den noch jungen Bund verhängt. 1983, unter Johannes Paul II., wurde der Passus auf Betreiben Kardinal Königs aus dem Kirchenrecht getilgt. Doch der damalige Präfekt der Glaubenskongregation, Joseph Ratzinger, veröffentlichte einen Zusatz: Das negative Urteil der Kirche über die Freimaurer bleibe unverändert, der Beitritt verboten, Zuwiderhandelnde „befinden sich also im Stand der schweren Sünde und

Kraus (l. mit seinem Bestseller) und Henckel-Donnersmarck. Das Gespräch moderierte Heinz Sichrovsky (NEWS).

können nicht die heilige Kommunion empfangen".

Henckel-Donnersmarck, der mit Kraus einst die Hochschule für Welthandel absolvierte, verweist auf die „Zauberflöte" als Propagandawerk der Brüder Mozart und Schikaneder: die Kirche als rachegeifernde Königin der Nacht, die ihre Kinder in Abhängigkeit hält. Erst kürzlich wurde der des Lehramts enthobene Theologe Hans Küng von den deutschen Freimaurern als „freier und kühner Denker" geehrt. Die katholische Kirche, so Donnersmarck, verstehe sich als Vertreterin der Wahrheit. Der Appell des Freimaurers Lessing, alle Religionen seien gleich viel wert, kann für sie also nicht gelten.

Dagegen nennt Kraus das oberste Gebot der Freimaurerei: ein toleranter, dem Sittengesetz gehorchender, guter, redlicher Mann zu sein. Man verfolge keine politischen Ziele. „Wir sind auch keine Religionsgemeinschaft und wollen nichts Ähnliches sein. Wir bereiten den Boden für Religiosität. Unser wichtigstes Prinzip ist Toleranz gegen alle." Und die religionsähnlichen Rituale? Haben nur symbolischen Charakter. Beide rechnen einander noch gegenseitige Verfolgung auf: hier Danton, die Französische Revolution und der italienische Guerillero Garibaldi, dort die blutige Inquisition.

Ist nun der praktizierende Katholik Kraus exkommuniziert? Zum Finale erklärt Donnersmarck Sensationelles: „Offensichtlich gibt es viele verschiedene Ausprägungen der Freimaurerei. Die Strafbestimmungen des heutigen Kirchenrechts gelten für Gruppierungen, die sich gegen die katholische Kirche richten. Wenn dies auf die österreichischen Freimaurer nicht zutrifft, sind auch die angegebenen Strafbestimmungen nicht wirksam."

Kraus: „Die Freimaurerei hat sich viele Jahre als konstruktiver Gesprächspartner für eine Normalisierung der Beziehungen mit dem Vatikan zur Verfügung gehalten. Daher ist dieser Tag ein freudiger."

Und im September kommt der mittlerweile stark avancierte Joseph Ratzinger. ■

„Durch die Interpretation von Abt Henckel-Donnersmarck ist der Standpunkt Kardinal Königs bestätigt. Es ist natürlich kein Rechtsgutachten (deren es für und gegen die Exkommunikation gibt). Aber insgesamt wird anerkannt, dass die Freimaurerei in Österreich in geordneten Bahnen verläuft. Wir können mit der derzeitigen Situation gut leben; und auf Grund der TV-Sendung, dass wir mit der katholischen Kirche in Ordnung leben."[447] Diese, für die österreichische Freimaurerei und die Bemühungen der letzten Jahre sehr positive Stellungnahme gab mir Dr. Michael Kraus im persönlichen Interview.

Für ihn und seine Umwelt, für den „Mikrokosmos eines wirklichen Katholiken und Freimaurers" ist ein derart geordnetes Verhältnis wichtig. Wobei für Kraus natürlich die laizistische Haltung der österreichischen Freimaurerei zu berücksichtigen ist, „die Vielfalt sollte gewahrt werden."

Hinterfragt, für wie viele katholische Freimaurer die ganze Diskussion wesentlich sei, vermutet Kraus eine eher kleine Zahl, aber für diese sei die Frage wichtig.

Nochmals auf die Erklärung der Glaubenskongregation 1983 angesprochen, sagt Kraus, die „alleinige katholische Wahrheit und Religion" wird von der Freimaurerei nicht anerkannt. Und bringt als Beispiel Doz. Dr. F. Romig, der nur „die eine und einzige Kirche und den einzigen Glauben, der die Fülle der Wahrheit enthält" kennt. Für diesen prononcierten Vertreter der Bischofskonferenz ist „Christus der Weg, die Wahrheit und das Leben, in ihm und keinem anderen ist das Heil."[448]

Wichtig sei aber, dass im neuen Codex Iuris Canonici nicht mehr die automatische Exkommunikation enthalten sei. Die Erklärung der Glaubenskongregation aus 1983 erkläre dann, dass man aus dem moralischen Grund der schweren Sünde nicht zur Kommunion gehen könne. Kraus zitiert diesbezüglich aber den Brief Kardinal Königs (an Baresch vom 16.3.1998) hinsichtlich schwerer Sünde und vor allem den Schlusssatz „Ich glaube auch feststellen zu können, dass diese drei Gesichtspunkte[449] kaum bei einem Katholiken zutreffen der gleichzeitig Freimaurer ist."[450]

Kraus kommt dann noch auf einen kürzlichen Schriftwechsel mit der Großloge von England (anlässlich eines Meetings im November 2007) zu sprechen. England meint, dass jede Großloge individuell mit der Kirche umgehen sollte, Österreich also seinen eigenen Weg mit der Römisch Katholischen Kirche verhandeln müsse. „You have already made significant progress and should certainly continue your dialogue ..." [451] – ist der positive, anerkennende Schluss der United Grand Lodge of England. Und es scheint ja wirklich „bei wesentlichen Vertretern des katholischen Klerus eine entscheidende Wandlung in ihrer Haltung gegenüber der Freimaurerei gegeben" zu haben.[452]

Am Schluss dieses sehr engagierten persönlichen Gesprächs meint Kraus: „Lassen wir den lieben Gott dort, wo er hingehört, nämlich in der Kirche." Und freut sich – meines Erachtens mit Recht – dass die TV-Sendung vom 8.1.2008 (sh. später) und das Buch „Die Freimaurer" eine Aufwertung und Unterstützung, „die TV-Sendung nahezu eine Werbesendung für die Freimaurerei" und der geschaffene menschliche Kontakt sehr sinnvoll gewesen sei.

7.3.6 „Report" - ORF 2 (2008)

„Wolfgang Amadeus Mozart war einer, ebenso wie Sir Winston Churchill oder Johann Wolfgang von Goethe und viele andere berühmte Persönlichkeiten. Die Rede ist von den Freimaurern, einem immer noch sagenumwobenen Männerbund. Bis 1983 wurden Freimaurer automatisch aus der Kirche exkommuniziert. Doch die Fronten beginnen allmählich zu bröckeln."[453] Mit diesen Worten eröffnete Birgit Fenderl einen Beitrag von Eva Maria Kaiser über die Freimaurer, das Gespräch Abt Gregor Henckel-Donnersmarck mit Großmeister Michael Kraus und einem Rückblick und angedeuteten Ausblick.

Diese Fernsehsendung vom 8.1.2008 war als Fortsetzung des Gesprächs vom Juni 2007 gedacht.

In reportagehafter Überzeichnung wird von „Feindseligkeit, Verfolgung und Kampf" gesprochen bzw. „ein gegenseitiges Schuldbekenntnis tut not."[454] Und genau das tun die beiden Herren:

> Kraus: „... Dann gibt es ganz sicherlich Zeiten, wo auch die Freimaurerei sich gegen die römische Autorität und kirchliche Institutionen feindselig gewandt hat. Das ist unbestritten, das ist so."
>
> Henckel-Donnersmarck: „... Und gebe zu, dass die Kirche da sicher auch Fehler gemacht hat. Spätestens in der Entwicklung des Zweiten Vatikanum sind diese Tendenzen in der Kirche, zumindest vom offiziellen Lehramt her, auch für obsolet erklärt worden."[455]

Für den Zuseher wird dann der Logentempel in Schloss Rosenau gezeigt und kommentiert: „Also er (der Freimaurer) muss am rauen Stein arbeiten, an seiner Vervollkommnung, Veredelung in sittlich, moralisch, geistiger Hinsicht."[456]

Ausführlich geht die Sendung dann auf Entstehung der Lichtenauer Erklärung aber auch die Erklärung der schweren Sünde Kardinal Ratzingers ein.

Aufhorchen lässt dann ein Gedanke von (Prim. Dr.) Johannes Huber (ehemals Sekretär von Kardinal König): „Ich kann mir schon vorstellen, dass er (Papst Benedikt XVI.) den Kontakt nicht nur mit atheistischen Philosophen sondern auch mit deistischen Humanisten sucht, und dass er möglicherweise hier eine kleine Korrektur durch die Amtskirche vornehmen lässt."[457]

Ähnlich schließt der ORF-Sprecher, der von „einem zivilisierten Gespräch, als einem bewussten Signal" spricht. Resümierend kann diese ORF-Sendung als positiv aufklärende gesehen werden.

Kraus ist sogar der Meinung, „das, was aus unserer Sicht an Botschaft hinüber kommen sollte, hat funktioniert." Er zitiert auch in seinem resümierenden Vortrag Abt Henckel-Donnersmarck: „In 1347 (CIC) steht drinnen, wer einer Vereinigung beitritt, die gegen die Kirche Machenschaften betreibt, soll mit einer gerechten Strafe belegt werden. ... Dieser Canon ersetzt einen früheren Canon, wo die Freimaurer erwähnt waren. Ich glaube das ist ein Fortschritt, denn wir sagen, wir wollen den Freimaurer nicht einheitlich unter diese Strafe stellen, sondern wir gehen auf das Inhaltliche."[458] Und letztlich kommt der Abt nach der Frage: „Ist jetzt der Großmeister hier exkommuniziert oder nicht, leben die Österreicher in schwerer Sünde, ja oder nein" zur Feststellung: „So wie ich das sehe, kann ich das verneinen."[459]

Interessant in diesem Zusammenhang ist auch die Erwähnung der Rede von Papst Benedikt XVI. vor der Akademie Française. Er bedauerte dort, dass Aufklärung und Kirche im Gegensatz gekommen seien, der Dialog zwischen Vernunft und Religion, zwischen Aufklärung und Kirche sei neu zu beginnen. Denn „die Kirche sieht sich auch als Vertreter der Humanität, sie kämpft für Menschen."[460]

Im Interview mit mir meinte Kraus: „Wir können mit der jetzigen Situation sehr gut leben. Und die Öffentlichkeit weiß auf Grund der TV-Sendungen, dass wir mit der katholischen Kirche in Ordnung leben und in keinem Konflikt stehen."[461]
Wesentlich pointierter formulierte ein anderer freimaurerischer Gesprächspartner: „Die Metabotschaft der TV-Sendungen war: Die Freimaurer braten doch keine kleinen Kinder."[462]

7.4 „Ein geordnetes Verhältnis Katholische Kirche – Freimaurerei ist mir wichtig"(2008)

7.4.1 Befragung Wiener Freimaurer

Wie sehen nun viele Freimaurer selbst die Diskussion mit und über die katholische Kirche, wie gut sind sie informiert, entspricht ihre Gottessicht der der katholischen Kirche.

Natürlich ist eine offizielle Meinungsbefragung der diskreten Bruderschaft nicht möglich. Im Gedankenaustausch mit vielen Gesprächspartnern aus der Großloge kam mir der Gedanke, einen kurzen Fragebogen mit der Möglichkeit der Mailantwort (und daher möglichst einfache Fragen) zu entwerfen.

Fast 60 Antworten bedeuten einen beachtlichen Erfolg. Sie stellen nämlich über 75 Prozent einer Wiener Loge, über 15 Prozent eines Hochgrad-Systems und über 3 Prozent der Wiener Logenangehörigen dar. Also eher ein „Wiener Zufallssample", aber meines Erachtens aufgrund der Größenordnung und der persönlichen Kommentare äußerst aussagefähig und vor allem einzigartig.

Welche Fragen habe ich gestellt:

1. Ich bin katholisch.
2. Ich bin nicht katholisch (habe ein anderes Glaubensbekenntnis).
3. Ich besuche eher regelmäßig die Messe.
4. Ich würde mich als gläubig bezeichnen.
5. Ich gehe regelmäßig zur Kommunion.
6. Ein geordnetes Verhältnis Katholische Kirche-FM ist mir wichtig.
7. Ich bin der Meinung nicht exkommuniziert zu sein.
8. Die ganze Diskussion zwischen Katholischer Kirche und FM ist für mich wichtig.
9. Ich kenne die Erklärung der Glaubenskongregation von 1983 (FM zu sein ist schwere Sünde).
10. Ich kenne den Brief Kardinal Königs bzw. seine Meinung zu FM und schwere Sünde.
11. Der GBaW ist für mich <u>der personale Gott</u> (der Offenbarung).
12. Der GBaW ist für mich z. B. „Schöpfer, Licht, das Numinose, das Transzendente, die allmächtige Idee".

13. Die Diskussionen/TV-Sendungen zwischen AGM M. Kraus und Abt Henckel-Donnersmarck fand ich interessant und wichtig.
14. Ich erkenne die Dogmen der römisch-katholischen Kirche an, insbesondere ihren alleinigen Wahrheitsanspruch.
15. Mein höchster Schulabschluss (z. B. Matura, Uni):
16. Ich bin _____ Jahre alt.

Zusätzliche Kommentare/Anregungen:

Die Befragten waren zwischen 33 und 83 Jahre alt, im Durchschnitt 64 Jahre. Über 68 Prozent waren Akademiker, der Prozentsatz der männlichen Hochschulabsolventen in Wien liegt dagegen lt. Arbeitsmarktstatistik 2007 bei 17,1 Prozent.

Knapp über 50 Prozent der Befragten sind katholisch, was etwa dem Prozentsatz der Volkszählung 2001 (Wien gesamt: 49,2 Prozent) entspricht. Der Prozentsatz „ohne Bekenntnis" ist mit 35,1 Prozent gegenüber 25,6 Prozent in Wien doch deutlich höher. Zitiert sei eine, immer wiederkehrende Meinung: „Bin vor vielen Jahren ausgetreten, da die Kirchenhistorie und die vermittelten Glaubenssätze zu große Dissonanzen ergeben. Kirche war nichts anderes als die Festigung und Verwirklichung weltlicher Macht, durch einen Glauben der Angst, durch das Einschnüren freien, selbstständigen Denkens."

7.4.2 Ein geordnetes Verhältnis

Fast 80 Prozent erklären, nicht regelmäßig zur Messe oder zur Kommunion zu gehen. Aber für zwei Drittel ist ein geordnetes Verhältnis Katholische Kirche-Freimaurerei wichtig. Wenngleich die Diskussion (der letzten Jahre) nur von der Hälfte der befragten Freimaurer goutiert wird. Sie wird aber als „Grundsatzdiskussion von Toleranz und Intoleranz, Dogmatismus und Adogmatismus" gesehen, „sie ist für beide ein Prüfstein ihrer Integrität und Aufrichtigkeit."

Interessant ist, dass fast alle Katholischen der Meinung sind, nicht exkommuniziert zu sein, obwohl fast alle die Erklärung der Glaubenskongregation (Freimaurerei ist schwere Sünde) kennen. Als Erklärung lässt sich vermuten, dass fast ebenso viele den Brief Kardinal Königs kennen, in dem er meint, ein Freimaurer ist kaum ein schwerer Sünder.

Darüber hinaus meine ich, dass fast alle wissen, dass die Exkommunikation als Bund der Freimaurer expressis verbis nicht mehr im Codex Iuris Canonici enthalten ist.

Widersprüchlich ist dann allerdings, dass über 85 Prozent aller Befragten und auch der Katholischen die Dogmen der katholischen Kirche nicht anerkennen. Wenn man allerdings davon ausgeht, dass sich die Freimaurerei als adogmatisch bezeichnet, sind die restlichen 15 Prozent erstaunlich. Es gab Kommentare wie „Dogmen sind Unsinn und Finsternis, der Wahrheitsanspruch ist präpotent", aber auch verbindlicher „da die katholische Kirche den Anspruch auf die alleinige Wahrheit beansprucht, kann es zwischen ihr und dem Bund der Freimaurer nur eine korrekte, vielleicht wohlmeinende Verbindung geben. Keinesfalls ein Näherkommen. Es ist auch nicht wichtig, wir haben nicht den Anspruch auf die Ewigkeit und wir haben keine „Zentrale", wir haben so viele Meinungen, wie Brüder."

7.4.3 Der Gottesbegriff

Eine zentrale Frage war natürlich die nach dem Gottesbegriff, wobei bewusst der (christliche) Gott der Offenbarung einer (möglichen) Definition des Großen Baumeisters aller Welten gegenübergestellt wurde.

Der Große Baumeister wurde in den Kommentaren als „ein Symbol für die Weltordnung und die Weltarchitektur/Kosmosarchitektur" bezeichnet.

In einem Kommentar wurde viel mehr gesehen als das Numinose, aber gleichzeitig auch die Frage nach Phänomen und Riten gestellt:: „ER/SIE/ES ist sicherlich mehr, oder auch nur ein Wunschbild, vielleicht doch nur anthropomorphes Wunschdenken, Projektion, Archetyp …; andererseits: was hilft, wirkt – ist also „wirklich".. Fragt sich nur wo: im Universum? In meiner Psyche? Hier auf der Erde? In meinem sozialen Umfeld? Wie auch immer: Gott hat mir manchmal schon sehr geholfen, wenn ich mich auf die Riten, Liturgien und Anbetungsformen seiner kathol., evangel., jüd., islam. Anbeter eingelassen habe. Oder waren es doch nur gruppendynamische, meditative, psychologische Phänomene des sich Angenommenen-, Aufgehoben-, Akzeptiert-Fühlens, wie wir es in unseren Logen, Familien, Freundeskreisen ja auch erleben?" Eine umfangreiche Darstellung seines Gottesbegriffs oder der empfundenen Phänomene eines scheinbar viele Kulturen Kennenden.

Für die Hälfte der katholischen Antwortenden ist der Große Baumeister aller Welten der personale christliche Gott.

Hier scheint es wichtig auszuführen, dass sich insgesamt 75 Prozent aller Befragten als gläubig bezeichnen.

7.4.4 Die TV-Sendungen

Eine Bestätigung der Bemühungen des Großmeisters Michael Kraus ist, dass 70 Prozent der Befragten die Diskussion (TV-Sendungen) mit Abt Henckel-Donnersmarck als interessant fanden; wichtig schon weniger: „aber in der Sache nichts verändernd“ oder „was haben sie gebracht – nichts“.

Jedenfalls wird der Dialog befürwortet, jedoch „kein Anbiedern“, aber ein Aufzeigen des Themas bzw. „für die Freimaurerei sollte eine Klärung doch nutzvoll sein, da es bestätigt, dass wir keine ‚Gegenkirche‘ sind, nichts tun, was gegen die katholische Kirche spricht“.

Natürlich gab es auch kritische Kommentare wie: “Einen Kompromiss im Sinne der Kirche wird es nie geben, diese braucht keine esoterischen QUERDENKER, viel zu viel Zeitaufwand für eine gewonnene Seele. … Wohlstand und die Zeit arbeiten unerbittlich gegen die christlichen Kirchen. … Um meine Seele kümmert sich niemand außer ich selbst. Im Himmel der Amtskirche will ich bei Gott nicht sein.“

7.4.5 Hat die katholische Kirche die richtigen Antworten?

In diese Gedanken reiht sich eine aktuelle Umfrage der Zeitung „Der Standard“ ein:

> „Einfluss der katholischen Kirche
> Die Zeiten werden derzeit als allgemein schwierig erlebt.
> Hat die katholische Kirche für die Menschen in unserer Zeit die richtigen Antworten?“

Ja, bestimmt	7%
Ja, eher schon	18%
Nein, eher weniger	39%

Nein, gar nicht	29%
Keine Angaben	6%"[463]

(Telefonische Interviews, Dezember 2008)

Positiven 25 Prozent (bestimmt, eher schon) stehen 68 Prozent negative (gar nicht, eher weniger) Antworten gegenüber. Wobei bei der Frage des Einflusses der römisch-katholischen Kirche auf die österreichische Bevölkerung 60 Prozent meinen, er nehme ab.

Die kirchliche Meinung wird also immer unwichtiger.

7.5 Benedikt XVI.: „Kultur Europas gründet auf der Suche nach Gott" (2008)

Im September 2008 ließ Papst Benedikt XVI. in Paris mit Gedanken zur Neuinterpretation der Trennung von Staat und Kirche sowie zur laizistischen Kultur, dass religiöser Glaube Privatsache sei, aufhorchen.

Es fiel zwar kein Wort zur Freimaurerei und ihren Prinzipien, deutlich wurde aber die alleinige Wahrheit und der Absolutheitsanspruch der katholischen Kirche dargestellt.

Nach einer klaren Absage an den Fundamentalismus und positiven Worten zum Mönchstum als Vorläufer unseres Bildungswesens wird der christliche Gott definiert: „Er, der eine, der wirkliche und einzige Gott ist auch Schöpfer. ... Wo dieses Maß fehlt und der Mensch sich selber zum gottartigen Schöpfer erhebt, kann Weltgestaltung schnell zur Weltzerstörung werden ... Ein nur gedachter und erdachter Gott ist kein Gott."[464]

Wenngleich die Worte Logos, Demut und Vernunft ähnliches Gedankengut wie die Freimaurerei aufzeigen, ist der Schluss Benedikts, nur die Suche nach Gott sei die Grundlage der europäischen Kultur nicht mit dem freimaurerischen Toleranzgedanken kompatibel.

So meint er am Ende seiner Rede vor der kulturellen Elite Frankreichs, aber auch muslimischer Vertreter (zwei Jahre nach seiner Regensburger Rede): „Quaerere Deum – Gott suchen und sich von ihm finden lassen, das ist heute nicht weniger notwendig denn in vergangenen Zeiten. Eine bloß positivistische Kultur, die die Frage nach Gott als unwissenschaftlich ins Subjektive abdrängen würde, wäre die Kapitulation der Vernunft, der Verzicht auf ihre höchsten Möglichkeiten und damit ein Absturz der Humanität, dessen Folgen nur schwerwiegend sein könnten. Das, was die Kultur Europas gegründet hat, die Suche nach Gott und die Bereitschaft, ihm zuzuhören, bleibt auch heute Grundlage wahrer Kultur.“[465]

7.6 Benedikt XVI. und die Priesterbruderschaft St. Pius X. (2009)

Nach der kurzen Darstellung der Rede Benedikts in Paris und dem immer wiederkehrenden Schluss der allein selig machenden und im alleinigen Besitz der Wahrheit befindlichen katholischen Kirche wollte ich bereits das Resümee beginnen. Doch den Aufschrei, der wegen der Rücknahme der Exkommunikation der vier Bischöfe der Pius Bruderschaft durch Europa und die Presse ging, „muss“ und möchte ich noch berücksichtigen.

Denn der Papst hat lt. Dekret des Präfekten der Bischofskongregation, Kardinal Giovanni Battista Re, um „die Einheit in der Barmherzigkeit der Universalkirche“ zu fördern, die seit 21 Jahren bestehende Exkommunikation aufgehoben.[466] Er hat damit eine äußerst konservative Gemeinschaft wieder in die Kirche aufgenommen, die in ihren Predigten und Lehren den Antisemitismus erkennen lässt, teilweise die Shoah leugnet, die Entwicklungen des Zweiten Vatikanischen Konzils ablehnt sowie die Freimaurer verdammt, und als Ursprung vieler Übel bezeichnet.

Heftigste Diskussionen riefen die Aussagen von Richard Williamson, einem der vier exkommunizierten Bischöfe, hervor:

- „Ich glaube, dass es keine Gaskammern gab. Die historischen Beweise sprechen sich eindeutig dagegen aus, dass sechs Millionen Juden in Gaskammern getötet wurden.“[467]
- Der Vatikan stehe unter der Macht des Satans.
- Die Juden, die Feinde Christi, würden zusammen mit den Freimaurern zu den Entwicklungen und der Korruption in der katholischen Kirche beitragen.
- Die „Protokolle der Weisen von Zion“ hält er für ein authentisches Dokument.[468]

In seiner Predigt vom 24.6.2008 sprach Bischof Williamson von „Schmalz-Philosophie“ und „Schmalz-Kirche“ der modernen Zeit.

„Woher kommt dieses Schmalz? Im Grunde genommen aus der Religionsfreiheit, die jetzt überall die Geister beherrscht. Von der Freimaurerei, von den Feinden Gottes! Die Feinde Gottes haben vermeintlich gesiegt … Der 3. Weltkrieg könnte nur der Anfang von Gottes Strafgericht sein. …“[469]

Dass Williamson trotz Aufforderung auch nach den europaweiten Aufregungen seine Shoah-Aussagen (und die anderen zu Antisemitismus und Konzil) nicht zurückziehen will, spricht für sich.

Dass andererseits Papst Benedikt XVI. auch seine Entscheidung der Rücknahme der Exkommunikation nicht korrigiert, wird auch von Kardinälen (z. B. Kardinal Schönborn am 29.1.2009) als Fehler bezeichnet.

Der – nach Wochen der Diskussion – verlangte Widerruf der Holocaust-Leugnung wurde von Williamson vorerst abgelehnt. Er werde historische Beweise prüfen, „und wenn ich diese Beweise finde, dann werde ich mich korrigieren. Aber das wird Zeit brauchen.“[470]

Wenngleich die ganze Shoah-Debatte für die vorliegende Arbeit nicht relevant ist, es zeigt die Gedanken wesentlicher Vertreter der „Priesterbruderschaft, „die Kirche wieder hinter das Zweite Vatikanische Konzil zu führen“. Der deutsche Ordensobere Franz Schmidberger bezeichnet in seinem Vortrag (1989)“ Die Zeitbomben des Zweiten Vatikanischen Konzils“ dieses „als das größte Unglück des vergangenen Jahrhunderts.“ Es hat „die gesamte Mentalität der Moderne, der Liberalität, der permissiven Moral“ in die Kirche aufgenommen. Aussagen in Konzilsdokumenten gehen „bereits an den Rand der Häresie.“ Besonders wird auf den „Alleinvertretungs- und Absolutheitsanspruch der Kirche“ eingegangen. Das Dekret „Nostra aetate“ und seine Öffnung zu anderen Religionen wird strikt abgelehnt. „Sie [die nicht christlichen Religionen] sind nicht nur keine Heilswege, sie sind viel eher System des Widerstandes gegen den Heiligen Geist. Sie befreien den Menschen nicht, sondern sie halten ihn gefangen im Irrtum, im Dunkel des Unglaubens und nicht selten in Leidenschaft und Unmoral.“[471]

Aber nicht nur Religionsfreiheit und Anerkennung anderer Religionen lehnt Williamson ab, sondern auch die Erklärung über die Allgemeinen Menschenrechte – die den Freimaurern ganz wichtig sind –: “Wo die Menschenrechte als eine objektive Ordnung verstanden werden, die der Staat durchsetzen soll, da kommt es immer zu einer antichristlichen Politik.“[472] Ein Kommentar erübrigt sich.

Insgesamt zeigt diese aktuellste, im Februar 2009 (!) geführte Diskussion über Gedanken und Entscheidungen des Vatikans und Papst Benedikt XVI. auf, wie traditionalistisch, konservativ bis fundamentalistisch gedacht wird. Wenn die Priesterbruderschaft Pius X. mit ihrem Antisemitismus, Ablehnung der Menschenrechte und Freimaurer-Verdammung durch Benedikt XVI. wieder in den Schoss der katholischen Kirche zurückgeführt wird, dann kann Toleranz und Anerkennung freimaurerischen Ideen nicht erwartet werden.

8 Resümee

„Großer Baumeister aller Welten!
Entlasse mich nun zu mir selbst,
daß ich mein eigener Meister werde."[473]

Mit diesem Gedicht eines Freimaurers habe ich die vorliegende Arbeit begonnen. Von „Extra Ecclesiam nulla salus" und der Vielzahl der päpstlichen Verurteilungen reicht der Bogen der Betrachtungen über das Aggiornamento des Zweiten Vatikanischen Konzils und damit Franz Kardinal Königs bis zur aktuellen Diskussion und erwähnten, erhofften Öffnung der letzten zwei Jahre. Leider deuten die Entwicklungen der letzten Wochen und Monate eher auf vorkonziliare Gedanken der Kurie und Papst Benedikt XVI. hin.

Die Forschungsfrage, wie hat sich das Verhältnis Papsttum-Freimaurerei bis zum 21. Jahrhundert entwickelt, wurde durch aktuellste Entscheidungen des Papstes in Richtung Konservatismus beantwortet.

8.1 „Weil wir als freie Männer bauen am allgemeinen Tempel der Menschenliebe"

Um die Gedanken und Vorstellungen zu Gott, dem Allmächtigen Baumeister aller Welten und einer freimaurerischen Lebenshaltung erkennen zu können, wurden den Enzykliken der Päpste Kapitel über Rituelles, Philosophie und Ethik vorangestellt.

Sind für Freimaurer die Begriffe Toleranz, Humanität und Menschenrechte zentrale Antworten im Leben, stellen sie gleichzeitig klar dar, keine Religion zu sein. Im Gegensatz zur katholischen Kirche gibt es keine Glaubenssätze und Dogmen. Die Logen arbeiten in Ehrfurcht vor dem Großen Baumeister aller Welten für Gewissens- und Geistesfreiheit.

Das erste Kapitel der Allgemeinen freimaurerischen Grundsätze der Großloge von Österreich spricht daher von „freien Männern von gutem Ruf im Streben nach geistiger und sittlicher Veredelung."[474] Diese persönliche „Veredelung" soll gelebt und erarbeitet werden durch

Bekämpfen der Intoleranz, Erziehung zur Humanität und Streben nach geistiger und sittlicher Weiterentwicklung. „…wie hier durch das Wort so im Leben durch die Tat …" heißt es in einem der Rituale. Und dass dieses Wollen schwer ist, gibt jeder Freimaurer zu. Dazu helfen aber sollen die Rituale und Symbole in der Loge und das Gespräch mit den Brüdern.

Hinsichtlich der Gottesbeziehung wird immer der erste Artikel der „Alten Pflichten" zitiert: „Ein Mann ist durch seine innere Haltung verpflichtet, das Moralgesetz zu befolgen; …wird er niemals ein einfältiger Atheist sein, noch ein religiöser Freigeist …, gute und redliche Männer zu sein, Männer von Ehre und Rechtschaffenheit, durch welche Glaubensbekenntnisse oder -anschauungen sie auch unterschieden sein mögen …"[475] Wie bereits dargelegt, einer der Problempunkte mit der katholischen Kirche.

Das Erlebnis des einzelnen Freimaurers im Tempel, beim Ritual – das ist d a s (sein) freimaurerisches Geheimnis. In diesem Erleben unterstützt ihn die Symbolwelt, angefangen von der Bibel bis zu Winkelmaß und Zirkel. Und noch mehr der rituelle Ablauf einer Loge, rund um den Tapis und die Säulen der Weisheit, Stärke und Schönheit vor dem Altar. Wobei ihn der davor liegende raue Stein an seine Verpflichtung zu

Erkenne dich selbst!
Beherrsche dich selbst!
Veredle dich selbst!

erinnert.

Die rituelle Arbeit wird „in Ehrfurcht vor dem Großen Baumeister aller Welten" eröffnet. Wobei schon in den Alten Pflichten vom „Great Architect of the Universe" und später vom „Supreme Being" geschrieben wird. Aber nie wird vom personalen trinitarischen Gott, Lenker und Gnadenwaltenden der katholischen Kirche, sondern es wird vom „göttlichen Wirken voll Weisheit, Stärke und Schönheit"[476] gesprochen. Was letztlich die Deutsche Bischofskonferenz zum Schluss kommen ließ: „…Danach gibt es keine objektive Erkenntnis von Gott im Sinne des personalen Gottesbegriffes des Theismus. Der „Große Baumeister aller Welten" ist ein neutrales „Es", undefiniert und offen für jedwedes Verständnis. … entzieht der Gottesvorstellung der Katholiken und seiner Antwort auf den ihm väterlich und herrscherlich ansprechenden Gott den Boden."[477]

8.2 Das ideale Leitbild und Menschenbild des Bruder Freimaurer

„Werden, der man sein kann!–Demokratie leben!–Konflikte demokratisch austragen!–Unverwechselbare Zeichen setzen!"–alles „Menschenpflichten", nach denen Freimaurer in der Welt leben sollten, „in der allmählich die Menschenrechte wirklich gelebt werden …"[478] Ob die erarbeiteten freimaurerischen Leitbilder gelebt werden, darf in Kenntnis der menschlichen Psyche bezweifelt werden. Aber dass versucht wird, vieles zu leben und zu verwirklichen, habe ich bei meinen persönlichen Gesprächen festgestellt. „Er (der Freimaurer) soll ganz einfach Vorbild sein" sei hier ein wesentlicher Satz aus meinem Interview mit Großmeister Michael Kraus wiederholt.

Gleichzeitig geht es auch „gegen Verabsolutierung und Ideologien, gegen Dogmen und absolute Wahrheiten". Ein konkreterer Angriff auf die dogmatische Ideologie der katholischen Kirche ist kaum vorstellbar. Noch dazu, wenn geschrieben wird von einem „Minimalkonsens auf den Großen Baumeister aller Welten, der keine dogmatisierte Gottheit darstellt …"[479]

Immer wieder wird betont, „Aufklärung und Kirche stünden demnach in einem starken Widerspruch zueinander". So folgert ein hochrangiger deutscher Freimaurer im Jahr 2006 in einem Vortrag aus dem „Erkenntnis Kants: Aus der Notwendigkeit, an ein höchstes Wesen glauben zu müssen, folgt nicht im mindesten seine reale Existenz."[480]

Kraus formuliert verbindlicher: „Freimaurerei und Religion stehen in ständiger Spannung zueinander. …Den lieben Gott aber mögen wir dort lassen, wo er hingehört, nämlich in der Kirche."[481] Auch er sagt deutlich, dass die Freimaurerei keine Religion, aber ein Boden für alle Glaubensbekenntnisse sei. Wie bereits 1983 die Vereinigte Großloge von England in „Freimaurerei und Religion": „Die Freimaurerei ist keine Religion und auch kein Ersatz für eine Religion."[482]

Können sich die katholische Kirche und der Freimaurerbund in den Begriffen Humanität, Liebe, Friede, Solidarität und Brüderlichkeit gemeinsam finden, hinsichtlich Absolutheitsanspruch, allein im Besitz der Wahrheit zu sein und letztendlich im personalen, gnadenbringenden, trinitarischen Gott ist meines Erachtens keine Gemeinsamkeit zu erreichen.

8.3 „Extra Ecclesiam nulla salus“ und „Reich Satans“

„Außerhalb der Kirche kein Heil“ formulierte Bischof Cyprian von Karthago bereits im 3.Jahrhundert. Ein Grundsatz der erst im Zweiten Vatikanischen Konzil verändert wurde. Und dass die allein selig machende, einzige katholische apostolische Kirche eine überkonfessionelle, freigeistige, in den Gedanken der Aufklärung stehende, mit geheimen Ritualen arbeitende und sich zu einer Religion, in der alle Menschen übereinstimmen, bekennende Gemeinschaft der Ketzerei verdächtigt, ist nicht verwunderlich.[483]

Der ersten Bulle „In eminenti“ im Jahr 1738 von Papst Clemens XII. folgten weitere 20 Verurteilungen bis in das Jahr 1983. Die erste Bulle wurde nie aufgehoben, ihre Inhalte immer wieder zitiert. Verderbtheit, Untugend, Geheimhaltung und Gefahr für die Reinheit der katholischen Religion waren die immer wieder genannten Begründungen.

Wohl eine der heftigsten Verurteilungen ist durch Papst Leo XIII. 1884 mit der Enzyklika „Humanum genus“ erfolgt. Vom Reich Satans, Anhänger des Bösen, rechtswidrig und verderblich, Leugnen der göttlichen Offenbarung und religiöser Dogmen sowie vom gottlosen Frevel wird gesprochen.[484] Auch diese Enzyklika wurde nie aufgehoben oder relativiert.

Im Codex Iuris Canonici 1917 ist daher der katholische Freimaurer lt. can. 2335 mit der Exkommunikation bestraft.

8.4 „Usus docebit“ – Kardinal Franz König

Während der Zeit des Nationalsozialismus waren viele Freimaurer und Priester auf der gleichen Seite zu finden, nämlich gegen die Diktatur und den Totalitarismus und für Hilfe und Menschlichkeit.

Von über 1000 Mitgliedern fanden sich 1945 nur mehr 48 Brüder, die den Bund im Großlogenhaus von Wien reaktivieren wollten, ein. In der Auflistung der Vorträge (Baustücke) 1948 und 1949 fanden sich nur zwei religiöse Themen: „Religion und Religiosität“ und „Naturerkenntnis und Gott.“

Trotzdem versuchte der damalige Großmeister Bernhard Scheichelbauer mit Kardinal Innitzer im Jahr 1948 eine Lösung für die Exkommunikation zu finden. Es war eine österreichische – nämlich ein Ruhezustand. Da bezüglich „der Sakramente … Rom entscheiden muß … lassen wir es vorläufig bei dem Ruhezustand zwischen Kirche und Freimaurerei“ (Innitzer).[485]

In Kirchenzeitungen wurde vereinzelt den Freimaurerlogen vorgeworfen, „die Kirche und die rechtmäßige Staatsgewalt zu unterwühlen.“[486] Insgesamt aber herrschte die erwähnte Ruhe.

Dieser Ruhezustand wurde 1953 durch das Heilige Offizium unterbrochen, es setzte das Buch Scheichelbauers „Die Johannisfreimaurerei“ auf den Index der für Katholiken verbotenen Bücher.

Zu einer wesentlichen Diskussion kam es anlässlich des Zweiten Vatikanischen Konzils, das Papst Johannes XXIII. 1962 unter dem Stichwort „Aggiornamento“ einberufen hat. „Das Konzil hat das Antlitz der Kirche wahrhaft erneuert, es hat die Tore zur modernen Welt aufgestoßen, es hat viele Vorurteile zu Fall gebracht.“[487] – sei Kardinal König zitiert.

Von den 16 Konzilsdokumenten sind für diese Arbeit besonders wichtig:

- Dignitatis humanae – Erklärung über die Religionsfreiheit.
- Gaudium et spes – Pastorale Konstitution über die Kirche in der Welt von heute.

Gerade unter Freimaurern wird der konziliare Begriff der Religionsfreiheit mit ihren Gedanken, dass jeder in der Freimaurerei sein Glaubensbekenntnis haben dürfe, gleichgesetzt. Der Konzilstext sagt aber, „diese einzig wahre Religion … ist verwirklicht in der katholischen, apostolischen Kirche …“ Und „ … nach dem Willen Christi ist die katholische Kirche Lehrerin der Wahrheit …“[488] Der Wahrheitsanspruch, die Anerkennung des Lehramts und die allein selig machende Kirche sind unverändert gegeben.

Für die österreichische Freimaurerei am Wesentlichsten aber war die Gründung des Sekretariats für die Nichtglaubenden und die Betrauung von Kardinal König zum Vorsitzenden.

„Usus docebit“-Die Erfahrung wird das lehren – war die Antwort des Papstes auf die Frage nach den Aktivitäten des Sekretariats. Für den Kardinal war der Dialog der Beginn gemeinsamen Handelns, das Gespräch mit Agnostikern und Freimaurern im Auftrag des Papstes sollte guten Willen dokumentieren.

Ein weiter Auslöser des weltweiten und vor allem österreichisch-deutschen Dialogs war 1968 der Brief von Kardinal Seper (Präfekt der

Kongregation für die Glaubensdoktrin) an die Vorsitzenden der Bischofskonferenzen, in dem nach den Beziehungen, Statuten. Zielen und Gottesverständnis der jeweiligen regionalen Freimaurer gefragt wurde.

Die Antworten waren weitgehend so, dass eine Änderung des Verhältnisses zwischen katholischer Kirche und Freimaurerei diskutiert werden sollte.

In Österreich kam es am 23.3.1968 zum ersten Gespräch (von vielen folgenden) zwischen Kardinal König und dem Deputierten Großmeister Baresch. Die vorliegenden Briefe zeigen eine ausführliche, von Respekt und Freundschaft getragene Diskussion. Ziel war, dass nach den neuen Codex Iuris Canonici die Freimaurer nicht mehr exkommuniziert sein sollten.

Für die Diskussion mit Papst Paul VI. sollte ein gemeinsames Papier einer österreichisch-deutsch-schweizerischen Kommission dienen. Die Lichtenauer Erklärung (vom 5.7.1970) war das Gesprächsergebnis.

Interessant war – nach der Durchsicht von 11 Jahren der Protokolle der Großloge von Österreich –, dass Baresch erst am 31.7.1970 zum ersten Mal dem obersten Gremium der Großloge von seinen geführten Gesprächen berichtete. Wobei das Thema im Gegensatz zu Deutschland nicht breiter diskutiert wurde, was meines Erachtens eher zur österreichischen Lösung (keine Verurteilung durch die Bischofskonferenz) führte.

Die Lichtenauer Erklärung spricht von Fehlern beider Seiten, von keiner gemeinsamen Gottesvorstellung, ethnischer Lebenshaltung, Krise der menschlichen Gesellschaft, den Alten Pflichten und den Verurteilungen des Kirchenrechtes mit nur noch geschichtlicher Bedeutung. Sie wurde von Kardinal König nicht unterschrieben, aber entgegengenommen und dem Papst vorgelegt. König meinte damals, „daß im Canon der Kirche die Verdammung der Freimaurerei nicht mehr enthalten sein werde.“[489]

8.5 Die „Unvereinbarkeitserklärung“, der neue CIC 1983 und die „Sündhaftigkeitserklärung“

Anders als in Österreich wurde der Dialog in Deutschland öffentlicher geführt. Einerseits gab es Reden und Abstimmungen 1969 im Konvent der Freimaurer (dem obersten Gremium, entspricht einer Bundeshauptversammlung). 1975 wurde sogar ein Buch (Appel/Vorgrimler:

Kirche und Freimaurer im Dialog) über die Gespräche veröffentlicht.

„Mit großer Bestürzung“ wurde dies in Österreich registriert, „Diese Indiskretion ist durch nichts entschuldbar.“ halten der Kardinal und Baresch fest.[490]

Andererseits stiegen die anti-freimaurerischen Veröffentlichungen beträchtlich an. Altbekannte Vorwürfe wie „Synagoge Satans, freimaurerischer Satanismus, Magie des freimaurerischen Symbolismus“[491] oder „Widerspruch zur christlichen Offenbarung“[492] waren zu lesen.

Der wesentlichste Unterschied aber war, dass in einer eigenen Kommission mit der Deutschen Bischofskonferenz Rituale und Schriften geprüft wurden. Das, am 12.5.1980 veröffentlichte Ergebnis war aber nach moderat geführten Diskussionen unerwartet und für die deutsche Freimaurerei enttäuschend: „Die eingehenden Untersuchungen der freimaurerischen Ritualien und Geistigkeit machen deutlich: Die gleichzeitige Zugehörigkeit zur Katholischen Kirche und zur Freimaurerei ist ausgeschlossen.“[493] Begründet wurde diese Entscheidung mit dem Religionsbegriff, dem Gottesbegriff, mit Toleranzidee und Relativismus sowie mit der Offenbarung und der Gnade Christi. „Die aufgezeigten Gegensätze rühren an die Grundlagen der christlichen Existenz.“[494]

Heftige Reaktionen pro und kontra, von Freimaurern und Theologen folgten.

Etwa zur gleichen Zeit geführte Gespräche mit der Evangelischen Kirche Deutschlands kamen 1973 zu einem gänzlich anderen Ergebnis. Es sei kein Einwand gegen die Mitgliedschaft evangelischer Christen zu erheben sondern „dem freien Ermessen des Einzelnen überlassen.“[495]

Fast zur gleichen Zeit wie die Erklärung der Deutschen Bischofskonferenz konnte Baresch am 30.5.1980 in der Großloge von Österreich berichten, dass der neue Codex Iuris Canonici keinen Hinweis auf die Freimaurerei bzw. deren Exkommunikation enthalten werde. Und dass die österreichische Bischofskonferenz nicht wie die Deutsche Bischofskonferenz handeln werde.

Am 25.1.1983 veröffentlichte Papst Johannes Paul II. mit der Apostolischen Konstitution „Sacrae disciplinae lege“ den neuen Codex des kanonischen Rechts. Rechtskraft sollte er am ersten Adventsonntag (27.11.1983) erhalten. Die noch im can. 2335 CIC 1917 konkret genannte „Sekte der Freimaurer“ wurde generell – auch in den anderen Canones – nicht mehr erwähnt. Nur mehr kirchenfeindliche Vereinigungen sollten bestraft werden.

„Wie ein Keulenschlag traf daher am Abend des 26. November 1983 [...] die so genannte „Sündhaftigkeitserklärung" des Kardinal Ratzinger ...[496] schreibt Baresch. Bischof Stimpfle dagegen meint, der Papst wollte das Verbot der Mitgliedschaft zur Freimaurerei nie aufheben.

Und dass diese Erklärung auch heute noch als erstes Dokument auf der Internet-Seite des Vatikans erscheint, wenn man den Suchbegriff „Freimaurerei" eingibt, spricht für sich.

Mit der Bestätigung des Papstes stellt die Kongregation für die Glaubenslehre (unter ihrem Präfekten Joseph Kardinal Ratzinger) klar:

> „Das negative Urteil der Kirche über die freimaurerischen Vereinigungen bleibt also unverändert, weil ihre Prinzipien immer als unvereinbar mit der Lehre der Kirche betrachtet wurden und deshalb der Beitritt zu ihnen verboten bleibt. Die Gläubigen, die freimaurerischen Vereinigungen angehören, befinden sich also im Stand der schweren Sünde und können nicht die heilige Kommunion empfangen."[497]

Diese Erklärung ist universell und bindet auch die Ortskirchen. Vor allem aber führt sie auf die ursprünglichen Begründungen der Bullen und Enzykliken zurück, auf die fundamentalen Glaubenswahrheiten. Oder wie Stimpfle interpretiert: „Es geht also um die Infragestellung der Lehre der Kirche, der Heilswahrheit unserer Offenbarungsreligion."[498]

Es geht immer wieder um die eine und einzige Kirche, den einzigen Glauben und die einzige Wahrheit. Und „die Kirche ist die von Gott eingesetzte Instanz, die verbindlich verkündet, was nach Gottes Willen als gut zu tun und böse zu unterlassen ist. ... Die Kirche ist die Lehrerin der Wahrheit ..."[499] – schreibt Johannes Paul II. in seiner Enzyklika Veritatis splendor.

Die von Baresch veranlassten Rechtsgutachten gehen auf diese Begründungen überhaupt nicht ein, sondern eher auf die Frage der juristischen Rechtmäßigkeit, wobei in der Literatur fast überwiegend die Rechtmäßigkeit einer Interpretation durch die Kongregation für die Glaubenslehre zu finden ist.

Wesentlich ist an dieser Stelle ein Brief Kardinal Königs an Baresch (1998), in dem er zur schweren Sünde Stellung nimmt. Vorhergehende Bemühungen einer Korrektur der „Sündhaftigkeitserklärung" waren ergebnislos geblieben. In dem Brief definiert der Kardinal:

„ …Mit einer persönlichen Schuld (Sühne) kann ich mich nur dann belasten, wenn feststeht:

a. Ich erkenne den widersprüchlichen Sachverhalt ganz genau.
b. Ich handle bewusst gegen das Verbot
c. Es muss sich um einen gravierenden Sachverhalt handeln.

Ich glaube, wohl feststellen zu können, daß diese drei Gesichtspunkte kaum bei einem Katholiken zutreffen, der gleichzeitig Freimaurer ist.“[500]

Und auf diese Sätze beziehen sich viele österreichische Freimaurer, wenn sie meinen nicht exkommuniziert zu sein.

Die zur gleichen Zeit veröffentlichte Enzyklika „Fides et ratio“ spricht dagegen klar von der Ablehnung vieler philosophischer Richtungen, denen die Kirche Irrtümer und Gefahren unterstellt; vor allem dem kirchlichen Lehramt ist zu gehorchen.

Noch deutlicher wird Kardinal Ratzinger in „Dominus Iesus“, einem Dekret, das er im Jahr 2000 veröffentlicht. Der Untertitel „Über die Einzigkeit und die Heilsuniversität Jesu Christi und der Kirche“ sagt alles über den Inhalt. Es kann nur die „eine alleinige katholische und apostolische Kirche“ geben, auch keinen „religiösen Relativismus, …, daß eine Religion gleich viel gilt wie die andere.“[501] Also ganz konkrete Gegensätze zu freimaurerischer Toleranz zu allen Religionen.

Dass auch 2003 die Freimaurerei in der Nähe von Magie und Satanskultur gesehen wird, zeigt der „Fragebogen über den Unglauben“ des Päpstlichen Rates für die Kultur.

8.6 „Versöhnung nach 269 harten Jahren“

2006 schreibt Baresch an den Großmeister: „…und sehe daher meine Dialogsarbeit mit der Kath. Kirche als vollendet und beendet an …“[502] Im Gespräch im Februar 2008 bestätigte er mir, dass für ihn der CIC 1983 und die Kontakte mit Kardinal König eine Lebensaufgabe waren.

Er bestätigte aber auch die Rückschlüsse aus der „Sündhaftigkeitserklärung“, wenngleich er auch meinte, dass seitens Papst Benedikt XVI. nichts Negatives zur Freimaurerei derzeit zu erwarten sei. Die gesamte Dokumentation, die er dem Papst geschickt hatte, wurde mit Dank zur Kenntnis genommen, aber nicht weiter kommentiert.

Durch die Gespräche zwischen Großmeister Kraus und Abt Henckel-Donnersmarck hat sich für ihn aber nichts Grundsätzliches – auch nicht an der Geltung der „Sündhaftigkeitserklärung" – geändert.

Trotzdem erscheint es mir als äußerst positiv für den Dialog und die österreichische Situation, dass Großmeister Michael Kraus öffentlich und auch medial mit dem Abt diskutierte. In dem 2007 erschienenen Buch „Die Freimaurer", den Gesprächen und Sendungen wurde eine interessierte Öffentlichkeit über Ziele, Ethik, humanitäre Gedanken, Rituale und Symbole sowie Positionen zur Religion und der katholischer Kirche informiert.

Mit den Worten „Versöhnung nach 269 Jahren" und „Freimaurer nicht mehr unter Kirchenbann"[503] leitete Heinz Sichrovsky seinen Artikel vom 28.6.2007 in News ein. Auf die konkrete Frage „Sind nun die Freimaurer exkommuniziert oder nicht?" antwortet der Abt ambivalent und kommt letztlich auch zur alleinigen Wahrheit der Kirche. Er billigt aber den österreichischen Freimaurern zu, keine Machenschaften gegen die Kirche zu betreiben. Der – vom Abt vidierte – Text schließt: „Die Strafbestimmungen des heutigen Kirchenrechts gelten für Gruppierungen, die sich gegen die katholische Kirche richten. Wenn dies auf die österreichische Freimaurerei nicht zutrifft, sind auch die angegebenen Strafbestimmungen nicht wirksam."[504]

Genau gelesen wird auf die „Sündhaftigkeitserklärung" Ratzingers nicht eingegangen, sondern nur auf nicht angenommene Machenschaften gegen die Kirche.

Trotzdem kann ich mich der Meinung von Kraus anschließen, dass das von beiden Seiten freundlich geführte Gespräch der Öffentlichkeit gezeigt hat, „dass die Freimaurerei in Österreich in geordneten Bahnen verläuft. ..., dass wir mit der katholischen Kirche in Ordnung leben."[505]

Wenn der Abt (lt. einem Vortrag von Kraus) die Exkommunikation und schwere Sünde auch verneint hat,[506] ist doch festzuhalten, dass das Dekret der Glaubenskongregation (die „Sündhaftigkeitserklärung") über der Meinung eines (sicherlich hochrangigen) Abtes steht und auch universell gilt.

8.7 Benedikt XVI.

In „Dominus Iesus" weist Kardinal Ratzinger auf die alleinige Autorität, die Befolgung des Lehramtes, die geoffenbarte Wahrheit und die Mission der einzig wahren katholischen Kirche hin.

Betrachtet man aufmerksam die Entwicklung seines Pontifikates, so ist meines Erachtens zu sehen, dass die Richtung der Kirche konservativer wird und – wie die Medien, aber auch viele Theologen meinen – hinter das Zweite Vatikanische Konzil zurückführen soll.

Die aktuellste Aufhebung der Exkommunikation der Bischöfe der Priesterbruderschaft St. Pius X. zeigt seinen Konservatismus. Um der Einheit der Kirche willen pardoniert er eine Gemeinschaft, die das Zweite Vatikanische Konzil, „Nostra aetate" und die Allgemeine Erklärung der Menschenrechte ablehnt.

Da die Piusbruderschaft auch die Freimaurerei als Ursprung vieler Übel verdammt, kann wohl von diesem Papst kein weiterer Dialog zwischen Freimaurerei und katholischer Kirche erwartet werden.

Mit den letzten Worten in einer Loge sei auch diese Arbeit geschlossen:

„ … und Menschlichkeit und Brüderlichkeit
wie hier durch das Wort,
so im Leben durch die Tat walten zu lassen.
Die Loge ist geschlossen.
Zieh'n wir hin in Frieden."

9 Glossar (inklusive freimaurerischer Begriffe) [507] [508] [509] [510] [511]

Stichwort	
Acta Apostolicae Sedis	[lateinisch, „Akten des Apostolischen Stuhls“], bis 1909 Acta Sanctae Sedis, seit 1909 offizielles Gesetzblatt und amtliches Publikationsorgan des Heiligen Stuhls.
Aggiornamento	[italienisch, „Anpassung an heutige Verhältnisse“], von Papst Johannes XXIII. eingeführte Bezeichnung für die notwendige Anpassung der katholischen Kirche (besonders ihrer Liturgie und ihrer äußeren Erscheinung, weniger der Lehre) an die Bedingungen der modernen Welt.
Agnostizismus	[griechisch a, „nicht“ + gnosis, „Wissen“], Sammelbezeichnung für philosophische oder religiöse Lehren, welche die Möglichkeit einer (sicheren) Erkenntnis des Überweltlichen bestreiten. Der Begriff Agnostizismus wurde 1869 vom Darwinisten T. H. Huxley eingeführt, der dem sicheren Tatsachenwissen der empirischen Wissenschaften das Nichtwissen bezüglich metaphysischer Fragen entgegenstellte. Als philosophische Position ist der Agnostizismus schon bei Protagoras (griechischer Sophist, * um 480, † 410 v. Chr.; erklärte den Menschen zum Maß aller Dinge und bereitete damit die radikale Erkenntniskritik der Sophistik vor) anzutreffen, der die Möglichkeit bezweifelte, Aussagen über Existenz und Eigenschaften der Götter machen zu können. Auch die Philosophie I. Kants enthält agnostizistische Elemente: die Unerkennbarkeit des „Dinges an sich“, die Unmöglichkeit vernunftmäßiger Gottesbeweise und zugleich der Versuch, durch Verneinung rationaler Gotteserkenntnis Platz für den Glauben zu schaffen. Auch im außereuropäischen Raum sind Lehren verbreitet, die als Agnostizismus bezeichnet werden können, etwa im Buddhismus, im Taoismus oder bei Konfuzius. Anders als der Atheismus verneint der Agnostizismus nicht die Existenz Gottes.
Altar	Auf ihm liegen die drei großen Lichter (Bibel, Winkelmaß, Zirkel). Die Bezeichnung soll daran erinnern, dass die Tempelarbeit zu Ehren des GBaW abgehalten wird. In der Literatur (Schröder) auch „Altar der Wahrheit“ genannt, als Abgrenzung zum religiösen Altar.
Apostasie	[griechisch, „Abfall“], Preisgabe eines bestimmten Glaubens, im kanonischen Recht außerdem des Ordensgelübdes und des geistlichen Standes.

Atheismus	[griechisch atheos, „ohne Gott", „Gott leugnend"], Weltanschauung ohne Gott, Verneinung der Existenz Gottes. In seiner heutigen Bedeutung ist der Begriff seit dem 17. Jahrhundert in Gebrauch. Der Atheismus als Leugnung des personalen christlichen Gottes ist eine Frucht der Aufklärung. Als eigentlicher Begründer des modernen Atheismus gilt jedoch L. Feuerbach, der Gott als bloße Projektion des Menschen zu erweisen versuchte. Der Mensch verehre in Gott nur sein eigenes Wesen und schaffe sich mit ihm ein Gegenüber, das er zur Befriedigung seiner Sehnsüchte und Wünsche benötige. Im 19. Jahrhundert war es vor allem F. Nietzsche, der gegen die Kategorien „Gott" und „Jenseits" polemisierte und sie als Machtinstrumente einer von Ressentiments erfüllten Priesterklasse zu entlarven suchte. Der heute in der westlichen Welt verbreitete Atheismus bedeutet vielfach nicht die radikale Negation der Existenz Gottes, sondern nur den Verzicht auf das Sprechen über Gott als eine Größe, deren Prädikate empirisch weder beweisbar noch widerlegbar sind (→ Agnostizismus). Atheismus bedeutet nicht in jedem Fall den Verzicht auf Religiosität oder ethische Prinzipien. Zahlreiche erklärte Atheisten, z. B. Freidenker und konfessionslose Humanisten, vertreten eine auf Idealen wie Toleranz, Demokratie und Solidarität fußende Ethik im Sinne der Aufklärung.
Baresch Kurt	Geboren 1921, Professor, Dr., Gesundheitspsychologe, klinischer Psychologe, Psychotherapeut. Deputierter Großmeister und Altehrengroßmeister der Großloge von Österreich.
Benedikt XVI.	Papst seit 2005, eigentlich Joseph Ratzinger, * 16. 4. 1927 Marktl, Inn; 1951 Priesterweihe, 1958–1977 Professor für Dogmatik in Freising, Bonn, Münster, Tübingen, Regensburg; nahm 1962–1965 als theologischer Berater am 2. Vatikanischen Konzil teil; 1977 Ernennung zum Erzbischof von München und Freising sowie zum Kardinal; seit 1981 Präfekt der päpstlichen Glaubenskongregation in Rom; Verfasser zahlreicher ekklesiologischer Schriften sowie Analysen zum Zustand von Kirche und Gesellschaft. Der engste Berater des vormaligen Papstes (Johannes Paul II.) ist der erste deutsche Papst nach 482 Jahren. Mit seiner konservativen Haltung in Fragen der Kirchenreform stellt seine Wahl eine Kontinuität zum Pontifikat seines Vorgängers dar. Die Betonung eines klaren christlichen Glaubens und der Kampf gegen die Entchristlichung der westlichen Welt sind Hauptanliegen Benedikts XVI.
Bibel (Buch des heiligen Gesetzes)	Gesetzbuch einer Buchreligion (Bibel, Koran, Thora); gehört zu den drei großen Lichtern (Bibel, Winkelmaß, Zirkel), die auf dem Altar liegen

Bulle	[lateinisch bulla, „Kapsel"], ursprünglich ein Siegel aus Metall, dann die Urkunde selbst: die feierlichste Form päpstlicher Erlässe, Rechtssetzungen und Rundschreiben in lateinischer Sprache, die nach ihren Anfangsworten zitiert werden. Eine dogmatische Bulle behandelt Dogmen hinsichtlich des Glaubens oder Irrlehren.
Carbonari	[italienisch *carbonaio*, „Köhler"], die Mitglieder eines italienischen politischen Geheimbunds *(Carboneria)*, gebildet 1806 gegen die französische Herrschaft in Neapel und dann in ganz Italien verbreitet. Die Carbonari erstrebten die Unabhängigkeit Italiens und vertraten eine Mischung von nationalen und westlichen demokratischen Ideen, die sich von den vorrevolutionären Geheimbünden der Aufklärung herleiteten.
Clemens XII.	Papst 1730–1740, (Lorenzo *Corsini*, * 16. 4. 1652, † 8. 2. 1740; 1706 Kardinal; den Niedergang der politischen Macht des Papsttums konnte er nicht aufhalten.
Codex Iuris Canonici	[lateinisch], Abkürzung CIC, geltendes Gesetzbuch der katholischen Kirche seit 1983. Der neue CIC, der den von 1917 stammenden alten CIC ablöst, berücksichtigt u. a. die Lehren des 2. Vatikanischen Konzils.
Darwin Charles Robert	britischer Naturforscher, * 12. 2. 1809 Shrewsbury, † 19. 4. 1882 Down, Kent; einer der bedeutendsten Biologen der Geschichte. Er begründete die moderne Evolutionstheorie und beeinflusste damit maßgeblich die europäische Geistesgeschichte. Erst 1859 erschien sein bahnbrechendes Werk „On the Origin of Species by Means of Natural Selection", deutsch „Über die Entstehung der Arten durch natürliche Zuchtwahl". Die „natürliche Auslese" führt zum Wandel der Arten. Darwins Theorie, heute Grundlage der Evolutionsbiologie, war lange Zeit vor allem deshalb sehr umstritten, weil sie den biblischen Schöpfungsmythos ebenso negiert wie eine Sonderstellung des Menschen. Hauptwerke: „On the Origin of Species by Means of Natural Selection" 1859, deutsch „Über die Entstehung der Arten durch natürliche Zuchtwahl" 1893; „Die Abstammung des Menschen und die geschlechtliche Zuchtwahl" 1871.
Deismus	[lateinisch], die Ansicht, dass Gott zwar die Welt geschaffen habe, aber nicht weiterhin in die Natur und das Weltgeschehen eingreife. Diese Vorstellung eines „untätigen" Gottes *(deus otiosus)* im Hintergrund der Welt und des Weltgeschehens findet sich bereits in Religionen von Naturvölkern. In entwickelteren Religionen bilden deistische Anschauungen den Übergang zum Skeptizismus. In Europa setzte sich der Deismus in der Zeit der Aufklärung im England des 17./18. Jahrhunderts durch.

Dogma	[griechisch, „Meinung, Lehrsatz"], philosophische Meinung, religiöse Glaubenslehre; Im weiteren Sinn eine Aussage, die einen Anspruch auf absolute Wahrheit und Gültigkeit erhebt; im engeren Sinn ein religiöser Lehrsatz. Die Wurzeln des Dogma-Begriffes liegen in der Doppelbedeutung des griechischen Wortes als philosophischer Grundsatz und veröffentlichter Beschluss. Daraus hat sich das religiöse Verständnis vom Dogma individuell verschieden in den einzelnen Religionen entwickelt. In der *römisch-katholischen Kirche* sind Bibel und Tradition Grundlagen des Dogma-Verständnisses: Aus den von Gott in der Bibel geoffenbarten Wahrheiten und den Traditionen kirchlicher Überlieferung werden allgemein gültige Glaubensregeln verkündigt. Verantwortlich für deren Inhalte sind Träger des kirchlichen Lehramtes wie Papst und Bischöfe. Dogmen gelten grundsätzlich als unveränderliche und verpflichtende Glaubensgesetze. Beispiele sind die Unbefleckte Empfängnis Marias, die päpstliche Unfehlbarkeit oder die Himmelfahrt Marias. In der *evangelischen Kirche* ist ein Dogma ein Satz, der einen Offenbarungsinhalt, wie er in der Bibel enthalten ist, wiedergibt, der als menschlich bedingte Aussage jedoch grundsätzlich veränderlich und überholbar ist. Das Dogma stellt weder ein Glaubensgesetz noch allgemein gültige Glaubenssätze dar. Daher spricht man im evangelischen Verständnis eher von Bekenntnissen. Da die evangelische Kirche kein kirchliches Lehramt wie in der katholischen kennt, liegt der Schwerpunkt auf der individuellen Begegnung mit Gottes Wort. Die dogmenartigen Glaubenswahrheiten der evangelischen Kirche: „Sola Gratia" (allein die Gnade), „Sola Fide" (allein der Glaube), „Sola Scriptura" (allein die Schrift), „Sola Christus" (allein Christus).
Ekklesiologie	[griechisch *ekklesia*, „Kirche"], die theologische Lehre von der Kirche. Durch das seit der Reformation zunehmende kirchenkritische Bewusstsein hat die Ekklesiologie vordringliche Bedeutung erlangt. Die evangelischen und katholischen Ekklesiologien suchen heute im Rückgriff auf die Aussagen der Bibel und der alten Kirche wieder gemeinsame Grundlagen zu erarbeiten.
Enzyklika	[griechisch], Rundschreiben des Papstes an die Bischöfe, meist in lateinischer Sprache; nach den Anfangsworten zitiert; gilt im Allgemeinen nicht als unfehlbare Lehrentscheidung.

Ethik	[griechisch *ethika*, „das die Sittlichkeit betreffende", „Sittenlehre"], im Bereich der katholischen Kirche Moraltheologie genannt, die Wissenschaft, die das sittliche Wollen und Handeln des Menschen auf die christliche Offenbarung als letzte Begründungsinstanz zurückführt. Ursprünglich nur als philosophische Disziplin selbständig, ist die Ethik seit dem 17. Jahrhundert auch eine selbständige Disziplin der systematischen Theologie. Aufs Ganze gesehen lassen sich vier Typen christlicher Gesetzesethik unterscheiden: Die Pflichtethik des Tertullian; die Güterethik Augustins, die nach dem höchsten Gut (lateinisch *Summum Bonum)* streben lässt; die Gesetzesethik der Scholastik mit einer breit ausgeführten Kasuistik; die Nachfolgeethik der *Franziskaner*, die eine Angleichung des Menschen an den erniedrigten Jesus anstreben. *Luther* sah die Ethik wieder in engem Zusammenhang mit dem die Liebe ermöglichenden Glauben. Die neuere Geschichte der theologischen Ethik ist durch ein Miteinander von Individualethik, Sozialethik und Situationsethik gekennzeichnet.
Eucharistie (Abendmahl)	[griechisch, „Danksagung"], das dankend empfangene heilige Abendmahl . In der katholischen Kirche zunächst die Gesamtfeier (Messe), dann auch die konsekrierten Gaben des Brotes und Weines. Abendmahl, in der Christenheit die nach der Überlieferung (Matthäus 26,26-30; Markus 14,17-26; Lukas 22,14-20; 1. Korinther 11,23-25) von Jesus anlässlich seines letzten Mahls mit seinen Jüngern gestiftete Kulthandlung, bei der Brot und Wein, als Leib und Blut Jesu gedeutet, gereicht werden. Einigkeit besteht darin, dass das Mahl (Brot und Wein) Jesus selbst repräsentiert, d. h. Träger seiner Gegenwart ist. Nach katholischer Lehre wird das Abendmahl als Messopfer gefeiert, d. h. als vergegenwärtigende Gedächtnisfeier des Todes (und der Auferstehung) Jesu Christi, in der er unter den Zeichen von Brot und Wein seinen Leib und sein Blut, d.h. sich selbst schenkt. Die reale Gegenwart Christi *(Realpräsenz)* im Abendmahl ist gegeben durch die Transsubstantiation, d. h. durch die Kraft der Konsekrationsworte sich vollziehende Wandlung der Substanzen von Brot und Wein in den Leib und das Blut Jesu unter Verbleiben der äußeren Gestalten. Das Zweite Vatikanische Konzil hat die Möglichkeiten der Kelchkommunion wieder erweitert.
Evolutionstheorie	zentrale Theorie der Biologie von der Entwicklung der Lebewesen und ihrer gemeinsamen Abstammung von einfachen Vorläufern sowie von den Ursachen und dem Verlauf ihrer entwicklungsgeschichtlichen Veränderungen. Zur Empörung zahlreicher Zeitgenossen, insbesondere der Vertreter der Kirche, bezog Darwin konsequenterweise den Menschen in seine Abstammungslehre mit ein.
Exkommunikation	einstweiliger Ausschluss aus der Gemeinschaft mit der Kirche, nicht aus der Kirche selbst. Im Mittelalter wurden der große Kirchenbann (mit Verbot des bürgerlichen Verkehrs) und der kleine Kirchenbann (Ausschluss von Sakramentsempfang) unterschieden.

Extra Ecclesiam nulla salus	Extra Ecclesiam nulla salus [lateinisch, „außerhalb der Kirche kein Heil"], der von Cyprian von Karthago (3. Jahrhundert) geprägte dogmatische Grundsatz, nach dem sich die katholische Kirche als die allein selig machende, einzige Kirche nennt.
Franz Kardinal König	österreichischer katholischer Theologe, *3.8.1905 Warth , † 13.3.2004 Wien; 1956-1985 Erzbischof von Wien, 1958 Kardinal; seit 1985 Präsident der Friedensbewegung „Pax Christi".
Geheimnis (der Freimaurerei)	Der Freimaurer versteht darunter die persönlichen inneren Erfahrungen, die der einzelne während einer Tempelarbeit subjektiv erleben kann. Darüber hinaus gibt es keine Geheimnisse in der Freimaurerei.
Geselle (freimaurerisch)	II°. Grad. Er ist ein Wanderer zur Erkenntnis, vom In-sich zum Um-sich-Schauenden. Sein Wort: „Beherrsche dich selbst!" Der behauene, kubische Stein ist sein Sinnbild, der Mensch ohne Ecken und Kanten, „zum Bau des Menschheitstempel tauglich".
Giese Alexander	Geb. 1921, Prof. Dr., pensionierter Hauptabteilungsleiter Kultur und Wissenschaft im ORF, 1990–1997 Präsident des österreichischen PEN-Clubs, 1975–1986 Großmeister der Gro0loge von Österreich.
Grade (freimaurerisch)	In der Johannisfreimaurerei wird der freimaurerische Lehrinhalt in den Graden Lehrling (1.), Geselle (2.) und Meister (3.) vermittelt. Die Beförderung erfolgt in rituellen Arbeiten. „Erkenne dich selbst" und „Schau in dich" gilt für den Lehrling. „Beherrsche dich selbst" und „Schau um dich" für den Gesellen, „Veredle dich selbst" für den Meister.
Grand Oriente de France	Großloge Frankreichs; seit 1877 wird von den Mitgliedern kein Bekenntnis zum Allmächtigen Baumeister verlangt; statt der Bibel liegt ein „weißes Buch" (mit leeren Blättern) auf dem Altar. Von der Großloge von England nicht anerkannt („irregulär").
Großbeamte, Großbeamtenrat	Die Würdenträger (Grand Officers) und Funktionäre der Großloge. Sie bilden den Großbeamtenrat.
Großer (Allmächtiger) Baumeister aller Welten (GBaW)	Die Freimaurerbezeichnung geht auf biblische Ursprünge zurück. Lt. Konstitution Andersons: God, the great Architect of the Universe. Symbol und Begriff für Gott, Schöpfer, das Göttliche
Großloge	Die höchste Organisationsstufe der Freimaurerlogen; dient der Einheitlichkeit der Logen eines Landes.
Häresie	[griechisch, „Wahl, Absonderung"], eine von der offiziellen kirchlichen Lehre abweichende Auffassung (Irrlehre).

Henckel-Donnersmarck Abt Gregor Ulrich [512]	Am 16.1.1943 zu Breslau/Schlesien geboren 1964–1969 Hochschule für Welthandel 1970–1977 Managementposition in der Firma Schenker&Co. 1977 Eintritt in das Zisterzienserkloster Heiligenkreuz 1982 Priesterweihe 1999 67. Abt des Stiftes Heiligenkreuz 2007 Magnus Cancellarius der Päpstlichen Philosophisch-theologischen Hochschule Benedikt XVI. Heiligenkreuz
Indifferenz	[lateinisch], die elementare Form der Willensfreiheit, die dem Willen die Entscheidungsmöglichkeit zugesteht.
Initiation	[lateinisch, „Einweihung"], die bei den meisten Naturvölkern bei Eintritt der Pubertät zunächst für die Knaben (Jünglingsweihe, manchmal auch für Mädchen) übliche Reifeweihe, ein wichtiger Teil der Übergangsriten. Ausgeprägte Feiern stellen symbolisch Tod und Wiedergeburt dar, oft unter Verleihung eines neuen Namens. Sie findet ihre Fortsetzung in der Aufnahme der Anwärter (Initianten) in Geheimbünde.
Innitzer Theodor	österreichischer katholischer Theologe, * 25. 12. 1875 Weipert, Böhmen, † 9. 10. 1955 Wien; seit 1932 Erzbischof von Wien, 1933 Kardinal. Nachdem er anfangs den Anschluss Österreichs an Deutschland begrüßt hatte, verteidigte er später die Rechte der Kirche gegen den Nationalsozialismus.
Intelligent Design	vor allem in den USA verbreitetes pseudowissenschaftliches religiöses Konzept, das gegen die Erkenntnisse der Evolution gerichtet ist und das Wirken eines „intelligenten Designers" in der Natur postuliert, der die Entwicklungsgeschichte des Lebens zielgerichtet gesteuert habe.
Johannes Paul II.	Papst 1978-2005, Karol *Wojtyła*, * 18.5.1920 Wadowice bei Krakau, † 2.4.2005 Rom; 1946 zum Priester geweiht, 1964 Erzbischof von Krakau, 1967 Kardinal. Nach 455 Jahren der erste nichtitalienische Papst. In mehr als hundert Reisen in die meisten Länder der Erde versuchte Johannes Paul II. die Lebendigkeit der katholischen Kirche vor Augen zu führen und ihre Einheit zu festigen. 1981 wurde der Papst auf dem Petersplatz in Rom bei einem Attentat schwer verletzt. Sein Pontifikat war durch eine konservative Haltung in Glaubens- und Moralfragen geprägt, die er u. a. in 13 Enzykliken formulierte. Großes Verdienst erwarb sich Johannes Paul II. bei der Aussöhnung der katholischen Kirche mit anderen Religionen, insbesondere mit dem Judentum. So bat er im März 2000 zum ersten Mal in der 2000-jährigen Kirchengeschichte um Vergebung für die Fehler und Sünden, die von Christen begangen wurden.

Johannes XXIII.	Papst 1958-1963, eigentlich Angelo Giuseppe Roncalli, * 25. 11. 1881 Sotto il Monte bei Bergamo, † 3. 6. 1963 Rom; 1953 Kardinal und Patriarch von Venedig. 1962 Seine bedeutendste Leistung ist die Einberufung, Vorbereitung und Eröffnung des 2. Vatikanischen Konzils. Hauptanliegen des Konzils war eine den Notwendigkeiten der Zeit Rechnung tragende innere Reform der katholischen Kirche. Die Beziehungen zu den anderen Konfessionen wurden verbessert; den Ostkirchen wandte er besondere Aufmerksamkeit zu. Er wurde 2000 selig gesprochen.
Johannismaurerei	Bezeichnung für die rituelle Arbeit in drei Graden (Lehrling, Geselle, Meister) im Sinne der „Alten Pflichten".
Joseph II.	römisch-deutscher Kaiser 1765-1790, * 13. 3. 1741 Wien, † 20. 2. 1790 Wien; Sohn Franz I. und Maria Theresias, 1764 zum römischen König gewählt, 1765 zum Kaiser gekrönt und Mitregent in den habsburgischen Erblanden, seit 1780 Alleinherrscher; Joseph war ein Vertreter des aufgeklärten Absolutismus. Mit radikalen Reformen suchte er sein Ziel eines zentralistisch regierten Reichs zu erreichen (Josephinismus). Joseph schaffte die Leibeigenschaft der Bauern 1781 ab und betrieb eine merkantilistische Wirtschaftspolitik; er veranlasste auch den Bau von Schulen und Krankenhäusern, die Milderung der Zensur und die Abschaffung der Folter. Durch die Einführung einer allgemeinen Grundsteuer auch für den Adel und seine besonders einschneidenden kirchenpolitischen Reformen erregte er den Widerstand von Adel und Klerus.
Kette (Bruderkette)	Als Bruderkette bezeichnet sich der Freimaurerbund, dessen Einzelmitglieder die Erde umspannende Kette darstellen. Symbol der brüderlichen Verbundenheit, der ewigen Dauer und Universalität der Freimaurerei.
Kommunion	[lateinisch], in der katholischen Liturgie der Empfang der Eucharistie mit den Worten „Der Leib Christi" über der Hostie. Der ursprüngliche Wortsinn ist strittig, meist als „Vereinigung" verstanden, aber auch als „gemeinsamer Besitz" gedeutet. Die Handkommunion, die Austeilung des eucharistischen Brotes in die Hand, ist heute wie in frühchristlicher Zeit wieder zulässig.
Kongregation für die Glaubenslehre	früher *Heiliges Offizium,* die älteste und oberste Kurienkongregation; Hauptaufgabe: Schutz und Förderung der Lehren von Glaube und Sitten in der katholischen Kirche.
Koventikel	[lateinisch], (heimliche) private Zusammenkunft zur religiösen Erbauung.
Kraus Michael [513]	Geb. 1947, Studium Hochschule für Welthandel, Dr. Vorerst Chase Manhatten Bank, dann geschäftsführender Gesellschafter der Donau-Finanz (Spezialinstitut für langfristige Anlageprodukte und Projektentwicklung. Bis 2002 Vorstandsvorsitzender der SCS-Holding, seit 2005 Vorstandsmitglied des Immobilienentwicklungsvorhabens Tow Town der Stadt Wien.

Kreationismus	*creation science,* fundamentalchristliche und gegen die Erkenntnisse der Evolution gerichtete Auffassung, nach der die Entstehung des Universums und des Lebens alleiniges Werk Gottes sei und genau nach dem Wortlaut des biblischen Schöpfungsberichtes stattgefunden habe. Der Kreationismus entstand Mitte des 19. Jahrhunderts in den USA als konservativ-religiöse Reaktion auf die Evolutionstheorie C. Darwins.
Küng, Hans	schweizerischer katholischer Theologe, * 19. 3. 1928 Sursee, Luzern; 1960-1979 Professor in Tübingen, Konzilstheologe; 1979 wurde ihm die kirchliche Lehrbefugnis entzogen, da er seine vom Lehramt angefochtenen Thesen nicht widerrief. 1993 Begründer des „Projekts Weltethos", das zum Dialog der Weltreligionen aufruft.
Laizismus	[griechisch], seit der Französischen Revolution gebrauchter Begriff für eine Bewegung, die sich gegen jeden Einfluss des Klerus auf Staat, Kultur und Erziehung wendet, sich für die Trennung von Staat und Kirche ausspricht und die Kirchen in den rein sakralen Bereich zurückdrängen will.
Lehramt der katholischen Kirche	in der katholischen Lehre Vollmacht und Auftrag der Gesamtkirche, unter dem Beistand Christi den Offenbarungsinhalt in unfehlbarem Glauben zu bezeugen und, da das Lehramt Teil des Hirtenamts ist, Glauben sowie Annahme des offenbarten Heils zu fordern. Träger des kirchlichen Lehramts sind Papst und Bischöfe als Apostelnachfolger.
Leo XIII.	Papst 1878-1903, * 2. 3. 1810 Carpineto, † 20. 7. 1903 Rom. Sein Pontifikat war erfüllt von dem großenteils erfolgreichen Bemühen, den Gegensatz zwischen Kirche und politischen, kulturellen und sozialen Bestrebungen der modernen Welt zu beseitigen. Mit der Enzyklika „Rerum novarum" (1891), die die Grundlagen der katholischen Soziallehre schuf, sowie durch die Förderung der christlich-sozialen Bewegung bemühte sich Leo als erster Papst um die Lösung der Arbeiterfrage. Durch die Rückwendung zum Thomismus gab er der katholischen Theologie und Weltanschauung ein geschlossenes wissenschaftliches Fundament. Den römischen Zentralismus baute er weiter aus. Kirchenpolitische Erfolge waren die Beilegung des deutschen Kulturkampfes und der mit der Schweiz und südamerikanischen Staaten bestehenden Spannungen. Sein wichtigstes politisches Ziel, die Wiederherstellung des Kirchenstaats, konnte Leo nicht verwirklichen. Auch die Bemühungen um eine Versöhnung der Ostkirchen mit Rom schlugen fehl. Leos Pontifikat gehört zu den bedeutendsten der neueren Zeit.
Lichter	Die drei großen Lichter (Bibel, Winkelmaß, Zirkel) liegen auf dem Altar; die drei kleinen Lichter (Weisheit, Stärke, Schönheit) brennen auf drei Säulen rund um den Tapis.

Liturgie	[griechisch leiturgia, „Werke für das Volk, Dienst am Volk"], die Gesamtheit der offiziellen gottesdienstlichen Handlungen innerhalb der christlichen Kirchen. Kern der Liturgie ist die Feier des Mysteriums von Tod und Auferstehung Jesu in seinem Auftrag und durch seine Gemeinde, vollzogen in der Verkündigung seines Wortes und im Begehen der Eucharistie. Das 2. Vatikanische Konzil brachte eine Erneuerung der Liturgie (Bedeutung der Hl. Schrift neu betont, Verwendung der Volkssprache statt des Lateinischen, aktive Mitwirkung der Gemeinde).
Loge	Loge ist ein Ort, wo Maurer zusammenkommen und arbeiten. Der Name des Versammlungsortes geht dann auf die Versammlung selbst über
Meister vom Stuhl	Der Vorsitzende der Loge, in der Symbolik der Freimaurerei eines der drei „kleinen Lichter", ordnet die Arbeiten an und leitet diese. Von ihm soll das geistige Licht ausstrahlen. Seine Abzeichen sind der erset Hammer der Loge und das Winkelmaß.
Naturalismus	eine philosophische Form der Weltanschauung (nach W. Dilthey), die im Materialismus die ihr eigentümliche Metaphysik gefunden hat. Natur ist dabei nicht im ursprünglichen religiös erfüllten Sinn zu nehmen, sondern als „bloße" Natur, auf die alles anscheinend Übernatürliche zurückzuführen ist; der Geist ist nur ein Überbau, der auf Trieb- und Machtverhältnissen ruht.
Osservatore Romano	[italienisch, „Der römische Beobachter"], „L'Osservatore Romano", 1861 in Rom gegründete vatikanische Tageszeitung, halbamtliches Organ des Hl. Stuhls.
Paul VI.	Papst 1963-1978, eigentlich Giovanni Battista *Montini*, * 26. 9. 1897, † 6. 8. 1978; ab 1922 im päpstlichen Staatssekretariat tätig, enger Mitarbeiter Pius' XII.; 1954 Erzbischof von Mailand, 1958 Kardinal. Paul führte das 2. Vatikanische Konzil zu Ende und bemühte sich um behutsame Durchführung seiner Beschlüsse. Die päpstliche Autorität betonte er stark, gegenüber manchen neuen Strömungen in der katholischen Theologie verhielt er sich reserviert. In seinen Enzykliken suchte er die Stellung der katholischen Kirche in der heutigen Welt zu umreißen und mahnte zur Erhaltung des Friedens und zu sozialer Gerechtigkeit. Paul VI. war der erste Papst, der weltweite Auslandsreisen unternahm. Im ökumenischen Bereich intensivierte Paul vor allem die Kontakte zur Orthodoxie und zum Anglikanismus.
Pileolus	[lateinisch], kleine runde Kopfbedeckung, die von den Bischöfen und Äbten in der Farbe ihres Standes getragen wird.

Positivismus	eine erkenntnistheoretische Grundhaltung, die davon ausgeht, dass die Quelle aller menschlichen Erkenntnis das Gegebene, d. h. die positiven Tatsachen, ist. Bestimmend für den Positivismus ist das Exaktheitsideal der Naturwissenschaften. Der Positivismus lehnt alles das als unwissenschaftlich ab, was nicht beobachtbar und durch wissenschaftliche Experimente erfassbar ist. Metaphysische Argumentationen werden dementsprechend als Scheinprobleme abgetan. Als unwissenschaftlich abgelehnt werden auch ethische und theologische Fragestellungen. Der Positivismus geht sowohl von der Selbstverständlichkeit des wissenschaftlichen Fortschritts als auch von der Selbstverständlichkeit des Humanitätsbegriffs aus. Indem der Positivismus festgelegt hat, wie man Fragen stellen darf, damit man sich noch in dem von ihm festgelegten Rahmen der Wissenschaftlichkeit bewegt, führt er sich selbst in ein Dilemma: Durch die Enge der Festlegungen werden viele Fragen ausgeschlossen, die das menschliche Dasein unmittelbar betreffen (z. B. die Frage nach dem Sinn des Lebens).
Priesterbruder-schaft St. Pius X	(lat.:*Fraternitas Sacerdotalis St. Pii X; FSSPX*) ist eine von der Kirche nicht anerkannte „Priestervereinigung mit Gemeinschaftsleben ohne Gelübde" nach dem Vorbild der Missionsgesellschaften. Derzeitiger Generaloberer ist Bernard Fellay, Oberer des deutschen Distrikts Franz Schmidberger. Marcel Lefebvre war Gründer und erster Generalobere der 1970 gegründeten und sich seit 1975 in offenem Konflikt mit Rom befindenden „Priesterbruderschaft St. Pius X." Anlass des Konflikts waren einige Lehrpunkte des 2. Vatikanischen Konzils sowie verschiedene nachkonziliare Reformen, die von Erzbischof Lefebvre als mit der gesamten kirchlichen Tradition unvereinbar kritisiert wurden, wie z. B. die massive Ablehnung der Liturgiereform. In seiner Grundsatzerklärung vom 21. November 1974 stellte er die These auf, dass kein Katholik, wenn ihm an seinem Seelenheil liege, diese Reform billigen könne, da sie nicht-katholische Tendenzen hätte. Papst Paul VI. sah sich 1976 wegen unerlaubter Priesterweihen dazu gezwungen, Lefebvre von seinen Ämtern zu suspendieren. Dieser leistete keinen Gehorsam. [514]
Quatuor coronati	Schutzpatrone der Steinmetzen im Mittelalter; Name für die Forschungslogen.
Relativismus	Relativismus [lateinisch], die Lehre, dass es im Erkennen, Denken, Handeln, Werten kein Unbedingtes, Absolutes gibt. Alle Erkenntnis besteht und gilt demnach vielmehr nur relativ: z. B. in Beziehung zu einem Subjekt, einem Standpunkt , einem Menschenkreis (soziologischer Relativismus).
Ritual	[lateinisch], ein Regeln folgender, eingeübter oder unbewusst eingespielter Verhaltensablauf bei Tieren und Menschen. Während bei Tieren Rituale zum instinktgesteuerten Verhalten (Ritualisation) gehören, unterliegen die menschlichen Rituale kulturellen Prägungen, deren Verbindlichkeit nur im Bereich der jeweiligen Kultur gilt.

Ritual (freimaurerisch)	Sind in der Johannismaurerei auf der ganzen Welt sehr ähnlich. Die Brüder sollen aufgeschlossen werden für das Transzendente, Numinose; aus der Alltagswelt, aus der profanen Zeit in eine rituelle Zeit geführt werden. Rationale Denkweise aber auch das Unterbewusstsein werden angesprochen.
Schisma	[griechisch, „Spaltung"], kirchliche und rechtliche, aber nicht lehrmäßige Trennung und Bildung selbstständiger Teile in einer Kirchengemeinschaft.
Schottischer Ritus	Alter und Angenommener Schottischer Ritus. International verbreitetes Hochgradsystem in 33 Graden, eine Fortsetzung der drei Johannisgrade. Vertiefende Erkenntnisstufen mit den Lehren: Pflicht zur Arbeit, Kampf für Gewissensfreiheit und Menschenrechte, Bestätigung der Menschenliebe im Sinne Jesu, Erhaltung des Frieden, Streben nach Wahrheit.
Tempel	Versammlungsraum der Loge, der würdig auf die Symbolinhalte Bezug nimmt. Im Osten erhebt sich der Sitz des Meister vom Stuhl. In der Mitte umgeben 3 Leuchter den Tapis (Teppich mit Symbolzeichnungen). Auf dem Altar (Tisch vor dem Meister) liegt die Bibel, Zirkel und Winkelmaß.
Theonomie	[griechisch], Ausrichtung des sittlichen Handelns nach dem Willen und den Geboten Gottes.
Toleranz	[die; lateinisch], Duldung, Duldsamkeit; die Respektierung der Meinungen, Wertvorstellungen und Verhaltensweisen anderer.
Transzendenz	[die; lateinisch], das jenseits aller sinnlichen Erfahrung Liegende, z. B. das Absolute, Göttliche. Gegensatz: Immanenz.
Vatikanisches Konzil I	das 1869/70 im Vatikan abgehaltene Konzil, von Papst Pius IX. einberufen, offiziell nie abgeschlossen. Es verurteilte „modernistische Irrtümer" und dogmatisierte die höchste, unmittelbare Leitungsgewalt des Papstes über die Gesamtkirche sowie seine Unfehlbarkeit bei Lehrentscheidungen in Glaubens- und Sittenfragen. Als Folge spaltete sich die altkatholische Kirche ab.

Vatikanisches Konzil II	1962-1965 im Vatikan abgehalten, von Papst Johannes XXIII. einberufen und von Paul VI. weitergeführt zur zeitgemäßen Erneuerung der katholischen Kirche und zur Wiederannäherung der christlichen Kirchen. Verabschiedet wurden: → 4 Konstitutionen: über die heilige Liturgie (Sacrosanctum concilium; Zulassung der Nationalsprachen), die Kirche (Lumen gentium), die göttliche Offenbarung (Dei verbum; Einheit von Heiliger Schrift, Tradition und kirchlichem Lehramt), die Kirche in der Welt von heute (Gaudium et spes); → 9 Verordnungen: über die Hirtenaufgabe der Bischöfe, Ökumenismus, katholische Ostkirchen, Dienst und Leben der Priester, Ausbildung der Priester, Ordensleben, Mission, Laienapostolat, Massenmedien; → 3 Erklärungen: über Religionsfreiheit (Dignitatis humanae), nichtchristliche Religionen (Nostra aetate), christliche Erziehung (Gravissimum educationis).
Winkelmaß und Zirkel	Wesentliche Symbole der Freimaurerei. Das Winkelmaß bestimmt das rechte Handeln des Freimaurers, ist Symbol des Gewissens, der Gerechtigkeit. Der Zirkel zeigt seine Beziehung zu den Brüdern und der ganzen Menschheit; Symbol der Liebe zu den Menschen und umfassender Menschlichkeit.
York-Ritus (Royal Arch)	Eine Gruppe von Hochgradriten: über den Salomonischen Tempel und das „verlorene Wort", das im Royal Arch unter dem Tempel entdeckt wird. Der Maurer vom Königlichen Bogen soll dem Bau eines Idealtempels zum Ruhm des Allmächtigen Baumeisters aller Welten dienen

10 Anhang

10.1 Freimaurerische Zeittafel

Sowie Daten mit Bezug auf diese Dissertation und einige wenige weltgeschichtliche (österreichische) Daten zur Beurteilung des Umfeldes bzw. der Umwelt.[515] [516] [517] [518] [519] [520]

24.06.1717	Vier Londoner Logen mit nichtoperativen (spekulativen) Maurern gründen im Gasthaus „Zur Gans und zum Bratrost" die „Groß-Loge von London und Westminster" und wählen Antony Sayer zum ersten Großmeister. Ab etwa 1925 entstehen Freimaurer-Logen in Kontinentaleuropa.
1723	Reverend James Anderson (1680–1738) legt die von ihm verfassten „Alte Pflichten" als erste maurerische Verfassung vor, die von der Großloge dann genehmigt wird.
14.05.1731	Aufnahme Herzogs Franz Stephan von Lothringen (dem späteren Kaiser Franz I.) in eine Loge in Den Haag.
1735	Verbot der Freimaurerei in Holland und Friesland
1736	Verbot der Freimaurerei in Genf
1737	Aufnahme des ersten Mitgliedes des englischen Königshauses, des Prinzen Friedrich von Wales.
6.12.1737	Errichtung der ersten deutschen Loge „Absalom" in Hamburg.
1737	Ludwig XV. verbietet die Freimaurerei in Frankreich. Gaston von Medici verbietet die Freimaurerei im Großherzogtum Toskana Schließung der Loge in Rom
28.04.1738	Die erste päpstliche Bulle von Papst Clemens XII. „In eminenti apostolatus specula" gegen die Freimaurer.
1738	Verbot der Freimaurerei in Venedig. Der Hamburger Senat verbietet die Logentätigkeit. Verbot der Freimaurerei in Polen durch August III. Verbot und Todesstrafe in Schweden.
1740	Verbot der Freimaurerei in Zürich.
1740–1780	*Regierungszeit Maria Theresias.*
31.05.1740	*Friedrich II wird König in Preußen (1740–1786).*

09.11.1740	König Friedrich II. wird „Großmeister der Freimaurer in Preußen".
14.09.1742	Errichtung der ersten Loge in Wien „Aux trois canons" mit Hilfe der Breslauer Loge.
17.03.1743	Maria Theresia lässt die Wiener Loge durch Militär ausheben.
1748	In der Türkei verbietet der Sultan die Freimaurerei als religionsfeindliche Sekte.
18.05.1751	Papst Benedikt XIV. erlässt die Bulle „Providas romanorum pontificum" gegen die Freimaurerei und bestätigt „In eminenti" von Papst Clemens XII..
1751	Ferdinand VI. von Spanien verbietet die Freimaurerei.
4.11.1752	George Washington wird als Freimaurer aufgenommen.
1755	Gründung der Großloge von Frankreich, die sich dann ab 1773 „Grand Orient de France" nennt.
14.10.1771	Aufnahme Lessings in die Loge „Zu den drei Rosen" in Hamburg.
1773	Errichtung des Grand Orient de France.
2.01.1776	*Abschaffung der Folter in Österreich unter Mitwirkung des Freimaurers Joseph von Sonnenfels.*
4.07.1776	*Unabhängigkeitserklärung in den entstehenden Vereinigten Staaten (von Amerika) angenommen.*
1780–1790	*Regierungszeit Joseph II. (ab 1765 Mitregent).*
1780–1790	Freimaurer der Josephinischen Epoche: z. B. Josef Freiherr von Sonnenfels, Ignaz von Born, Josef Haydn, Wolfgang Amadeus Mozart.
23.06.1780	Aufnahme Goethes in die Loge „Amalia" in Weimar.
1781	*Aufhebung der Leibeigenschaft in Österreich.*
24.04.1784	Gründung der „Großen Landesloge von Österreich" mit sieben Provinziallogen-Distrikten (in den Erblanden).
14.12.1784	Aufnahme Wolfgang A. Mozarts in die Loge „Zur Wohltätigkeit"
21.12.1785	Veröffentlichung des Freimaurerpatent (Handbillett) Joseph II. in der Wiener Zeitung: staatliche Anerkennung der Freimaurerei, aber polizeiliche Überwachung.
14.07.1789	*Sturm auf die Bastille.*
1795	Freimaurer-Logen in Österreich durch Kaiser Franz II. verboten.
1796	Zar Paul I. unterdrückt die Freimaurerei in Russland.
1801	Gründung des Mother Councils des „Alten und Angenommenen Schottischen Ritus" (AASR) in Charleston, U.S.A.
1810	Freimaurerverfolgung in Portugal, etwa 30 Freimaurer werden verbrannt.

27.12.1813	Die beiden Großlogen in England vereinigen sich in der „Vereinigten Großloge von England“.
1814	Freimaurer werden in Spanien zu Landesverrätern erklärt.
1816	Das von Friedrich Ludwig Schröder erarbeitete und nach ihm benannte Ritual wird von der Großen Loge zu Hamburg als allein verbindliches Ritual in Kraft gesetzt.
13.09.1821	Papst Pius VII. erlässt Bulle „Ecclesia a Jesu Christo“.
1822	Verbot der Freimaurerei in Russland.
13.03.1826	Papst Leo XII. erlässt Bulle „Quo graviora mala“ (gegen Geheimgesellschaften).
24.05.1829	Pius VIII. erlässt die Enzyklika „Traditi“ gegen die Freimaurerei.
15.08.1832	Papst Gregor XVI. erlässt die Enzyklika „Mirari vos“.
1844	Gründung der Schweizerischen Großloge „Alpina“.
09.11.1846	Papst Pius IX. erlässt Bulle „Qui Pluribus“ gegen die Freimaurerei.
1848	*März- und Oktober-Revolution in Österreich.*
1848–1916	*Regierungszeit Kaiser Franz Joseph I.*
20.04.1849	Papst Pius IX. erlässt Bulle „Quibus quantique“ gegen die Freimaurerei.
08.12.1864	Papst Pius IX. erlässt Bulle „Quanta cura“ gegen die Freimaurerei und verurteilt die in einem Anhang befindlichen „80 Irrtümer“
25.09.1865	Papst Pius IX. erlässt Bulle „Multiplices inter“ gegen die Freimaurerei.
15.03.1867	*Der Ausgleich führt zur Doppelmonarchie Österreich-Ungarn.*
12.10.1869	Papst Pius IX. erlässt Bulle „Apostolicae sedis“ gegen die Freimaurerei.
8.12.1869	Beginn des I.Vatikanischen Konzils .
19.03.1871	Wiener Freimaurer gründen in Ungarn (Neudörfl) die erste Grenz-Loge „Humanitas“.
1871–1918	Grenzlogenzeit: 16 Logen der österreichischen Brüder in Ungarn gegründet.
21.11.1873	Papst Pius IX. erlässt die Enzyklika „Etsi multa“ gegen die Freimaurerei.
10.09.1877	Der Großorient von Frankreich streicht aus seinen Ritualen die Formel des „A.B.A.W.“ (Allgemeiner Baumeister aller Welten). Darauf brechen die angelsächsischen Großlogen die Beziehungen zu Frankreich ab.
15.02.1882	Papst Leo XIII. erlässt Bulle „Etsi nos“ gegen die Freimaurerei.
20.04.1884	Papst Leo XIII. erlässt seine Enzyklika „Humanum genus“, in der er die Freimaurerei heftigst verurteilt.
15.10.1890	Papst Leo XIII. erlässt Enzyklika „Ab apostolici“ gegen die Freimaurerei.

8.12.1892	Papst Leo XIII. erlässt Enzyklika „Custodi di quella fede“
1893	Anlässlich des 84. Geburtstages Leo XIII. erneut schwere Angriffe gegen die Freimaurer in einem Schreiben an die orientalischen Kirchen.
20.06.1894	Papst Leo XIII. erlässt Bulle „Praeclara“ gegen die Freimaurerei.
1896	Internationaler Antifreimaurerkongress in Trient mit dem Hauptredner Leo Taxil.
1897	Antifreimaurertagung in Wien unter Vorsitz des Kardinals Anton Gruscha, veranstaltet von einem ehemaligen Freimaurer (dem Redakteur Karl Koller).
19.03.1902	Apostolisches Schreiben Papst Leo XIII. „Annum ingressi sumus“ mit einer neuerlichen Verurteilung der „Sekte der Freimaurerei“.
1914–1918	*Erster Weltkrieg.*
1917	Papst Benedikt XV. verlautbart den Codex Iuris Canonici, das erste zusammenfassende kirchliche Rechtswerk
8.12.1918	Gründung der „Großloge von Wien“ (Patenterteilung am 25.1.1919) mit 14 Wiener Logen und 1.044 Mitgliedern.
1922	Der Vierte Kongress der Kommunistischen Internationale bezeichnet die Freimaurerei als politische Organisation der Bourgeoisie.
1925	Der „Oberste Rat des Alten und Angenommenen Schottischen Ritus von Österreich“ (AASR) wird eingesetzt.
1926	Gründung der „Österreichischen Liga für Menschenrechte“ unter Beteiligung zahlreicher Freimaurer.
1926	Ludendorffs Schrift „Vernichtung der Freimaurerei durch Enthüllung ihrer Geheimnisse“ erscheint.
1928	Aachener Gespräche zwischen Hermann Gruber SJ und Eugen Lennhoff (und anderen)
25.10.1929	*„Schwarzer Freitag“ an der New Yorker Börse; Weltwirtschaftskrise in den 1930-iger Jahren.*
1930	Einsetzung des „Obersten Rates des Schottischen Ritus von Deutschland“.
25.07.1934	*Der österreichische Bundeskanzler Engelbert Dollfuß wird ermordet.*
02.09.1936	Offizielle Erklärung der nationalsozialistischen Machthaber in Deutschland, dass 11 Großlogen und 33 ähnliche Verbände aufgelöst sind.
12.03.1938	Einmarsch deutscher Truppen in Österreich, Plünderung des Logenhauses und Auflösung der „Großloge von Wien“

1939–1945	*Zweiter Weltkrieg*
1945	Von 80.000 Freimaurern von vor 1933 finden kaum 5.000 in Deutschland wieder zusammen.
28.07.1945	In Österreich erscheinen 48 Brüder (von ca. 1.800 vor dem Krieg) zur Gründungsversammlung der Loge „Humanitas renata“ (endgültige Bewilligung: 31.3.1946)
1945/1946	Reaktivierung der „Großloge von Wien für Österreich“ (31.1.1946). Erster Großmeister: Karl Doppler.
8.08.1948	Gespräche zwischen Kardinal Dr. Innitzer und dem Großmeister Bernhard Scheichelbauer zum Verhältnis zwischen Katholischer Kirche und Freimaurerei.
19.06.1949	Gründung der „Vereinigten Großloge der Freimauer von Deutschland“ in der Paulskirche zu Frankfurt/Main mit 174 Logen aus neun Großlogen.
29.04.1952	Die Große Landesloge der Freimaurer von Deutschland und die Große National-Mutterloge schließen sich zum „Bund christlicher Freimaurer-Großlogen Deutschlands“ zusammen.
1952	Wiederanerkennung der „Großloge von Österreich“ durch die „Vereinigte Großloge von England“.
15.05.1955	*Unterzeichnung des österreichischen Staatsvertrags, Österreich erhält wieder seine Unabhängigkeit und Souveränität.*
17.05.1958	Die „Vereinigte Großloge der Alten freien und Angenommenen Maurer von Deutschland“ und die „Große Landesloge der Freimaurer von Deutschland“ beschließen die „Magna Charta der deutschen Freimaurer“. Damit stellen beide Großlogen eine gemeinsame nationale Ordnung der deutschen Freimaurer unter dem Namen „Vereinigte Großlogen von Deutschland, Bruderschaft der deutschen Freimaurer“ her.
1960–1969	Carl Helmke: Großmeister der Großloge von Österreich
26.05.1962	„Bittschrift“ des Großmeisters von Haiti an Papst Johannes XXIII.
1962–1965	Zweites Vatikanisches Konzil, durch Papst Johannes XXIII., einberufen, beendet durch Papst Paul VI.
1963	Tötötöm Nagy's Buch „Jesuiten und Freimaurerei“ erscheint
6.08.1964	Veröffentlichung der Enzyklika „Ecclesiam suam“ durch Paul VI.
8.04.1965	Gründung des „Sekretariats für die Nichtglaubenden“ („Pro non credentibus“), Ernennung Kardinal Königs zum Vorsitzenden.
10.11.1965	Bitte des österreichischen Großmeisters Carl Helmke an Franz Kardinal König hinsichtlich Aussöhnung Katholische Kirche und Freimauererei.

7.12.1965	Die Pastoralkonstitution „Gaudium et spes" (über Atheismus und Dialog mit allen Menschen) wird im II. Vatikanischen Konzil beschlossen.
26.02.1968	Brief und Fragenkatalog (hinsichtlich Freimaurerei) Kardinal Sepers an die Bischöfe
23.03.1968	Erstes Gespräch Franz Kardinal König mit Dr. Kurt Baresch (Deputierter Großmeister der Großloge von Österreich).
28.08.1968	Der Wiener Kardinal König unterzeichnet das Dokument „De dialogo cum non credentibus"(Zum Dialog mit den Nichtglaubenden), das am 1.10.1968 seitens des Sekretariats für die Nichtglaubenden veröffentlicht wird. Es entsteht ein Dialog zwischen katholischer Kirche und den „Vereinigten Großlogen von Deutschland" und den Großlogen von Österreich und der Schweiz. Der Dialog führt am 5.7.1970 zur gemeinsamen Unterzeichnung der „Lichtenauer Erklärung".
1969–1975	Heinz Scheiderbauer: Großmeister der Großloge von Österreich
05.07.1970	Unterzeichnung der „Lichtenauer Erklärung".
02.01.1972	Die deutsche Gesprächsgruppe beschließt direkten Kontakt mit ihren Bischöfen
1975–1987	Alexander Giese: Großmeister der Großloge von Österreich
12.05.1980	„Unvereinbarkeitserklärung" der Deutschen Bischofskonferenz
27.06.1980	Franz Kardinal König tritt als Vorsitzender des „Sekretariats für die Nichtglaubenden" zurück.
17.02.1981	Erklärung der Kongregation für die Glaubenslehre hinsichtlich unveränderter Exkommunikation der Freimaurerei
25.01.1983	Papst Johannes Paul II. unterzeichnet den neuen Codex Iuris Canonici, der am 27.11.1983 rechtskräftig wird. In ihm wird die Exkommunikation für Mitglieder der Freimaurerei nicht mehr erwähnt.
26.11.1983	Die „Kongregation für die Glaubenslehre" mit dem Präfekt Joseph Kardinal Ratzinger veröffentlicht eine Erklärung zum neuen Codex Iuris Canonici: „Die Gläubigen, die freimaurerischen Vereinigungen angehören, befinden sich also im Stand der schweren Sünde und können nicht die heilige Kommunion empfangen."
27.11.1983	Der von Papst Johannes Paul mit der Apostolischen Konstitution Sacrae disciplinae leges vom 25.1.1983 veröffentlichte Codes Iuris Canonici erhält „Verpflichtungskraft und Gesetzeskraft für die gesamte Lateinische Kirche"

23.02.1985	L'Osservatore Romano: Überlegungen ein Jahr nach der Veröffentlichung der Erklärung der Kongregation für die Glaubenslehre
1987–1991	Franz Hausner: Großmeister der Großloge von Österreich
09.11.1989	*Fall der Berliner Mauer.*
03.10.1990	*Vereinigung der beiden deutschen Staaten auf Grund des deutsch-deutschen Einigungsvertrages vom 31.8.1990.*
1991–2002	Heinz Scheiderbauer: Großmeister der Großloge von Österreich
18.10.1993	Neuerliche Sondierung von Dr. K. Baresch bei Kardinal Ratzinger.
2002–2008	Michael Kraus: Großmeister der Großloge von Österreich
13.03.2004	Franz Kardinal König stirbt.
19.04.2005	Kardinal Joseph Ratzinger wird als 265. Papst gewählt. Er gibt sich den Namen Benedikt XVI. nach dem Ordensgründer Benedikt von Nuris (dem Patron Europas).
März 2007	Das Buch „Die Freimaurer", Herausgeber: Großmeister Michael Kraus, erscheint. Die Großloge von Österreich besteht aus 67 Logen mit ca. 2.800 Freimaurern.
14.06.2007	Gespräch zwischen Abt Gregor Henckel-Donnersmarck und Großmeister M. Kraus. NEWS 28.6.2007: „Versöhnung nach 269 Jahren"
27.10.2007	TV-Interview mit Dr. Kurt Baresch.
08.01.2008	TV-Sendung Report: „Freimaurer".
Sept. 2008	Rede Papst Benedikt XVI. in Paris: „Kultur Europas gründet auf der Suche nach Gott"
Jän. 2009	Papst Benedikt XVI. hebt die Exkommunikation der Bischöfe der Priesterbruderschaft St. Pius X. auf

10.2 Enzyklika „Humanum genus" von Papst Leo XIII.

Enzyklika
HUMANUM GENUS [521]
Unseres Heiligen Vaters Leo XIII.
Über Wesen und Gefahr der Freimaurerei

I. Einleitung

Das Reich Gottes und das Reich des Satans auf Erden

1 Nachdem das Menschengeschlecht durch den Neid des Teufels von Gott, dem Schöpfer und Spender der himmlischen Güter so kläglich abgefallen, hat es sich in zwei geschiedene und einander entgegengesetzte Lager geteilt; das eine kämpfte unausgesetzt für Wahrheit und Tugend, das andere für alles, was der Wahrheit und Tugend widerstreiten.–Das eine ist das Reich Gottes auf Erden, nämlich die wahre Kirche Christi; wer ihm wahrhaft und zu seinem Heile angehören will, der muss Gott und seinem Eingeborenen Sohne mit ganzer Seele und voller Hingebung seines Willens dienen. Das andere ist das Reich des Satans, dem alle jene botmäßig und zu eigen sind, welche dem verhängnisvollen Beispiele ihres Führers und unserer Stammeltern gefolgt sind, dem ewigen göttlichen Gesetze den Gehorsam verweigern und vieles mit Verachtung Gottes, ja vieles gegen Gott selbst unternehmen suchen.

2 Dieses zweifache Reich, das zwei Städten gleicht, die nach widerstrebenden Gesetzen widerstrebende Ziele verfolgen, hat Augustinus wohl erkannt und beschrieben und die wirkende Ursache beider in nachstehenden Worten feinsinnig und kurz zusammengefasst: Eine zweifache Liebe hat diese zwei Reiche gegründet, das irdische die Selbstsucht bis zur Verachtung Gottes, das himmlische dagegen die Gottesliebe bis zur Verachtung seiner selbst (1).

Die Gottlosen werden von der Freimaurerei unterstützt

In allen Jahrhunderten haben diese Reiche einander bekämpft mit verschiedenen Waffen und in verschiedener Weise, wenngleich nicht immer in gleich heftigem Anlaufe. In der Gegenwart jedoch scheinen die Anhänger des Bösen sich zu verabreden und insgesamt mit vollen Kräften anzustürmen, geleitet und unterstützt von der weitverbreiteten und gegliederten Gesellschaft der sogenannten Freimaurer. Denn schon halten diese ihr Pläne nicht mehr geheim und fordern höchst verwegen sich untereinander auf gegen den allmächtigen Gott; offen und aufgescheut arbeiten sie daran, die Kirche zu vernichten und zwar in der Absicht, um, wenn es möglich wäre, die christlichen Völker aller Güter zu berauben, die ihnen durch unsern Heiland Jesus Christus zuteil geworden sind.–In dem wir diese Übel beklagen, müssen wir oft, von Liebe im Innersten bewegt, zu Gott rufen: Siehe, deine Feinde toben, und die dich hassen, erheben das Haupt. Über dein Volk fassen sie listige Anschläge und sinnen wider deine Heiligen. Sie sprechen: Kommet, lasset sie uns vertilgen aus dem Volke (2).

3 Bei dieser dringenden Gefahr, bei diesem grausamen und hartnäckigen Kampfe gegen das Christentum ist es Unsere Aufgabe, hinzuweisen auf den Ernst der Lage, kenntlich zu machen die Gegner, Widerstand zu leisten, soviel Wir vermögen, ihren listigen Plänen, damit nicht auf ewig zu Grunde gehen alle jene, deren Seelenheil Uns anvertraut ist, und auf dass Jesus Christi Reich, dessen Obhut Uns übergeben ward, nicht bloß Bestand habe und unversehrt fortdauere, sondern immer mehr wachse und überall auf der ganzen Erde sich ausbreite.

Die Päpste haben diese Sekte verurteilt Clemens XII. bis Pius IX

4 Die Römischen Päpste, Unsere Vorfahren, sorgfältig wachsam über das Heil des christlichen Volkes, haben diesen Todfeind alsbald erkannt, wer er sei, was er wolle, sowie er aus dem Dunkel geheimer Verschwörung heraustrat; und indem sie wohl wussten, was bevorsteht, haben sie Fürsten und Völkern gewissermaßen ein Zeichen gegeben und sie gemahnt, nicht von ihrer Arglist sich betrügen und fangen zu lassen.

5 Der erste, welcher auf die Gefahr hinwies, war Klemens XII. (3), dessen Konstitution von Benedikt XIV. (4) bestätigt und erneuert wurde. Ihrem Vorgange folgte Pius VII (5). Leo XII. fasste in der Apostolischen Konstitution „Quo graviora“ (6) zusammen, was seine Vorfahren in dieser Angelegenheit getan und bestimmt hatten und erklärte sie als gültig und rechtskräftig für alle Zeit. In demselben Sinne haben sich Pius VIII. (7), Gregor XVI. (8) uns sehr oft Pius IX. (9) ausgesprochen.

6 Als nämlich die Sekte der Freimaurer nach ihrem Wesen und Charakter durch offenbare Merkmale sich zu erkennen gab, als man diese Angelegenheit untersucht, von ihren Gesetzen, Gebräuchen und Schriften Einsicht genommen hatte, wozu häufig das Zeugnis von Eingeweihten kam, da verkündete es dieser Apostolische Stuhl und erklärte öffentlich, es sei die Sekte der Freimaurer eine rechtswidrige und für die Kirche und Staat gleich verderbliche Verbindung, und er verbot unter Androhung jener besonders schweren Strafen, welche die Kirche über Schuldige zu verhängen pflegt, allen Gläubigen den Eintritt in dieselbe. Hierdurch erbittert, wähnten die Verbündeten, teils durch Verachtung, teils durch Verleumdung der Wucht dieser Aussprüche sich entziehen und dieselbe abschwächen zu können; sie klagten die Römischen Päpste an, dass ihre Entscheidungen ungerecht gewesen und das rechte Maß überschritten hätten. Auf solche weise versuchten sie es, da Ansehen und Gewicht der Apostolischen Konstitutionen eines Klemens XII., Benedikt XIV., wie Pius VII. und Pius IX. bedeutungslos zu machen. Doch es fehlte unter den Mitgliedern der Sekte selbst nicht an solchen, die sogar gegen ihren Willen eingestanden, dass im Hinblick auf die katholische Lehre und Lebensordnung die Römischen Päpste in allem diesem nach Recht und Gerechtigkeit gehandelt haben. Auch verschiedene Fürsten und Regierungen gaben den Päpsten hierin ihre volle Zustimmung, indem sie teils Sorge trugen, dass die Sekte der Freimaurer bei dem Heiligen Stuhle angeklagt wurde, teils ihrerseits durch das Gesetz sie für staatsgefährlich erklärten, wie dies in Holland, Österreich, in der Schweiz, Spanien, Bayern, Savoyen und anderen Ländern Italiens geschehen ist.

Die Regierungen haben nicht immer und überall den nötigen Ernst gehabt

7 Wie vorsichtig Unsere Vorfahren in dieser Beziehung gehandelt, hat die Folgezeit bewiesen, worauf wir darum unser besonderes Augenmerk zu richten haben. Ihre väterlichen Bemühungen und Fürsorge hatten nämlich nicht zu jeder Zeit noch überall den gewünschten

Erfolg; hiervon war Ursache teils die List und Verstellung der Schuldigen selbst, teils der Mangel an Ernst bei jenen, denen vor allen anderen hätte daran gelegen sein müssen, ein wachsames Auge zu haben. So ist es denn gekommen, dass im Laufe von anderthalbhundert Jahren die Sekte der Freimaurer eine über alle Erwartung große Ausbreitung gewann, und indem sie keck und listig in alle Ordnungen des Gemeinwesens sich eindränge, erlangte sie eine solche Macht, dass sie nahezu die Oberherrschaft in den Staaten zu haben scheint. So rasch und so furchtbar hat sich das Verderben entwickelt, das Unsere Vorfahren lange vorausgesehen hatten, und das nun die Kirche, die Gewalt der Fürsten und die öffentliche Wohlfahrt bedroht. Denn soweit ist es gekommen, dass für die Zukunft alles zu befürchten ist, nicht zwar für die Kirche, die auf einem zu festen Grund gebaut ist, als dass sie von Menschenhand könnte erschüttert werden, sondern für jene Staaten, in welchen die Freimaurerei mächtig ist, oder ähnliche Sekten, die im Dienste jener arbeiten und tätig sind.

8 Sobald Wir darum die Regierung der Kirche übernommen haben, war es unsere feste Überzeugung, Wir müssten durch das Gewicht Unserer Autorität diesem Übel soviel als möglich Widerstand leisten.–In der Tat haben Wir bei gegebener Gelegenheit gewisse hervorragende Grundsätze beleuchtet, auf welche die freimaurerischen Meinungen am meisten Einfluss hatten. So haben Wir in Unserem Rundschreiben „Quod Apostolici muneris“ es unternommen, die Ungeheuerlichkeiten der Sozialisten und Kommunisten zu widerlegen; in einem anderen „Arcanum“ suchten Wir den wahren und richtigen Begriff der häuslichen Gesellschaft, welche in der Ehe ihre Quelle und ihren Ursprung hat, festzusetzen und zu verteidigen; in jenem das mit „Diuturnum“ beginnt, haben Wir das Musterbild der politischen Gewalt nach den Grundsätzen der christlichen Weisheit entworfen und dargestellt, wie es mit der Natur selbst, dem Heile von Fürsten und Völkern in wunderbarem Einklange steht. Nun aber haben Wir beschlossen, nach dem Beispiele Unserer Vorfahren die Sekte der Freimaurer selbst geradezu ins Auge zu fassen, ihre gesamte Lehre, Pläne, Denk- und Handlungsweise, und dadurch mehr und mehr ihre verderbliche Macht in klares Licht zu setzen und die Völker vor Ansteckung durch diese verhängnisvolle Pest zu bewahren.

II. Das Wesen der Freimaurerei

Sie ist eine geheime Gesellschaft

9 Alle jene mannigfaltigen Sekten, wenngleich nach Namen, Gebräuchen, Form und Ursprung verschieden, stehen doch miteinander im Zusammenhange durch eine gewisse Gemeinsamkeit ihres Zweckes und Ähnlichkeit ihrer Grundanschauungen, sind darum sachlich mit jener der Freimaurer eins; diese bilden gleichsam den Mittelpunkt, von wo alle ausgehen, wohin alle zurückkehren. Obschon sie gegenwärtig, wie es den Anschein hat, durchaus nicht mehr die Verborgenheit suchen, ihre Versammlungen vielmehr am hellen Tage und vor aller Augen abhalten, ihre Zeitschriften veröffentlichen, so bewahren sie doch, näher betrachtet, das Wesen und den Charakter geheimer Gesellschaften. Es ist nämlich verschiedenes bei ihnen von Geheimnissen umgeben, welche nicht bloß vor den Fremden, sondern auch vor sehr vielen unter den Mitgliedern selbst nach ihren Gesetzen mit größter Sorgfalt gewahrt werden. Hierher gehören ihre geheimsten und letzten Pläne, die obersten Vorstände der Abteilungen, gewisse verborgene Zusammenkünfte der Abteilungen, gewisse verborgene Zusammenkünfte der am meisten Eingeweihten; dasselbe gilt von ihren Beschlüssen und der Art und Weise, sie zur Ausführung zu bringen. Zu diesem Zwecke gibt es unter den Brüdern eine große Verschiedenheit in den Rechten, Ämtern und Obliegenheiten, bestimmte Abstufung in Graden und eine strenge Disziplin, welche alle unterworfen sind. Die Eintretenden müssen geloben, ja meistens mit einem besondern Eide beschwören, dass sie niemals noch in irgend einer Weise ihre Brüder, Erkennungszeichen, Lehren, verraten wollen. So suchen die Freimaurer unter erlogenem Scheine und in der nämlichen heuchlerischen Weise, wie ehedem die Manichäer, verborgen zu bleiben und niemand anderen zu Zeugen zu haben als die Ihrigen. Unter dem Namen von Freunden der Literatur und der Wissenschaft, die sich zu gelehrten Zwecken vereinigt haben, verstehen sie es trefflich, sich zu verstecken; wenn man sie reden hört, so ist es ihnen zu tun um Förderung höherer Bildung, um Bestrebungen zum Besten des Niederen Volkes; sie haben nichts anderes im Auge, als das Beste des Volkes und die größtmögliche Verbreitung aller staatlichen Wohltaten. Wäre aber auch alles dieses wahr, so ist doch ihre Tätigkeit hierauf allein durchaus nicht beschränkt. Wer immer einmal beigetreten ist, muss außerdem versprechen und dafür einstehen, dass er den Führern und Meistern aufs Wort folgen will in höchsten Gehorsam und in Treue; dass er, bereit auf jeden Wink und jedes Zeichen, das Befohlene ausführen will, dass er im Falle des Ungehorsams auch das Härteste und selbst den Tod dulden will. In der Tat wird die Todesstrafe nicht selten an denen vollzogen, über welche wegen Verrat des Geheimnisses oder Ungehorsam dieselbe ausgesprochen wurde, und zwar so keck und gewandt, dass häufig der Meuchelmörder dem wachsamen Auge der strafenden Gerechtigkeit entrinnt.– Heucheln und im Dunkel verborgen bleiben wollen, andere Sklaven gleich mit den stärksten Banden an sich fesseln, ohne dass diese den Grund hiervon klar erkennen, sie nach fremder Willkür zum Werkzeug jeglichen Frevels gebrauchen, ihnen den Mordstahl in die Hand drücken unter dem Vorwande der Straflosigkeit – das ist eine Ungeheuerlichkeit, die der Natur durchaus widerstreitet. Darum beweisen die gesunde Vernunft und die Natur der Sache selbst, dass die Gesellschaft, von der wir reden, im Widerspruch steht zur Gerechtigkeit und natürlichen Sittlichkeit.

Ihr Fundament ist der Naturalismus
Sie will das Christentum stürzen

10 Eben dieses erhellt noch klarer aus folgenden Gründen. Mögen auch List und Verlogenheit in der Welt noch so groß sein, so muss doch notwendig in den Wirkungen die Natur der Ursache sich offenbaren, aus der jene hervorgegangen sind. Ein guter Baum kann keine bösen Früchte bringen, noch ein böser Baum gute Früchte (10). Es bringt aber die Freimaurersekte verderbliche und sehr bittere Früchte. Denn aus den unbestreitbaren Kennzeichen, von denen oben die Rede war, ergibt sich sichtlich, was das letzte Ziel ist bei allen ihren Plänen: die gesamte religiöse und staatliche Ordnung, nämlich wie sie das Christentum begründet hat, von Grund aus zu stürzen und nach ihrem Gutdünken eine neue zu schaffen auf Grund der Anschauungen und Gesetze des Naturalismus.

11 Was Wir hier sagen und noch sagen werden, ist von der Freimaurersekte im allgemeinen zu verstehen und den ihr verwandten und verbündeten Gesellschaften, nicht aber von den einzelnen Mitgliedern. Deren möge nicht wenige sein, die allerdings nicht ohne Schuld sich mit diesen Gesellschaften eingelassen haben, aber doch weder persönlich an solchen Freveltaten sich beteiligt, noch auch die letzten Ziele derselben kennen. Ebenso billigen vielleicht einige von diesen Gesellschaften durchaus nicht jene äußersten Folgerungen, welche sie, weil in notwendiger Konsequenz aus jenen allgemeinen Grundsätzen sich ergebend, annehmen müssten, wenn nicht die Abscheulichkeit des Verbrechens durch seine Hässlichkeit sie abstoßen würde. Auch finden es manche von ihnen im Hinblick auf die Orts- und Zeitverhältnisse rätlicher, nicht bis zum Äußersten zu gehen, wenngleich sie es wünschten und andere so zu handeln gewöhnt sind; darum gehören sie aber doch dem Freimaurerverbunde an; denn nicht nach den Taten, die er vollbracht, sondern nach seinen wesentlichen Grundsätzen muss er beurteilt werden.

Ihr oberster Grundsatz: Die menschliche Natur ist oberste Richtschnur des Lebens

12 Oberster Grundsatz der Naturalisten, wie dies schon ihr Name besagt, ist der, es müsse die menschliche Natur und die menschliche Vernunft in allem oberste Richtschnur und Lehrerin sein. Hieraus ergibt sich, dass sie um die Pflichten gegen Gott sich nicht sehr kümmern oder sie entstellen durch irrige und wechselnde Meinungen. Sie leugnen nämlich jede göttliche Offenbarung und verwerfen jedwedes religiöses Dogma; nach ihnen gibt es keine Wahrheit, die des Menschen Vernunft überschreitet, keinen Lehrer, der kraft seines Amtes das Recht hätte, Glauben von uns zu fordern. Da es nun aber das besondere Recht der katholischen Kirche ist, da ihr allein zukommt, die von Gott empfangenen Lehren und ihre lehramtliche Autorität samt allen übrigen zum Heile notwendigen Gnadenmittel vollständig zu bewahren und unversehrt zu erhalten, darum gilt ihr ganz besonders der grimmige Kampf der Feinde.

Die Kirche wird von ihr geknebelt

13 Betrachten wir nun das Verfahren der Freimaurersekte in religiösen Fragen, besonders da, wo sie sich freier bewegen kann, so ergibt sich, dass sie die Anschauungen der Naturalisten geradezu verwirklichen zu wollen scheint. Ist sie doch unermüdet uns seit langer Zeit bestrebt, das Lehramt der Kirche und ihre Autorität im Staate zu untergraben, weswegen man öffentlich nicht Angelegentlicheres zu verkünden hat, als die Notwendigkeit einer vollständigen Trennung von Kirche und Staat. Hierdurch hält sie den höchst wohltätigen Einfluss der katholischen Religion von der Gesetzgebung und Verwaltung des Staates ferne und glaubt demgemäss das gesamte Staatswesen ohne jedwede Bezugsnahme auf die Kirche, ihre Institutionen und Lehren, ordnen zu können.

14 Doch es ist ihnen nicht genug, die Kirche, diese beste Führerin, zu verdrängen, sondern sie feinden noch dazu an und schädigen sie. Ungestraft greift man in Rede, Schrift und Lehrvorträgen selbst die Fundamente der katholischen Lehre an; weder die Rechte der katholischen Kirche werden anerkannt, noch die Ämter, die sie von Gott empfangen, und zwar durch Gesetze, die dem Scheine nach weniger gewalttätig, in der Tat aber recht geeignet sind, ihre Freiheit zu hemmen. Der Klerus leidet unter schweren Ausnahmegesetzen, so dass von Tag zu Tag er an Anzahl abnimmt und seine notwendigsten Subsistenzmittel sich verringern; was von dem Kirchengute noch übrig ist, ist durch drückende Maßregeln gebunden der Gewalt und Willkür der staatlichen Verwalter ausgeliefert; die religiösen Genossenschaften sind aufgehoben und zerstreut.

Der römische Papst wird auf das heftigste angegriffen

15 Der Heilige Stuhl aber und der Römische Papst wird seit langem aufs heftigste bekämpft. Zuerst hat man ihn unter falschen Vorwänden seiner weltlichen Herrschaft beraubt, die ein Hort seines Rechtes uns seiner Freiheit war; bald hierauf hat man ihn in eine harte Lage versetzt, durch Schwierigkeiten aller Art in unerträglicher Weise bedrängt, bis man da ankam, wo wir jetzt stehen, und die Sektenhäupter, was sie vordem lange im Verborgenen geplant hatten, nun offen aussprechen, es müsste die heilige Gewalt der Päpste vernichtet und das kraft des göttlichen Rechtes eingesetzte Papsttum selbst von Grund aus zerstört werden. Hätten wir auch sonst keine Beweise für diese Absichten, so bezeugen dies jene, welche in die Sekte eingeweiht sind, von denen sehr viele früher schon und auch in neuester Zeit dies als den wahren Plan der Maurer erklärten, die katholische Kirche auf äußerste zu bekämpfen, und nicht zu ruhen, bis sie alles ausgerottet hätten, was immer die Päpste zum Besten der Religion gegründet haben.

Die Religion wird in das Belieben des einzelnen gestellt

16 Zwar werden jene, welche in der Sekte Aufnahme finden, keineswegs mit ausdrücklichen Worten gezwungen, ihrem katholischen Glauben abzuschwören; doch dies widerspricht keineswegs den Plänen der Mauerer, sondern ist vielmehr ihnen dienlich. Denn vorerst täuschen sie leicht durch solches Verfahren die Unbefangenen und Unbehutsamen und locken noch mehrere andern an. Indem sie sodann Bekenner jeder Religion ohne Unterschied aufnehmen, tragen sie tatsächlich viel dazu bei, den Hauptirrtum unserer Zeit zu verbreiten, die Religion sei den Belieben des Einzelnen anheimgestellt, und es gebe keinen Unterschied unter den verschiedenen Religionsformen. Eine solche Anschauung führt geradezu zum Untergange jedweder Religion, besonders aber der katholischen, welche, da sie unter allen übrigen die allein wahre ist, ohne höchstes Anrecht nicht den andren gleichgestellt werden kann.

Selbst natürliche Wahrheiten werden von ihr preisgegeben

17 Doch die Naturalisten bleiben hierbei nicht stehen. Da sie in den höchsten Fragen unbesonnen einen falschen Weg eingeschlagen haben, so gelangen sie in raschem Fortgange zum Äußersten, sei es in Folge der Schwäche der menschlichen Natur, sei es nach Gottes Gericht, das über ihren Stolz gerechte Strafe verhängt. So kommt es denn, dass auch das für sie ungewiss und zweifelhaft wird, was der Mensch in dem natürlichen Licht seiner Vernunft erkennt, wie das Dasein Gottes, die Immaterialität, Geistigkeit und Unsterblichkeit der Seele.–Auch die Sekte der Freimaurer scheitert auf ihrer Irrfahrt an demselben Klippen. Denn wenn sie auch im allgemeinen das Dasein Gottes annehmen, so legen sie doch selbst dafür Zeugnis ab, dass ihr Geist hierfür keine feste und unerschütterliche Gewissheit hat. Denn sie selbst gestehen, dass gerade diese Frage über das Dasein Gottes bei ihnen ganz besonders Grund und Anlass zu Uneinigkeiten ist; ja es ist bekannt, dass vor nicht langer Zeit über diese Frage heftig unter ihnen gestritten wurde. In der Tat gestattet die Sekte in diesem Punkte den Brüdern große Freiheit: dass es einen Gott gebe oder nicht, mag ein jeder nach Belieben behaupten. Jene, welche unverhohlen behaupten, es gebe keinen Gott, werden ebenso leicht aufgenommen, als die anderen, welche zwar das Dasein Gottes zugeben, aber eine falsche Vorstellung von ihm haben, wie die

Pantheisten ihn sich denken. Es heißt dies, von Gott einen gewissen widerspruchsvollen Schein noch beizubehalten, in Wahrheit aber ihn leugnen.

18 Ist dieses stärkste Fundament zerstört und gefallen, so muss folgerichtig auch alles Übrige wanken, was wir schon von Natur aus belehrt erkennen, nämlich die Erschaffung aller Dinge durch Gottes freien Willen, die allwaltende Weltregierung, die Unsterblichkeit der Seelen, das ewige Leben, welches dermaleinst auf diese irdische Dasein folgen wird.

Die natürliche Sittlichkeit gerät ins Schwanken; religionslose Erziehung

19 Sind nun aber diese Fundamentwahrheiten verloren gegangen, welche uns von Natur aus gegeben sind als die obersten Grundsätze für Erkennen und Leben, so erhellet leichthin, welcher Art die Sitten sind im öffentlichen wie im Privatleben.–Jene höheren Tugenden, welche ohne Gottes besondere Gnade und Beistand niemand erlangen noch üben kann, wollen Wir mit Stillschweigen übergehen; von diesen kann dort wahrhaftig keine Spur sein, wo man die Erlösung des Menschengeschlechtes, die himmlische Gnade, die Sakramente und die dereinstige Seligkeit im Jenseits nicht kennt und zurückweist.–Wir wollen nur reden von den Pflichten der natürlichen Sittlichkeit. Gott der Weltschöpfer und ihr weiser Regierer; das ewige Gesetz, welches gebietet, die Ordnung der Natur zu wahren, verbietet, sie zu stören; das letzte Ziel des Menschen, das jenseits liegt über allem Irdischen und Vergänglichen – das sind die Quellen und obersten Grundsätze alles Rechtes und aller Sitte.

Werden diese geleugnet, wie es von Seite der Naturalisten und Freimaurer geschieht, so gibt es alsbald für die Erkenntnis von Recht und Unrecht keinen festen und unangreifbaren Haltpunkt mehr. In der Tat, die sittliche Erziehung, welche die Sekte der Freimaurer allein noch gutheißt und billigt, in der die Jugend herangebildet werden soll, ist die sogenannte rein weltliche, unabhängige und freie, d. h. alles Einflusses der Religion bare. Wie dürftig aber eine solche ist, wie kraftlos, wie schwankend bei jedem Hauch der Leidenschaften, das haben ihre bereits offenbaren und beklagenswerten Früchte hinlänglich dargetan. Denn wo immer jene ungehindert sich geltend machte, und die christliche Erziehung weichen musste, da schwanden alsbald die guten und reinen Sitten, Ungeheuerliches wurde behauptet, Verwegenheit und

Missetat nahmen raschen Schrittes zu. Allgemein beklagt und bedauert man dieses, ja selbst nicht wenige von denen, die es am wenigsten gestehen möchten, legen im Angesicht der Tatsachen hierfür Zeugnis ab.

Sie leugnet die Erbsünde und die Pflicht zur Selbstzucht

20 Da außerdem die menschliche Natur, von der Erbsünde befleckt, eben darum vielmehr zum Laster hinneigt als zur Tugend, so fordert ein sittliches Leben vor allem dieses, dass wir die niederen Triebe bezwingen und die Begierden der Vernunft unterwerfen. In diesem Kampfe heißt es nicht selten, das Irdische verschmähen und die größten Anstrengungen und Beschwerden nicht scheuen, damit die Vernunft die ihr gebührende Herrschaft bewahre. Da nun aber die Naturalisten und Mauerer der göttlichen Offenbarung nicht glauben, so leugnen sie auch den Sündenfall der Stammeltern, leugnen, dass „Die Willensfreiheit geschwächt und geneigt sei"10. Sie übertreiben vielmehr die Kraft und Vortrefflichkeit der menschlichen Natur, erkennen in ihr allein den Grund und Maß aller Gerechtigkeit und denken gar nicht daran, dass es zur Bezwingung der niederen Triebe und Regelung der Begierden steten, nie ermüdenden Kampf kostet.

Wir sehen daher, wie man überall in der Öffentlichkeit so viele Reizmittel zum Bösen anbietet: Zeitschriften und Erzählungen ohne jedwede Scham noch Scheu, Schauspiele, die sich hervortun durch Zügellosigkeit, eine Kunst, welche einem falschen sogenannten Realismus ihre Motive entnimmt, einen übertriebenen, verweichlichenden Luxus, kurz alles, was dazu dient, die Leidenschaften zu erregen und die Tugend einzuschläfern und zu entnerven. Wohl ist solches ein schmähliches Beginnen; aber folgerichtig handeln diese, da sie keine Hoffnung auf himmlische Güter mehr haben, ihr ganzes Glück in diesen vergänglichen Gütern suchen und im Irdischen gewissermaßen untergehen. Was Wir gesagt haben, wird bestätigt durch eine Tatsache, die an sich nicht überrascht, sondern nur dadurch, dass man es wagt, sie auszusprechen. Da nämlich schlauen und verschlagenen Menschen niemand sklavischer zu gehorchen pflegt, als jene, welche die Leidenschaft entnervt und gebrochen hat, so haben sich in der Freimaurersekte Leute gefunden, die öffentlich den Vorschlag machten, planmäßig und mit Bedacht dahin zu wirken, um eine grenzenlose Zügellosigkeit in allen Lastern unter der Menge zu verbreiten; denn dadurch würde sie ihnen ganz zu eigen und willenlos bereit sein zu jedem Frevel.

Sie treten für die Zivilehe und Ehescheidung ein; der Geistliche soll aus der Schule ausgeschlossen werden

21 Was die häusliche Gesellschaft betrifft, so lässt sich die Lehre der Naturalisten in Folgendem ungefähr kurz zusammenfassen. Die Ehe ist nach ihnen ein Vertrag und kann nach dem Willen jener, die ihn eingegangen, wieder rechtlich gelöst werden; auch in Bezug auf das Band ist sie der bürgerlichen Gewalt unterstellt. Bezüglich der Erziehung gilt als fester und unbestrittener Grundsatz, dass in keinem bestimmten Religionsbekenntnis Unterricht erteilt werden soll; einem jeden soll es unbenommen bleiben, in reiferen Jahren nach Gutdünken zu wählen. Dies ist auch die Meinung der Mauerer; sie stimmen ihr nicht bloß zu, sondern suchen sie auch im Leben geltend zu machen. In vielen, selbst katholischen Gegenden ist gesetzlich verordnet, dass eine Ehe ohne bürgerlichen Erlass als eine rechtswidrige nicht anerkannt wird; an anderen Orten ist die Ehescheidung erlaubt, und wieder an anderen gibt man sich Mühe, die Erlaubtheit zu erwirken. So kommt es allmählich dahin, dass das Wesen der Ehe ein gänzlich anderes wird, das heißt eine wandelbare und flüchtige Verbindung, welche die Leidenschaft bald schließt und bald wieder trennt.

Darin aber sind die Freimaurer alle in höchster Weise einig, dass sie darnach streben, den Jugendunterricht an sich zu reißen. Dem weichen und schmiegsamen Alter gedenken sie leicht die ihnen beliebige Richtung geben zu können; und sie halten dies für den besten Weg, Bürger der Zukunft in ihrem Sinne zu gewinnen. Darum wollen sie in Erziehung und Unterricht der Jugend den Dienern der Kirche zum Zwecke der Lehre und Aufsicht keine Mitwirkung gestatten, und an vielen Orten haben sie es bereits dahin gebracht, dass der gesamte Jugendunterricht von Laien gegeben wird, und die großen und hochheiligen Pflichten, welche den Menschen mit Gott verbinden, auf die sittliche Bildung keinen Einfluss mehr haben.

Jeder habe dasselbe Recht und die Gewalt stamme vom Volke

22 Auf dem Gebiete des Staatslebens gilt es den Naturalisten als Grundsatz, es hätten alle Menschen dasselbe Recht und sie seien nach jeder Beziehung hin vollkommen einander gleich; ein jeder ist nach ihnen von Natur aus frei, keiner hat ein Recht, dem andern zu gebieten; Gehorsam fordern einer Autorität gegenüber, die nicht von ihnen ausgegangen, das, sagen sie, heiße so viel, als einem Gewalt antun. Alles ruht nach ihnen auf dem freien Volke; die Regierung habe ihre Gewalt im Auftrage oder in Übereinstimmung mit dem Volke, so dass, wenn dieses seine Meinung ändert, es die Fürsten auch gegen ihren Willen ihrer Gewalt entsetzen kann. Die Quelle aller Rechte und Pflichten der Bürger sei entweder die Menge oder die Regierung, insofern sie die neuesten Theorien aufgenommen hat. Außerdem fordern sie einen Staat ohne Gott; keine der verschiedenen Religionsformen sei berechtigt, dass man sie der andern vorziehe, es hätten vielmehr alle gleiche Bedeutung.

23 Dass aber die Maurer solche Grundsätze sich aneignen, und von ihnen geleitet die Verfassung der Staaten umgestaltet wollen, ist so offenkundig, dass es keines Beweises bedarf. Denn schon längst setzen sie bekanntermaßen alles daran, und bieten alle Mittel hiefür auf; eben dadurch bahnen sie aber auch jenen zahlreichen tollkühnen Menschen den Weg, noch weiter fortzuschreiten und in Aufhebung alles Stände und Vermögensunterschiedes im Staate Gleichheit und Gemeinschaft aller Güter zu verkünden.

III. Die Gefahren der Freimaurerei

Sie will die Wohltaten Christi vernichten

24 So geht denn aus dem, was wir in festen Grundzügen dargelegt haben, zur Genüge hervor, was die Freimaurersekte ist und welches ihre Bestrebungen sind. So sehr und so offenkundig stehen ihre wichtigsten Lehrsätze mit der Vernunft in Widerspruch, dass ein größerer kaum gedacht werden kann. Denn die Religion und Kirche zerstören wollen, die Gott gegründet und auf immer schirmt, das Heidentum mit seinen Sitten und Gebräuchen nach achtzehnjahrhundert Jahren wieder zurückführen wollen, das ist doch ein Beweis von ganz außerordentlicher Torheit und gottlosem Frevel. Aber auch das ist ebenso erschrecklich und unerträglich, dass man die Wohltaten von sich weist, die Jesus Christus nicht bloß den Einzelnen, sondern auch der häuslichen Gesellschaft sowohl wie der staatlichen durch seine Gnade erwiesen hat, deren Größe selbst von den Feinden bezeugt und anerkannt wird. In solchen wahnwitzigen und finsteren Bestrebungen scheint sich gewissermaßen zu offenbaren des Satans unaustilgbarer Hass und Rachedurst gegen Jesus Christus.

Sie bereitet dem Menschengeschlechte den Untergang

Und wenn die Mauerer eifrigst darnach trachten, die Fundamente zu zerstören, auf denen alle Gerechtigkeit und Sittlichkeit ruht, und sich auf die Seite jener zu stellen, die jede tierische Luft für erlaubt erklären möchten, so ist dies nichts anderes, als dem Menschengeschlecht den Untergang in Schmach und Schande bereiten.

Sie ist eine Gefahr für die Familie

Noch mehr Gefahren bringen ihre Pläne gegen die häusliche und bürgerliche Gesellschaft. Wie Wir nämlich früher schon auseinandergesetzt haben, hat die Ehe nach dem übereinstimmenden Zeugnisse aller Völker und Zeiten eine heilige und religiöse Weihe, und es verbietet das göttliche Gesetz, den Ehebund zu zerreißen. Wenn aber die Ehe ihren heiligen Charakter verliert, wenn Ehescheidung erlaubt ist, dann tritt eine Störung ein in der Familie und Verwirrung, dann verliert das Weib seine Würde, den Kindern ist weder ihr Vermögen noch die Zukunft überhaupt mehr gesichert.

Sie unterwühlt den Staat
Ein Staat ohne Gott ist ein Frevel

Die Religion aber aus dem öffentlichen Leben gänzlich verbannen, und in der bürgerlichen Gesetzgebung und Regierung ganz von Gott absehen, gleichsam als gebe es keinen Gott, das ist ein selbst den Heiden unerhörter Frevel; denn diese hatten eine so tiefe und feste Überzeugung nicht bloß von den Göttern, sondern auch von der Notwendigkeit einer öffentlichen Religionsausübung, dass sie sich eher eine Stadt ohne Fundamente als ohne Gott vorstellen konnten. In der Tat, die menschliche Gesellschaft, für welche wir von Natur aus bestimmt sind, ist von Gott, dem Urheber der Natur, ausgegangen; er ist Quelle und Grund all' der zahllosen Güter, die wir immerdar durch sie empfangen. Wie darum dem Drange der Natur gemäß jeder Einzelne Gott eine religiöse Verehrung erweist, von dem er das Leben und alles Gute, was er zugleich mit diesem empfing, erhalten hat, ebenso verhält es sich mit den Völkern und Staaten. Wer darum die bürgerliche Gesellschaft jeder religiösen Pflicht entbindet, der handelt nicht bloß ungerecht, sondern auch töricht und ungereimt.

Der rechtmäßige Träger der Gewalt ist ein Diener Gottes

25 Da nun aber der Mensch nach Gottes Willen von Natur aus für das Zusammenleben in der bürgerlichen Gesellschaft bestimmt ist, die politische Gewalt aber das Band bildet, ohne das diese augenblicklich auseinander fällt, so geht die obrigkeitliche Gewalt notwendig auch von dem aus, der die Gesellschaft selbst gegründet hat. Weithin ist der Träger dieser Gewalt, wer immer er auch sein mag, Gottes Diener. So liegt es im Zweck und Wesen der bürgerlichen Gewalt, dass sie der rechtmäßigen Gewalt, wenn sie Gerechtes befiehlt, Gehorsam leisten gerade so wie Gott, dessen Vorsehung alles leitet, und es ist durchaus irrig, dass dem Volke es freistehe, den Gehorsam nach Belieben zu verweigern.
Die behauptete Gleichheit ist der Ruin des Staates

26 Was die Behauptung einer allgemeinen Gleichheit unter den Menschen angeht, so ist diese Behauptung vollständig wahr, wenn wir unser Geschlecht und unsere gemeinsame Natur, das letzte Ziel, nach dem alle streben sollen, sowie die Rechte und Pflichten betrachten, die hieraus fließen. Da aber die natürlichen Fähigkeiten aller nicht gleich sein können, einer von dem andern sich unterscheidet an Geistes- und Leibeskraft, und die Sitten, Bestrebungen und Naturelle gar verschieden sind, so widerstreitet nichts so sehr der Vernunft, als alle ohne Unterschied in einem abstrakten Begriff zusammenzufassen und nach dieser unbedingten Gleichheitstheorie ein Staatswesen begründen zu wollen. Wie der vollkommene Leib aus der organischen Verbindung der verschiedenen Glieder besteht, welche nach Gestalt und Tätigkeit von einander abweichen, im ganzen aber und ein jedes an seiner Stelle die menschliche Gestalt bilden, schön in ihrer Erscheinung, stark an Kraft, deren Tätigkeit notwendig ist, so bilden im Gemeinwesen die einzelnen Teile eine fast unendliche Verschiedenheit. Würden diese sich alle gleich dünken, und ein jeder seiner Willkür folgen, dann würde sich uns ein Staat darstellen, wie er unförmlicher nicht gedacht werden könnte; wenn aber die verschiedenen Ämter, Berufsklassen und Bestrebungen harmonisch zum allgemeinen Besten zusammenwirken, dann tritt das Bild eines gesunden und der Natur entsprechenden Staatswesens vor uns hin.

Die Ideen der Freimaurerei ist den Ideen der Kommunisten günstig

27 Es lassen Uns übrigens diese soeben erwähnten revolutionären Irrlehren das Schlimmste für den Staat befürchten. Wo die Furcht vor Gott geschwunden und die Ehrfurcht vor seinem heiligen Gesetze, die Autorität der Fürsten verachtet, der Aufruhr erlaubt und gutgeheißen, den Begierden der Menge volle Zügellosigkeit gestattet wird und nur die Furcht vor der Strafe noch zurückhält, da muss ein allgemeiner Umsturz erfolgen. Das ist es aber auch, was sehr viele von den Sozialisten und Kommunisten wollen und offen bekennen. Und es kann die Freimaurersekte nicht leugnen, mit diesen gemeinsame Sache zu machen; denn sie ist deren Plänen nur allzu sehr günstig und unterscheidet sich in ihren wichtigsten Grundsätzen nicht von ihnen. Wenn sie auch nicht alsbald und überall das Äußerste wagt, so ist die Ursache hiervon weder ihre Lehre noch ihr guter Wille, sondern die Kraft der göttlichen unvertilgbaren Religion, sowie der bessere Teil der Bevölkerung, welcher sich nicht in den Dienst der geheimen Gesellschaften gestellt hat, vielmehr starkmütig ihre Bestrebungen bekämpft.

Sie umschmeichelt und betört Fürsten und Völker

28 Möchten doch alle den Baum an seinen Früchten erkennen, und darauf Acht haben, wo der Ursprung und Ausgang der Übel ist, unter denen wir leiden, der Gefahren, die uns bedrohen! Wir haben es mit einem listigen und verschlagenen Feinde zu tun, der Fürsten und Völkern schmeichelt, und beide durch süße und einnehmende Reden fängt. Unter dem Scheine von Freundschaft schmeicheln sich die Freimaurer ein bei den Fürsten, um in ihnen mächtige Genossen und Gehilfen in ihrem Kampfe gegen die katholische Kirche zu gewinnen; um sie noch mehr aufzustacheln, klagen sie verleumderisch immerfort dieselbe an, als wolle sie die Kronrechte der Fürsten antasten. Durch derlei Künste sicher und keck geworden, haben sie auf die Staatsregierung einen großen Einfluss gewonnen, wobei sie es jedoch sich nicht nehmen lassen, die Fundamente der Staaten zu erschüttern und die Fürsten zu befehden, sie anzuklagen, aus dem Lande zu jagen, so oft diese in ihrer Regierung nicht nach ihren Weisungen sich richten. – In ähnlicher Weise haben sie mit dem Volke ihr Spiel getrieben. Ihr Mund ist voll von Freiheit und Volksbeglückung; der Kirche und der Fürsten Schuld sei es gewesen, sagen sie, dass das Volk noch nicht die ihm gebührende

Freiheit und allgemeinen Wohlstand erlangt habe. So täuschen sie es, machen in ihm rege das Verlangen nach Neuerungen und regen es auf zum Kampfe gegen die geistliche und weltliche Obrigkeit. Doch alle diese gehofften Vorteile werden nur versprochen, nicht in Wirklichkeit ihm zu Teil; es leidet vielmehr das Volk unter einem viel härteren Drucke, und hat dabei zum großen teile nicht jenen Trost, welcher in der christlichen Gesellschaftsordnung ihm so leicht und so reichlich zu Gebote steht. Das ist eben die Strafe des Stolzes, der sich gegen die von Gottes Vorsehung gewollte Ordnung auflehnt, dass er nur Elend und Ruin findet gerade dort, wo er unbedachtsam alles nur erwünschte Glück erhofft hatte.

IV. Heilmittel gegen die Freimaurerei

Im allgemeinen: Eintracht zwischen Staat und Kirche

29 Wenn aber die Kirche gebietet, man müsse vor allem und in ganz besonderer Weise Gott gehorchen, der da über alles herrscht, so würde man sehr mit Unrecht darum ihr den Vorwurf machen, als missgönne sie den Fürsten ihre Gewalt, oder als wolle sie diese in irgend welcher Weise sich anmaßen. Gerade im Gegenteil gebieten sie, dass nämlich die Untertanen den schuldigen Gehorsam der bürgerlichen Gewalt gegenüber aus vollem und wohlbewusstem Pflichtgefühle leisten. Dadurch aber, dass sie den Ursprung der Gewalt in Gott erkennt, empfängt diese eine höhere Würde, und trägt dies nicht wenig dazu bei, ihr Ehrfurcht und Liebe bei den Bürgern zu gewinnen. Sie ist es, die den Frieden liebt, die Eintracht nährt und alle in mütterlicher Liebe umfasst; nur auf das Wohl aller bedacht, lehrt sie die Gerechtigkeit mit Milde, die Gewalt mit Billigkeit, die Gesetze mit Mäßigung zu verbinden, niemanden in seinem Recht zu verletzen, die staatliche Ordnung und den öffentlichen Frieden zu fördern, der Armut und Not so viele als möglich durch öffentliche und Privatwohltätigkeit zu steuern. „Aber darum", um mit den Worten des heiligen Augustinus zu sprechen, „glauben solche oder wollen glauben machen, die christliche Lehre bringe dem Gemeinwesen keinen Nutzen, weil sie dieses nicht auf den festen Grund der Tugenden, sondern auf die Straflosigkeit der Laster zu bauen suchen" (11). Nach alldem würde die wahre Staatsklugheit sowie die allgemeine Wohlfahrt viel eher fordern, dass Fürsten und Völker mit der Kirche zusammengingen, um die Angriffe der Mauerer zu bekämpfen, statt mit diesen zum Sturze der Kirche gemeinsame Sache zu machen.

30 Wie es nun auch kommen mag, Unsere Pflicht ist es, Ehrwürdige Brüder, gegen dieses so schwere und bereits weitverbreitete Übel auf Heilmittel zu sinnen.–In der christlichen Tugend besitzen wir die beste und stärkste Hoffnung auf Rettung; darum hassen sie die Maurer ebenso sehr, wie sie dieselbe fürchten. Und darum erachten Wir es als Unsere erste Aufgabe, diese zur Hilfe zu rufen im Kampfe gegen den gemeinsamen Feind. Was immer darum die Römischen Päpste, Unsere Vorfahren, verordnet haben gegen die Pläne und Anschläge der Freimaurersekte, was sie immer an Bestimmungen getroffen, um vor dem Eintritte in dieselbe abzuschrecken oder zum Austritte aus derselben zu bewegen, alles das bestätigen und bekräftigen Wir durch Unsere Apostolische Autorität. Wir vertrauen hierbei auf den guten Willen der Christgläubigen, bitten und beschwören einen jeden aus ihnen beim Heile seiner Seele, dass er gewissenhaft bewahre und auch nicht im geringsten abweiche von dem , was der Apostolische Stuhl in dieser Beziehung festgesetzt hat.

Heilmittel im besonderen
Belehrung über das Wesen der Freimaurerei

31 Euch aber, Ehrwürdige Brüder, bitten Wir dringend, Euere eifrigen Bestrebungen mit den Unserigen zu vereinigen, um diese unreine Seuche auszurotten, welche alle Adern der Gesellschaft durchdringt. Gottes Ehre gilt es und der Nächsten Seelenheil; wer dies bedenkt, dem wird es nicht an Mut, nicht an Unerschrockenheit im Kampfe fehlen. Euere Klugheit wird Euch die Mittel und Wege an die Hand geben, durch welche Ihr, was Euch entgegensteht und widerstrebt, zu bekämpfen habt.–Und da es der Würde Unseres Amtes entspricht, dass Wir Unsererseits Euch empfehlen, wie in dieser Angelegenheit vorgegangen werden soll, so gehet aus von der Überzeugung, dass vor allem den Maurern die Larve heruntergenommen und sie in ihrer wahren Gestalt gezeigt werden müssen. Die Völker müssen belehrt werden durch mündlichen Unterricht und in Hirtenbriefen über die Kunstgriffe derartiger Gesellschaften, um die Leute zu täuschen und an sich zu locken; es muss das Verderbliche ihrer Lehren, das Schändliche in ihrem Treiben aufgedeckt werden. Niemand darf, wie es Unsere Vorfahren oftmals bestimmt haben, aus welchem Grund immer es sei, in die Sekte der Maurer eintreten, wenn ihm sein katholisches Bekenntnis und sein Seelenheil so, wie es die Pflicht fordert, am Herzen liegt. Möge niemand von einer zur Schau getragenen Sittlichkeit sich täuschen lassen, wenn es ihm auch dünken möchte, als ob diese Sekte nichts verlange, was der Religion und der christlichen Sitte widerstreitet. Die Sekte ist eben ihrem ganzen Wesen und ihrer innersten Natur nach Sünde und Schande; darum ist es nicht erlaubt, ihr beizutreten und in irgend einer Weise behilflich zu sein.

Belehrung über die Grundwahrheiten des Christentums

32 Sodann muss durch fortgesetzten Unterricht und Mahnung das christliche Volk mehr und mehr dahin gebracht werden, dass es die Geheimnisse der Religion fleißig lernt, Zu diesem Zweck können Wir nur raten, in Schriften und Zweckentsprechenden Predigten die wesentlichen Lehren unserer heiligen Religion dazulegen, welche die Weisheit des Christentums enthalten. Das hat den Vorteil, dass bei der gegenwärtigen Zügellosigkeit im Schreiben und der unersättlichen Lernbegierde der Geister diese durch den Unterricht geheilt und gegen die mannigfach gestalteten Irrtümer und die verschiedenen Anreizungen zum Laster geschirmt werden.

33 In der Tat, ein großes werk. Doch wird Euer Klerus, wenn er durch Euere Bemühungen eine tüchtige asketische und wissenschaftliche Bildung empfangen hat, hilfreich und mit vereinten Kräften Euch hierbei zur Seite stehen. Doch eine so große und edle Sache fordert auch die emsige Mitwirkung von Laien, in denen mit der Liebe zur Religion und zum Vaterlande sittlicher Charakter und Wissenschaft sich verbinden. Indem so aus beiden Ständen die besten Kräfte zusammenwirken, Ehrwürdige Brüder, möget Ihr dahin streben, dass die Kirche in ihrem wahren Wesen von den Menschen immer besser erkannt und hochgehalten wird; denn je mehr sie dieselbe erkennen und lieben, desto mehr werden sie die geheimen Gesellschaften verabscheuen und fliehen.

34 Aus diesem Grunde ergreifen Wir hier die Gelegenheit, um wiederholt darauf hinzuweisen, wie notwendig es ist, den dritten Orden des heiligen Franziskus, dessen Regel Wir erst jüngst mit umsichtiger Lindigkeit gemildert haben, eifrigst zu verbreiten und zu beschützen. Seht ja doch dem Willen seines Stifters dessen Bedeutung ganz darin auf, dass er das Geschlecht aufrufen will zur Nachfolge Jesu Christi, zur Liebe seiner heiligen Kirche, zur treuen Erfüllung aller Christenpflichten; darum ist er eine starke Macht gegenüber der Pest verwerflicher Gesellschaften. Möge diese heilige Genossenschaft von Tag zu Tag neue Mitglieder gewinnen; viele Früchte wird sie bringen, und als das Beste dieses, dass die Gemüter zur wahren Freiheit, Brüderlichkeit, Gleichheit sich erheben; freilich nicht zu jener, wie sie die Maurer töricht träumen, sondern wie sie Jesus Christus uns gebracht und der heilige Franziskus in seinem Leben dargestellt hat. Der Freiheit nämlich der Kinder Gottes, dass wir weder dem Satan dienen, noch in die harte Knechtschaft der Begierden fallen, der Brüderlichkeit, die von Gott, dem gemeinsamen Vater und Schöpfer ausgeht, der Gleichheit, die auf dem festen Grunde der Gerechtigkeit und Liebe ruhend die Unterschiede in der Gesellschaft nicht aufhebt, aber bei aller Verschiedenheit der Lebensweise, Stände und Berufsarten jene herrliche Übereinstimmung und Harmonie bildet, welche ihre Natur nach dem Gemeinwesen Wohl und Würde bringt.

Sammlung der katholischen Arbeiter und Handwerker

35 An dritter Stelle weisen Wir auf eine zweckmäßige Einrichtung der Vorzeit hin, die im Laufe der Jahre zwar verfiel, aber als Muster für ähnliche Unternehmungen in der Gegenwart dienen kann.–Wir meinen die Zünfte und Innungen der Handwerker, gegründet unter religiöser Leitung zum Schutze der Habe wie der Sitten. Ihren Nutzen hatten unsere Vorfahren aus langer Erfahrung wohl erprobt; unsere Zeit wird ihn noch mehr erkennen, weil sie ganz besonders dazu angetan sind, den Versuchungen der geheimen Sekten zu begegnen. Denn die Handarbeiter, die nur kümmerlich mit ihrem Lohne ihr Leben fristen, verdienen eben darum schon unsere Liebe und tröstliche Teilnahme; deswegen sind sie aber auch am meisten der Arglist und Verführung der überall verbreiteten geheimen Gesellschaften preisgegeben. Mit der größeren Liebe müssen wir ihnen daher entgegenkommen und sie in ehrbaren Vereinen sammeln, damit sie nicht in verderbliche geraten. Darum ist es Unser dringender Wunsch, es möchten unter der Obhut und Leitung der Bischöfe dieser Innungen in zeitgemäßer Weise zum Besten des Volkes wieder hergestellt werden. Und es gereicht Uns zu nicht geringer Befriedigung, dass an mehreren Orten schon solche Verbrüderungen sich gebildet haben und Vereine von Schutzmitgliedern entstanden sind, die es sich zur Aufgabe gemacht haben, den ehrbaren ärmeren Volksklassen beizuspringen, ihre Familien und Kinder zu schirmen und zu schützen und den religiösen Unterricht, Frömmigkeit und Sittlichkeit unter ihnen zu fördern.–In dieser Beziehung können Wir jenen so musterhaft dastehenden, um das ärmere Volk hochverdienten Verein vom heiligen Vinzentius von Paul nicht mit Stillschweigen übergehen. Was er wirkt, was er will, ist männiglich bekannt; seine ganze Aufgabe besteht darin, die Dürftigen und Bedrängten aus eigenem Antrieb aufzusuchen, und zwar mit wunderbarer Freudigkeit und Anspruchslosigkeit. Je weniger er in die Öffentlichkeit treten will, desto wirksamer ist er in der Übung christlicher Liebe und desto zweckmäßiger zur Linderung der Not.

Sorge für die heranwachsende Jugend

36 Zum vierten empfehlen Wir, um desto eher zu dem erwünschten Ziele zu gelangen, in ganz besonderer Weise die heranwachsende Jugend Euerer treuen Obhut; denn sie ist die Hoffnung unseres Geschlechtes.– Vor allem richtet Euer Augenmerk auf deren Unterricht, und seid überzeugt, dass Ihr nie Sorge genug tragen könnt, damit sie vor Schulen und Lehrern bewahrt bleibt, die von dem Pesthauch der Sekten angesteckt sind. Die Eltern, Lehrer, Seelsorger sollen bei dem Religionsunterricht nach Eurer Anweisung eifrigst bei gegebener Gelegenheit ihre Kinder und Schüler über das wahre Wesen dieser Sekten aufklären, damit sie jetzt schon lernen, sich vor den mannigfachen Listen und Schlichen zu hüten, wodurch jene, welche auf ihre Ausbreitung bedacht sind, die Arglosen in ihre Netze zu ziehen pflegen. Ja, jene, welche die Kinder zum Empfange der heiligen Sakramente vorbereiten, werden gut tun, wenn sie ein jedes von ihnen dazu bewegen, dass es den festen Vorsatz fasst, ohne Vorwissen seiner Eltern oder ohne den Rat seines Seelsorgers oder Beichtvaters niemals in eine Gesellschaft einzutreten.

Einmütigkeit im Gebet

37 Doch Wir wissen nur zu gut, auch unsere gemeinsamen Bemühungen sind unzureichend, um den Giftsamen auf dem Acker des Herrn zu vertilgen, wenn nicht der himmlische Herr des Weinberges unserem Unternehmen mit seiner Gnade beisteht.–Darum müssen wir um so eifriger und inständiger um seine Hilfe und Beistand flehen, je drohender die Gefahr und je größer die Not ist. Durch ihren Erfolg übermütig geworden, erhebt die Sekte der Freimaurer keck ihr Haupt und scheint in ihren frechen Forderungen kein Maß mehr zu kennen. Alle durch den gottlosen Bund und gemeinsame Geheimpläne verschworenen Brüder der Sekte leisten sich gegenseitig Beistand und reizen einander auf zu verwegenen Freveltaten. Ein so heftiger Angriff fordert eine gleich starke Verteidigung; alle rechtschaffenen Männer müssen in eine große Gebets- und Arbeitsgemeinschaft zusammentreten. Einmütigen Herzens, das fordern Wir von ihnen, sollen sie sich zusammenscharen und Feinde gegenüber unerschüttert feststehen, viel zu Gott rufen und flehend die Hände zu ihm zu erheben, um von ihm zu erlangen, dass die christliche Religion blühe und gedeihe, die Kirche ihre notwendige Freiheit erhalte, die Abtrünnigen wieder zur rechten Lehre zurückkehren, der Irrtum der Wahrheit, das Laster der Tugend das Feld räume.– Nehmen wir unsere Zuflucht zu der Jungfrau und Gottesmutter Maria, dass sie uns helfe und für uns fürspreche; sie, die durch ihre unbefleckte Empfängnis den Satan selbst überwunden, möge besiegen die verwerflichen Sekten, in denen, wie wir sehen, jene bösen Geister, die gegen Gott sich empört haben, in ihrer ganzen Treulosigkeit und Heuchelei wieder aufleben.–Bitten wir inständig den heiligen Michael, den Fürsten der himmlischen Scharen, der den höllischen Feind gestürzt hat, den heiligen Joseph, den Bräutigam der Allerseligsten Jungfrau und mächtiger Beschützer der Kirche im Himmel, die großen Apostel Petrus und Paulus, die Begründer und unbesiegbaren Beschirmer des christlichen Glaubens. Im Vertrauen auf solchen Schutz und in gemeinschaftlichem und beharrlichem Gebete trösten wir uns, dass Gott unserem so sehr bedrohten Geschlechte zur rechten Zeit in seiner Barmherzigkeit Hilfe bringen wird.

38 Als Unterpfand himmlischer Gnaden und zum Zeugnis Unseres

Wohlwollens erteilen Wir Euch, Ehrwürdige Brüder, dem Klerus und dem gesamten Euerer Obsorge anvertrauten Volke von ganzem Herzen den Apostolischen Segen im Herrn.

Gegeben zu Rom beim Heiligen Petrus, den 20. April des Jahres 1884,
des siebenten Jahres Unseres Pontifikates.

Papst Leo XIII.

Anmerkungen

(1) Von der Stadt Gottes XIV, 17.
(2) Ps. 83, 3-5.
(3) Konst. „In eminenti" 21. April 1788.
(4) Konst. „Providas" 18. Mai 1751.
(5) Konst. „Ecclesiam a Jesu Christo" 23. Sept. 1821.
(6) Konst. v. 13. März 1825.
(7) Enzykl. „Traditi" 21. Mai 1829.
(8) Enzykl. "Mirari" 15. Aug. 1832.
(9) Enzykl. "Qui pluribus" 8. Nov. 1846 ; Allokut. „Multiplices inter" 25. Sept. 1865 u.s.f.
(10) Kirchenverf. Von Trient, VI. Sitz.: Von der Rechtfertigung, 1. Kap.
(11) Ep. CXXXVII, al. III, ad Volusianum c. V, 20.

10.3 Die Pflichten eines Freimaurers („Alte Pflichten") [522]

„entnommen den alten Aufzeichnungen von Logen jenseits des Meeres und von jenen in England, Schottland und Irland, zum Gebrauch der Logen in London: zu verlesen bei der Aufnahme neuer Brüder oder wenn es der Meister anordnen wird.

„ALTE PFLICHTEN"

I. Von Gott und Religion.

Ein Maurer ist durch seine innere Haltung verpflichtet, das Moralgesetz zu befolgen; und wenn er die Kunst recht versteht, wird er niemals ein einfältiger Atheist sein, noch ein religiöser Freigeist. Aber obwohl in alten Zeiten die Maurer in jedem Lande verpflichtet waren, von der Religion dieses Landes oder Volkes zu sein, welche auch immer es sein mochte, so hält man es jetzt doch für sinnvoller, sie nur der Religion zu verpflichten, in der alle Menschen übereinstimmen, ihre besonderen Meinungen aber ihnen selbst zu überlassen; das heißt, gute und redliche Männer zu sein, Männer von Ehre und Rechtschaffenheit, durch welche Glaubensbekenntnisse oder -anschauungen sie auch unterschieden sein mögen, wodurch die Maurerey der Mittelpunkt und zum Werkzeug wird, treue Freundschaft unter Menschen zu stiften, die sonst in steter Entfernung von einander hätten bleiben müssen.

II. Von bürgerlicher Obrigkeit, hoch wie niedrig.

Ein Maurer ist den bürgerlichen Gewalten ein friedfertiger Untertan, wo immer er wohnt und arbeitet; nie soll er sich hineinziehen lassen in Anschläge oder Verschwörungen gegen den Frieden und die Wohlfahrt der Nation, noch sich pflichtwidrig verhalten gegen untergeordnete Ämter; denn wie die Maurerey durch Krieg, Blutvergießen und Wirren immer geschädigt worden ist, so sind frühere Könige und Fürsten sehr geneigt gewesen, die Zunftgenossen wegen ihrer Friedfertigkeit und Loyalität zu ermutigen, womit sie praktisch die Spitzfindigkeiten ihrer Gegner beantworteten und die Ehre der Bruderschaft förderten, die stets in Zeiten des Friedens blühte. Sollte daher ein Bruder ein Aufrührer gegen den Staat sein, so darf er in seiner Auflehnung nicht unterstützt werden, wenngleich er als ein unglücklicher Mann bemitleidet werden mag; und ist er keines Verbrechens überführt, so können sie ihn, obgleich die loyale Bruderschaft seine Auflehnung missbilligen soll, nicht aus der Loge stoßen, und sein Verhältnis zu ihr bleibt unantastbar.

III. Von den Logen.

Eine Loge ist ein Ort, wo Maurer sich treffen und arbeiten: Daher wird diese Versammlung oder gehörig eingerichtete Gesellschaft von Maurern eine Loge genannt und jeder Bruder muss zu einer gehören und ihren Satzungen und Allgemeinen Verordnungen unterworfen sein. Sie ist entweder eine einzelne oder eine allgemeine und wird am besten verstanden, indem man sie besucht und durch die nachfolgend beigefügten Verordnungen oder Groß-Loge. In alten Zeiten durfte kein Meister oder Geselle von ihr abwesend sein, besonders wenn zum Erscheinen ausdrücklich aufgefordert worden war, ohne sich einen strengen Tadel zuzuziehen, es sei denn, dem Meister und den Aufsehern sei klar geworden, dass reine Notwendigkeit ihn abgehalten.

Die als Mitglieder einer Loge zugelassenen Personen müssen gute und redliche Männer sein, frei geboren, von reifem und verständigem

Alter, keine Leibeigenen, keine Frauen, keine unmoralischen oder anstößigen Männer, sondern von gutem Ruf.

IV. Von Meistern, Aufsehern, Gesellen und Lehrlingen.

Aller Vorrang unter Maurern gründet sich allein auf wirklichen Wert und persönliches Verdienst, damit die Bauherren gut bedient, die Brüder nicht beschämt werden, noch die Königliche Kunst nicht in Verachtung fällt. Deshalb wird kein Meister oder Aufseher nach der Dauer seiner Zugehörigkeit, sondern nach Verdiensten gewählt. Es ist unmöglich, diese Dinge schriftlich zu behandeln, und jeder Bruder muss an seinem Platz abwarten, um sie auf eine dieser Bruderschaft eigene Weise zu erlernen. Kandidaten mögen lediglich wissen, dass kein Meister einen Lehrling annehmen soll, wenn er nicht genügend Arbeit für ihn hat und wenn er nicht ein untadeliger Jüngling ist, der an seinem Leib keine Verstümmelung oder Gebrechen aufweist, die ihn unfähig machen könnte, die Kunst zu erlernen, seines Meisters Bauherrn zu dienen und zu einem Bruder zu werden und nach vorgeschriebener Zeit zum Gesellen, nachdem er schließlich so viele Jahre gedient hat, wie es des Landes Brauch ist; und er soll von ehrbaren Eltern abstammen, damit, wenn sonst geeignet, er zu der Ehre gelangen kann, Aufseher zu sein und dann Meister der Loge, Groß-Aufseher und endlich Groß-Meister aller Logen, seinem Verdienst entsprechend. Kein Bruder kann Aufseher werden, bevor er nicht Geselle gewesen ist; auch nicht Meister, ehe er nicht als Aufseher gewirkt hat, noch Groß-Aufseher, bevor er Meister einer Loge gewesen, noch Groß-Meister, ehe er nicht ein Genosse vor seiner Wahl gewesen ist; auch soll er edel geboren sein oder doch ein Edelmann nach bester Art oder ein kundiger Architekt oder ein anderer Künstler, Abkömmling ehrbarer Eltern und von einzigartigem Verdienst nach Meinung der Logen.

Und für die bessere, leichtere und ehrenhaftere Entlastung in seinem Amt hat der Großmeister die Vollmacht, seinen eigenen Zugeordneten Groß-Meister auszuwählen, der jedoch Meister einer einzelnen Loge sein oder früher gewesen sein muss oder das Recht hat zu tun, was immer der Groß-Meister als sein Vorgesetzter tun sollte, wenn dieser nicht anwesend ist oder seine Autorität schriftlich geltend macht.

Diesen Vorsitzenden und Würdenträgern, höchsten wie nachgeordneten, der alten Logen, ist in ihren jetzigen Ämtern seitens aller Brüder zu gehorchen, und zwar gemäß den Alten Pflichten und Verordnungen, und mit aller Demut, Ehrerbietung, Liebe und Bereitwilligkeit.

V. Von der Leitung der Bruderschaft bei der Arbeit.

Alle Maurer sollen an Werktagen rechtschaffen arbeiten, damit sie achtbar an Feiertagen leben können; und die Zeit, wie sie das Gesetz des Landes ordnet oder durch Brauch bestätigt ist, soll beachtet werden.

Der erfahrenste Zunftgenosse soll zum Meister oder Aufseher über das Werk des Bauherrn gewählt oder bestimmt werden; er soll Meister genannt werden von denen, die unter ihm arbeiten. Die Zunftgenossen haben sich aller schlechten Reden zu enthalten und einander nicht mit abschätzigen Namen zu belegen, sondern sich als Brüder und Genossen zu betragen; und sich innerhalb wie außerhalb der Loge höflich zu benehmen. Der Meister, der sich seiner Kunstfertigkeit selber bewusst ist, soll des Bauherren Werk so vernünftig wie möglich ausführen und über dessen Güter so gewissenhaft verfügen, als seien es seine eigenen; auch soll er keinen Bruder oder Lehrling mehr Lohn geben, als dieser wirklich verdient.

Beide, Meister und Maurer, die ihren gerechten Lohn erhalten, sollen dem Bauherren treu sein und ihre Arbeit ehrlich beenden, ob nach Stücklohn oder Tageslohn; auch sollen sie da nicht nach Stücklohn arbeiten, wo Taglohn üblich ist.

Keiner soll einen Bruder um dessen Glück beneiden, ihn auch nicht ausstechen oder von der Arbeit vertreiben, wenn er fähig wäre, sie zu beenden; denn niemand kann die Arbeit eines Anderen so sehr zum Nutzen des Bauherren beenden, falls er nicht gründlich vertraut ist mit den Entwürfen und Grundrissen dessen, der sie begann.

Wenn ein Zunftgenosse zum Aufseher der Arbeit unter dem Meister ausgewählt wird, soll er sowohl Meister wie Gesellen treu sein, ebenso das Werk in des Meisters Abwesenheit zu des Bauherren Nutzen überwachen; und seine Brüder sollen ihm gehorchen.

Alle angestellten Maurer sollen ihren Lohn mit Bescheidenheit empfangen, ohne Murren und Auflehnung, und den Meister nicht im Stich lassen, ehe das Werk beendet ist.

Ein jüngerer Bruder soll in der Arbeit unterwiesen werden, um einen Verderb der Baustoffe zu vermeiden aus mangelndem Urteilsvermögen, auch um brüderliche Liebe zu mehren und zu bewahren.

Alle Werkzeuge, die zur Arbeit benötigt werden, sollen von der Großloge genehmigt sein.

Kein Handlanger soll bei der eigentlichen Arbeit der Maurer beschäftigt werden; noch sollen freie Maurer ohne dringende Not mit denen zusammen arbeiten, die nicht frei sind, noch sollen sie Handlanger und nicht angenommene Maurer in der gleichen Weise belehren, wie sie einem Bruder oder Gesellen belehren sollen.

VI. Vom Verhalten.

1. In geöffneter Loge

Ihr sollt keine gesonderten Zirkel oder getrennte Gespräche ohne Erlaubnis des Meisters halten, noch über ungehörige und unziemliche Dinge reden, noch den Meister oder die Aufseher oder irgendeinen Bruder unterbrechen, der mit dem Meister spricht. Auch sollt ihr euch nicht albern oder scherzhaft verhalten, während die Loge mit ernsthaften oder feierlichen Dingen befasst ist; noch unter welchem Vorwand auch immer, eine ungehörige Sprache gebrauchen, sondern eurem Meister, den Aufsehern und Gesellen die gebührende Achtung erweisen und sie in Ehren halten.

Wenn irgendeine Klage vorgebracht wird, so soll sich der schuldig befundene Bruder dem Urteil und der Entscheidung der Loge stellen, die der rechte und zuständige Richter für alle solche Streitigkeiten ist (sofern ihr sie nicht vor die Groß-Loge bringt), und bei der sie anhängig gemacht werden müssen, wenn dadurch die Arbeit des Bauherren nicht behindert wird. In solchem Falle kann ein besonderes Verfahren angewendet werden, doch dürft ihr niemals vor ein ordentliches Gericht gehen in Sachen, welche die Maurerey betreffen, es sei denn, der Loge leuchtet die absolute Notwendigkeit dazu ein.

2. Verhalten nach Schluss der Loge und vor dem Auseinandergehen der Brüder

Ihr mögt euch in unschuldigem Frohsinn vergnügen, einander aufs beste bewirten, doch meidet jede Ausschweifung oder zwingt keinen Bruder, über das eigene Maß zu essen oder zu trinken, noch hindert ihn am Weggehen, wenn ihn seine Angelegenheiten rufen; tut und sagt auch nichts Beleidigendes oder was eine ungezwungene und freie Unterhaltung unterbinden könnte; denn dies müsste unsere Eintracht stören und unsere löblichen Arbeiten zunichte machen.

Deshalb dürfen keine privaten Streitereien und Reibereien über die Schwelle der Loge gebracht werden, noch viel weniger Streitigkeiten über Religion oder Völker oder Regierungen, weil wir als Maurer allein von der oben erwähnten allgemeinen Religion sind.

Wir sind auch von allen Völkern, Zungen, Stämmen und Sprachen, und damit entschieden gegen alles Politisieren, weil es noch nie zum Besten der Loge geführt hat, noch es je tun wird. Diese Pflicht ist immer streng gefordert und befolgt worden; vor allem aber besonders seit der Reformation in Britannien oder der Abweichung und Abspaltung dieser Völker von der Gemeinschaft mit Rom.

3. Verhalten bei einem Treffen ohne Fremde, jedoch nicht in geöffneter Loge

Ihr sollt einander begrüßen in einer höflichen Art, wie man euch lehren wird, euch untereinander Bruder zu nennen, euch frei gegenseitig unterrichten, ohne beobachtet oder belauscht zu werden und ohne einander herabzusetzen oder von der Achtung abzugehen, die einem jeden Bruder gebührt, wäre er nicht ein Maurer: Denn obwohl alle Maurer als Brüder einander gleichgestellt sind, so verwehrt doch die Maurerey keinem Mann die Achtung, die er vorher genoss, vielmehr fügt sie seiner Achtung etwas hinzu, vor allem, wenn er sich um die Bruderschaft wohlverdient gemacht hat, die dem Achtung erweist, dem sie gebührt, und die schlechte Sitten meidet.

4. Verhalten in Gegenwart von Fremden, nicht Maurern

Ihr sollt vorsichtig sein in eurem Auftreten und in euren Worten, damit auch der hartnäckigste Fremdling nicht herausfinden oder entdecken kann, was nicht geeignet ist, mitgeteilt zu werden; und manchmal sollt ihr eure Unterhaltung ablenken und sie klug steuern zur Ehre der ehrwürdigen Bruderschaft.

5. Verhalten zu Hause und gegenüber der Nachbarschaft

Ihr sollt handeln, wie es einem moralisch empfindenden und klugen Manne geziemt; vor allem eure Familie, Freunde und Nachbarn nicht von den Anliegen der Loge etc. wissen lassen, sondern klug die eigene Ehre und die der alten Bruderschaft befragen aus Gründen, die hier nicht zu nennen sind. Ihr müsst ferner auf eure Gesundheit achten, indem ihr nicht zu lange beisammen oder von zu Hause fern bleibt, nachdem die Logenstunden vorüber sind und in denen ihr Völlerei oder Trunkenheit meidet, damit eure Familien nicht vernachlässigt oder gekränkt werden und ihr selber nicht unfähig zur Arbeit werdet.

6. Verhalten gegenüber einem fremden Bruder

Ihr sollt ihn vorsichtig prüfen auf eine Art, die euch die Klugheit eingibt, damit ihr nicht von einem unwissenden Unberechtigten betrogen werdet, den ihr mit Verachtung und Spott abweisen müsst. Hütet euch auch, ihm irgendwelche Hinweise auf euer Wissen zu geben.

Erkennt ihr jedoch, dass er ein wahrer und echter Bruder ist, so achtet ihn entsprechend. Ist er in Not, so muss ihm nach Vermögen geholfen werden, oder man muss ihn dorthin verweisen, wo ihm geholfen werden könnte. Ihr müsst ihn einige Tage beschäftigen oder weiterempfehlen. Doch ihr seid nicht verpflichtet, über euer Vermögen hinauszugehen, sondern nur dazu, einen armen Bruder, der ein guter und rechtschaffener Mann ist, allen anderen Armen in gleicher Lage vorzuziehen.

Kurzum, all diese Pflichten habt ihr zu befolgen und ebenso diejenigen, die euch auf andere Weise mitgeteilt werden sollen; übt brüderliche Liebe, den Grund- und Schlussstein, den Mörtel und Ruhm dieser uralten Bruderschaft, meidet allen Zank und Streit, alle Verleumdungen und üble Nachrede; erlaubt anderen nicht, einen ehrlichen Bruder zu verleumden, sondern verteidigt seinen Charakter und erweist ihm alle guten Dienste, soweit das mit eurer eigenen Ehre und Sicherheit vereinbar ist, und mehr nicht. Und wenn einer von ihnen euch Unrecht tut, müsst ihr euch an eure eigene Loge wenden: und danach mögt ihr die Groß-Loge auf der Vierteljahres-Versammlung anrufen und danach die jährliche Groß-Loge; wie es das alte löbliche Verfahren unserer Vorväter bei jedem Volk gewesen ist; beginnt niemals einen Rechtsstreit, wenn der Fall anders entschieden werden kann, und hört geduldig auf den ehrenhaften und freundlichen Rat von Meister und Mitbrüdern, wenn sie versuchen, euch von einem Rechtsstreit mit Fremden abzuhalten, oder euch ermutigen möchten, alle Prozesse beschleunigt zu beenden, damit ihr euch der Sache der Maurerey mit desto größerem Eifer und Erfolg widmen könnt.

Doch liegen Brüder und Gesellen miteinander im Rechtsstreit, so sollen Meister und Brüder willig ihre Vermittlung anbieten, der sich die streitenden Brüder dankbar beugen sollen.

Falls dieses Einlenken undurchführbar ist, dann allerdings müssen sie ihren Prozess oder Rechtsstreit ohne Zorn und Erbitterung führen (also nicht auf gewöhnliche Weise) und dabei nichts sagen oder tun, was die brüderliche Liebe und Erneuerung und Fortsetzung guter Dienste behindern könnte, damit jedermann den wohltätigen Einfluss der Maurerey sehen kann, so wie das alle Maurer gemacht haben seit Anbeginn der Welt, und wie sie das machen werden bis an das Ende der Zeiten.

Amen, es geschehe also.“

10.4 Lichtenauer Erklärung zu dem Dialog Katholische Kirche und Freimaurerei [523]

In Ehrfurcht vor dem Großen Baumeister des Universums erklären wir:

- Die Freimaurer haben keine gemeinsame Gottesvorstellung. Denn die Freimaurerei ist keine Religion und lehrt keine Religion.
- Freimaurerei verlangt dogmenlos eine ethische Lebenshaltung und erzieht dazu durch Symbole und Rituale.
- Die Freimaurer arbeiten brüderlich gebunden in ihren selbständigen Bauhütten (Logen) unter souveränen Großlogen im Glauben an die Bruderkette, die die Erde umspannt.
- Die Freimaurer huldigen dem Grundsatz der Gewissens-, Glaubens- und Geistesfreiheit und verwerfen jeden Zwang, der diese Freiheit bedroht. Sie achten jedes aufrichtige Bekenntnis und jede ehrliche Überzeugung. Sie verwerfen jegliche Diskriminierung Andersdenkender.
- Die Gesetze der Großlogen der Welt untersagen den Logen die Einmischung in politische und konfessionelle Streitfragen.

I.

Im 12. und 13. Jahrhundert stehen die Prediger der Kirche vor der fatalen Notwendigkeit, sich mit den verschiedenen Sekten und religiösen Bewegungen kämpferisch auseinanderzusetzen. Die Rechtgläubigkeit gewinnt entscheidende Bedeutung. Bald aber kommt es zu der mißlichen Entwicklung, daß nicht selten innerkirchliche Reformgruppen mit außerkirchlichen in einen Topf geworfen und darin verbrannt werden. Das konfessionelle Zeitalter bestärkt dann den alten Hang neu, sehr verschiedenartige Gruppen von Menschen mit einem Schimpfnamen aburteilbar zu machen. Diese Praxis wird bis ins frühe 20. Jahrhundert beibehalten .

Sie trifft auch die Mitglieder des Freimaurerbundes, wie früher die Juden getroffen worden sind und wie – leichtfertig aber folgerichtig – die Parallele mit dem Wort von der Freimaurerei als der Synagoge des Satans gezogen werden kann. Damit hat – ohne es zu wollen – auch die Römisch-katholische Kirche dem Nationalsozialismus und dem Faschismus Parolen für die Freimaurerverfolgung geliefert.

Seit der Zeit ist im deutschsprachigen Raum Antifreimaurerei eine böse Gewohnheit jener Intellektuellen geworden, die versuchen, Schicksalsschläge für ein Land als Schuld der Freimaurer hinzustellen, um sich selbst davon freisprechen zu können. So wird eine Psychose erzeugt, gemischt aus Furcht, Haß und Verfolgungswahn, die etwa der antiklerikalen oder der antisemitischen entspricht.

II.

Wir bekennen, daß auch auf Seiten der Freimaurer Fehler gemacht worden sind. Die Schuld einzelner oder von Gruppen darf aber nicht der Gesamtheit angelastet werden. Darum erwarten wir, daß die Vorurteile vergangener Jahrhunderte und deren teils schreckliche Auswirkungen nur noch der Historie angehören.

III.

Konventionalität und Vorurteil gehen Hand in Hand und keine Konventionalität ist hartnäckiger als die religiöse. Die Folge davon ist, daß die Kluft zwischen dem konventionellen Christentum und der unheimlich schnell sich wandelnden menschlichen Gesellschaft, damit auch der Freimaurerei, unmerklich, aber stetig tiefer und bedenklicher wird. Das deutlich erkannt zu haben, ist eines der großen Verdienste des II. Vatikanischen Konzils, bedauerlicherweise ohne daß aus dieser Erkenntnis Folgerungen bezüglich der Freimaurerei gezogen worden sind.

IV.

Der heutige Mensch erfährt seine Situation als Zerrissenheit, als Selbstzerstörung und Sinnlosigkeit. Aus dieser Erfahrung erhebt sich die Frage nach einer Wirklichkeit, in der die Selbstentfremdung seiner Existenz überwunden wird, also nach einer Wirklichkeit der Toleranz, der Versöhnung und der neuen Hoffnung.

Die Krise, in der sich die menschliche Gesellschaft heute befindet, trägt einen radikalen Charakter; sie erfaßt alles. Die Menschheit, die aus dieser Krise hervorgehen wird, wird darum eine neue und andere Menschheit sein, die an der Gottesfrage nicht vorbeigehen kann. Das gilt ebenso für die Freimaurerei, auch wenn sie keine Religion ist. Dennoch fordert sie das sittliche Verantwortungsbewußtsein, das sie von ihren Mitgliedern verlangt, in Ehrfurcht vor dem Großen Baumeister des Universums.

V.

Was die großen Religionen immer mehr miteinander verbindet, ist die zunehmende, weltweite Bedrohung ihrer Existenz durch Verneinung der Menschenwürde und Menschenrechte und durch pseudoreligiöse Ideologien. Die Begegnungen des Papstes Paul VI. mit den Oberhäuptern anderer Religionen sind dafür Beweis. Auch die Freimaurerei steht in dieser Krise und weiß sich darum allen Kräften verbunden, die aus Überzeugung kämpfen gegen Vorurteile, Zwang, Unterdrückung und Programme, die Wahrheit vortäuschen.

VI.

Wir wissen um die alten Gegensätze, die lange genug zur Verurteilung der Freimaurer geführt haben. Es hat keinen Sinn, diese Gegensätze am Leben zu erhalten. Daher haben wir die Aufnahme eines Dialogs aufrichtig begrüßt, der bei allen bestehenden Unterschieden die Kräfte der Übereinstimmung lebendig gemacht hat. Wir haben das Ja zum Menschen als Basis des Dialogs wohl verstanden.

VII.

In dem DOKUMENT über den Dialog mit den Nichtglaubenden heißt es:

> „Die Verschiedenheit in sich geschlossener Systeme ist dann kein Hindernis für den Dialog, wenn in einem bestimmten System Wahrheiten und Werte entdeckt werden; das aber ist auch bei der größten Meinungsverschiedenheit möglich. Auch dann, wenn die Partner einen verschiedenen Begriff der Wahrheit haben und in den Prinzipien der Vernunft nicht übereinstimmen, kann man versuchen, zu einer Übereinkunft zu gelangen."

Wieviel mehr als bei den Nichtglaubenden ist aber Ursache zu einem Gespräch und Hoffnung auf ein gutes Ende bei denen, die sich in Jahre 1723 die noch heute gültige, zeitlose Grundlage der ALTEN PFLICHTEN gegeben haben:

> „Der Maurer ist als Maurer verpflichtet, dem Sittengesetz zu gehorchen. und wenn er die Kunst recht versteht, wird er weder ein engstirniger Gottesleugner noch ein bindungsloser Freigeist

sein. In alten Zeiten waren die Maurer in jedem Land zwar verpflichtet, der Religion anzugehören, die in ihrem Lande oder Volke galt; heute jedoch hält man es für ratsamer, sie nur zu der Religion zu verpflichten, in der alle Menschen übereinstimmen, und jedem seine Überzeugungen selbst zu überlassen. Sie sollen also gute und redliche Männer sein, von Ehre und Anstand, ohne Rücksicht auf ihr Bekenntnis oder darauf, welche Überzeugungen sie sonst vertreten mögen. So wird die Freimaurerei zu einer Stätte der Einigung und zu einem Mittel wahre Freundschaft unter Menschen zu stiften, die einander sonst ständig fremd geblieben wären."

VIII.

Es ist für die von der Katholischen Kirche »getrennten Brüder« – die Freimaurer – daher unbegreiflich, daß die Gesetze der Kirche sie verurteilen, während die Gesetze der Großlogen jedem Katholiken gestatten, Mitglied einer Freimaurerloge zu werden, ohne daß seinem Glauben und seinem Bekenntnis ein Schade oder ein Schimpf geschieht und geschehen darf.

IX.

Wir sind der Auffassung, daß die päpstlichen Bullen, die sich mit der Freimaurerei befassen, nur noch eine geschichtliche Bedeutung haben und nicht mehr in unserer Zeit stehen. Wir meinen dies auch von den Verurteilungen des Kirchenrechtes, weil sie sich nach dem Vorhergesagten gegenüber der Freimaurerei einfach nicht rechtfertigen lassen von einer Kirche, die nach Gottes Gebot lehrt, den Bruder zu lieben.

Lichtenau, den 5. Juli 1970

Die freimaurerischen Dialogteilnehmer

Deutschland: Für die Vereinigten Großlogen von Deutschland:
Dr. Ing. Theodor Vogel, Altgroßmeister der VGL
Rolf Appel, Mitglied des Senats der VGL
Ernst Walter, Mitglied des Senats der VGL
Dr. Karl Hoede, Un. Prof. em. Altgroßredner

Schweiz: Schweizerische Großloge ALPINA
Dr. Alfred Roesli, Altgroßsekretär ALPINA
Franco Fumagalli, Meister vom Stuhl ALPINA

Österreich:
Dr. Kurt Baresch, dep. Großmeister GL von Österreich
Dr. Ferdinand Cap, Un.Prof., Altstuhlmeister GL von Österreich
Rüdiger Vonwiller, Altstuhlmeister GL von Osterreich

Die Dialogteilnehmer der theolog. Kommission der Katholischen Kirche

Dr. Johannes B. de Toth, Apostolischer Protonotar, Domherr vom Lateran, Rom
Dr. Engelbert Schwarzbauer, Päpstlicher Hausprälat, Theologieprofessor, Linz/Donau
Dr. Herbert Vorgrimler, Theologieprofessor, Luzern-Freiburg

10.5 Erklärung der Deutschen Bischofskonferenz zur Frage der Mitgliedschaft von Katholiken in der Freimaurerei [524]

Pressedienst

Dokumentation

des Sekretariats der Deutschen Bischofskonferenz

12. 5. 1980 10/80

Herausgeber: Prälat Dr. Josef Homeyer, Sekretär der Deutschen Bischofskonferenz.
Redaktion: Dr. Rudolf Hammerschmidt, Oskar Neisinger.
Anschrift: 53 Bonn, Kaiserstr. 163, Tel. 02221/1031, Telex 8869438

Zwischen der Katholischen Kirche und der Freimaurerei von Deutschland fanden in den Jahren 1974–1980 offizielle Gespräche im Auftrag der Deutschen Bischofskonferenz und den Vereinigten Großlogen von Deutschland statt.

Dabei sollte von Seiten der Katholischen Kirche untersucht werden, ob sich in der Freimaurerei ein Wandel vollzogen habe und die Mitgliedschaft von Katholiken in der Freimaurerei nunmehr möglich sei.

Die Gespräche verliefen in einer guten Atmosphäre, die von Offenheit und Sachlichkeit getragen war.

Dabei wurden instruktive Einblicke in die untersten drei Grade gewährt.

Die Katholische Kirche mußte bei der Überprüfung der ersten drei Grade grundlegende und unüberbrückbare Gegensätze feststellen.

Die Freimaurerei hat sich in ihrem Wesen nicht gewandelt. Eine Zugehörigkeit stellt die Grundlagen der christlichen Existenz in Frage:

Die eingehenden Untersuchungen der freimaurerischen Ritualien und Grundüberlegungen wie auch ihres heutigen unveränderten Selbstverständnisses machen deutlich:

Die gleichzeitige Zugehörigkeit zur Katholischen Kirche und zur Freimaurerei ist unvereinbar.

Darstellung der Gespräche zwischen Vertretern der Katholischen Kirche und der Freimaurerei

I. AUSGANGSLAGE

1) Die Gespräche

Zwischen der Katholischen Kirche und der Freimaurerei in Deutschland fanden in den Jahren 1974–1980 offizielle Gespräche im Auftrag der Deutschen Bischofskonferenz und der Vereinigten Großlogen von Deutschland statt.

2) Der Auftrag

Die Deutsche Bischofskonferenz hatte der Gesprächsgruppe folgenden Auftrag gegeben:

a) Feststellung von Veränderungen innerhalb der Freimaurerei in Deutschland.

b) Prüfung der Vereinbarkeit von Zugehörigkeit zur Katholischen Kirche und gleichzeitig zur Freimaurerei.
c) Im Falle einer bejahenden Beantwortung der obigen Frage publizistische Vorbereitung der Öffentlichkeit auf die veränderte Situation.

3) Die Situation bei den Freimaurern

Die deutsche Freimaurerei ist aus der nationalsozialistischen Verfolgung ungefähr auf ein Viertel reduziert hervorgegangen; dadurch mögen Wandlungen im Hinblick auf eine gewisse Offenheit anderen gesellschaftlichen Gruppen gegenüber bewirkt worden sein.

Aufgrund dieser Situation hat sich dann auch das Interesse der Freimaurerei an einer Bereinigung ihres Verhältnisses zu den christlichen Kirchen ergeben.

4) Das 2. Vatikanum und die Enzyklika „Ecclesiam Suam"

Im 2. Vatikanischen Konzil hat sich die Kirche aufgemacht zum Dialog mit allen Menschen „guten Willens", zum Gespräch mit jeder Gruppierung, die dazu Bereitschaft zeigt.

Diese Absicht, welche sich in verschiedenen Konzilstexten dokumentiert, hat dann Paul VI. in seiner Antrittsenzyklika „Ecclesiam Suam" weitergeführt, theoretisch umfassender unterbaut und praktische Richtlinien dazu gegeben. Vor allem hat er die verschiedenen Kreise genannt, mit denen der Dialog aufzunehmen ist: angefangen in der eigenen Gemeinschaft bis hin zu denen, die nicht an Gott glauben.

Schon während des Konzils und in zunehmendem Maße danach wurde der Dialog mit der Freimaurerei für notwendig erkannt.

II. VERÄNDERTES MEINUNGSBILD

1) Das humanitäre Anliegen

Die von der Kirche zumal im 2. Vatikanum geforderte richtig verstandene Freiheit des Menschen im privaten, religiösen und öffentlichen Leben ergab eine Gesprächsbasis mit der Freimaurerei, sofern sie sich in ihrer humanitären Haltung für die menschliche Freiheit verpflichtet fühlt. Ähnliches ist bezüglich des Eintretens für die Menschenrechte zu sagen.

2) Die Wohltätigkeit

Die deutsche Freimaurerei unterhält Anstalten bruderschaftlicher Hilfe und menschlicher Wohltätigkeit. Sie unternimmt Hilfsaktionen gegenüber leidender Menschen.

Da die caritative Gesinnung und Tätigkeit zur Kirche wesentlich gehören, wurden auch hier gewisse Berührungspunkte gesehen.

3) Symbolverständnis

In unserer nüchternen Zeit suchen manche Menschen in den Symbolen und Riten der Freimaurerei eine gewisse Erfüllung sonst unbefriedigter Bedürfnisse. In der Katholischen Kirche haben Symbole und Riten ihren angestammten Platz. Von hieraus wird darum ein Berührungspunkt und eine Verständnisbasis vermutet.

4) Freimaurerische Einzelpersönlichkeiten

Die Integrität, Qualifikation, Haltung und persönliche Meinung von freimaurerischen Einzelpersönlichkeiten, die bei verschiedenen Anlässen in und außerhalb eines kirchlichen Rahmens auftraten, haben ebenfalls eine positive Meinungsbildung den Logen gegenüber begünstigt.

5) Gemeinsam gegen Materialismus

Von freimaurerischer Seite gab es immer wieder Bekundungen der Bereitschaft, den Kampf gegen die materialistische Ideologie und die sich daraus ergebenden menschenfeindlichen Konsequenzen auch gemeinsam mit den christlichen Kirchen zu führen.

6) Ein neues Verhältnis?

Vor allem die unter den obigen Nummer 1)–5) angeführten Punkte ließen die Meinung aufkommen, die Freimaurerei habe sich so sehr gewandelt, daß die frühere Stellungnahme der Kirche überholt sei und jeder Katholik problemlos einer Freimaurerloge zugehören könne.

7) Öffentlichkeitsarbeit

Die genannte Meinung einer selbstverständlichen Vereinbarkeit der Zugehörigkeit zur Katholischen Kirche und zur Freimaurerei wurde durch eine umfangreiche Öffentlichkeitsarbeit in Form von Akademietagungen, offenen Logensitzungen, Buchpublikationen, Zeitungs- und Zeitschriftenartikeln verbreitet.

8) ‚Die kopernikanische Wende'

Der obengenannten Meinung kam ein gewisses, wenn auch durchaus falsches Verständnis des jüngsten Konzils entgegen, das infolge der erwähnten Öffentlichkeitsarbeit auftauchte. Nach dieser Ansicht hat das Konzil in einer wahrhaft kopernikanischen Wende den Leitbegriff einer objektiven Wahrheit in der Kirche beseitigt und durch den der menschlichen Würde ersetzt.

Es besteht demzufolge ein Verhältnis der Nähe zwischen Katholischer Kirche und Freimaurerei.

III. DIE REAKTION DER KIRCHE

1) Das Prüfungsverfahren

All die oben angeführten Unternehmungen waren nicht geeignet, die anstehenden Fragen wirklich sachgerecht zu untersuchen und zu einer fundierten und tragfähigen Antwort zu kommen.

Entscheidend sind hier nicht die Integrität, Meinung und Haltung einzelner Freimaurer, denn diese sind völlig der Subjektivität überlassen.

Um zu einer wirklich sachgerechten Prüfung der anstehenden Fragen zu kommen, war es vielmehr notwendig, das Wesen der Freimaurerei, so wie es sich in den Vereinigten Großlogen von Deutschland vorfindet, zu untersuchen.

Unabhängig von allen subjektiven Auffassungen manifestiert sich das objektive Wesen in den offiziellen Ritualien der Freimaurerei.

Deshalb wurden diese Dokumente einer sorgfältigen und langwierigen Prüfung (von 1974–1980) unterzogen, und zwar die Ritualien der ersten drei Grade, in deren Text die Freimaurer Einblick gewährten, wenngleich die Gespräche sich nicht nur auf die Ritualien bezogen.

2) Der unveränderte Standpunkt der Freimaurerei

Die fundamentale Infragestellung der Kirche durch die Freimaurerei hat sich nicht gewandelt. Diese Tatsache wird besonders deutlich, wenn wir zur Kenntnis nehmen, welch konkretes Selbstverständnis und welche geistige Grundlage, welche Gegenwartskonzeption und welche Zukunftsperspektive die Freimaurer sich selbst in dem erst nach Abschluß der Gespräche in diesem Jahr veröffentlichten Papier „Thesen bis zum Jahr 2000" als mutiges und kämpferisches Programm gegeben haben. Darin ist die objektive Geltung der geoffenbarten Wahrheit grundsätzlich verneint und durch diesen Indifferentismus eine Offenbarungsreligion vom Prinzip her ausgeschlossen. Schon die 1. und wohl wichtigste These besagt: „Systeme weltanschaulich-religiöser Art, die alleinige Verbindlichkeit beanspruchen können, gibt es nicht" (Das deutsche Freimaurer-Magazin „humanität" 1980 Nr. 1, Einlage nach S. 20).

3) Atmosphärische Verbesserungen – Praktische Zusammenarbeit

Verbessert und geändert gegenüber früheren Jahrhunderten haben sich der Ton, die Art und die Ebene der Austragung der Differenzen. Gab es früher Feindseligkeiten und Beschimpfungen, so ist die Diskussion heute auf eine sachliche Ebene gehoben.

Betont muß auch werden, daß die Gespräche in einer guten Atmosphäre der Offenheit und Objektivität verliefen.

Verschiedene unhaltbare Vorurteile konnten ausgeräumt werden.

Die Katholische Kirche weiß sich heute zu gemeinsamem Handeln mit anderen Religions- und Weltanschauungsgemeinschaften verbunden, wenn es sich um die Verwirklichung humanitärer und caritativer Ziele handelt. Insoweit solche Ziele bei den Freimaurern im Vordergrund stehen, ist die Katholische Kirche zu gemeinsamem und unterstützendem Handeln bereit. Dadurch darf aber nicht der Eindruck entstehen, als habe die Kirche Grund, ihre warnende und ablehnende Haltung zur Freimaurerei für überholt zu halten.

4) Das Ergebnis der Gespräche

Hatten bei der schon vorausgegangenen Diskussion des 1. Grades durch die Evangelische Kirche ernste Bedenken nicht ausgeräumt werden können, so mußte die Katholische Kirche bei der Überprüfung der ersten drei Grade grundlegende und unüberwindliche Gegensätze feststellen.

Die Freimaurerei hat sich in ihrem Wesen nicht gewandelt. Eine Zugehörigkeit stellt die Grundlagen der christlichen Existenz in Frage:

Die eingehenden Untersuchungen der freimaurerischen Ritualien und der freimaurerischen Wesensart, wie auch ihres heutigen unveränderten Selbstverständnisses machen deutlich:

Die gleichzeitige Zugehörigkeit zur Katholischen Kirche und zur Freimaurerei ist ausgeschlossen.

Im Folgenden werden einige der vielen Diskussionsgegenstände und Argumente aufgeführt, welche zu dem Ergebnis geführt haben. Andere nicht minder wichtige wurden von der Kommission ebenfalls erörtert.

IV. GRÜNDE DER UNVEREINBARKEIT[525] [526]

1) Die Weltanschauung der Freimaurer

Die Weltanschauung der Freimaurer ist nicht verbindlich festgelegt. Es überwiegt die **humanitäre und ethische Tendenz**. Die textlich festgelegten Ritualbücher mit ihren Worten und Symbolhandlungen bieten einen Vorstellungsrahmen, den der einzelne Freimaurer mit seiner persönlicher Auffassung ausfüllen kann.

Eine gemeinsame verbindliche Ideologie ist hier nicht festzustellen.

Dagegen gehört der **Relativismus** zur Grundüberzeugung der Freimaurer.

Das als objektive Quelle anerkannte „Internationale Freimaurer Lexikon" erklärt zu dieser Frage:

„Die Freimaurerei dürfte das einzige Gebilde sein, dem es auf die Dauer gelungen ist, Ideologie und Praxis weitgehend **von Dogmen freizuhalten**.

Die Freimaurerei kann daher als eine Bewegung aufgefaßt werden, die relativistisch eingestellte Menschen zur Förderung des Humanitätsideals zusammenzufassen trachtet" (Eugen Lennhoff — Oskar Posner, Internationales Freimaurer Lexikon, Wien 1975, Sp. 1300).

Ein Subjektivismus dieser Art läßt sich **mit dem Glauben** an das geoffenbarte und vom Lehramt der Kirche authentisch ausgelegte Gotteswort **nicht in Einklang bringen**. Außerdem erzeugt er eine Gotteseinstellung, welche die Haltung des Katholiken zu Wort und Handlungen im sakramentalen und sakralen Geschehen der Kirche gefährdet.

2) Der Wahrheitsbegriff der Freimaurerei

Von den Freimaurern wird die **Möglichkeit objektiver Wahrheitserkenntnis verneint**. Während der Verhandlungen wurde besonders an das bekannte Wort von G. E. Lessing erinnert:

> „Wenn Gott in seiner Rechten alle Wahrheit und in seiner Linken den einzig immer regen Trieb nach Wahrheit, obschon mit dem Zusatz, mich immer und ewig zu irren, verschlossen hielte und spräche zu mir: ‚Wähle', ich fiele ihm mit Demut in seine Linke und sagte: ‚Vater gib! Die reine Wahrheit ist ja doch nur für Dich alleine!" (G. E. Lessing, Duplik, 1977, Ges. Werke, V, 100).

Dies wurde in den Gesprächen als für die Freimaurerei signifikant bezeichnet.

Die **Relativität jeder Wahrheit** stellt die Basis der Freimaurerei dar.

Da der Freimaurer jeden Dogmenglauben ablehnt, duldet er auch in seiner Loge kein Dogma (vgl. Dr. Th. Vogel in KNA vom 11. 2. 1960 S. 6).

Vom Freimaurer wird daher verlangt, ein freier Mann zu sein, der „keine Unterwerfung unter Dogma und Leidenschaft kennt" (Lennhoff-Posner Sp. 524 f.). Das bedingt die grundsätzliche Verwerfung aller dogmatischen Positionen, die in dem Satz des Freimaurer-Lexikons zum Ausdruck kommt: „Alle Institutionen auf dogmatischer Grundlage, als deren hervorstechendste die Katholische Kirche gelten kann, üben Glaubenszwang aus" (Lennhoff-Posner, Internationales Freimaurer Lexikon, Wien 1975 [2], Sp. 374).

Ein derartiger Wahrheitsbegriff ist **vom Standpunkt weder der natürlichen Theologie noch der Offenbarungstheologie mit dem katholischen Wahrheitsbegriff vereinbar.**

3) Der Religionsbegriff der Freimaurer

Das Religionsverständnis der Freimaurer ist relativistisch: **alle Religionen sind konkurrierende** Versuche, die letztlich unerreichbare Gotteswahrheit auszusagen. Denn dieser Gotteswahrheit angemessen ist nur die vieldeutige, der Interpretationsfähigkeit des einzelnen Maurers überlassene Sprache der maurerischen Symbole. Nicht umsonst ist der religiöse Disput innerhalb der Loge den Angehörigen der Loge streng untersagt. In den Alten Pflichten von 1723 heißt es unter I: „Der Maurer ist als Maurer verpflichtet, dem Sittengesetz zu gehorchen; und wenn er die Kunst recht versteht, wird er weder ein engstirniger Gottesleugner noch ein bindungsloser Freigeist sein.

In alten Zeiten waren die Maurer in jedem Lande zwar verpflichtet, der Religion anzugehören, die in ihrem Lande oder Volke galt, heute jedoch hält man es für ratsamer, sie nur zu der Religion zu verpflichten, in der alle Menschen übereinstimmen, und jedem seine besonderen Überzeugungen selbst zu belassen." (Die Alten Pflichten von 1723, Hamburg 1972, S. 10).

Der Begriff der Religion, „in der alle Menschen übereinstimmen", impliziert eine relativistische Religionsauffassung, die sich mit der Grundüberzeugung des Christentums nicht zur Deckung bringen läßt.

4) Der Gottesbegriff der Freimaurer

In den Ritualien findet sich der Begriff des „Großen Baumeisters aller Welten“ an zentraler Stelle. Er ist, bei allem Willen zu religionsumgreifender Offenheit, eine **deistisch geprägte Konzeption**.

Danach gibt es keine objektive Erkenntnis von Gott im Sinne des personalen Gottesbegriffs des Theismus. Der „Große Baumeister aller Welten“ ist ein neutrales „Es“, undefiniert und offen für jedwedes Verständnis. Jeder kann hier seine Gottesvorstellung einbringen, der Christ wie der Moslem, der Konfuzianer wie der Animist oder der Angehörige irgendeiner Religion. Der Weltenbaumeister gilt den Freimaurern nicht als ein Wesen im Sinne eines personalen Gottes; deshalb genügt für sie ein **beliebiges religiöses Empfinden** für die Anerkenntnis des „Baumeisters aller Welten“.

Diese Imagination eines im deistischen Abseits thronenden Weltenbaumeisters entzieht der Gottesvorstellung der Katholiken und seiner Antwort auf den ihn väterlich und herrscherlich ansprechenden Gott den Boden.

5) Freimaurerischer Gottesbegriff und Offenbarung

Die Gottesvorstellung der Freimaurerei läßt den Gedanken an eine Selbstoffenbarung Gottes, wie er von allen Christen geglaubt und festgehalten wird, nicht zu. Eher noch wird durch die Vorstellung des „Großen Weltenbaumeisters“ das Gottesverhältnis auf eine vordeistische Position zurückgeworfen.

Ebenso steht die ausdrückliche Herleitung des Christentums von der astralen Urreligion der Babylonier und Sumerer in vollem Widerspruch zum Offenbarungsglauben (vgl. Ritual II, S. 47).

6) Die Toleranzidee der Freimaurer

Aus diesem Wahrheitsbegriff leitet sich auch die spezifische Toleranzidee der Freimaurerei ab. Der Katholik versteht unter Toleranz die den Mitmenschen gegenüber geschuldete Duldsamkeit. Bei den Freimaurern jedoch herrscht die **Toleranz gegenüber Ideen**, wie gegensätzlich zueinander sie auch sein mögen.

Wieder ist auf Lennhoff-Posner zu verweisen:

> „Aus dem Relativismus läßt sich der Standpunkt der Freimaurer zu den Problemen der Welt und Menschheit ableiten … Der Relativismus unterbaut die Toleranz mit Vernunftargumenten. Die Freimaurerei ist eine der Bewegungen, die vom Ausgang des Mittelalters an als Reaktion gegen die Unbedingtheit der Kirchenlehre und den politischen Absolutismus, als Reaktion gegen den Fanatismus jeder Art entstanden sind …" (Sp. 1300).

Eine Toleranzidee dieser Art **erschüttert die Haltung des Katholiken in der Glaubenstreue** und in der Anerkennung des kirchlichen Lehramts.

7) Die Ritualhandlungen der Freimaurer

In ausführlichen Gesprächen und Erklärungen wurden die drei Ritualien des Lehrlings-, des Gesellen- und des Meistergrades erörtert. Diese Ritualhandlungen zeigen in Wort und Symbol einen **sakramentsähnlichen Charakter**. Sie erwecken den Anschein, als würde hier unter Symbolhandlungen objektiv etwas den Menschen Verwandelndes bewirkt. Inhalt ist eine symbolhafte Initiation des Menschen, die ihrem ganzen Charakter nach in einer deutlichen Konkurrenz zu seiner sakramentalen Umwandlung steht.

8) Die Vervollkommnung des Menschen

Nach Ausweis der Ritualien geht es in der Freimaurerei letztlich um eine ethische und geistige Optimierung des Menschen.

Im Meisterritus heißt es: „Welche Tugenden muß ein wahrer Meister besitzen? Reinheit des Herzens, Wahrheit in Worten, Vorsicht in Handlungen, Unerschrockenheit bei unvermeidlichen Übeln und unermüdlichem Eifer, wenn es gilt, Gutes zu tun" (Ritual III, S. 66).

Hier konnte das Bedenken nicht ausgeräumt werden, daß die ethische Vervollkommnung verabsolutiert und so von der Gnade gelöst wird, daß kein Raum für die Rechtfertigung des Menschen im christlichen Verständnis bleibt. Was sollen sakramentale Heilsvermittler in Taufe, Buße und Eucharistie noch bewirken, wenn bereits durch die drei grundlegenden Grade die in den Ritualien ausgesagte Erleuchtung und Todesüberwindung erzielt wird?

9) Die Spiritualität der Freimaurer

Die Freimaurerei stellt an ihre Mitglieder einen Totalitätsanspruch, der eine Zugehörigkeit auf Leben und Tod abfordert. Auch wenn man davon ausgeht, daß der in den drei Graden beschrittene Weg in erster Linie das Ziel einer Bewußtseins-und Charakterbildung verfolgt, bleibt doch die Frage, ob der Sendungsanspruch der Kirche es zuläßt, daß Formung solcher Art von einer ihr fremden Institution übernommen wird.

In diesem Totalitätsanspruch aber wird die Unvereinbarkeit von Freimaurerei und Katholischer Kirche besonders deutlich.

10) Unterschiedliche Richtungen innerhalb der Freimaurerei

Es gibt innerhalb der Freimaurerei neben der überwiegenden Zahl der Logen mit humanitärer, ‚gottgläubiger' Grundtendenz Extreme, wie die atheistische Bruderschaft des „Grand Orient de France" auf der einen Seite, der auch einige Logen in Deutschland besitzt, und der in Deutschland bestehenden „Großen Landesloge" auf der anderen Seite. Letztere nennt sich auch „Christlicher Freimaurerorden" (vgl. Lennhoff-Posner, Sp. 1157).

Diese „christliche Freimaurerei" liegt aber keinesfalls außerhalb der freimaurerischen Grundordnung; hier wird nur eine größere Möglichkeit intendiert, Freimaurerei und subjektive christliche Gläubigkeit miteinander zu vereinen. Eine **theologisch zulässige Verwirklichung** muß jedoch verneint werden, weil die Grundtatsachen der Offenbarung des menschgewordenen Gottes und seine Gemeinschaft mit den Menschen nur als mögliche Variante der freimaurerischen Weltansicht verstanden und überdies nur von einem kleinen Teil der Maurer anerkannt werden.

11) Freimaurerei und Katholische Kirche

So wichtig die Unterscheidung zwischen kirchenfreundlicher, neutraler und kirchenfeindlicher Freimaurerei auch sein mag, ist sie im vorliegenden Zusammenhang doch irreführend, denn sie legt nahe, daß für Katholiken eine Mitgliedschaft lediglich bei der kirchenfeindlichen nicht in Frage käme. Nun hat sich die Untersuchung gerade auf jene Freimaurerei erstreckt, welche der Katholischen Kirche gegenüber wohlgesonnen ist; aber selbst hier mußten die unüberwindlichen Schwierigkeiten festgestellt werden.

12) Freimaurer und Evangelische Kirche

Gespräche haben 1973 auch auf dieser Ebene stattgefunden. Die evangelischen Gesprächsteilnehmer haben in ihrer Schlußerklärung vom 13. Oktober 1973 zwar die Möglichkeit einer Doppelmitgliedschaft dem „freien Ermessen des einzelnen überlassen".

Beachtlich aber ist, was hier in Ziff. 5 festgestellt ist: „Es war für die kirchlichen Gesprächspartner nicht möglich, sich über das Ritual in seiner Bedeutung und in seiner Erlebnisqualität eine abschließende Meinung zu bilden. Dabei bewegte sie die Frage, ob das Ritualerlebnis und die Arbeit des Maurers nicht die Rechtfertigung aus Gnaden in ihrer Bedeutung für den evangelischen Christen mindern könnten" (Information Nr. 58 der Evangelischen Zentralstelle für Weltanschauungsfragen 58/74, Seite 19).

V. ABSCHLIESSENDE STELLUNGNAHME

Mag auch die Freimaurerei aufgrund der in der nationalsozialistischen Ära erlittenen Verfolgung eine Wandlung im Sinne einer größeren Offenheit gegenüber anderen gesellschaftlichen Gruppen durchgemacht haben, so ist sie doch in ihrer Mentalität, ihrer Grundüberzeugung und ihrer Tempelarbeit sich völlig gleich geblieben.

Die aufgezeigten Gegensätze rühren an die Grundlagen der christlichen Existenz.

Die eingehenden Untersuchungen der freimaurerischen Ritualien und Geistigkeit machen deutlich: Die gleichzeitige Zugehörigkeit zur Katholischen Kirche und zur Freimaurerei ist ausgeschlossen.

10.6 Gespräch zwischen Freimaurern und Evangelischer Kirche (1973) [527]

Zwischen Vertretern der Vereinigten Groß-Logen von Deutschland und der Evangelischen Kirche haben mehrere Gespräche stattgefunden. Die kirchlichen Vertreter fassen das Ergebnis folgendermaßen zusammen:

1. Das Freimaurertum versteht sich nicht als Religionsgemeinschaft, die mit den christlichen Konfessionen oder anderen Religionen in Konkurrenz treten will. Andererseits ist für das Freimaurertum die Andersonsche Konstitution von 1723 in Geltung, die in Abschnitt I besagt: „Der Maurer ist als Maurer verpflichtet, dem Sittengesetz zu gehorchen; und wenn er die Kunst recht versteht, wird er weder ein engstirniger Gottesleugner, noch ein bindungsloser Freigeist sein."
2. Bei der Freimaurerei handelt es sich nach ihrem eigenen Verständnis um einen Bruderbund zur ethischen Vervollkommnung des Menschen. Diesem Ziel dienen auch die freimaurerischen Rituale und Symbole.
3. In ihrem Gottesverständnis und in ihrem ethischen Wollen steht die Freimaurerei in keinem ausschließenden Gegensatz zum Christentum. Sie bezeichnet in den abendländischen Logen die Bibel als das „erste große Licht".
4. Weil die Freimaurer unterschiedlichen Religionen und Konfessionen angehören, gibt es keine die Freimaurer insgesamt bindende Interpretation des Gottesglaubens im biblischen Verständnis. Die Aussagen über Gott und Jesus Christus, über die Bedeutung der Bibel und über das Verständnis vom Menschen werden daher von den einzelnen Freimaurern unterschiedlich akzentuiert. Das sollten evangelische Christen und Kirchen im Gespräch mit der Freimaurerei berücksichtigen.
5. Es war für die kirchlichen Gesprächspartner nicht möglich, sich über das Ritual in seiner Bedeutung und in seiner Erlebnisqualität eine abschließende Meinung zu bilden. Dabei bewegte sie die Frage, ob das Ritualerlebnis und die Arbeit des Maurers nicht die Rechtfertigung aus Gnaden in ihrer Bedeutung für den evangelischen Christen mindern könnten.
6. Sie haben es den freimaurerischen Gesprächspartnern abgenommen, daß das Ritual nach seiner Intention und seiner Gewichtig-

keit weder Ersatz für den Gottesdienst und das Sakrament ist, noch dem evangelischen Glauben entgegensteht.

7. Ein genereller Einwand gegen eine Mitgliedschaft evangelischer Christen in der Freimaurerei kann nach Meinung der evangelischen Gesprächsteilnehmer nicht erhoben werden. Die Entscheidung über die Mitgliedschaft in der Freimaurerei muß dem freien Ermessen des einzelnen überlassen werden.
8. Falls es in einzelnen evangelischen Landeskirchen Ordnungen geben sollte, die diesen Feststellungen entgegenstehen, sollten sie aufgehoben werden.
9. Bei auftretenden Schwierigkeiten sollten evangelische Kirche und Freimaurertum eine Möglichkeit haben, darüber Kontakt aufzunehmen.
10. Die evangelischen Teilnehmer baten die Freimaurer, in geeigneter Weise dazu beizutragen, daß ein höheres Maß von Information vermittelt wird, um Vorurteile abzubauen.

Tutzing, den 13. Oktober 1973.

Quelle

Wilhelm Quenzer, „Königliche Kunst" in der Massengesellschaft. Freimaurerei als Gruppenphänomen, EZW-Information 58, Stuttgart XII/1974, 18f.

10.7 Maßgebliche Verurteilungen der Freimaurerei durch die Katholische Kirche[528]

28.04.1738 **Clemens XII.: Bulle „In eminenti apostolatus specula“**
(CIC-Fontes,[529] I, Nr. 299, 656 f.)

Verbot (Verdammung) der Mitgliedschaft und jedweder Unterstützung bei Strafe der dem Papst vorbehaltenen Exkommunikation.
Begründung:
1. Gefahr des Indifferentismus und Synkretismus bzw. Deismus;
2. Irreführung der Menschen und Geheimhaltungspflicht,
3. das geheime Tun ist verdächtig und schadet der Ruhe im Gemeinwesen,
4. verdächtig der Ketzerei;
5. ein weiterer unbestimmter Grund.

14.01.1739 **Kardinalstaatssekretär Firrao: Durchführungsbestimmungen zur Bulle „In eminenti“**
(Vgl. J.A. Ferrer Benimeli, Origini, motivazioni ed effetti della condanna vaticana, in: Storia d'Italia, Annali 21, La Massoneria, A cura di Gian Mario Cazzaniga, Turin 2006, 143–165, 146 f.)

1. Verbot der Unterstützung der Freimaurerei bei Androhung der Todesstrafe
2. Konfiszierung des Vermögens ohne Aussicht auf Gnade.

Begründung: Gefahr für die Ruhe im Staate und die Sicherheit der Kirche.

18.05.1751 **Benedikt XIV.: Bulle „Providas romanorum pontificium“**
(CIC-Fontes, II, Nr. 412, 315–318)

Verbot der Mitgliedschaft und jedweder Unterstützung bei Strafe der (dem Papst vorbehaltenen) Exkommunikation.
Begründung:
1. Vermischung der Religionen stellt eine Gefahr für die Reinheit des christlichen Glaubens dar;
2. das geheime Tun ist verdächtig;
3. der zu leistende Eid;
4. kein freier Zugang und daher Verstoß gegen kirchliche und staatliche Gesetze;
5. Verbot der Freimaurerei auch durch weltliche Herrscher;
6. Merkmale der Verderbtheit und Untugenden.

14.09.1821 **Pius VII.: Konstitution „Ecclesiam a Iesu Christo“**
(CIC-Fontes, II, Nr. 479, 721–724)

1. Verbot der Mitgliedschaft und jedweder Unterstützung bei Strafe der dem Papst vorbehaltenen Exkommunikation.
2. Verbot der Lektüre und des Besitzes von freimaurerischer Literatur.
3. Aufforderung zur Denunziation von Freimaurern.

Begründung:
Freimaurerei ist Krebs und Pest der Gesellschaft.

13.03.1826 **Leo XII.: Konstitution „Quo graviora“**
(CIC-Fontes, II, Nr. 481, 727–733)

1. Verbot der Mitgliedschaft und jedweder Unterstützung der Geheimgesellschaften sowie Strafandrohung wegen Nichtanzeige der Mitglieder.
2. Warnung der katholischen Fürsten vor der Freimaurerei.

Begründung:
Die Geheimbünde bemühen sich um die Beseitigung der Religion und der weltlichen Autoritäten.

24.05.1829 **Pius VIII.: Enzyklika „Traditi humilitati nostrae“**
(Magnum Bullarium Romanum, Continuatio, Tomus XVIII, Pii VIII., Rom 1856, photomechanischer Nachdruck, Graz 1964, 17–20)

Programm seines Pontifikates.
1. Warnung vor den Gefahren der Geheimgesellschaften, die die jungen Menschen zu beeinflussen versuchen und zu einem zügellosen Leben verleiten.
2. Aufforderung zur Abwehr und Zerstörung dieser Geheimgesellschaften.

15.08.1832 **Gregor XVI.: Bulle „Mirari vos arbitramur“**
(CIC-Fontes, II, Nr. 458, 744–752)

Verantwortlichkeit der Geheimgesellschaften hinsichtlich religiösem Indifferentismus.

09.11.1846 **Pius IX.: Enzyklika „Qui pluribus“**
(CIC-Fontes, II, Nr. 504, 807–817)

Programm seines Pontifikates.
1. Verurteilung der Geheimgesellschaften als kirchenfeindliche Gruppen mit dem Ziel der Verwüstung der Kirche und des Staates.
2. Freimaurerlogen werden als Synagogen Satans bezeichnet.

20.04.1849 **Pius IX.: Ansprache an die Bischöfe „Quibus Quantisque“**
(CIC-Fontes, II, Nr. 507, 823–837)

1. Über die Entwicklung in Italien
2. Wiederholung der Verbote der Freimaurerei (und anderer Geheimgesellschaften)
3. Forderung nach öffentlicher Bekanntmachung des Verbots.

08.12.1864 **Pius IX.: Enzyklika „Quanta cura“**
(CIC-Fontes, II, Nr. 508, 837–849)

1. Warnung vor dem Einfluss der Aufklärung auf die Jugend und Anspruch auf die Gültigkeit päpstlicher Erlasse auch dort, wo die zivilen Gewalten entsprechende Gesetze nicht erlassen haben.
2. Ablehnung der Religions- und Gewissensfreiheit.

08.12.1864 **Pius IX.: Syllabus**
(ASS,[530] vol. III (1867), 168–176)

Im Anhang zur Enzyklika Quanta cura werden 80 Irrtümer dargestellt, wie z. B.:
- Betrachtung der Religion im Licht der Vernunft;
- Die katholische Religion wird nicht als einzig wahre anerkannt;
- Liberalismus.

Daher auch Verurteilung der Freimaurer.

25.09.1865 **Pius IX.: Ansprache an Kardinäle „Multiplices inter"**
(CIC-Fontes, II, Nr. 544, 1009–1012)

1. Erneute Verurteilung und Verbot der Freimaurerei (und anderer Geheimbünde), die sowohl offen als auch geheim gegen Kirche und Staat arbeitet
2. Beibehaltung der dem Papst vorbehaltenen Strafe der Exkommunikation.

12.10.1869 **Pius IX.: Konstitution „Apostolicae sedis moderationi"**
(CIC-Fontes, III, Nr. 552, 24–31; ASS, vol. V (1869), 287–312)

Neuordnung des Kirchenrechts:
1. Zuordnung der Mitgliedschaft bei den Freimaurern (sowie Unterstützung und Nichtanzeige von Führern von verbotener, gegen die Kirche und den Staat agierenden Gesellschaften) zum Katalog der dem Papst in einfacher Weise vorbehaltenen Tatstrafe der Exkommunikation.

21.11.1873 **Pius IX.: Enzyklika „Etsi multa luctuosa"**
(ASS, vol. VII (1872), 465–497)

1. Päpstliche Warnung vor den von den Freimaurern ausgehenden Gefahren für die Kirche in Italien und Deutschland
2. Aufforderung, sich gegen die häretischen Kräfte zu wehren, von deren sozialem Engagement man sich nicht täuschen lassen solle.
3. Die Freimaurer seien die Helfer Satans.

20.04.1884 **Leo XIII.: Enzyklika „Humanum genus"**
(ASS, vol. XVIII (1883–1884), 417–433)

Beschreibt das Reich Gottes gegen das Reich Satans und die Anhänger des Bösen, die Freimaurer.
Verurteilung der christ- und staatsfeindlichen Freimaurer wegen
1. Geheimnispflicht,
2. Absicht, die christliche Staatsform zu zerstören und die Freiheit der Kirche einzuschränken,
3. religiösem Indifferentismus;
4. gottlosem Frevel;
5. Gefahr für Familie und Staat.

10.05.1884 **Leo XIII.: Instructio „Ad gravissima avertenda"**
(CIC. Fontes, IV, Nr. 1085, 415–419)

Tatstrafe der Exkommunikation für alle Mitglieder der Freimaurerlogen und anderer durch Eid verpflichtenden Geheimgesellschaften.

15.10.1890	**Leo XIII.: Schreiben „Dall'alto dell'Apostolico seggio"** (ASS, vol. XXIII (1890–91), 193 -206) Aufruf zur Verteidigung der christlichen Werte gegen den Einfluss der Freimaurer auf die italienische Staatsverfassung und Italien.
08.12.1892	**Leo XIII.: Schreiben „Inimica vis"** (ASS, vol. XXV. (1892–93), 274–277) Über die Freimaurerei in Italien. Erneuter Aufruf an die italienischen Bischöfe, sich gegen die von den Freimaurern ausgehende Gefahr für die christliche Zivilisation zur Wehr zu setzen.
08.12.1892	**Leo XIII.: Enzyklika „Custodi di quelle fede"** (Vgl. Archiv für katholisches Kirchenrecht. Paderborn 1999. 69 (1893), 148–157) Aufruf an das italienische Volk, sich gegen die Freimaurer als Wegbereiter des Sozialismus und Kommunismus zu wappnen.
20.06.1894	**Leo XIII.: Brief „Plaecara gratulationis publicae"** (CIC-Fontes, III, Nr. 625, 441–450) 1. Warnung an die Fürsten und die Völker, sich die von den Freimaurern ausgehende Gefahr für Kirche und Zivilgesellschaft bewusst zu machen. 2. Wesentlich ist die Einheit im Glauben.
19.03.1902	**Leo XIII.: Schreiben „Annum ingressi sumus"** (ASS, vol.)XXXIV (1901–1902), 513–532) 1. Identifizierung der Freimaurer als Urheber der Angriffe gegen die Kirche 2. Verfolgung durch die Freimaurer als im Geiste Satans lebend.
1917	**Pius X.: Codex Iuris Canonici c. 2335 (CIC/1917)** Verbot der Mitgliedschaft in Freimaurerlogen bei der dem Papst vorbehaltenen Tatstrafe der Exkommunikation.
18.07.1974	**Kardinal Seper: Schreiben der Kongregation für die Glaubenslehre** (AAS, [531] vol. LXXIII (1981), 240 f.) 1. Feststellung des nicht einheitlichen Erscheinungsbildes der Freimaurerei in verschiedenen Ländern. 2. Einschränkung des Erfüllungstatbestandes auf gegen die Kirche agierende Freimaurerlogen. 3. Unbedingtes Verbot der Mitgliedschaft für Kleriker und Ordensleute.
12.04.1980	**Erklärung der Deutschen Bischofskonferenz** (Pressedienst des Sekretariats der Deutschen Bischofskonferenz, Dokumentation 10/1980 vom 12.05.1980) Mitgliedschaft in der Freimaurerei und der katholischen Kirche ist unvereinbar.

17.02.1981	**Kardinal Seper: Erklärung der Kongregation für die Glaubenslehre** (AAS, vol. LXXIII (1981), 240 f.)

1. Korrigierende Interpretation des Schreiben vom 18.07.1974
2. Hinweis auf die Fortgeltung des can. 2335 CIC: die kirchenrechtlichen Regelungen – und daher auch die Exkommunikation – sind unverändert.

26.11.1983	**Kardinal Ratzinger: Erklärung der Kongregation für die Glaubenslehre** (AAS, vol. LXXVI (1984), S. 300)

1. Unverändertes Urteil der Kirche über die Freimaurerei.
2. Mitgliedschaft von Katholiken in Freimaurerlogen ist schwere Sünde.
3. Keine Entscheidungen in dieser Frage durch die Ortskirchen.

10.8 Eine Auswahl berühmter Freimaurer[532] [533] [534] [535] [536] [537] [538] [539] [540]

Allende, Salvador (1908–1973), chilenischer Staatspräsident

Amundsen, Roald (1872–1928), norwegischer Polarforscher

Anderson, James (ca. 1680–1739), Prediger der schottischen Presbyterianer, Verfasser der »Alten Pflichten«

Armstrong, Louis (1900–1971), amerikanischer Jazzmusiker

Atatürk, Mustafa Kemal Pascha, (1881–1938), „Vater" der modernen Türkei

Benes, Eduard (1884–1948), Präsident der tschechoslowakischen Republik

Böhm, Karl-Heinz (1928), Schauspieler, Begründer des Hilfswerkes »Menschen für Menschen«

Bolivar, Simon (1783–1830), südamerikanischer Freiheitskämpfer

Born, Ignaz Edler von, (1742–1791), österreichischer Mineraloge und Geologe, Hofrat und Mitglied der Akademie der Wissenschaften

Brehm, Alfred (1829–1884), Zoologe

Büchner, Georg (1813–1837), deutscher Dramatiker

Buonarotti, Filippo (1761–1837), italienischer Freiheitskämpfer

Cavour, Camillo (1810–1861), italienischer Staatsmann

Chaplin, Charles Spencer (1889–1977), Regisseur

Chrysler, Walter (1875–1940), Autohersteller

Churchill, Sir Winston Leonard Spencer (1874–965), Britischer Staatsmann, Premierminister, Schriftsteller und Literatur-Nobelpreisträger (1953)

Coudenhove-Kalergi, Richard, (1894–1972), Begründer der Paneuropa-Bewegung

Danton, Georges (1759–1794), Gründer des französischen Revolutionstribunals

Dunant, Henry (1828–1910), Begründer des Roten Kreuzes, Friedensnobelpreis; die Zugehörigkeit zur Freimaurerei wird seitens der Stiftung bestritten und ist eher unwahrscheinlich.

Fichte, Johann Gottlieb (1762--814), deutscher Philosoph

Fleming, Sir Alexander, (1881–1955), Erfinder des Penicillin

Ford, Henry (1863–1947), Autohersteller

Franklin, Benjamin, (1706–1790), Unterzeichner der amerikanischen Verfassung

Franz I., (Franz Stephan von Lothringen), (1708–1765), ab 1745 Kaiser Franz I. des Heiligen Römischen Reiches

Fried, Alfred (1864–1921), österreichischer Schriftsteller, Friedensforscher

Friedrich II., (1712–1786), „der Große", König von Preußen

Gable, Clark (1901–1960), amerikanischer Filmschauspieler

Garibaldi, Giuseppe, (1807–1882), italienischer Freiheitskämpfer

Gebler, Tobias (1726–1786), k.k. Staatsrat unter Maria Theresia, Schulreformator

George VI., (1895–1952), König von England

Gershwin, George (1898–1937), amerikanischer Komponist

Goethe, Johann Wolfgang von (1749–1832), deutscher Dichter, Dramatiker

Gustav VI., Adolf (1882–1973), König von Schweden

Hanusch, Ferdinand, (1866–1923), Schöpfer des österreichischen Arbeitsrechts

Haydn, Joseph, (1732–1809), österreichischer Komponist

Heine, Heinrich (1797–1856), deutscher Dichter

Herder, Johann Gottfried von, (1744–1803), Dichter und Pholosoph

Hoover, John Edgar (1895–1972), Direktor des FBI

Iffland, August Wilhelm, (1759–1814), Schauspieler und Dramatiker

Johnson, Lyndon B. (1908–1973), 36. Präsident der USA

Kaunitz, Wenzel Anton Fürst (1711–1794), österreichischer Staatskanzler. Ab 1761 Mitglied L Herkules in Schweidnitz

Kipling, Joseph Rudyard (1865–1936), Schriftsteller, Literatur-Nobelpreisträger (1907)

Knigge, Freiherr Adolph, (1752–1796), Schriftsteller

Kossuth, Lajos (1802–1894), ungarischer Freiheitskämpfer

Lessing, Gotthold Ephraim, (1729–1781), deutscher Dichter und Dramatiker

Liszt, Franz (1811–1886), ungarischer Komponist

Marshall, George, (1880–1759), Initiant des Marshall-Planes

Mesmer, Friedrich Anton (1733–1815), Entdecker des Magnetismus

Metternich-Winneburg, Franz Georg, Graf von, (1746–1818), österreichischer Staatsmann, Vater des Staatskanzlers Franz I.

Mozart, Wolfgang Amadeus (1756–1791), Musik- und Opernkomponist

Nehru, Motilal Pandit, (1861–1931), Vater des Ministerpräsident Indiens Jawaharlal Pandit Nehru

Nelson, Horatio (1758–1805), englischer Admiral

Philipp, Herzog von Edinburgh, (1921–), Gemahl der englischen Königin Elisabeth II.

Puccini, Giacomo, (1858–1924), italienischer Komponist

Puschkin, Alexander (1799–1837), russischer Schriftsteller

Roosevelt, Franklin Delano (1882–1945), 32. Präsident der USA

Roosevelt, Theodore (1858–1919), 26. Präsident der USA

Rothschild, James de, (1792–1868), französischer Bankier

Schacht, Hjalmar (Horace) (1877–1970), Präsident der Deutschen Staatsbank

Schikaneder, Emanuel, (1751–1812), Schauspieler und Regisseur

Schliemann, Heinrich (1822–1890), Entdecker von Troja

Schuhmeier, Franz (1864–1913), österreichischer sozialdemokratischer Politiker

Sibelius, Jean (1865–1957), finnischer Tondichter

Sinowatz, Fred (1929–2008), österreichischer Bundeskanzler

Sonnenfels, Joseph Freiherr von, (1732–1817), Hofrat österreichische Hofkanzlei

Springer, Axel Caesar (1912–1985), deutscher Verleger

Stresemann, Gustav (1878–1929), deutscher Staatsmann, Friedensnobelpreisträger

Swieten, Gerhard van, (1700–1772), Leibarzt Maria Theresias

Mitgliedschaft wird immer wieder behauptet, erscheint eher unwahrscheinlich (da erst 1770 wieder in Wien eine Loge gegründet wurde)

Talleyrand-Perigard, Charles Maurice (1754–1838), französischer Staatsmann

Tandler, Julius (1869–1936), österreichischer sozialdemokratischer Gesundheitspolitiker

Truman, Harry, (1884–1972), 33. Präsident der USA, befahl den Abwurf der Atombombe

Tschiang, Kai-schek (1887–1975), chinesischer General

Tucholsky, Kurt (1890–1935), Schriftsteller

Twain, Mark (1835–1910), amerikanischer Schriftsteller

Voltaire [Francois Marie Arouet] (1694–1778), französischer Schriftsteller, Philosoph

Washington, George (1732–1799), 1. Präsident der USA

Wilde, Oscar (1854–1900), englischer Schriftsteller

Wilhelm I., (1797–1888), König von Preußen, ab 1871 Kaiser von Deutschland

10.9 Internet-Links

Titel	Land	URL
Freimaurermuseum Rosenau	A	www.freimaurermuseum.at
Großloge von Österreich der Alten Freien und Angenommenen Maurer	A	keine Internetadresse
Le Droit Humain Österreichische Föderation (Internat. Orden der Freimaurerei für Männer und Frauen) (von der GL v England nicht anerkannt)	A	www.droit-humain.org/osterreich
Großorient von Österreich–Liberaler Freimaurerbund (von der GL v England nicht anerkannt)	A	www.freimaurer.at
Liberale Großloge von Österreich (von der GL v England nicht anerkannt)	A	www.liberale-grossloge.at
Universaler österreichischer Freimaurer-Orden Hermetica (von der GL v England nicht anerkannt)	A	www.freimaurer-hermetica.at
Forschungslogen Quatuor Coronati von Deutschland und Österreich	A, D	www.qc-eu.eu
Freimaurerloge Catena Humanitas (Informationen über Freimaurerei, Loge u.a.)	CH	www.freimaurer.ch/verschiedenes/links.shtml
Schweizerische Großloge Alpina	CH	www.freimaurerei.ch

A.A.S.R. Alter und Angenommener Schottischer Ritus – Oberster Rat für Deutschland	D	www.aasr.net
American Canadian Grand Lodge AF&AM Within the United Grand Lodges of Germany	D	www.freimaurer.org/acgl
Deutsches Freimaurermuseum Bayreuth	D	http://museum.freimaurer.org
Die Bauhütte Verlags KG	D	www.bauhuettenverlag.de
Die Bibliothek des Deutschen Freimaurer-Museums in Bayreuth	D	www.freimaurer.org/bibliothek
Die Maurer vom Königlichen Bogen von Deutschland Die Kryptischen Maurer von Deutschland	D	www.york-ritus.de
Freimaurer-Diskussionsforum in Deutschland	D	www.koeniglische-kunst.de
Freimaurerei – deutsche Linksammlung	D	www.internetloge.de/hotlinks/hyplink.htm
Freimaurerische Werke und Masonica	D	www.hiram-verlag.de
Freimaurerliteratur-Liste auf Müller Science	D	http://www.muellerscience.com/ESOTERIK/Freimaurerei_Literatur/Lit_Freimaurerei_allg.htm
Große Landesloge der Freimaurer von Deutschland	D	www.freimaurerorden.de
Große National-Mutterloge »Zu den drei Weltkugeln«	D	www.3wk.org
Großloge der Alten Freien und Angenommenen Maurer von Deutschland	D	www.freimaurerei.de
Großloge der Alten Freien und Angenommenen Maurer von Deutschland –Forschungsloge Quatuor Coronati	D	http://www.freimaurerei.de/index.php?id=237
Internationaler Orden der Co-Freimaurerei „Le Droit Humain" (von der GL v England nicht anerkannt)	D	www.droit-humain.org
Internetloge.de Portal zur Welt der Freimaurerei	D	www.internetloge.de
Netzwerk Freimaurerforschung	D	www.freimaurerforschung.de

The Grand Lodge of British Freemasons in Germany	D	http://www.gl-bfg.com/cms/
Vereinigte Großlogen von Deutschland – Bruderschaft der Freimaurer	D	www.freimaurer.org
Vereinigte Großlogen von Deutschland – Bruderschaft der Freimaurer FAQ – Frequently Asked Questions	D	www.freimaurer.org/faq/index.htm
Freemasonry and Fraternal Organizations-Rituals (dutch, english, german)	NL	www.stelling.nl/vrijmetselarij/ritualen.html
Centre für Research into Freemasonry, University of Sheffield	UK	www.shef.ac.uk/%7Ecrf
Internet Lodge 9659	UK	www.internet.lodge.org.uk
Quatuor Coronati England	UK	www.quatuorcoronati.com
The library and museum of freemasonry Freimaurer-Museum und Bibliothek in London	UK	http://freemasonry.london.museum
The United Grand Lodge of England) (Vereinigte Großloge von England, London)	UK	www.grandlodge-england.org
General Grand Chapter Royal Arch Masons International	USA	http://www.yorkrite.com/chapter
Internet-Suchmaschine zur Freimaurerei (englisch)	USA	www.masonry.com
Masonic informations and articles	USA	www.bessel.org
Der Heilige Stuhl – Der Papst und vatikanische Ämter, Archive und Texte	VA	http://www.vatican.va/phome_ge.htm

11 Verzeichnisse

11.1 Anmerkungen

1 BARESCH Kurt: Auswahl der wichtigsten Briefe zwischen Kardinal König und Kurt Baresch vom März 1968–September 2003, während des Dialog's: „Kath. Kirche und Freimaurerei", Kardinal König zum Vermächtnis, Linz 2006. Anhang 11.

2 Aus Gründen der freimaurerischen Deckung seien hier nur die Initialen angeführt; und unüblicherweise auch die akademischen Titel.

3 LEOPOLD Heinrich: Was bleibt. Gedichte und Aphorismen für Freimaurer. Wien 2007. 7.

4 GÖLLER Bernhard: Die Königliche Kunst an den Universitäten. Habilitationen, Dissertation, Diplomarbeiten über Freimaurerei. In: Quatuor Coronati Wien (Hrsg.): Europäische Freimaurerei nach dem Ende des zweiten Weltkriegs, Forschungsbeiträge aus den Jahren 2007–2008, Heft Nr. 28, Wien 2008. 19–38. 1.

5 Göller: Die Königliche Kunst. 12.

6 GROSSLOGE DER ALTEN FREIEN UND ANGENOMMENEN MAURER VON DEUTSCHLAND: Leitgedanken der Freimaurerei. In: http://www.freimaurerei.de/index.php?id=9

7 Lt. Lennhoff/Posner: Freimaurerlexikon: geb. 1744, gest. 1816; Theaterdirektor in Hamburg; Gestalter des „Schröder Rituals", das heute in Deutschland und Österreich in Verwendung ist.

8 LENNHOFF Eugen/POSNER Oskar: Internationales Freimaurerlexikon. Wien 1932, unveränderter Neudruck, München 1980. 531.

9 BINDER Dieter: Die Freimaurer. 2. Auflage, Freiburg/Basel/Wien 2000.

10 GROSSLOGE VON ÖSTERREICH: Ritual 1. Grad mit Rezeption. Wien 2008. 20f.

11 Binder: Freimaurer. 172.

12 HUBERT Rainer: Freimaurerei – Versuch einer Beschreibung. In: Museumsverein Schloß Rosenau (Hrsg.): Österreichisches Freimaurer-Museum Rosenau bei Zwettl, Wien 2005, S 14–23. 14.

13 Hubert: Freimaurerei. 15.

14 Hubert: Freimaurerei. 17.

15 BASLER LOGEN: Was ist Freimaurerei. Unter: http://www.basler-logen.ch

16 Vgl. GIESE Alexander: Freimaurer heute. Lebens- und Geisteshaltung, Wien 2007. 78f.

17 SCHWEIZERISCHE GROSSLOGE ALPINA: Grundsätze der Schweizerischen Großloge Alpina. Unter: http://www.freimaurerei.ch/d/index-d.htm

18 GROSSLOGE VON ÖSTERREICH: Satzungen und Konstitution. Wien 2004. 20.

19 GROSSLOGE VON ÖSTERREICH: Die Pflichten eines Freimaurers–„Alte Pflichten". In: Großloge von Österreich (Hrsg.): Satzungen und Konstitution. Wien 2004. 8.

20 APPEL Rolf: Die großen Leitideen der Freimaurerei. Münster 1986. 46, 63.

21 HISTORISCHES MUSEUM DER STADT WIEN: Freimaurer. Solange die Welt besteht, Katalog zur 165. Sonderausstellung, 18.9.1992–10.1.1993, Wien 1992. 289.

22 UNITED GRAND LODGE OF ENGLAND: Principles. Unter: http://www.ugle.org.uk/masonry/freemasonrys-external-relations.htm

23 Vgl. DIERICKX Michel: Freimaurerei die große Unbekannte. Ein Versuch zu Einsicht und Würdigung, Frankfurt/Hamburg 1968. 142f.
24 Appel: Die großen Leitideen. 13.
25 Großloge von Österreich: Satzungen. 7.
26 Großloge von Österreich: Satzungen. 14.
27 Großloge von Österreich: Satzungen. 20.
28 Großloge von Österreich: Satzungen. 20.
29 Lennhoff/Posner: Freimaurerlexikon. 13.
30 ANDERSON James: The Constitutions of the Free-Masons. In: Jung Hans Joachim (Hrsg.): Die Verfassung der Frei-Maurer, Nachdruck, Bonn 2007. 25.
31 Lennhoff/Posner: Freimaurerlexikon. 14.
32 Anderson: The Constitutions. 13.
33 GRAND LODGE OF BRITISH COLUMBIA AND YUKON: The Constitutions of the Free Masons. Unter: freemasonry.bcy.ca/history/anderson/frontispiece.html (9.9.2008).
34 Anderson: The Constitutions. 5, 7, 23, 23.
35 Großloge von Österreich: Die Pflichten eines Freimaurers. 8. Die gesamten „Alten Pflichten“ befinden sich im Anhang.
36 Lennhoff/Posner: Freimaurerlexikon. 23f.
37 REINALTER Helmut: Handbuch der freimaurerischen Grundbegriffe. Innsbruck 2002. 116.
38 Reinalter: Handbuch. 117.
39 Binder: Freimaurer. 179.
40 RUNKEL Ferdinand: Geschichte der Freimaurerei. Rheda-Wiedenbrück u.a. 2007. 13.
41 Vgl. PÖHLMANN Matthias: Freimaurer. Wissen was stimmt, Freiburg im Breisgau 2008. 22.
42 Vgl. GEHMACHER Ernst: Die gesellschaftliche Wirkung der Freimaurerei: gestern, heute, morgen. In: Reinalter Helmut: (Hrsg.): Zeitschrift für internationale Freimaurerforschung, 6/2001, Innsbruck 2001. 39–56. 51.
43 Mehrfachantworten möglich. Befragte, die mit „viel“ oder „sehr viel“ geantwortet haben.
44 Gehmacher: Die gesellschaftliche Wirkung. 51 und 53.
45 Vgl. Gehmacher: Die gesellschaftliche Wirkung. 42f.
46 Vgl. Gehmacher: Die gesellschaftliche Wirkung. 51.
47 MUSEUMSVEREIN SCHLOSS ROSENAU (Hrsg.): Wandtafeln. In: Österreichisches Freimaurer-Museum Schloß Rosenau bei Zwettl, Wien 2005. 150,151.
48 KRAUS Michael (Hrsg.): Die Freimaurer. Wien 2007. 80c.
49 DOSCH Reinhold: Deutsches Freimaurer-Lexikon. Bonn 1999. 282f.
50 Vgl. ZUNNECK Karl-Heinz: Die geheimen Zeichen und Rituale der Freimaurer. Rottenburg 2002. 109.
51 F. F.: Tapis 1., 2., 3. Grad. Fotografiert am 17.9.2008.
52 Großloge von Österreich: Ritual 1. Grad. 19f.
53 GROSSLOGE VON ÖSTERREICH: Ritual 3. Grad. Wien 1998. 25.
54 MvSt: Meister vom Stuhl; R: Redner; 1.A: erster Aufseher; 2.A: zweiter Aufseher
55 GROSSLOGE VON ÖSTERREICH: Ritual 2. Grad. Wien 1997. 51.
56 Vgl. Giese: Freimaurerei heute. 42.
57 Dosch: Deutsches Freimaurer-Lexikon. 54.

58 REINALTER Helmut: Die Freimaurer. München 2000 und 2006. 35.

59 JUNG Hans-Joachim: Der Große Baumeister aller Welten. Als ob es ihn gäbe, ein freimaurerischer Zentralbegriff als heuristische Fiktion, Bonn 1997. 1.

60 PRESSEDIENST DES SEKRETARIATS DER DEUTSCHEN BISCHOFSKONFERENZ: Erklärung der Deutschen Bischofskonferenz zur Frage der Mitgliedschaft von Katholiken in der Freimaurerei. 10/80 vom 12.5.1980. Bonn 1980.

61 Vgl. Lennhoff/Posner: Freimaurerlexikon. 134.

62 STIEGNITZ Peter: Gott ohne Kirche. Religion und Freimaurerei, Wien 2003. 172.

63 Stiegnitz: Gott ohne Kirche. 172.

64 Vgl. Stiegnitz: Gott ohne Kirche. 173.

65 Stiegnitz: Gott ohne Kirche. 173.

66 WOLF Günter: „Kreationismus" und „Intelligent Design" versus „Großer Baumeister aller Welten". In: TAU, Zeitschrift der Forschungsloge Quatuor Coronati, Bayreuth, Nr. I/2007, Köln 2007. 89–91. 90.

67 Wolf: „Kreationismus". 90.

68 KRAMER Denis: Vom ‚Großen Baumeister aller Welten' zum ‚Großen Designer aller Welten'. In: Zeitschrift der Forschungsloge Quatuor Coronati Bayreuth (Hrsg.): TAU Nr. I/2007, Köln 2007. 92–99. 97.

69 FISCHER Hans A.: Die Fraglichkeit des Gottesbegriffes, oder das Nichts als unerklärbares Phänomen und seine Konsequenz! In: Zeitschrift der Forschungsloge Quatuor Coronati Bayreuth (Hrsg.): TAU Nr. I/2007, Bayreuth 2007. 100–109. 107.

70 Fischer: Die Fraglichkeit. 109.

71 KÖRTING Walter: ABaW, ein freimaurerisches Symbol. Münster 1990. 53.

72 Bedeutender theoretischer Physiker, lehrt an den Universitäten Wien, New York.

73 Vgl. CAP Ferdinand: Ein Ende der Religionen? Naturwissenschaftliche und religiöse Weltbilder, Wien 2005. 160.

74 Vgl. Cap: Ein Ende der Religionen? 182.

75 Cap: Ein Ende der Religionen? 204.

76 WOLF Günter: Das Religiöse in der Freimaurerei aus der Sicht nichtchristlicher Religionen. . In: Forschungsloge Quatuor Coronati Bayreuth (Hrsg.): Quatuor Coronati Jahrbuch 41/2004, Bayreuth 2004. 101–114. 102.

77 APPEL Rolf: Freimaurerei. Eine Universalreligion. Bonn 1995. 1.

78 HÖDL Günther: Freimaurerisches Menschenbild und Alte Pflichten. In: Freimaurer-Akademie der Großloge von Österreich (Hrsg.): Masonische Wege in das neue Jahrhundert, Wien 1999. 7–14. 8.

79 Hödl: Freimaurerisches Menschenbild. 9f.

80 STIEGNITZ Peter: Freimaurerei als Lebenskunst. In: Freimaurer-Akademie der Großloge von Österreich (Hrsg.): Masonische Wege in das neue Jahrhundert, Wien 1999. 15–21. 16f.

81 Vgl. APPEL Rolf: Unsere Aufgaben in dieser Welt. Unsere Werte für diese Welt, Bonn 1989. 6f.

82 Kraus: Die Freimaurer. 58.

83 Vgl. Kraus: Die Freimaurer. 58.

84 DI BERNARDO Giuliano: Die neue Utopie der Freimaurerei. Wien 1997. 35.

85 Reinalter: Die Freimaurer. 43.

86 Reinalter: Die Freimaurer. 49.

87 N. N.: 10 Gebote für Freimaurer. In: Das deutsche Freimaurermagazin humanität, Nr. 7, Oktober 1993, Hamburg 1993. U 1.

88 Dosch: Deutsches Freimaurer-Lexikon. 112.

89 GORISSEN Burkhardt: Freimaurerei. Fragen und Antworten. Viersen 2001. 15.

90 Gorissen: Freimaurerei. 20.

91 Gorissen: Freimaurerei. 29.

92 DI BERNARDO Giuliano: Die Freimaurer und ihr Menschenbild. Wien 1989. 64.

93 Di Bernardo: Die Freimaurer. 64.

94 Vgl. BADILATTI Marco: Freimaurerei zwischen Ideal, Alltag und Zukunft. Unter: http://www.modestia-cum-libertate.ch:80/freimaurerei.htm.

95 Vgl. REINALTER Helmut: Das Europa der Zukunft – die Zukunft der Freimaurerei. In: Reinalter Helmut (Hrsg.): Zeitschrift für internationale Freimaurerforschung, 15/2006, Innsbruck 2006. 61–63. 61.

96 Reinalter: Das Europa der Zukunft. 62.

97 FISCHER Heinz: Kirche und Freimaurerei – ein Gegensatz ?. In: Zeitschrift der Forschungsloge Quatuor Coronati Bayreuth (Hrsg.): TAU II/2004, Bayreuth 2004. 89–91. 90.

98 Di Bernardo: Die Freimaurer. 99f.

99 GRÜN Klaus-Jürgen: Philosophie der Freimaurerei. Eine interkulturelle Perspektive, Nordhausen 2006. 107.

100 BIEDERMANN Hans: Das verlorene Meisterwort. Bausteine zu einer Kultur- und Geistesgeschichte des Freimaurertums, Neuausgabe, München 1988. 43.

101 Vgl. Wolf: Das Religiöse in der Freimaurerei. 103.

102 KRAUS Michael: Freimaurerei und Religion. In: Blaue Blätter 3/2008. 1.

103 Kraus: Freimaurerei und Religion. 3.

104 Kraus: Freimaurerei und Religion. 4.

105 Kraus: Die Freimaurer. 84.

106 Kraus: Die Freimaurer. 85.

107 Kraus: Freimaurerei und Religion. 7.

108 Vgl. Kraus: Freimaurerei und Religion. 7.

109 Vgl. Binder: Freimaurer. 31.

110 Vgl. Binder: Freimaurer. 33f.

111 einem gläubigen Calvinist der Presbyterianischen Kirche

112 Dierickx: Freimaurerei. 35.

113 Vgl. Dierickx: Freimaurerei. 35.

114 Binder: Freimaurer. 38.

115 BARESCH Kurt: Katholische Kirche und Freimaurerei. Ein brüderlicher Dialog 1968 bis 1983, Wien 1983. 20.

116 Vgl. Dierickx: Freimaurerei. 61f.

117 MELLOR Alec: Unsere getrennten Brüder – Die Freimaurer. Graz 1964. 7.

118 Vgl. Mellor: Unsere getrennten Brüder. 8.

119 Vgl. Mellor: Unsere getrennten Brüder. 99.

120 Vgl. Baresch: Katholische Kirche 1968–1983. 24.

121 Vgl. http://de.wikipedia.org/wiki/Liste_p%C3%A4pstlicher_Rechtsakten_und_Verlautbarungen_gegen_die_Freimaurerei_und_Geheimb%C3%BCnde. 9.8.2008

122 Vgl. Dierickx: Freimaurerei. 64.

123 Vgl. Dierickx: Freimaurerei. 64f.

124 Historisches Museum der Stadt Wien: Freimaurer. 182.

125 Vgl. Dierickx: Freimaurerei. 69f.
126 Vgl. MIKOLETZKY Lorenz: Kaiser Joseph II. Herrscher zwischen den Zeiten, Göttingen 1990. 86f.
127 REINALTER Helmut: Freimaurerei, Aufklärung und Josephinismus. In: Museumsverein Schloß Rosenau (Hrsg.): Österreichisches Freimaurer-Museum Rosenau bei Zwettl, Wien 2005. 24–27. 24.
128 Reinalter: Freimaurerei. 25.
129 Vgl. Mikoletzky: Kaiser Joseph II. 77.
130 JOSEPH II.: Handbillett Freymaurergesellschaften. In: Wiener Zeitung vom 21.12.1785, Wien 1785. 2937. 2937f.
131 Vgl. FRICK Karl R .H.: Satan und die Satanisten. Ideengeschichtliche Untersuchungen zur Herkunft der komplexen Gestalt „Luzifer/ Satan/Teufel", ihrer weiblichen Entsprechungen und ihrer Anhängerschaft, Teil 3: Satanismus und Freimaurerei, Eine Dokumentation bis zur Gegenwart, Graz 1986. 22.
132 Dierickx: Freimaurerei. 85.
133 MÜLLER Joachim: Freimaurerei und katholische Kirche. Ängste-Auseinandersetzungen-Dialogversuche, Freiburg 1995. 11.
134 Dierickx: Freimaurerei. 89.
135 UTZ Arthur/GALEN Brigitta Gräfin von (Hrsg.): Die katholische Sozialdoktrin in ihrer geschichtlichen Entfaltung. Eine Sammlung päpstlicher Dokumente vom 15.Jahrhundert bis in die Gegenwart, Originaltexte in Übersetzung, Aachen 1976. 73.
136 LEO XIII.: Enzyklika Humanum genus – über Wesen und Gefahr der Freimaurerei. Rom 1884, unter: http://www.kathpedia.com/index.php/Humanum_genus_%28Wortlaut%29. (Gesamter Text im Anhang)
137 Leo XIII: Humanum genus.
138 Vgl. Binder: Freimaurer. 83.
139 Mellor: Unsere getrennten Brüder. 341.
140 Vgl. Lennhoff/Posner: Freimaurerlexikon. 825.
141 Vgl. Mellor: Unsere getrennten Brüder. 342.
142 Binder: Freimaurer. 89.
143 Lennhoff/Posner: Freimaurerlexikon. 2.
144 Lennhoff/Posner: Freimaurerlexikon. 2.
145 Lennhoff/Posner: Freimaurerlexikon. 644.
146 Lennhoff/Posner: Freimaurerlexikon. 645.
147 Nach Kraus: Die Freimaurer.109.
148 Lennhoff/Posner: Freimaurerlexikon. 1096f.
149 MUSEUMSVEREIN SCHLOSS ROSENAU (Hrsg.): Der kurze Traum 1918–1938. Sonderausstellung 1988/89. Wien 1988. 22.
150 Vgl. NEUBERGER Helmut: Freimaurerei und Nationalsozialismus. Die Verfolgung der deutschen Freimaurerei durch völkische Bewegung und Nationalsozialismus 1918–1945, Bd. 1 und 2, Hamburg 1980. 61.
151 Vgl. MINDER Robert: Freimaurerei Politiker Lexikon. Innsbruck 2004. 153.
152 Vgl. QUATUOR CORONATI WIEN (Hrsg.): Quellen zur Geschichte der österreichischen Freimaurerei 1918–1938. In: Quellen zur freimaurerischen Geschichtsforschung, 5/1991, Wien 1991. 52.
153 KUESS Gustav/SCHEICHELBAUER Bernhard: 200 Jahre Freimaurerei in Österreich. Wien 1959. 220.

154 HUBERT Rainer: Die österreichische Freimaurerei 1918–1938. In: Museumsverein Schloß Rosenau (Hrsg.): Der kurze Traum. Freimaurerei in Österreich 1918–1938, Wien 1988. 9–21. 20f.

155 Knittler: Der verlorene Koffer. 4.

156 Vgl. KNITTLER Norbert: Der verlorene Koffer. Eine Geschichte der österreichischen Freimaurerei während des Nationalsozialismus. Wien 2004. 43.

157 Vgl. Knittler: Der verlorene Koffer. 7.

158 Vgl. GÖHRING Walter: Die turbulenten Jahre nach dem Krieg. Die Wiedergeburt der österreichischen Freimaurerei nach 1945, in: Quatuor Coronati Berichte: Die Wiedergeburt der österreichischen Freimaurerei, Dokumente aus den ersten Nachkriegsjahren, Heft 25, Wien 2005. 7–110. 24f.

159 Göhring: Die turbulenten Jahre. 53.

160 Göhring: Die turbulenten Jahre. 86.

161 Göhring: Die turbulenten Jahre. 88,89.

162 Kuess/Scheichelbauer: 200 Jahre Freimaurerei in Österreich. 244f.

163 Ernst: Zwei neue Äußerungen .

164 ERNST Michael: Zwei neue Äußerungen zum Problem Freimaurerei und Kirche. Wiener Katholische Akademie, Miscellanea Nr. 101, Wien 1983. 1.

165 Ernst: Zwei neuere Äußerungen. 3.

166 Kuess/Scheichelbauer: 200 Jahre Freimaurerei in Österreich. 249f.

167 RAHNER Karl/VORGRIMLER Herbert (Hrsg.): Kleines Konzilskompendium. Freiburg im Breisgau 1989. 21.

168 Rahner/Vorgrimler: Konzilskompendium. 25.

169 Vgl. VATIKAN: Dokumente des II. Vatikanischen Konzils. Unter: http://www.vatican.va/archive/hist_councils/ii_vatican_council/index_ge.htm.

170 KÖNIG Franz: Der Weg der Kirche. Düsseldorf 1986. 13.

171 Vgl. Müller: Freimaurerei. 22.

172 KÜNG Hans: Freimaurertum und Kirche. Unter: http://www.freimaurerei.de/index.php?id=1879. 2.

173 Rahner/Vorgrimler: Konzilskompendium. 662.

174 Rahner/Vorgrimler: Konzilskompendium. 674.

175 Vgl. PÖSCHL Gerald: Der Dialog zwischen Katholischer Kirche und Freimaurerei nach dem zweiten Vatikanum. Diplomarbeit, Wien 1995. 39.

176 Rahner/Vorgrimler: Konzilskompendium. 662f.

177 Rahner/Vorgrimler: Konzilskompendium. 423ff.

178 Rahner/Vorgrimler: Konzilskompendium. 462.

179 Rahner/Vorgrimler: Konzilskompendium. 551.

180 Vgl. FISCHER Georg: Die Mitgliedschaft in der Freimaurerei nach dem neuen Kirchenrecht. Diplomarbeit, Innsbruck 1995. 35.

181 DEUTSCHE BISCHOFSKONFERENZ/et. al. (Hrsg.): Codex des kanonischen Rechtes. Lateinisch-deutsche Ausgabe, Kevelaer 1983. 87.

182 König: Der Weg der Kirche. 45.

183 König: Der Weg der Kirche.71.

184 König: Der Weg der Kirche. 71.

185 MAYERHOFER Erhard: Kirche im Dialog. Kardinal Dr. Franz König und das Sekretariat für die Nichtglaubenden, Frankfurt 1999. 41.

186 Mayerhofer: Kirche im Dialog. 41.

187 Mayerhofer: Kirche im Dialog. 53.

188 Mayerhofer: Kirche im Dialog. 53.
189 KÖNIG Franz: Das Abenteuer des Dialogs. Düsseldorf 1969. 38f.
190 Mayerhofer: Kirche im Dialog. 184.
191 Mayerhofer: Kirche im Dialog. 186.
192 SEKRETARIAT FÜR DIE NICHTGLAUBENDEN: Der Dialog mit den Nichtglaubenden. Trier 1969. 12.
193 Vgl. Sekretariat für die Nichtglaubenden: Der Dialog. 33ff.
194 Vgl. Sekretariat für die Nichtglaubenden: Der Dialog. 39.
195 Vgl. Sekretariat für die Nichtglaubenden: Der Dialog. 57ff.
196 Vgl. Sekretariat für die Nichtglaubenden: Der Dialog. 31.
197 Vgl. KÖNIG Franz: Worte zur Zeit. Reden und Aufsätze, Wien 1968. 100.
198 Mayerhofer: Kirche im Dialog. 184.
199 Vgl. NAGY Töhötöm: Jesuiten und Freimaurer. Wien 1969. .9.
200 Nagy: Jesuiten. 7.
201 Nagy: Jesuiten. 9.
202 Vgl. Nagy: Jesuiten. 342.
203 Nagy: Jesuiten. 405.
204 Nagy: Jesuiten. 406.
205 Nagy: Jesuiten. 407.
206 Nagy: Jesuiten. 408.
207 Nagy: Jesuiten. 419.
208 Vgl. Nagy: Jesuiten. 422f.
209 Nagy: Jesuiten. 427.
210 Nagy: Jesuiten. 503.
211 Nagy: Jesuiten. 517.
212 Nagy: Jesuiten. 514ff.
213 Baresch: Katholische Kirche 1968–1983. 29f.
214 Baresch: Katholische Kirche 1968–1983. 31.
215 Baresch: Katholische Kirche 1968–1983. 32.
216 Baresch: Katholische Kirche 1968–1983. 33.
217 SEBOTT Rheinhold: Die Freimaurer und die Deutsche Bischofskonferenz. In: Stimmen der Zeit, 199.Band, Freiburg 1981. 75–87. 78.
218 Sebott: Die Freimaurer. 78.
219 Sacra Congregatio pro Doctrina Fidei
220 Baresch: Katholische Kirche 1968–1983. 34, 152.
221 Baresch: Katholische Kirche 1968–1983.34f.
222 Vgl. Baresch: Auswahl der wichtigsten Briefe 1968–2003. 6.
223 Baresch: Katholische Kirche 1968–1983. 36.
224 Baresch: Auswahl der wichtigsten Briefe 1968–2003, Parte Kardinal König, 13.3.2004.
225 Baresch: Katholische Kirche 1968–1983. 37f.
226 Vgl. Baresch: Katholische Kirche 1968–1983. 60f.
227 Baresch: Katholische Kirche 1968–1983.37f.
228 Baresch: Katholische Kirche 1968–1983. 65.
229 BINDER Dieter: Zum Dialog zwischen der katholischen Kirche und der Freimaurerei in Österreich von 1968 bis 1983. In: Lüdicke Klaus/Paarhammer Hans/Binder Dieter (Hrsg.): Recht im Dienste des Menschen, Graz 1986. 61–78. 64.
230 Baresch: Katholische Kirche 1968–1983. 41.

231 Baresch: Auswahl der wichtigsten Briefe 1968–2003. 4.4.1970.
232 Baresch: Auswahl der wichtigsten Briefe 1968–2003. 4.4.1970.
233 Baresch: Auswahl der wichtigsten Briefe 1968–2003. 7.1.1970.
234 Baresch: Auswahl der wichtigsten Briefe 1968–2003. 7.1.1970.
235 Baresch: Auswahl der wichtigsten Briefe 1968–2003. 7.1.1970.
236 Baresch: Katholische Kirche 1968–1983. 70.
237 Baresch: Auswahl der wichtigsten Briefe 1968–2003. 7.
238 Vgl. GROSSLOGE VON ÖSTERREICH: Protokolle der Sitzungen des Großbeamtenrates 1968–1982. Kopien vom 31.7.1970, 30.5.1980, 20.3.1981. Protokoll. 31.7.1970.
239 SCHREFLER Harald. Interview mit Prof. Dr. Kurt Baresch am 11.2.2008. Unveröffentlichtes Gedächtnisprotokoll.
240 Meister vom Stuhl: der auf Zeit gewählte Leiter einer Freimaurerloge.
241 Großloge von Österreich: Protokoll. 31.7.1970.
242 APPEL Rolf/VORGRIMLER Herbert: Kirche und Freimaurer im Dialog. Frankfurt 1975. 80f.
243 QUATUOR CORONATI BAYREUTH (Hrsg.): Die Verhandlungen mit der katholischen Kirche 1968–1972. Quellenkundliche Arbeit Nr. 9 der Freimaurerischen Forschungsgesellschaft Quatuor Coronati Bayreuth, Hamburg 1976. 70.
244 Baresch: Auswahl der wichtigsten Briefe 1968–2003. 13.1.1972.
245 Baresch: Katholische Kirche 1968–1983. 87.
246 Baresch: Auswahl der wichtigsten Briefe 1968–2003. 13.1.1972.
247 Quatuor Coronati Bayreuth: Die Verhandlungen. 84.
248 Sebott: Die Freimaurer. 80.
249 Sebott: Die Freimaurer. 81.
250 Sebott: Die Freimaurer. 81.
251 Vgl. APPEL Rolf: Katholische Kirche und Freimaurerei in Deutschland im 18., 19. und 20. Jahrhundert. In: Zeitschrift der Forschungsloge Quatuor Coronati Bayreuth (Hrsg.): TAU, Nr. I/2007, Bayreuth 2007. 49–61. 53.
252 Appel: Katholische Kirche. 53.
253 Quatuor Coronati Bayreuth: Die Verhandlungen. 54.
254 Quatuor Coronati Bayreuth: Die Verhandlungen. 55.
255 STIMPFLE Josef: Freimaurerei und Katholische Kirche. Nach Veröffentlichung des neuen Kirchenrechts; in: Communio 2/1984, Ostfildern 1984. 166–174. 168.
256 Stimpfle: Freimaurerei. 168.
257 Appel/Vorgrimler: Kirche und Freimaurer im Dialog. U2.
258 Baresch: Auswahl der wichtigsten Briefe 1968–2003. 2.6.1976.
259 Baresch: Auswahl der wichtigsten Briefe 1968–2003. Juli 1977.
260 Baresch: Katholische Kirche 1968–1983. 98.
261 ADLER Manfred: Die antichristliche Revolution der Freimaurer. 5.Auflage, Jestetten 2002. U4.
262 Adler: Die antichristliche Revolution. 67..
263 Quartier-la-Tente: Two Centuries of Freemasonry. Bern 1917, zitiert nach Adler: Die antichristliche Revolution. 168.
264 Adler: Die antichristliche Revolution. 169.
265 Vgl. BAUM Hans : Freimaurerei und Kirche. In: Baum Hans/Prantner Robert: Freimaurerei und Kirche sind unvereinbar, 6. Auflage, Stein am Rhein 1998. 14.
266 Vgl. Baum: Freimaurerei. 38

267 Vgl. Baum: Freimaurerei. 114.

268 BITTNER Wolfgang: Angriffe gegen die deutsche Freimaurerei 1970–1995. Die Antithese, ein Beitrag zur Gegenwartsgeschichte der deutschen Freimaurerei, in: Quellenkundliche Arbeit Nr. 37 der Forschungsloge Quatuor Coronati, Bayreuth 1996. 3.

269 Bittner: Angriffe.11.

270 Baresch: Katholische Kirche 1968–1983. 99.

271 Baresch: Katholische Kirche 1968–1983. 102.

272 PRESSEDIENST DES SEKRETARIATS DER DEUTSCHEN BISCHOFSKONFERENZ: Erklärung der Deutschen Bischofskonferenz zur Frage der Mitgliedschaft von Katholiken in der Freimaurerei. 10/80 vom 12.5.1980. Bonn 1980.

273 Baresch: Katholische Kirche 1968–1983. 104.

274 Pressedienst des Sekretariats der Deutschen Bischofskonferenz: Mitgliedschaft von Katholiken in der Freimaurerei.

275 ADLER Manfred: Kirche und Loge. Jestetten 1981. 45.

276 Baresch: Katholische Kirche 1968–1983. 104f. und Pressedienst des Sekretariats der Deutschen Bischofskonferenz.

277 Adler: Kirche und Loge. 50.

278 Baresch: Katholische Kirche 1968–1983. 107. Fettdruck durch mich.

279 Baresch: Katholische Kirche 1968–1983. 108.

280 KEHL Alois: Warum Dialog zwischen Katholiken und Freimaurern. Hamburg 1978. 10ff.

281 Baresch: Katholische Kirche 1968–1983. 116.

282 Baresch: Katholische Kirche 1968–1983. 117.

283 Adler: Kirche und Loge. 103.

284 Vgl. STIMPFLE Joseph: Die Freimaurerei und die Deutsche Bischofskonferenz. Zu dem Artikel von Reinhold Sebott. In: Stimmen der Zeit, 199. Band, Freiburg 1981. 409–422. 409.

285 Nach Stimpfle: Die Freimaurerei. 411.

286 Stimpfle: Die Freimaurerei. 411.

287 Vgl. Stimpfle: Die Freimaurerei. 412ff.

288 Pressedienst des Sekretariats der Deutschen Bischofskonferenz: Mitgliedschaft von Katholiken in der Freimaurerei.

289 F. Schröder: Ritual III. Nach Stimpfle: Die Freimaurerei. 418.

290 Stimpfle: Die Freimaurerei. 419.

291 Stimpfle: Die Freimaurerei. 420.

292 Baresch: Auswahl der wichtigsten Briefe 1968–2003. 14.4.1981.

293 Baresch: Auswahl der wichtigsten Briefe 1968–2003. 22.4.1983.

294 Baresch: Auswahl der wichtigsten Briefe 1968–2003. 14.4.1981.

295 Baresch: Auswahl der wichtigsten Briefe 1968–2003. 22.4.1983.

296 Binder: Freimaurer. 121f.

297 Vgl. Binder: Freimaurer. 122.

298 PEKAYVAZ Berc: Orthodoxe Kirchen in ihrer Haltung zur Freimaurerei. In: Zeitschrift der Forschungsloge Quatuor Coronati Bayreuth (Hrsg.): TAU, Nr. II/2007, Bayreuth 2007. 46–47. 46.

299 Vgl. Pekayvaz: Orthodoxe Kirchen. 47.

300 Vgl. E. CHR.: Katholische Kirche und FRMEI. Kompiliert aus dem gleichnamigen Buch von Prof. Dr. Kurt Baresch, unveröffentlichtes Manuskript vom 24.4.2007, Wien 2007. 2f.

301 d. h. Brüder Großbeamte
302 Großloge von Österreich: Protokoll 30.5.1980.3.
303 Baresch: Katholische Kirche 1968–1983. 135.
304 ADLER Manfred: Die Freimaurer und der Vatikan. Durach 2006. 174. (veröffentlicht in L'Osservatore Romano vom 2./3. März 1981 fälschlich mit Datum 11.2.1981.)
305 Baresch: Katholische Kirche 1968–1983. 136.
306 Müller: Freimaurerei. 15.
307 Großloge von Österreich: Protokolle. 20.3.1981.
308 Baresch: Auswahl der wichtigsten Briefe 1968–2003. 22.4.1983.
309 BINDER Dieter: Katholische Kirche und Freimaurerei. Vom Dialog zur Distanz, in: Geschichte und Gegenwart, 6. Jahrgang, Graz Nov. 1987. 300–322. 314.
310 SCHMITZ Heribert: Der Codex Iuris Canonici von 1983 im Spiegel erster Stellungnahmen und Wertungen. In: Münchener Theologische Zeitschrift, Nr. 1/1986, München 1986. 3–19.
311 Deutsche Bischofskonferenz: Codex 1983.11.
312 Deutsche Bischofskonferenz: Codex 1983.19.
313 Deutsche Bischofskonferenz: Codex 1983. 25.
314 Deutsche Bischofskonferenz: Codex 1983. 25.
315 Deutsche Bischofskonferenz: Codex. 1983. 773ff.
316 Vgl. RUF Norbert: Das Recht der katholischen Kirche. Nach dem neuen Codex Iuris Canonici, für die Praxis erläutert, Freiburg im Breisgau 1989. 31.
317 Vgl. Ruf: Recht der katholischen Kirche. 109.
318 Vgl. Ruf: Recht der katholischen Kirche 187f.
319 Ruf: Recht der katholischen Kirche. 188.
320 Ruf: Recht der katholischen Kirche. 220.
321 Vgl. Schmitz: Der Codex Iuris Canonici. 18f.
322 Deutsche Bischofskonferenz: Codex. 605.
323 Ruf: Recht der katholischen Kirche. 361.
324 Baresch: Katholische Kirche 1968–1983. 145.
325 SEBOTT Rheinhold: Der Kirchenbann gegen die Freimaurer ist aufgehoben, in: Stimmen der Zeit, 201.Band, Freiburg 1983. 411–421. 416.
326 Deutsche Bischofskonferenz: Codex. 603.
327 ECCLESIA CATHOLICA: Katechismus der Katholischen Kirche. München 1993. 538.
328 Vgl. Ruf: Recht der katholischen Kirche. 358.
329 Baresch: Katholische Kirche 1983–1999. 278.
330 Stimpfle: Freimaurerei. 171.
331 KONGREGATION FÜR DIE GLAUBENSLEHRE: Urteil der Kirche unverändert. Unter: http:/www.vatican.va/roman curia(congregations/cfaith/documents/rc con cfaith doc 19831126 declaration-masonic ge.html. Rom 1983.
332 Vgl. Binder: Zum Dialog. 73.
333 Stimpfle: Freimaurerei. 172.
334 Vgl. Pöschl: Der Dialog. 97.
335 Pöschl: Der Dialog. 100.
336 Rahner/Vorgrimler: Konzilkompendium. 661f.
337 Stimpfle: Freimaurerei. 172.
338 Fischer: Freimaurerei nach dem neuen Kirchenrecht. 56.

339 Vgl. HIEROLD Alfred: Katholische Kirche und Freimaurerei. Anmerkungen zu einer Erklärung der Kongregation für die Glaubenslehre, in: Münchener Theologische Zeitschrift, Nr. 2/1986, München 1986. 87–96. 95f.

340 WALDSTEIN Wolfgang: Zum rechtlichen Charakter der „declaratio de associationibus massonicis". In: Pototschnig Franz/Rinnerthaler Alfred (Hrsg.): Im Dienst von Kirche und Staat, in memoriam Carl Holböck, Wien 1985. 519–528. 521.

341 Waldstein: Zum rechtlichen Charakter. 526.

342 Fischer: Freimaurerei nach dem neuen Kirchenrecht. 60.

343 Waldstein: Zum rechtlichen Charakter. 526.

344 Vgl. Schrefler: Interview Baresch 11.2.2008.

345 Baresch: Auswahl der wichtigsten Briefe 1968–2003, 27.6.1986.

346 Baresch: Auswahl der wichtigsten Briefe 1968–2003. 2.6.1997.

347 Universitätsdozent für Politische Ökonomie; 250 wissenschaftliche Werke, für seine Habilitationsschrift erhielt er den Kardinal-Innitzer-Preis; 1992–1994 in der Europakommission der Österreichischen Bischofskonferenz; Mitautor des „Lexikon des Konservatismus" (Graz 1996).

348 SCHREFLER Harald: Interview mit Dr. Michael Kraus am 8.4.2008. Unveröffentlichtes Gedächtnisprotokoll und Unterlagen.

349 KOTTMANN Klaus: Die Freimaurer und die katholische Kirche. Vom geschichtlichen Überblick zur geltenden Rechtslage, Frankfurt 2009. 286.

350 Kottmann: Die Freimaurer. 296.

351 Vgl. Kottmann: Die Freimaurer. 305.

352 Ecclesia catholica: Katechismus. 29.

353 Ecclesia catholica: Katechismus. 33f.

354 Ecclesia catholica: Katechismus. 33f.

355 Ecclesia catholica: Katechismus. 382.

356 Ecclesia catholica: Katechismus. 487.

357 Ecclesia catholica: Katechismus. 488.

358 Ecclesia catholica: Katechismus. 538.

359 Ecclesia catholica: Katechismus. 538.

360 Vgl. MAY Georg: Das Verhältnis von Gesetz und Gewissen angesichts der kanonischen Rechtsordnung. In: Lüdicke Klaus/Paarhammer Hans/Binder Dieter (Hrsg.): Neue Positionen des Kirchenrechts. Graz 1994. 49–80. 65.

361 May: Das Verhältnis von Gesetz und Gewissen. 66.

362 May: Das Verhältnis von Gesetz und Gewissen. 59.

363 May: Das Verhältnis von Gesetz und Gewissen. 65.

364 Lennhoff: Die Freimaurer. III.

365 Ecclesia catholica: Katechismus. 543.

366 Ecclesia catholica: Katechismus. 543.

367 Vgl. Binder: Freimaurer. 119.

368 Di Bernardo: Die neue Utopie. 63.

369 Di Bernardo: Die neue Utopie. 64.

370 Di Bernardo: Die Freimaurer. 155.

371 Di Bernardo: Die Freimaurer. 166.

372 L'OSSERVATORE ROMANO: Inconciliabilita tra fede cristiana e massoneria. Riflessioni a un anno della dichiarazone della congreganzione per la dottrina della fede, citta del vaticano, 23.2.1985. 1.

373 Frick: Satan. 129.
374 HOLTORF Jürgen: Freimaurerei, Kirche und Religion. In: Reinalter Helmut (Hrsg.): Handbuch freimaurerischer Grundbegriffe, Innsbruck 2002. 134–139. 138.
375 Holtorf: Freimaurerei. 139.
376 Baresch: Katholische Kirche 1983–1999. 284.
377 Holtorf: Freimaurerei. 138.
378 PARVIS VERLAG: Jesus Christus enthüllt den Seinen das Wesen der Freimaurerei. Botschaften von Jesus Christus an Francoise. Hauteville 1998. U4.
379 Parvis Verlag: Jesus Christus enthüllt. 10.
380 Parvis Verlag: Jesus Christus enthüllt. 11.
381 Vgl. Parvis Verlag: Jesus Christus enthüllt. 15f.
382 Parvis Verlag: Jesus Christus enthüllt. 13f.
383 Parvis Verlag: Jesus Christus enthüllt. 88f.
384 BARESCH Kurt: Katholische Kirche und Freimaurerei 1983–1999. In: Historisches Jahrbuch der Stadt Linz 1998. Linz 1998, 237–300. 290.
385 Baresch: Auswahl der wichtigsten Briefe 1968–2003. 10.1986.
386 Baresch: Auswahl der wichtigsten Briefe 1968–2003. 10.1986.
387 Vgl. Baresch: Auswahl der wichtigsten Briefe 1968–2003. 18.10.1993.
388 Vgl. Baresch: Auswahl der wichtigsten Briefe 1968–2003. 9.4.1994.
389 Baresch: Auswahl der wichtigsten Briefe 1968–2003. 26.1.1998.
390 Baresch: Auswahl der wichtigsten Briefe 1968–2003. 16.3.1998.
391 Baresch: Auswahl der wichtigsten Briefe 1968–2003. 16.3.1998.
392 Baresch: Katholische Kirche 1983–1999. 299.
393 JOHANNES PAUL II.: Enzyklika Fides et ratio. Über das Verhältnis von Glaube und Vernunft. Unter: http://www.vatican.va/holy_father/john_paul_ii/encyclicals/documents/hf_jp-ii_enc_15101998_fides-et-ratio_ge.html. (5).
394 Johannes Paul II.: Fides et ratio. (5).
395 Johannes Paul II.: Fides et ratio. (17).
396 Johannes Paul II.: Fides et ratio. (42).
397 Johannes Paul II.: Fides et ratio. (49).
398 Johannes Paul II.: Fides et ratio. (50).
399 Johannes Paul II.: Fides et ratio. (107, 108).
400 Johannes Paul II.: Fides et ratio. (107, 108).
401 RAINER Michael: „Dominus Iesus"–Anstößige Wahrheit oder anstößige Kirche? Dokumente, Hintergründe, Standpunkte und Folgerungen, Münster 2001. VI.
402 Rainer: „Dominus Iesus". 5.
403 Rainer: „Dominus Iesus". 19. Nach: Lumen gentium.8.
404 Rainer: „Dominus Iesus". 25. Nach: Redemptoris missio.
405 Rainer: „Dominus Iesus". 27.
406 PÄPSTLICHER RAT FÜR DIE KULTUR: Fragebogen über den Unglauben. Unter: http://www.vatican.va/roman_curia/pontifical_councils/cultr/documents/rc_pc_cultr_doc_20030130_questionnaire-on-unbelief_ge.html
407 Päpstlicher Rat für die Kultur: Fragebogen.
408 PÄPSTLICHER RAT FÜR DIE KULTUR:Vollversammlung (11.–13. März 2004). Der christliche Glaube am Beginn des neuen Jahrtausends vor der Herausforderung des Unglaubens und der religiösen Indifferenz. Unter: http://www.vatican.va/roman_curia/pontifical_councils/cultr/documents/rc_pc_cultr_doc_20040313_where-is-your-god_en.html.

409 Päpstlicher Rat für die Kultur: Fragebogen. (Fettdruck des Punktes 3.4 durch mich.)
410 Baresch: Auswahl der wichtigsten Briefe 1968–2003. 13.3.2004.
411 Vgl. BARESCH Kurt: Zum Tode von Kardinal Franz König. In: Blaue Blätter, April 2004, Wien 2004. 4.
412 Baresch: Auswahl der wichtigsten Briefe 1968–2003. 10.12.2006.
413 Schrefler: Interview Baresch 11.2.2008.
414 BARESCH Kurt: TV-Interview mit Dr. Kurt Baresch vom 27.10.2007. Niederschrift der DVD mit Gesamtaufnahme, entstanden (und teilweise verwendet) bei der TV-Sendung Report vom 8.1.2008, ORF 2.
415 Vgl. Adler: Die Freimaurer. 10ff.
416 Vgl. Adler: Die Freimaurer. 10ff.
417 Adler: Die Freimaurer. 133.
418 Adler: Die Freimaurer. 164.
419 Adler: Die Freimaurer. 167f.
420 Adler: Die Freimaurer. 181.
421 Adler: Die Freimaurer. 194.
422 KÜNG Hans: Freimaurertum und Kirche. Unter: http://www.freimaurerei.de/index.php?id=1879. 3.
423 Vgl. KÜNG Hans/KUSCHEL Karl-Josef: Erklärung zum Weltethos. Die Deklaration des Parlaments der Weltreligionen. München 1993.
424 Küng: Erklärung zum Weltethos. Inhaltsverzeichnis.
425 Küng: Erklärung zum Weltethos. Internetausdruck.
426 Küng: Freimaurertum und Kirche. 4.
427 GNAIGER Peter: Die Offensive der Freimaurer. In: Salzburger Nachrichten, 15.3.2007, Salzburg 2007.
428 Kraus: Die Freimaurer. 15.
429 Kraus: Die Freimaurer. 10,12.
430 Gnaiger: Offensive.
431 KONGREGATION FÜR DIE GLAUBENSLEHRE: Antworten auf Fragen zu einigen Aspekten bezüglich der Lehre über die Kirche. Rom 29.6.2007, unter: http://www.vatican.va/roman_curia/congregations/cfaith/documents/rc_con_cfaith_doc_20070629_responsa-quaestiones_ge.html.
432 Kongregation für die Glaubenslehre: Lehre über die Kirche.
433 Kongregation für die Glaubenslehre: Lehre über die Kirche. Fußnote 1.
434 Kongregation für die Glaubenslehre: Lehre über die Kirche.
435 Kongregation für die Glaubenslehre: Urteil der Kirche unverändert.
436 Päpstlicher Gerichtshof der Römischen Kurie
437 ZENIT: Vatikan bekräftigt Unvereinbarkeit von Glaube und Freimaurerei. Unter: www.zenit.org/article-12085?1=german, 5.3.2007.
438 ZENIT: Freimaurerei, Atheismus und Glaube. Unter: www.kath.net/detail.php?id=16993, 10.6.2007.
439 Vgl. Baresch: TV-Interview 27.10.2007.
440 Baresch: TV-Interview 27.10.2007.7.
441 Baresch: TV-Interview 27.10.2007. 15.
442 SICHROVSKY Heinz: Versöhnung nach 269 harten Jahren. In: News, Nr. 26/07 vom 28.6.2007, 123, Wien 2007.

443 HENCKEL-DONNERSMARCK Gregor/KRAUS Michael: Abt trifft Großmeister. Diskussion vom 14.6.2007 unter Moderation von Heinz Sichrovsky, Abschrift des Mitschnittes auf CD, Wien 2007.

444 Vgl. Stiegnitz: Gott ohne Kirche. 11.

445 SCHREFLER Harald. Interview mit Heinz Sichrovsky am 24.1.2008. Unveröffentlichtes Gedächtnisprotokoll.

446 Sichrovsky: Versöhnung nach 269 harten Jahren. 123.

447 Schrefler: Interview Kraus 8.4.2008.

448 Schrefler: Interview Kraus 8.4.2008. Unterlagen.

449 Gründe der schweren Sünde.

450 Baresch: Auswahl der wichtigsten Briefe 1968–2003. 16.3.1998.

451 Schrefler: Interview Kraus 8.4.2008. Unterlagen (Brief 17.1.2008).

452 Schrefler: Interview Kraus 8.4.2008.

453 KAISER Eva Maria: Freimaurer. In: Report, ORF 2, Sendung vom 8.1.2008, Wien 2008.

454 Kaiser: Freimaurer.

455 Kaiser: Freimaurer.

456 Kaiser: Freimaurer.

457 Kaiser: Freimaurer.

458 KRAUS Michael: Freimaurerei und Vatikan. Unveröffentlichtes Manuskript eines Vortrages am 25.3.2008. Wien 2008. 9.

459 Kraus: Freimaurerei und Vatikan. 11.

460 Vgl. Kraus: Freimaurerei und Vatikan. 11.

461 Schrefler: Interview Kraus 8.4.2008.

462 R.N. in einer Diskussion am 25.3.2008.

463 SEIDL Conrad: Nur sieben Prozent folgen der kirchlichen Meinung vollends. Umfrage zeigt Bedeutungsverlust des Katholizismus. In: Der Standard, 24./25./26.12.2008, Wien 2008.

464 BENEDIKT XVI.: Kultur Europas gründet auf der Suche nach Gott. Unter: http://www.kathpress.at/content/site/infodata/database/20990.html.

465 Benedikt XVI.: Kultur Europas.

466 Vgl. N.N.: Vatikan. Exkommunikation aufgehoben. In: Radio Vatikan, unter: http: www.radiovaticana.org/Ted/Articolo.asp?c=260987

467 WITTMANN Jochen: Ein Bischof, der im Vatikan den Satan vermutet. In: Der Standard, 26.1.2009, Wien 2009.

468 Vgl. Wittmann: Ein Bischof

469 WILLIAMSON Richard: Predigt bei der Firmung am 24.6.2008 in München. Unter: http: www.fsspx.info/news/news.php?show=4939

470 N.N.: Holocaust-Leugner Williamson lehnt Widerruf vorerst ab. In: SpiegelOnline, 7.2.2009, unter: http:www.spiegel.de/panorama/=,1518,606088,00.html

471 SCHMIDBERGER Franz: Die Zeitbombe des Zweiten Vatikanischen Konzils. Vortrag vom 9.4.1989 in Mainz, 4. Auflage 2008, unter: http:www.fsspx.info/lehne/Schriften/Zeitbomben.htm

472 N.N.: Holocaust-Leugner Williamson.

473 Leopold: Was bleibt. 7.

474 Großloge von Österreich: Satzungen. 20.

475 Großloge von Österreich: Die Pflichten eines Freimaurers. 8.

476 Jung: Der große Baumeister aller Welten.1.

477 Pressedienst des Sekretariats der Deutschen Bischofskonferenz: Mitgliedschaft von Katholiken in der Freimaurerei.
478 Vgl. Hödl: Freimaurerisches Menschenbild. 9f.
479 Gorissen: Freimaurerei. 20.
480 Grün: Philosophie der Freimaurerei. 107.
481 Kraus: Freimaurerei und Religion. 1.
482 Di Bernardo: Die Freimaurer. 99.
483 Vgl. Dierickx: Freimaurerei. 64.
484 Vgl. Leo XIII.: Humanum genus.
485 Kness/Scheichelbauer: 200 Jahre Freimaurerei in Österreich. 244f.
486 Ernst: Zwei neue Äußerungen.
487 König: Der Weg der Kirche. 13.
488 Rahner/Vorgrimler: Konzilskompendium. 662, 674.
489 Baresch: Katholische Kirche 1968–1983. 87.
490 Baresch: Auswahl der wichtigsten Briefe 1968–2003. Juli 1977.
491 Vgl. Baum: Freimaurerei. 14.
492 Vgl. Baum: Freimaurerei. 114.
493 Pressedienst des Sekretariats der Deutschen Bischofskonferenz: Mitgliedschaft von Katholiken in der Freimaurerei.
494 Pressedienst des Sekretariats der Deutschen Bischofskonferenz: Mitgliedschaft von Katholiken in der Freimaurerei.
495 Binder: Freimaurer. 122.
496 Baresch: Katholische Kirche 1983–1999. 278.
497 Kongregation für die Glaubenslehre: Urteil der Kirche unverändert.
498 Stimpfle: Freimaurerei. 172.
499 May: Das Verhältnis von Gesetz und Gewissen. 65.
500 Baresch: Auswahl der wichtigsten Briefe 1968–2003. 16.3.1998.
501 Rainer: Dominus Jesus. 25.
502 Baresch: Auswahl der wichtigsten Briefe 1968–2003. 10.12. 2006.
503 Sichrovsky: Versöhnung nach 269 Jahren. 123.
504 Sichrovsky: Versöhnung nach 269 Jahren. 123.
505 Schrefler: Interview Kraus. 8.4.2008.
506 Kraus: Freimaurerei und Vatikan. 11.
507 Vgl. UNITED SOFT MEDIA: Die Große Bertelsmann Enzyklopädie 2007. DVD, München 2006.
508 Vgl. LENNHOFF Eugen/POSNER Oskar: Internationales Freimaurerlexikon. Wien 1932, unveränderte Neuauflage, München 2006.
509 Vgl. BINDER Dieter: Die Freimaurer. 2. Auflage, Freiburg/Basel/Wien 2000.
510 Vgl. DOSCH Reinhold: Deutsches Freimaurer-Lexikon. Bonn 1999.
511 Vgl. SCHNEIDER Hermann: Die Johannisgrade in der Großloge von Österreich. II°, der Grad des Gesellen, Wien 1990.
512 http://stift-heiligenkreuz.org/Unser-Herr-Abt.unser-herr-abt.0.html (21.9.2008)
513 http://cec.tuwien.ac.at/about_us/faculty/faculty_mitglied/?user_cecfaculty_pi1%5BshowUid%5D= 70&cHash=45395a64d7. 23.1.2009.
514 http://www.kathpedia.com/index.php?title=Piusbruderschaft
515 Vgl. INTERNETLOGE.DE: Freimaurerische Zeittafel. http://www.internetloge.de/arst/fmzt.htm

516 Vgl. LENNHOFF Eugen/POSNER Oskar: Internationales Freimaurerlexikon. Wien 1932, unveränderte Neuauflage, München 2006.

517 Vgl. MUSEUMSVEREIN SCHLOSS ROSENAU (Hrsg.): Österreichisches Freimaurer-Museum Rosenau bei Zwettl, Wien 2005.

518 Vgl. MAYERHOFER Erhard: Kirche im Dialog. Kardinal Dr. Franz König und das Sekretariat für die Nichtglaubenden, Frankfurt 1999.

519 Vgl. ESSER Brigitte/VENNHOFF Michael/et.al.: Daten der Weltgeschichte. Gütersloh 2004.

520 Vgl. KRAUS Michael (Hrsg.): Die Freimaurer. Wien 2007.

521 LEO XIII.: Enzyklika Humanum genus – über Wesen und Gefahr der Freimaurerei. Rom 1884, unter: http://www.kathpedia.com/index.php/Humanum_genus_%28Wortlaut%29. (27.7.2008)

522 GROSSLOGE VON ÖSTERREICH: Die Pflichten eines Freimaurers („Alte Pflichten").In: Großloge von Österreich (Hrsg.): Satzungen und Konstitution. Wien 2004. 8–12.

523 APPEL Rolf/VORGRIMLER Herbert: Kirche und Freimaurer im Dialog. Frankfurt 1975. 80f.

524 Pressedienst des Sekretariats der Deutschen Bischofskonferenz: Katholiken in der Freimaurerei. Bonn 1980.

525 Im Original des Pressetextes ebenfalls falsch mit „III" nummeriert.

526 Die Unterstreichungen im Text entsprechen dem Original.

527 PÖHLMANN Matthias: Verschwiegene Männer. Freimaurer in Deutschland, in: EZW-Texte 182/2005, Berlin 2005. 187.

528 Vgl. KOTTMANN Klaus: Die Freimaurer und die katholische Kirche. Vom geschichtlichen Überblick zur geltenden Rechtslage. Frankfurt 2009. 315–320.

529 Vgl. GASPARRI P./SEREDI I.: Codicis Iuris Canonici Fontes. Vol. I–X. Romae 1926–1939.

530 Acta Sanctae Sedis. Romae 1865–1908.

531 Acta Apostolicae Sedis. Romae 1909 ff.

532 Eine ganz persönliche Auswahl aus der genannten Literatur, wobei insbesondere keine lebenden Persönlichkeiten enthalten sind bzw. die genannten bereits aus der Literatur als Freimaurer bekannt sind.

533 Vgl. LENNHOFF Eugen/POSNER Oskar: Internationales Freimaurerlexikon. Wien 1932, unveränderte Neuauflage, München 2006.

534 Vgl. PÖHLMANN Matthias: Freimaurer. Wissen was stimmt, Freiburg im Breisgau 2008.

535 Vgl. INTERNETLOGE.DE: Freimaurerische Zeittafel. http://www.internetloge.de/arst/fmzt.htm.

536 Vgl. DOTZAUER Winfried: Freimaurer. In: Betz Hans Dieter et.al.: Religion in Geschichte und Gegenwart, Tübingen 2000. 329–333.

537 Vgl. SCHWEIZERISCHE GROSSLOGE ALPINA: Grundsätze der Schweizerischen Großloge Alpina. Unter: http://www.freimaurerei.ch/d/index-d.htm.

538 Vgl. MINDER Robert: Freimaurerei Politiker Lexikon. Innsbruck 2004.

539 Vgl. DOSCH Reinhold: Deutsches Freimaurer-Lexikon. Bonn 1999.

540 Vgl. KODEK Günter: Unsere Bausteine sind die Menschen. Die Mitglieder der Wiener Freimaurer-Logen 1869–1838, Wien 2009.

541 Zitierte und weitere, berücksichtigte Literatur

542 Einige Autoren sind aus Gründen der freimaurerischen Deckung nur mit Initialen angeführt und werden so zitiert.

11.2 Literaturverzeichnis[541] [542]

ADLER Manfred: Die antichristliche Revolution der Freimaurer. 5.Auflage, Jestetten 2002.

ADLER Manfred: Die Freimaurer und der Vatikan. Durach 2006.

ADLER Manfred: Kirche und Loge. Jestetten 1981.

ALPINA: Handbuch des Freimaurers von der Forschungsloge Alpina. Lausanne 1999.

ANDERSON James: The Constitutions of the Free-Masons. In: Jung Hans Joachim (Hrsg.): Die Verfassung der Frei-Maurer, Nachdruck, Bonn 2007.

APPEL Rolf/VORGRIMLER Herbert: Kirche und Freimaurer im Dialog. Frankfurt 1975.

APPEL Rolf: Die großen Leitideen der Freimaurerei. Münster 1986.

APPEL Rolf: Freimaurerei. Eine Universalreligion. Bonn 1995.

APPEL Rolf: Katholische Kirche und Freimaurerei in Deutschland im 18., 19. und 20. Jahrhundert. In: Zeitschrift der Forschungsloge Quatuor Coronati Bayreuth (Hrsg.): TAU, Nr. I/2007, Bayreuth 2007. 49–61.

APPEL Rolf: Unsere Aufgaben in dieser Welt. Unsere Werte für diese Welt, Bonn 1989.

BADILATTI Marco: Freimaurerei zwischen Ideal, Alltag und Zukunft. Unter: http://www.modestia-cum-libertate.ch:80/freimaurerei.htm

BARESCH Kurt: Auswahl der wichtigsten Briefe zwischen Kardinal König und Kurt Baresch vom März 1968–September 2003, während des Dialog's: „Kath. Kirche und Freimaurerei", Kardinal König zum Vermächtnis, Linz 2006.

BARESCH Kurt: Katholische Kirche und Freimaurerei 1983–1999. In: Historisches Jahrbuch der Stadt Linz 1998. Linz 1998, 237–300.

BARESCH Kurt: Katholische Kirche und Freimaurerei. 1.Teil – Dialog von 1968–2000, 2.Teil – Der persönliche Dialog mit Kardinal König und Rom von 1983–1999, in: Museumsverein Schloß Rosenau (Hrsg.): Österreichisches Freimaurer-Museum Rosenau bei Zwettl, Wien 2005, S 50–69.

BARESCH Kurt: Katholische Kirche und Freimaurerei. Ein brüderlicher Dialog 1968 bis 1983, Wien 1983.

BARESCH Kurt: TV-Interview mit Dr. Kurt Baresch vom 27.10.2007. Niederschrift der DVD mit Gesamtaufnahme, entstanden (und teilweise verwendet) bei der TV-Sendung Report vom 8.1.2008, ORF 2.

BARESCH Kurt: Zum Tode von Kardinal Franz König. In: Blaue Blätter, April 2004, Wien 2004. 4.

BASLER LOGEN: Was ist Freimaurerei. Unter: http://www.basler-logen.ch.

BAUM Hans : Freimaurerei und Kirche. In: Baum Hans/Prantner Robert: Freimaurerei und Kirche sind unvereinbar, 6. Auflage, Stein am Rhein 1998.

BENEDIKT XVI.: Kultur Europas gründet auf der Suche nach Gott. Unter:http://www.kathpress.at/content/site/infodata/database/20990.html

BIEDERMANN Hans: Das verlorene Meisterwort. Bausteine zu einer Kultur- und Geistesgeschichte des Freimaurertums, Neuausgabe, München 1988.

BINDER Dieter: Die diskrete Gesellschaft. Geschichte und Symbolik der Freimaurer, 2. Aufl., Graz/Wien/Köln 1995.

BINDER Dieter: Die Freimaurer. 2. Auflage, Freiburg/Basel/Wien 2000.

BINDER Dieter: Katholische Kirche und Freimaurerei. Vom Dialog zur Distanz, in: Geschichte und Gegenwart, 6. Jahrgang, Graz Nov. 1987. 300–322.

BINDER Dieter: Zum Dialog zwischen der katholischen Kirche und der Freimaurerei in Österreich von 1968 bis 1983. In: Lüdicke Klaus/Paarhammer Hans/Binder Dieter (Hrsg.): Recht im Dienste des Menschen, Graz 1986. 61–78.

BITTNER Wolfgang: Angriffe gegen die deutsche Freimaurerei 1970–1995. Die Antithese, ein Beitrag zur Gegenwartsgeschichte der deutschen Freimaurerei, in: Quellenkundliche Arbeit Nr. 37 der Forschungsloge Quatuor Coronati, Bayreuth 1996.

BOKOR Charles von: Winkelmaß und Zirkel. Die Geschichte der Freimaurer, Wien/München 1980.

CAP Ferdinand: Ein Ende der Religionen? Naturwissenschaftliche und religiöse Weltbilder, Wien 2005.

DEUTSCHE BISCHOFSKONFERENZ/et. al. (Hrsg.): Codex des kanonischen Rechtes. Lateinisch-deutsche Ausgabe, Kevelaer 1983.

DI BERNARDO Giuliano: Die Freimaurer und ihr Menschenbild. Wien 1989.

DI BERNARDO Giuliano: Die neue Utopie der Freimaurerei. Wien 1997.

DIERICKX Michel: Freimaurerei die große Unbekannte. Ein Versuch zu Einsicht und Würdigung, Frankfurt/Hamburg 1968.

DOSCH Reinhold: Deutsches Freimaurer-Lexikon. Bonn 1999.

DOTZAUER Winfried: Freimaurer. In: Betz Hans Dieter et.al.: Religion in Geschichte und Gegenwart, Tübingen 2000. 329–333.

E. CHR.: Katholische Kirche und FRMEI. Kompiliert aus dem gleichnamigen Buch von Prof. Dr. Kurt Baresch, unveröffentlichtes Manuskript vom 24.4.2007, Wien 2007.

ECCLESIA CATHOLICA: Katechismus der Katholischen Kirche. München 1993.

ERNST Michael: Zwei neue Äußerungen zum Problem Freimaurerei und Kirche. Wiener Katholische Akademie, Miscellanea Nr. 101, Wien 1983

ESSER Brigitte/VENNHOFF Michael/et.al.: Daten der Weltgeschichte. Gütersloh 2004.

F. F.: Tapis 1., 2., 3.Grad. Fotografien vom 17.9.2008.

FEULING Fritz: Die Freimaurerei – unsere Brüder? Veränderte Freimaurerei oder veränderte Kirche. Jestetten 1975.

FISCHER Georg: Die Mitgliedschaft in der Freimaurerei nach dem neuen Kirchenrecht. Diplomarbeit, Innsbruck 1995.

FISCHER Hans A.: Die Fraglichkeit des Gottesbegriffes, oder das Nichts als unerklärbares Phänomen und seine Konsequenz! In: Zeitschrift der Forschungsloge Quatuor Coronati Bayreuth (Hrsg.): TAU Nr. I/2007, Bayreuth 2007. 100–109.

FISCHER Heinz: Kirche und Freimaurerei – ein Gegensatz ?. In: Zeitschrift der Forschungsloge Quatuor Coronati Bayreuth (Hrsg.): TAU II/2004, Bayreuth 2004. 89–91.

FREIHOFNER Gerald: Der Papst und die LL-Br.:. In: Wiener Zeitung 15.9.2007.

FRICK Karl R .H.: Satan und die Satanisten. Ideengeschichtliche Untersuchungen zur Herkunft der komplexen Gestalt „Luzifer/ Satan/ Teufel“, ihrer weiblichen Entsprechungen und ihrer Anhängerschaft, Teil 3: Satanismus und Freimaurerei, Eine Dokumentation bis zur Gegenwart, Graz 1986.

GASPARRI P./SEREDI I.: Codicis Iuris Canonici Fontes. Vol. I-X. Romae 1926–1939.

GEHMACHER Ernst: Die gesellschaftliche Wirkung der Freimaurerei: gestern, heute, morgen. In: Reinalter Helmut: (Hrsg.): Zeitschrift für internationale Freimaurerforschung, 6/2001, Innsbruck 2001. 39–56.

GIESE Alexander: Die Freimaurer. 2. Aufl., Wien/Köln/Weimar 1997.

GIESE Alexander: Freimaurer heute. Lebens- und Geisteshaltung, Wien 2007.

GNAIGER Peter: Die Offensive der Freimaurer. In: Salzburger Nachrichten, 15.3.2007, Salzburg 2007.

GÖHRING Walter: Die turbulenten Jahre nach dem Krieg. Die Wiedergeburt der österreichischen Freimaurerei nach 1945, in: Quatuor Coronati Berichte: Die Wiedergeburt der österreichischen Freimaurerei, Dokumente aus den ersten Nachkriegsjahren, Heft 25, Wien 2005. 7–110.

GÖLLER Bernhard: Die Königliche Kunst an den Universitäten. Habilitationen, Dissertation, Diplomarbeiten über Freimaurerei. In: Quatuor Coronati Wien (Hrsg.): Europäische Freimaurerei nach dem Ende des zweiten Weltkriegs, Forschungsbeiträge aus den Jahren 2007–2008, Heft Nr. 28, Wien 2008. 19–38.

GORISSEN Burkhardt: Freimaurerei. Fragen und Antworten. Viersen 2001.

GRAND LODGE OF BRITISH COLUMBIA AND YUKON: The Constitutions of the Free Masons. Unter: freemasonry.bcy.ca/history/anderson/frontispiece.html.

GROSSLOGE DER ALTEN FREIEN UND ANGENOMMENEN MAURER VON DEUTSCHLAND; Leitgedanken der Freimaurerei. In: http://www.freimaurerei.de/index.php?id=9

GROSSLOGE VON ÖSTERREICH: Die Pflichten eines Freimaurers– „Alte Pflichten". In: Großloge von Österreich (Hrsg.): Satzungen und Konstitution. Wien 2004.

GROSSLOGE VON ÖSTERREICH: Protokolle der Sitzungen des Großbeamtenrates 1968–1982. Kopien vom 31.7.1970, 30.5.1980, 20.3.1981.

GROSSLOGE VON ÖSTERREICH: Ritual 1. Grad mit Rezeption. Wien 2008.

GROSSLOGE VON ÖSTERREICH: Ritual 2. Grad. Wien 1997.

GROSSLOGE VON ÖSTERREICH: Ritual 3. Grad. Wien 1998.

GROSSLOGE VON ÖSTERREICH: Satzungen und Konstitution. Wien 2004.

GRÜN Klaus Jürgen: Hoffnung oder Illusion – Wird die Welt durch die Freimaurerei gebessert? In: Zeitschrift der Forschungsloge Quatuor Coronati Bayreuth (Hrsg.): TAU Nr. I/2007, Köln 2007. 57–60.

GRÜN Klaus-Jürgen: Philosophie der Freimaurerei. Eine interkulturelle Perspektive, Nordhausen 2006.

GRÜN Klaus-Jürgen: Über das freimaurerische Bild des Menschen. In: Forschungsloge Quatuor Coronati Bayreuth, Jahrbuch 2007, Nr. 44. 219–226.

HAMMACHER Klaus: Der symbolische Gottesbegriff in der Freimaurerei: In: Forschungsloge Quatuor Coronati Bayreuth, Jahrbuch 2004, Nr. 41, Bayreuth 2004. 77–94.

HAMMACHER Klaus: Überlegungen zum Gottesbegriff in der Freimaurerei: In: Zeitschrift der Forschungsloge Quatuor Coronati Bayreuth (Hrsg.): TAU II/2004, Bayreuth 2004. 30–37.

HÄRING Hermann: Dominus Iesus. Katholisch mit Angst vor der Vielfalt? In: Rainer Michael: „Dominus Iesus"–Anstößige Wahrheit oder anstößige Kirche? Dokumente, Hintergründe, Standpunkte und Folgerungen, Münster 2001.

HÄRING Hermann: Theologie und Ideologie bei Joseph Ratzinger. Düsseldorf 2001.

HARWOOD Jeremy: Die Freimaurer. Zeremonien, Zeichen und Symbole einer geheimnisumwitterten Bruderschaft, Wien 2007.

HENCKEL-DONNERSMARCK Gregor/KRAUS Michael: Abt trifft Großmeister. Diskussion vom 14.6.2007 unter Moderation von Heinz Sichrovsky, Abschrift des Mitschnittes auf CD, Wien 2007.

HIEROLD Alfred: Katholische Kirche und Freimaurerei. Anmerkungen zu einer Erklärung der Kongregation für die Glaubenslehre, in: Münchener Theologische Zeitschrift, Nr. 2/1986, München 1986. 87–96.

HISTORISCHES MUSEUM DER STADT WIEN: Freimaurer. Solange die Welt besteht, Katalog zur 165. Sonderausstellung, 18.9.1992–10.1.1993, Wien 1992.

HÖDL Günther: Freimaurerisches Menschenbild und Alte Pflichten. In: Freimaurer-Akademie der Großloge von Österreich (Hrsg.): Masonische Wege in das neue Jahrhundert, Wien 1999. 7–14.

HÖHMANN Hans-Hermann: Ende der „Bürgerlichen Gesellschaft"–Ende der Freimaurerei. Der gesellschaftliche Wandel und die Überlebenschancen der Logen als Sozialform und Wertträger, in: Zeitschrift der Forschungsloge Quatuor Coronati Bayreuth (Hrsg.): TAU Nr. I/2007, Bayreuth 2007. 12–22.

HÖHMANN Hans-Hermann: Freimaurerei – die große Unbekannte. In http://www.freimaurerei.de/index.php?id=5

HOLTORF Jürgen: Freimaurerei, Kirche und Religion. In: Reinalter Helmut (Hrsg.): Handbuch freimaurerischer Grundbegriffe, Innsbruck 2002. 134–139.

HUBERT Rainer: Die österreichische Freimaurerei 1918–1938. In: Museumsverein Schloß Rosenau (Hrsg.): Der kurze Traum. Freimaurerei in Österreich 1918–1938, Wien 1988. 9–21.

HUBERT Rainer: Freimaurerei – Versuch einer Beschreibung. In: Museumsverein Schloß Rosenau (Hrsg.): Österreichisches Freimaurer-Museum Rosenau bei Zwettl, Wien 2005, S 14–23.

INTERNETLOGE.DE: Freimaurerische Zeittafel. http://www.internetloge.de/arst/fmzt.htm.

JOHANNES PAUL II.: Enzyklika Fides et ratio. Über das Verhältnis von Glaube und Vernunft. Unter: http://www.vatican.va/holy_father/john_paul_ii/encyclicals/ documents/hf_jp-ii_enc_15101998_fides-et-ratio_ge.html

JOSEPH II.: Handbillett Freymaurergesellschaften. In: Wiener Zeitung vom 21.12.1785, Wien 1785. 2937.

JUNG Hans-Joachim: Der Große Baumeister aller Welten. Als ob es ihn gäbe, ein freimaurerischer Zentralbegriff als heuristische Fiktion, Bonn 1997.

KAISER Eva Maria: Freimaurer. In: Report, ORF 2, Sendung vom 8.1.2008, Wien 2008.

KATHPEDIA: Liste von Lehramtstexten. Unter: http://www.kathpedia.com/indexPhp?title=Liste_von_Lehramtstexten.

KEHL Alois: Warum Dialog zwischen Katholiken und Freimaurern. Hamburg 1978.

KISCHKE Horst: Die Freimaurer. Wien 1996.

KLEIN Rudolf: Instruktion für die Alten, Freien und Angenommenen Maurer. I°, der Grad des Lehrlings, Wien 1990.

KLOSS Georg: Die Freimaurerei in ihrer wahren Bedeutung. Graz 1970.

KNITTLER Norbert: Der verlorene Koffer. Eine Geschichte der österreichischen Freimaurerei während des Nationalsozialismus. Wien 2004.

KODEK Günter: Unsere Bausteine sind die Menschen. Die Mitglieder der Wiener Freimaurer-Logen 1869–1838, Wien 2009.

KONGREGATION FÜR DIE GLAUBENSLEHRE: Antworten auf Fragen zu einigen Aspekten bezüglich der Lehre über die Kirche. Rom 29.6.2007, unter: http://www.vatican.va/roman_curia/congregations/cfaith/documents/rc_con_cfaith_doc_20070629_responsa-quaestiones_ge.html

KONGREGATION FÜR DIE GLAUBENSLEHRE: Erklärung Dominus Iesus – Über die Einzigkeit und die Heilsuniversalität Jesu Christi und der Kirche. In: Rainer Michael: „Dominus Iesus"-Anstößige Wahrheit oder anstößige Kirche? Dokumente, Hintergründe, Standpunkte und Folgerungen, Münster 2001. 3–28.

KONGREGATION FÜR DIE GLAUBENSLEHRE: Urteil der Kirche unverändert. Unter: http://www.vatican.va/roman_curia/congregations/cfaith/documents/rc_con_cfaith_doc_19831126_declaration-masonic_ge.html .Rom 1983.

KÖNIG Franz: Das Abenteuer des Dialogs. Düsseldorf 1969.

KÖNIG Franz: Der Weg der Kirche. Düsseldorf 1986.

KÖNIG Franz: Worte zur Zeit. Reden und Aufsätze, Wien 1968.

KÖRTING Walter: ABaW, ein freimaurerisches Symbol. Münster 1990.

KOTTMANN Klaus: Die Freimaurer und die katholische Kirche. Vom geschichtlichen Überblick zur geltenden Rechtslage. Frankfurt 2009.

KRAMER Denis: Vom ‚Großen Baumeister aller Welten' zum ‚Großen Designer aller Welten'. In: Zeitschrift der Forschungsloge Quatuor Coronati Bayreuth (Hrsg.): TAU Nr. I/2007, Köln 2007. 92–99.

KRAUS Michael (Hrsg.): Die Freimaurer. Wien 2007.

KRAUS Michael: Freimaurerei und Religion. In: Blaue Blätter 3/2008.

KRAUS Michael: Freimaurerei und Vatikan. Unveröffentlichtes Manuskript eines Vortrages am 25.3.2008. Wien 2008.

KRÜGER G.: Der Antifreimaurer-Beschluß der Katholischen Deutschen Bischofskonferenz. Aktuell und geschichtlich gesehen, Manuskript im Freimaurer-Museum Bayreuth. Hannover 1981.

KUESS Gustav/SCHEICHELBAUER Bernhard: 200 Jahre Freimaurerei in Österreich. Wien 1959.

KÜNG Hans/KUSCHEL Karl-Josef: Erklärung zum Weltethos. Die Deklaration des Parlaments der Weltreligionen. München 1993.

KÜNG Hans: Freimaurertum und Kirche. Unter: http://www.freimaurerei.de/index.php?id=1879.

L'OSSERVATORE ROMANO: Inconciliabilita tra fede cristiana e massoneria. Riflessioni a un anno della dichiarazone della congreganzione per la dottrina della fede, citta del vaticano, 23.2.1985.

LAMER Reinhard: Freimaurer in Österreich. Weg und Schicksal der „Königlichen Kunst" 1742–2001, Innsbruck/Wien (u.a.) 2001.

LENNHOFF Eugen/POSNER Oskar: Internationales Freimaurerlexikon. Wien 1932, unveränderter Neudruck, München 1980.

LENNHOFF Eugen: Die Freimaurer. Nachdruck der Ausgabe von 1929, Wien 1981.

LEO XIII.: Enzyklika Humanum genus – über Wesen und Gefahr der Freimaurerei. Rom 1884, unter: http://www.kathpedia.com/index.php/Humanum_genus_%28Wortlaut%29

LEOPOLD Heinrich: Was bleibt. Gedichte und Aphorismen für Freimaurer. Wien 2007.

LESSING Gotthold Ephraim: Gespräche für Freimaurer. Unter: http://gutenberg.spiegel.de/?id=58&xid=1611&kapitel=1#gb_found

LÜDICKE Klaus/PAARHAMMER Hans/BINDER Dieter (Hrsg.): Neue Positionen des Kirchenrechts. Graz 1994.

MAY Georg: Das Verhältnis von Gesetz und Gewissen angesichts der kanonischen Rechtsordnung. In: Lüdicke Klaus/Paarhammer Hans/Binder Dieter (Hrsg.): Neue Positionen des Kirchenrechts. Graz 1994. 49–80.

MAYERHOFER Erhard: Kirche im Dialog. Kardinal Dr. Franz König und das Sekretariat für die Nichtglaubenden, Frankfurt 1999.

MELLOR Alec: Logen, Rituale, Hochgrade. Handbuch der Freimaurerei, Graz/Wien/Köln 1967.

MELLOR Alec: Unsere getrennten Brüder – Die Freimaurer. Graz 1964.

MICHAELIS Hubert: Der Arbeitsteppich als Leitfaden und Kern freimaurerischer Symbolik. In: Zeitschrift der Forschungsloge Quatuor Coronati Bayreuth (Hrsg.): TAU Nr. I/2007, Köln 2007. 77–88.

MIKOLETZKY Lorenz: Kaiser Joseph II. Herrscher zwischen den Zeiten, Göttingen 1990.

MINDER Robert: Freimaurerei Politiker Lexikon. Innsbruck 2004.

MÜLLER Andreas: Lexikon der Kirchenrechts und der römisch-katholischen Liturgie. Würzburg 1839.

MÜLLER Joachim: Freimaurerei und katholische Kirche. Ängste-Auseinandersetzungen-Dialogversuche, Freiburg 1995.

MÜLLER Roland: Die Grundauffassungen der Freimaurerei. Unter: http://www.muellerscience.com/ESOTERIK/Freimaurerei_Allgemein/FMgemaessLennhoff_Posner.

MÜLLER Roland: Freimaurerei und Kirche, New Age und Frieden. Unter: http://www.muellerscience.com /ESOTERIK/Freimaurerei_Allgemein/Freimaurerei_Kirche_NewAge_Frieden.

MÜLLER Roland: Herkunft und Entwicklung der Freimaurerei mit ihren Legenden, Ritualen und Symbolen. Unter: http://www.muellerscience.com/Nav.start.

MUSEUMSVEREIN SCHLOSS ROSENAU (Hrsg.): Der kurze Traum 1918–1938. Sonderausstellung 1988/89. Wien 1988.

MUSEUMSVEREIN SCHLOSS ROSENAU (Hrsg.): Wandtafeln. In: Österreichisches Freimaurer-Museum Schloß Rosenau bei Zwettl, Wien 2005.

N. N.: 10 Gebote für Freimaurer. In: Das deutsche Freimaurermagazin humanität,

Nr. 7, Oktober 1993, Hamburg 1993.

N.N.: Holocaust-Leugner Williamson lehnt Widerruf vorerst ab. In: SpiegelOnline, 7.2.2009, unter: http:www.spiegel.de/panorama/=,1518,606088,00.html.

N.N.: Vatikan. Exkommunikation aufgehoben. In: Radio Vatikan, unter: http: www.radiovaticana.org/Ted/Articolo.asp?c=260987

NAGY Töhötöm: Jesuiten und Freimaurer. Wien 1969.

NEUBERGER Helmut: Freimaurerei und Nationalsozialismus. Die Verfolgung der deutschen Freimaurerei durch völkische Bewegung und Nationalsozialismus 1918–1945, Bd. 1 und 2, Hamburg 1980.

NITSCHE Ernst: Die großen und kleinen Lichter der Freimaurerei. Hamburg 1962.

OBERHEIDE J.: Freimaurerei und Kirche: Doch nicht unvereinbar? In: Humanität, Das deutsche Freimaurer Magazin, Nr. 7, Juli/August 1981.

OBRECHT Herwig: Der Kampf um die staatliche Anerkennung der Freimaurerei in Österreich und die katholische Öffentlichkeit. Wien 1950.

OSLO Allan: Freimaurer. Humanisten? Häretiker? Hochverräter?. Frankfurt 1988.

PÄPSTLICHER RAT FÜR DIE KULTUR: Fragebogen über den Unglauben. Unter: http://www.vatican.va/roman_curia/pontifical_councils/cultr/documents/rc_pc_cultr_doc_20030130_questionnaire-on-unbelief_ge.html

PÄPSTLICHER RAT FÜR DIE KULTUR: Vollversammlung (11.-13. März 2004). Der christliche Glaube am Beginn des neuen Jahrtausends vor der Herausforderung des Unglaubens und der religiösen Indifferenz. Unter: http://www.vatican.va/roman_curia/pontifical_

councils/cultr/documents/rc_pc_cultr_doc_20040313_where-is-your-god_en.html

PARVIS VERLAG: Jesus Christus enthüllt den Seinen das Wesen der Freimaurerei. Botschaften von Jesus Christus an Francoise. Hauteville 1998.

PAUL VI.: Erklärung Nostra aetate – Über das Verhältnis der Kirche zu den nichtchristlichen Religionen. Unter: http://www.vatican.va/archive/hist_councils/ii_vatican_council/documents/vat-ii_decl_19651028_nostra-aetate_ge.html, Rom 1965.

PAUL VI.: Erklärung Dignitatis humanae – Über die Religionsfreiheit. Das Recht der Person und der Gemeinschaft auf gesellschaftliche und bürgerliche Freiheit in religiösen Belangen, unter: http://www.vatican.va/archive/hist_councils/ii_vatican_council/documents/vat-ii_decl_19651207_dignitatis-humanae_ge.html, Rom 1965.

PAUL VI.: Pastorale Konstitution Gaudium et spes – Über die Kirche in der Welt von heute. Unter: http://www.vatican.va/archive/hist_councils/ii_vatican_council/documents/vat-ii_const_19651207_gaudium-et-spes_ge.html, Rom 1965.

PEKAYVAZ Berc: Orthodoxe Kirchen in ihrer Haltung zur Freimaurerei. In: Zeitschrift der Forschungsloge Quatuor Coronati Bayreuth (Hrsg.): TAU, Nr. II/2007, Bayreuth 2007. 46–47.

PÖHLMANN Matthias: Freimaurer. Wissen was stimmt, Freiburg im Breisgau 2008.

PÖHLMANN Matthias: Verschwiegene Männer. Freimaurer in Deutschland, in: EZW-Texte 182/2005, Berlin 2005.

POOR Stefan: Das Gottesbild der Freimaurer. Eine Standortsuche, Bonn 2002.

PÖSCHL Gerald: Der Dialog zwischen Katholischer Kirche und Freimaurerei nach dem zweiten Vatikanum. Diplomarbeit, Wien 1995.

PRANTNER Robert: Das Freimaurertum als Widerspruch zur christlichen Offenbarung. In: Baum Hans/Prantner Robert: Freimaurerei und Kirche sind unvereinbar, 6. Auflage, Stein am Rhein 1998. 81–116.

PRESSEDIENST DES SEKRETARIATS DER DEUTSCHEN BISCHOFSKONFERENZ: Erklärung der Deutschen Bischofskonferenz zur Frage der Mitgliedschaft von Katholiken in der Freimaurerei. 10/80 vom 12.5.1980. Bonn 1980.

QUATUOR CORONATI BAYREUTH (Hrsg.): Die Verhandlungen mit der katholischen Kirche 1968–1972. Quellenkundliche Arbeit Nr. 9 der Freimaurerischen Forschungsgesellschaft Quatuor Coronati Bayreuth, Hamburg 1976.

QUATUOR CORONATI BAYREUTH (Hrsg.): Jahrbücher der deutschen Forschungsloge Quatuor Coronati, Bayreuth 1988–2002.

QUATUOR CORONATI WIEN (Hrsg.): Jahrbücher der österreichischen Forschungsloge Quatuor Coronati, Wien 1974–2007.

QUATUOR CORONATI WIEN (Hrsg.): Quellen zur Geschichte der österreichischen Freimaurerei 1918–1938. In: Quellen zur freimaurerischen Geschichtsforschung, 5/1991, Wien 1991.

RADIO STEPHANSDOM: Abt trifft Großmeister. Öffentliche Diskussion vom 14.6.2007 zwischen Abt Gregor Henckel-Donnersmarck und Dr. Michael Kraus, Sendung am 26.6.2007, Abschrift, Wien 2007.

RAHNER Karl/VORGRIMLER Herbert (Hrsg.): Kleines Konzilskompendium. Freiburg im Breisgau 1989.

RAINER Michael: „Dominus Iesus“–Anstößige Wahrheit oder anstößige Kirche? Dokumente, Hintergründe, Standpunkte und Folgerungen, Münster 2001.

RANIERI Luigi: Die Loge. Lübbe 2000.

REINALTER Helmut: (Hrsg.): Zeitschrift für internationale Freimaurerforschung. 1.–10. Jahrgang, Innsbruck 1999–2008.

REINALTER Helmut: Das Europa der Zukunft – die Zukunft der Freimaurerei. In: Reinalter Helmut (Hrsg.): Zeitschrift für internationale Freimaurerforschung, 15/2006, Innsbruck 2006. 61–63.

REINALTER Helmut: Die Freimaurer. München 2000 und 2006.

REINALTER Helmut: Freimaurerei, Aufklärung und Josephinismus. In: Museumsverein Schloß Rosenau (Hrsg.): Österreichisches Freimaurer-Museum Rosenau bei Zwettl, Wien 2005. 24–27.

REINALTER Helmut: Handbuch der freimaurerischen Grundbegriffe. Innsbruck 2002.

RICHERT Thomas: Freimaurerei und organisierte Religion. In: TAU, Zeitschrift der Forschungsloge Quatuor Coronati, Bayreuth, Nr. II/2007, Köln 2007. 94–99.

RUF Norbert: Das Recht der katholischen Kirche. Nach dem neuen Codex Iuris Canonici, für die Praxis erläutert, Freiburg im Breisgau 1989.

RUNKEL Ferdinand: Geschichte der Freimaurerei. Rheda-Wiedenbrück u.a. 2007.

SCHANDL Inge: Die Freimaurerei in Österreich und ihre Auseinandersetzung mit der katholischen Kirche. Diplomarbeit, Wien 1995.

SCHEICHELBAUER Bernhard: Die Johannis Freimaurerei. Versuch einer Einführung, Wien 1953.

SCHEICHELBAUER Bernhard: Zwei neue Äußerungen zum Problem Freimaurerei und Kirche. Wien 1983.

SCHERPE Wolfgang: Das Unbekannte im Ritual. Versuch einer Darstellung von Instruktionen für Ritual, Symbolik und Logenordnungen in der Großloge AF und AM von Deutschland, 3.Auflage, Braunschweig 1990.

SCHMIDBERGER Franz: Die Zeitbombe des Zweiten Vatikanischen Konzils. Vortrag vom 9.4.1989 in Mainz, 4. Auflage 2008, unter: http:www.fsspx.info/lehne/Schriften/Zeitbomben.htm.

SCHMIDT Alfred: Freimaurerei und Religion: Historisch-philosophische Grundlagen ihres Verhältnisses. In: Forschungsloge Quatuor Coronati Bayreuth (Hrsg.): Quatuor Coronati Jahrbuch 41/2004, Bayreuth 2004. 11–20.

SCHMITZ Heribert: Der Codex Iuris Canonici von 1983 im Spiegel erster Stellungnahmen und Wertungen. In: Münchener Theologische Zeitschrift, Nr. 1/1986, München 1986. 3–19.

SCHNEIDER Hermann: Die Johannisgrade in der Großloge von Österreich. IIo, der Grad der Gesellen, Wien 1990.

SCHREFLER Harald. Interview mit Heinz Sichrovsky am 24.1.2008. Unveröffentlichtes Gedächtnisprotokoll.

SCHREFLER Harald. Interview mit Prof. Dr. Kurt Baresch am 11.2.2008.Unveröffentlichtes Gedächtnisprotokoll.

SCHREFLER Harald: Fragebogen und Auswertung „Ein geordnetes Verhältnis Katholische Kirche – Freimaurerei ist mir wichtig", Wien 2009.

SCHREFLER Harald: Interview mit Dr. Michael Kraus am 8.4.2008. Unveröffentlichtes Gedächtnisprotokoll und Unterlagen.

SCHWEIZERISCHE GROSSLOGE ALPINA: Grundsätze der Schweizerischen Großloge Alpina. Unter: http://www.freimaurerei.ch/d/index-d.htm

SEBOTT Rheinhold: Der Kirchenbann gegen die Freimaurer ist aufgehoben, in: Stimmen der Zeit, 201.Band, Freiburg 1983. 411–421.

SEBOTT Rheinhold: Die Freimaurer und die Deutsche Bischofskonferenz. In: Stimmen der Zeit, 199.Band, Freiburg 1981. 75–87.

SEBOTT Rheinhold: Freimaurer. In: Kasper Walter et. al. (Hrsg.): Lexikon für Theologie und Kirche, 4. Band, Freiburg 1995. 116–118.

SEIDL Conrad: Nur sieben Prozent folgen der kirchlichen Meinung vollends. Umfrage zeigt Bedeutungsverlust des Katholizismus. In: Der Standard, 24./25./26.12.2008, Wien 2008.

SEKRETARIAT FÜR DIE NICHTGLAUBENDEN: Der Dialog mit den Nichtglaubenden. Trier 1969.

SICHROVSKY Heinz: Versöhnung nach 269 harten Jahren. In: News, Nr. 26/07 vom 28.6.2007, 123, Wien 2007.

STATISTIK AUSTRIA: Arbeitsmarkterhebung 2007. Unter: http://www.statistik.at/web_de/dynamic/statistiken/arbeitsmarkt/erwerbstaetige/publdetail?id=56&listid=56&detail=485.pdf.

STATISTIK AUSTRIA: Volkszählung 2001. Unter: http://www.statistik.at/web_de/stastic/bevoelkerung_nach_dem_religionsbekenntnis_und_bundeslaendern_1951_bis_2001_022885.pdf.

STIEGNITZ Peter: Freimaurerei als Lebenskunst. In: Freimaurer-Akademie der Großloge von Österreich (Hrsg.): Masonische Wege in das neue Jahrhundert, Wien 1999. 15–21.

STIEGNITZ Peter: Gott ohne Kirche. Religion und Freimaurerei, Wien 2003.

STIEGNITZ Peter: Ist Freimaurerei eine Ersatzreligion? Unveröffentlichtes Manuskript eines Vortrages am 24.4.2007, an der Universität Wien, Institut für Religionswissenschaft, Wien 2007.

STIMPFLE Josef: Freimaurerei und Katholische Kirche. Nach Veröffentlichung des neuen Kirchenrechts; in: Communio 2/1984, Ostfildern 1984. 166–174.

STIMPFLE Joseph: Die Freimaurerei und die Deutsche Bischofskonferenz. Zu dem Artikel von Reinhold Sebott. In: Stimmen der Zeit, 199. Band, Freiburg 1981.409–422.

STÖCKL Barbara/SCHÖNBORN Christoph: Wer braucht Gott? Wien 2007.

SURA Josef: Die Einflußnahme der Freimaurerei auf karitative und sozialpolitische Einrichtungen in Österreich in der Zwischenkriegszeit. Dissertation, Wien 1991.

TEMPLIN Rüdiger: Europäische Freimaurerei – Aufgaben in der Gesellschaft von morgen. In: Forschungsloge Quatuor Coronati Bayreuth (Hrsg.): Jahrbuch 2007, Nr. 44, Bayreuth 2007. 211–218.

UNITED GRAND LODGE OF ENGLAND: Principles. Unter: http://www.ugle.org.uk/masonry/freemasonrys-external-relations.htm

UNITED SOFT MEDIA: Die Große Bertelsmann Enzyklopädie 2007. DVD, München 2006.

UTZ Arthur/GALEN Brigitta Gräfin von (Hrsg.): Die katholische Sozialdoktrin in ihrer geschichtlichen Entfaltung. Eine Sammlung päpstlicher Dokumente vom 15.Jahrhundert bis in die Gegenwart, Originaltexte in Übersetzung, Aachen 1976.

VATIKAN: Dokumente des II. Vatikanischen Konzils. Unter: http://www.vatican.va/archive/hist_councils/ii_vatican_council/index_ge.htm.

VORGRIMLER Herbert: Der religiöse Charakter der Freimaurerei aus theologischer Sicht. In: Forschungsloge Quatuor Coronati Bayreuth (Hrsg.): Quatuor Coronati Jahrbuch 41/2004, Bayreuth 2004. 95–100.

VORGRIMLER Herbert: Neues theologisches Wörterbuch. Freiburg 2000.

WALDSTEIN Wolfgang: Zum rechtlichen Charakter der „declaratio de associationibus massonicis". In: Pototschnig Franz/Rinnerthaler Alfred (Hrsg.): Im Dienst von Kirche und Staat, in memoriam Carl Holböck, Wien 1985. 519–528.

WEBER Wolfgang: Namhafte Freimaurer. 30 Kurzbiographien. Essen 2006

WIKIPEDIA.ORG: Päpstliche Enzyklika. Unter: http://de.wikipedia.org/wiki/Kategorie:P%C3%A4pstliche_Enzyklika.

WIKIPEDIA.ORG: Päpstliche Rechtsakten und Verlautbarungen. Unter: http://de.wikipedia.org/wiki/Liste_p%C3%A4pstlicher_Rechtsakten_und_Verlautbarungen_gegen_die_Freimaurerei_und_Geheimb%C3%BCnde.

WILLIAMSON Richard: Predigt bei der Firmung am 24.6.2008 in München. Unter: http: www.fsspx.info/news/news.php?show=4939

WITTMANN Jochen: Ein Bischof, der im Vatikan den Satan vermutet. In: Der Standard, 26.1.2009, Wien 2009.

WOERNER Joachim: Quo vadis masonica? Zwanzigsiebzehn oder Die letzte Chance! Kiel 2004.

WOLF Günter: „Kreationismus" und „Intelligent Design" versus „Großer Baumeister aller Welten". In: TAU, Zeitschrift der Forschungsloge Quatuor Coronati, Bayreuth, Nr. I/2007, Köln 2007. 89–91.

WOLF Günter: Das Religiöse in der Freimaurerei aus der Sicht nichtchristlicher Religionen. . In: Forschungsloge Quatuor Coronati

Bayreuth (Hrsg.): Quatuor Coronati Jahrbuch 41/2004, Bayreuth 2004. 101–114.
WOLF Günter: Werteorientierung der Freimaurerei im Verhältnis zu Religionen und Kirchen. In: Forschungsloge Quatuor Coronati (Hrsg.): Quatuor Coronati Jahrbuch 2008, Nr. 45, Bayreuth 2008. 51–66.
WOLF Günter: Zeitloses Ritual und Ritualvergleiche. In: Zeitschrift der Forschungsloge Quatuor Coronati Bayreuth (Hrsg.): TAU Nr. I/2007, Köln 2007. 62–68.
ZENIT: Vatikan bekräftigt Unvereinbarkeit von Glaube und Freimaurerei. Unter: http://www.zenit.org/article-12085?1=german, 5.3.2007.
ZENIT: Freimaurerei, Atheismus und Glaube. Unter: http://www.kath.net/detail.php?id=16993, 10.6.2007.
ZUNNECK Karl-Heinz: Die geheimen Zeichen und Rituale der Freimaurer. Rottenburg 2002.

11.3 Abkürzungsverzeichnis

AAS	Acta Apostolicae Sedis. Romae 1909 ff.
ABGB	Allgemeines Bürgerliches Gesetzbuch
ASS	Acta Sanctae Sedis. Romae 1865–1908.
Br./Brr.	Bruder (innerhalb der Freimaurer)/Brüder
bzw.	beziehungsweise
Can./can./c.	Canon (aus dem Codex Iuris Canonici)
CIC	Codex Iuris Canonici
CIC-Fontes	Codicis Iuris Canonice Fontes (Gasparri/Seredi)
DGM	Deputierter Großmeister (einer freimaurerischen Großloge)
ehrw.	ehrwürdig (Anrede in der Freimaurerei)
etc.	et cetera
FM/fmr.	Freimaurerei/freimaurerisch
GBB	Großbeamte der Großloge
gest./†	gestorben
Gestapo	(Nationalsozialistische) Geheime Staatspolizei
GL	Großloge
GM	Großmeister (einer freimaurerischen Großloge)
k k	kaiserlich königlich
lit.	Literat
Lt./lt.	Laut/laut
Mj.	Mäjestät
MvSt	Meister vom Stuhl (einer freimaurerischen Loge)
SA	(Nationalsozialistische) Sturmabteilung
SJ	Societas Jesu, Jesuiten
SS	(Nationalsozialistische) Schutz-Staffel
u. a.	unter anderem
usw.	und so weiter
vol.	volume/Band
z. B.	zum Beispiel

11.4 Bilder- und Faksimileverzeichnis

Seite 151	Protokoll der Sitzung am 30.5.1980 der Großloge von Österreich bezüglich der Gespräche katholische Kirche und Freimauerei
Seite 163, 164	Rechtsgutachten Prof. DDr. Pree vom 17.6.1986 bezüglich Rechtsgültigkeit kirchlicher Verwaltungsakte
Seite 165	Rechtsgutachten Prof. Dr. Primetshofer vom 2.6.1997 bezüglich Dekrets der Glaubenskongregation vom 26.11.1983
Seite 166	Brief vom 23.12.2003: Dr. F. Romig an GM Kraus
Seite 172	L'Osservatore Romano vom 23.2.1985
Seite 178	Brief vom Oktober 1986: Großloge von Österreich an Kardinal König
Seite 180–182	Brief vom 18.10.1993: Dr. Baresch an Kardinal König
Seite 183	Brief vom 9.4.1994: Kardinal Ratzinger an Kardinal König
Seite 184	Brief vom 18.1.1998: Dr. Baresch an Kardinal König
Seite 186, 187	Brief vom 16.3.1998: Kardinal König an Dr. Baresch
Seite 193	Parte anlässlich des Todes Kardinal Königs
Seite 195	Brief vom 10.12.2006: Dr. Baresch an GM Kraus
Seite 207	News-Artikel vom 28.6.2007: Sichrovsky „Versöhnung nach 269 harten Jahren"

12 Abstract

12.1 Catholic Church and Freemasonry

The considerations – beginning with "Extra Ecclesiam nulla salus" and the multitude of pontifical condemnations as well as concerning the "aggiornamento" of the Second Vatican Council (and Franz Cardinal König) – are leading directly to the recent discussion and hoped opening of the past two years. Unfortunately the latest developments during the past few weeks show more or less pre-counciliar thoughts of the curia and pope Benedict XVI.

Regarding to these latest decisions, the question of research, how the relationship between Holy See and freemasonry developed until the 21st century, has been answered in a rather conservative manner.

For the purpose of recognition of the thoughts and ideas on God, about the Powerful Builder of all Worlds and about the freemason's attitude towards life, chapters concerning rituals, philosophy and ethic of freemasonry are placed in front the pontifical encyclicae. As far as tolerance, humanity and human rights are central answers in a freemason's life, they in the same time make clear being no religion. In opposite to the Catholic Church there are no sentences of faith and dogmas. The freemasons lodges are working in awe of the Grand Builder of all the Worlds for freedom of conscience and spirit.

The experience of every single freemason, of every brother, in the temple and during the ritual – this is THAT (his) secret. During this experience he is supported by the world of symbols and the ritual issue within the lodge, around the "tapis" and the pillars of wisdom, strength and beauty in front of the altar. The hewed stone reminds him on his duty to "consider/ rule/ purify yourself".

The ritual work is opened by "the awe of the Grand Builder of all Worlds." There is no word of God in the catholic churches sense. As a result the German Episcopal conference said: "… there is no objective recognition of God … the Big Builder of all Worlds is a neutral 'It', undefined and opened for any kind of comprehension."

"Become, who you are able to be!–Settle conflicts in a democratic manner!"–these are human duties and should be the purpose of a freemason's life. In fact, regarding to the human psyche, a permanent living in accordance with these purposes seem to be very doubtful.

"He (the freemason) should simply be a shining example". This seems to be one of the central sentences of Grand Master Michael Kraus, whom I was able to interview. He also said: "Freemasonry and religion are in a permanent tension. We should leave God where he belongs to, namely (in)to the church". Michael Kraus also emphazises, that freemasonry is no religion, but the base for all confessions.

I am of the opinion that humanity, love, peace, solidarity and fraternity are common elements within the Catholic Church and the freemasonry, but there is no accordance in the absolute claim for being in possession of the only truth and of God.

"Extra Ecclesiam nulla salus" were the words of bishop Cyprian. This rule has been changed during the Second Vatican Council. It doesn't surprise that the "one and only" Catholic and Apostolic Church suspects a community which recognize religion as a movement in which all human beings correspond and qualifies their doing as heresy. The first bull "In eminenti", published by Pope Clemens XII in the year 1738, was followed by 20 condemnations until the year of 1983. One of the most hard condemnations took place under the pontificat of Pope Leo XIII in the year of 1884, which found its expression in the encyclica "Humanum genus". It is talking about the Satan, supporter of the evil, and so on. This encyclica also was never cancelled or even relativized. Following this attitude the Codex Iuris Canonici (CIC) 1917 punishes under can. 2335 the catholic freemason by excommunication.

During the Second Vatican Council a new discussion had begun. "The Council has renewed the face of church, it has opened the door to a modern world, it has eliminated a few prejudices", said Cardinal König.

There are 16 documents of this Council, two of them, "Dignitatis humanae" and "Gaudium et spes" have most importance for this work. According to many freemasons the counciliar understanding of freedom of religion is similar to their opinion that every body is free to have its own confession. But the text of the Council says "... the only true religion.. is realized in the Catholic Apostolic Church." That means that the claim of truth and the "one and only" Catholic Church have remained without having changed.

"Usus docebit", that was the pope's answer to the question regarding the activities of the Secretary of the unbelievers, whose president Cardinal König was made. For the Cardinal the dialogue stood at the beginning of common acting. In that context the letter of Cardinal Seper from 1968, addressed to the chairmen of the Episcopal conferences, dealing with the relationships, aims and the understanding of God of the regional freemasons, has got also great importance.

In Austria, Cardinal König and the Deputy Grand Master Baresch met on the 23rd of March 1968 for the first time. Their letters show a large discussion, lead by respect and friendship. According to the new Codex Iuris Canonici freemasons should no longer be excommunicated. The discussion with Pope Paul VI. should be based on a common paper, prepared and known as the "Lichtenauer Erklärung" (of the 5th of July 1970).

Regarding to the protocols of the Grand Lodge of Austria, Baresch informed the highest representants of the Grand Lodge about his conversation on the 31st of July 1970. In opposite to the developments in Germany no further discussion took place in Austria. That may be also one of the reasons for the "austrian solution" (no condemnation by the Episcopal Conference).

As mentioned above, Germany went through a larger and more public dialogue. The biggest difference compared to Austria was that an own commission which had the task to check the rituals and written documents together with the German Episcopal Conference was installed. The result, published on the 12th of May 1980, was not the one expected and a disappointment for the German freemasonry: "The profound examinations of the freemason's rituals and their spirituality show in a clear manner: Belonging to the Catholic Church excludes a belonging to the freemasonry at the same time." This decision was explained by the definition of religion, of God, with the idea of tolerance, with relativism and with revelation and the grace of Jesus Christ. "The discrepancies touch the basis of Christian existence."

The dialogue held with the Evangelical Church came to a complete different result in 1973. There it was said that there is no objection against the support of evangelical Christians, but it is up to every bodies own conscience."

At the same time of the explanation of the German Episcopal Conference, Grand Deputy Master Baresch explained to the Grand Lodge of Austria that the new Code of Canon Law (Codex Iuris Canonici) was not expected to have any passage concerning the freemasonry and that the Austrian Episcopal Conference would not make the same decision as the German one did before.

Pope Johannes Paul II published the new Codex on the 25th of January 1983 which should enter into force on the 27th of November 1983. The former passage (can. 2335 CIC 1917) in which the freemasonry had been called a sect was cancelled.

Baresch wrote that therefore the "explanation of sinfulness" (Declaration on Masonic associations) by Cardinal Ratzinger from the 26th of November 1983 was comparable to "a blow with a club". In opposite to that point of view, Bishop Stimpfle was of the opinion that the pope never had wanted to cancel the prohibition.

If you have a look at the website of the Vatican, searching information on "freemasonry" you will find the Declaration on Masonic associations mentioned above as first document: "The faithful who enrol in Masonic associations are in a state of grave sin and may not receive Holy Communion". This statement is of universal meaning and has to be obeyed by all local authorities. It also leads them back to the roots of the bulls and encyclicae, to their fundamental truths of faith.

Cardinal König had another position to this question and presented it in a letter to Grand Master Baresch in 1998. Many Austrian freemasons take over this position to demonstrate that they are not excommunicated.

The former Cardinal Ratzinger explained in "Dominus lesus" (2000): "There only can be one single Catholic and Apostolic Church". There could be no religious relativism and "it wouldn't be possible that one religion has got the same importance like another." This seems to make a clear difference to the basic elements of freemasonry like tolerance towards all confessions and religions. The "Questionnaire about the Non-believing", issued by the Pontifical Council for Culture in 2003, sets freemasonry near to magic and satanic cult.

In the year 2006, the Deputy Grand Master Baresch addressed a letter to the Grand Master of Austria in which he emphasized the following: "... my will to have a dialogue with the Catholic Church is fulfilled and finished". During an interview in February 2008 Baresch confirmed me that the CIC 1983 and his contacts with Cardinal König were more than a lifetask.

The public settled discussion between Grand Master Michael Kraus and Abbot Henckel-Donnersmarck seem to be a positive sign for a dialogue continued by the representants of the Catholic Church and the Austrian Freemasonry. An interested public was informed on the aims, ethic, thoughts of humanity, rituals and symbols and on positions to the religion and the Catholic Church by the book "The Freemasons" which was editioned in 2007. There is also found an article by Heinz Sichrovsky, published in the weekly magazine "News" on 28th of June 2007, which had the headlines "Reconciliation after 269 years" and "Freemasons no longer under ecclesiastical ban". The text of this article – which was seen by the Abbot before – ends as follows: "The penal provisions of the present canon law is effective for those groups which are against the Catholic Church. If this was not the case for the Austrian freemasonry, the provisions mentioned above would not be effective." The "explanation of sinfulness" by the former Cardinal Ratzinger is not part of the article, but only – not presumed – machinations against the church.

Nevertheless I share Kraus' point of view who is of the opinion that the friendly conversation had shown to the public that freemasonry in Austria takes its course and that the relationship to the Catholic Church stands in good order.

The former Cardinal Ratzinger (Pope Benedict XVI.) had emphasized in the document "Dominus Iesus" (2000) the one and only authority, the compliance of the mastership, the revelated truth and mission of the Catholic Church. Considering the developments of his pontificat it seems to me that Roman Catholic Church will become more conservative and go back to the time before the Second Vatican Council. This is especially shown by having cancelled the excommunication of the bishops of the Brotherhood St. Pius X., who refuse the Second Vatican Council.

Taking into account that this Brotherhood was against freemasonry a continuation of the dialogue between the freemasons on the one hand and the Catholic Church on the other hand cannot be seriously expected.

12.2 Die katholische Kirche und die Freimaurerei

Von „Extra Ecclesiam nulla salus“ und der Vielzahl der päpstlichen Verurteilungen reicht der Bogen der Betrachtungen über das Aggiornamento des Zweiten Vatikanischen Konzils und damit Franz Kardinal Königs bis zur aktuellen Diskussion und erhofften Öffnung der letzten zwei Jahre. Leider deuten die Entwicklungen der letzten Wochen eher auf vorkonziliare Gedanken der Kurie und Papst Benedikt XVI. hin.

Die Forschungsfrage, wie hat sich das Verhältnis Papsttum – Freimaurerei bis zum 21. Jahrhundert entwickelt, wurde durch die aktuellsten Entscheidungen des Papstes in Richtung Konservatismus beantwortet.

Um die Gedanken und Vorstellungen zu Gott, dem Allmächtigen Baumeister aller Welten und einer freimaurerischen Lebenshaltung erkennen zu können, wurden den Enzykliken der Päpste Kapitel über Rituelles, Philosophie und Ethik der Freimaurerei vorangestellt.

Sind für Freimaurer die Begriffe Toleranz, Humanität und Menschenrechte zentrale Antworten im Leben, stellen sie gleichzeitig klar dar, keine Religion zu sein. Im Gegensatz zur katholischen Kirche gibt es keine Glaubenssätze und Dogmen. Die Logen arbeiten in Ehrfurcht vor dem Großen Baumeister aller Welten für Gewissens- und Geistesfreiheit.

Das Erlebnis des einzelnen Freimaurers, jedes Bruders, im Tempel und beim Ritual – das ist d a s (sein) freimaurerisches Geheimnis. In diesem Erleben unterstützen ihn die Symbolwelt und noch mehr der rituelle Ablauf einer Loge, rund um den Tapis und die Säulen der Weisheit, Stärke und Schönheit vor dem Altar. Wobei ihn der davor liegende raue bzw. behauene Stein an seine Verpflichtung zu „Erkenne / Beherrsche / Veredle dich selbst!“ erinnern soll.

Die rituelle Arbeit wird „in Ehrfurcht vor dem Großen Baumeister aller Welten“ eröffnet. Aber nie wird vom personalen trinitarischen Gott der katholischen Kirche, gesprochen. Was letztlich die Deutsche Bischofskonferenz zum Schluss kommen ließ: „...Danach gibt es keine objektive Erkenntnis von Gott ... Der „Große Baumeister aller Welten“ ist ein neutrales „Es“, undefiniert und offen für jedwedes Verständnis.“

„Werden, der man sein kann! – Konflikte demokratisch austragen!“– alles „Menschenpflichten“, nach denen Freimaurer in der Welt leben sollten. Ob die erarbeiteten freimaurerischen Leitbilder gelebt werden, darf in Kenntnis der menschlichen Psyche bezweifelt werden.

„Er (der Freimaurer) soll ganz einfach Vorbild sein“ sei hier ein wesentlicher Satz aus meinem Interview mit Großmeister Michael Kraus wiederholt. Er formulierte auch: „Freimaurerei und Religion stehen in ständiger Spannung zueinander. … Den lieben Gott aber mögen wir dort lassen, wo er hingehört, nämlich in der Kirche.“ Auch er sagt deutlich, dass die Freimaurerei keine Religion, aber ein Boden für alle Glaubensbekenntnisse sei.

Können sich die katholische Kirche und der Freimaurerbund in den Begriffen Humanität, Liebe, Friede, Solidarität und Brüderlichkeit gemeinsam finden, hinsichtlich Absolutheitsanspruch, allein im Besitz der Wahrheit zu sein und letztendlich im personalen, gnadenbringenden, trinitarischen Gott ist meines Erachtens keine Gemeinsamkeit zu erreichen.

„Extra Ecclesiam nulla salus“ (Außerhalb der Kirche kein Heil) formulierte Bischof Cyprian. Ein Grundsatz, der erst im Zweiten Vatikanischen Konzil verändert wurde. Und dass die allein selig machende, einzige katholische apostolische Kirche eine überkonfessionelle, in den Gedanken der Aufklärung stehende, sich zu einer Religion, in der alle Menschen übereinstimmen, bekennende Gemeinschaft der Ketzerei verdächtigt, ist nicht verwunderlich.

Der ersten Bulle „In eminenti“ im Jahr 1738 von Papst Clemens XII. folgten weitere 20 Verurteilungen bis in das Jahr 1983. Wohl eine der heftigsten Verurteilungen ist durch Papst Leo XIII. 1884 mit der Enzyklika „Humanum genus“ erfolgt. Vom Reich Satans, Anhänger des Bösen, rechtswidrig und verderblich, Leugnen der göttlichen Offenbarung und religiöser Dogmen sowie vom gottlosen Frevel wird gesprochen. Auch diese Enzyklika wurde nie aufgehoben oder relativiert.

Im Codex Iuris Canonici 1917 ist daher der katholische Freimaurer lt. can. 2335 mit der Exkommunikation bestraft.

Zu einer neuen Diskussion kam es anlässlich des Zweiten Vatikanischen Konzils. „Das Konzil hat das Antlitz der Kirche wahrhaft erneuert, es hat die Tore zur modernen Welt aufgestoßen, es hat viele Vorurteile zu Fall gebracht.“ – sei Kardinal König zitiert.

Von den 16 Konzilsdokumenten sind für diese Arbeit „Dignitatis humanae“ (Erklärung über die Religionsfreiheit) und „Gaudium et spes“ (Über die Kirche in der Welt von heute) besonders wichtig. Gerade unter Freimaurern wird der konziliare Begriff der Religionsfreiheit mit ihrem, dass jeder sein Glaubensbekenntnis haben dürfe, gleichgesetzt. Der Konzilstext sagt aber, „diese einzig wahre Religion

… ist verwirklicht in der katholischen, apostolischen Kirche …“ Der Wahrheitsanspruch und die allein selig machende katholische Kirche sind unverändert gegeben.

„Usus docebit“ (Die Erfahrung wird das lehren) war die Antwort des Papstes auf die Frage nach den Aktivitäten des Sekretariats für die Nichtglaubenden, als er Kardinal König zu dessen Präsidenten machte. Für den Kardinal war der Dialog der Beginn gemeinsamen Handelns. Ein weiter Auslöser dieses Dialogs war 1968 der Brief von Kardinal Seper (Präfekt der Kongregation für die Glaubensdoktrin) an die Vorsitzenden der Bischofskonferenzen, in dem nach den Beziehungen, Zielen und Gottesverständnis der jeweiligen regionalen Freimaurer gefragt wurde.

In Österreich kam es am 23.3.1968 zum ersten Gespräch (von vielen folgenden) zwischen Kardinal König und dem Deputierten Großmeister Baresch. Die vorliegenden Briefe zeigen eine ausführliche, von Respekt und Freundschaft getragene Diskussion. Ziel war, dass nach dem neuen Codex Iuris Canonici die Freimaurer nicht mehr exkommuniziert sein sollten.

Für die Diskussion mit Papst Paul VI. sollte ein gemeinsames Papier – die Lichtenauer Erklärung (vom 5.7.1970) – dienen.

Interessant war – nach der Durchsicht von 11 Jahren der Protokolle der Großloge von Österreich –, dass Baresch erst am 31.7.1970 zum ersten Mal dem obersten Gremium der Großloge von seinen geführten Gesprächen berichtete. Wobei das Thema im Gegensatz zu Deutschland nicht breiter diskutiert wurde, was meines Erachtens eher zur österreichischen Lösung (keine Verurteilung durch die Bischofskonferenz) führte.

Anders als in Österreich wurde der Dialog in Deutschland öffentlicher geführt. Der wesentlichste Unterschied aber war, dass in einer eigenen Kommission mit der Deutschen Bischofskonferenz Rituale und Schriften geprüft wurden. Das am 12.5.1980 veröffentlichte Ergebnis war aber unerwartet und für die deutsche Freimaurerei enttäuschend: „Die eingehenden Untersuchungen der freimaurerischen Ritualien und Geistigkeit machen deutlich: Die gleichzeitige Zugehörigkeit zur Katholischen Kirche und zur Freimaurerei ist ausgeschlossen.“ Begründet wurde diese Entscheidung mit dem Religionsbegriff, dem Gottesbegriff, mit Toleranzidee und Relativismus, mit der Offenbarung und der Gnade Christi. „Die aufgezeigten Gegensätze rühren an die Grundlagen der christlichen Existenz.“

Mit der Evangelischen Kirche Deutschlands geführte Gespräche kamen 1973 zu einem gänzlich anderen Ergebnis. Es sei kein Einwand gegen die Mitgliedschaft durch evangelische Christen zu erheben, sondern „dem freien Ermessen des Einzelnen überlassen."

Fast zur gleichen Zeit wie die Erklärung der Deutschen Bischofskonferenz konnte Baresch am 30.5.1980 in der Großloge von Österreich berichten, dass der neue Codex Iuris Canonici keinen Hinweis auf die Freimaurerei enthalten werde. Und dass die österreichische Bischofskonferenz nicht wie die Deutsche Bischofskonferenz entscheiden werde.

Am 25.1.1983 veröffentlichte Papst Johannes Paul II. den neuen Codex des kanonischen Rechts. Rechtskraft sollte er am ersten Adventsonntag (27.11.1983) erhalten. Die noch im can. 2335 CIC 1917 konkret genannte „Sekte der Freimaurer" wurde generell nicht mehr erwähnt.

„Wie ein Keulenschlag" kam daher die so genannte „Sündhaftigkeitserklärung" Kardinal Ratzingers vom 26.11.1983 schreibt Baresch. Bischof Stimpfle dagegen meint, der Papst wollte das Verbot der Mitgliedschaft zur Freimaurerei nie aufheben.

Und dass diese Erklärung auch heute noch als erstes Dokument auf der Internet – Seite des Vatikans erscheint, wenn man den Suchbegriff „Freimaurerei" eingibt, spricht für sich: „Die Gläubigen, die freimaurerischen Vereinigungen angehören, befinden sich also im Stand der schweren Sünde und können nicht die heilige Kommunion empfangen." Diese Erklärung ist universell und bindet auch die Ortskirchen. Vor allem aber führt sie auf die ursprünglichen Begründungen der Bullen und Enzykliken zurück, auf die fundamentalen Glaubenswahrheiten.

Ein Brief Kardinal Königs an Baresch (1998) nimmt allerdings kontroversiell zu dieser Auslegung der schweren Sünde Stellung. Auf diese Sätze beziehen sich viele österreichische Freimaurer, wenn sie meinen nicht exkommuniziert zu sein.

Nochmals deutlich wird Kardinal Ratzinger in „Dominus Iesus" (2000): Es kann nur die „eine alleinige katholische und apostolische Kirche" geben, auch keinen „religiösen Relativismus, … , daß eine Religion gleich viel gilt wie die andere." Also ganz konkrete Gegensätze zu freimaurerischer Toleranz zu allen Religionen.

Dass auch 2003 die Freimaurerei in der Nähe von Magie und Satanskultur gesehen wird, zeigt der „Fragebogen über den Unglauben" des Päpstlichen Rates für die Kultur.

2006 schreibt Baresch an den Großmeister: „… und sehe daher meine Dialogsarbeit mit der Kath. Kirche als vollendet und beendet an …“ Im Gespräch im Februar 2008 bestätigte er mir, dass für ihn der CIC 1983 und die Kontakte mit Kardinal König eine Lebensaufgabe waren.

Als äußerst positiv für den weiteren Dialog erscheint mir, dass Großmeister Michael Kraus öffentlich und auch medial mit Abt Henckel – Donnersmarck die Diskussion suchte. In dem 2007 erschienenen Buch „Die Freimaurer“, den Gesprächen und Sendungen wurde eine interessierte Öffentlichkeit über Ziele, Ethik, humanitäre Gedanken, Rituale und Symbole sowie Positionen zur Religion und zur katholischen Kirche informiert.

Mit den Worten „Versöhnung nach 269 Jahren“ und „Freimaurer nicht mehr unter Kirchenbann“ leitete Heinz Sichrovsky seinen Artikel vom 28.6.2007 in News ein. Der – vom Abt vidierte – Text schließt: „Die Strafbestimmungen des heutigen Kirchenrechts gelten für Gruppierungen, die sich gegen die katholische Kirche richten. Wenn dies auf die österreichische Freimaurerei nicht zutrifft, sind auch die angegebenen Strafbestimmungen nicht wirksam.“ Genau gelesen wird auf die „Sündhaftigkeitserklärung“ Ratzingers nicht eingegangen, sondern nur auf nicht angenommene Machenschaften gegen die Kirche.

Trotzdem kann ich mich der Meinung von Kraus anschließen, dass das von beiden Seiten freundlich geführte Gespräch der Öffentlichkeit gezeigt hat, „dass die Freimaurerei in Österreich in geordneten Bahnen verläuft. …, dass wir mit der katholischen Kirche in Ordnung leben.“

In „Dominus Iesus“ weist Kardinal Ratzinger (nunmehr Benedikt XVI.) bereits 2000 auf die alleinige Autorität, die Befolgung des Lehramtes, die geoffenbarte Wahrheit und die Mission der einzig wahren katholischen Kirche hin. Betrachtet man aufmerksam die Entwicklung seines Pontifikates, so ist meines Erachtens zu sehen, dass die Richtung der Kirche konservativer wird und – wie die Medien, aber auch viele Theologen meinen – hinter das Zweite Vatikanische Konzil zurückführen soll.

Die aktuellste Aufhebung der Exkommunikation der Bischöfe der Priesterbruderschaft St. Pius X., die das Zweite Vatikanische Konzil ablehnen, zeigt diesen Konservatismus. Da die Pius-Bruderschaft auch die Freimaurerei als Ursprung vieler Übel verdammt, kann wohl von diesem Papst kein weiterer Dialog zwischen Freimaurerei und katholischer Kirche erwartet werden.